영화연출론 (개정증보판)

일러두기

1. 별도의 이해가 필요한 용어는 *로 표시하고 용어 설명에서 해설했다.

2. 옮긴이주는 **로 표시했다.

3. 인명, 지명, 영화명 등은 한글맞춤법, 외래어표기법에 의해 표기하는 것을
   원칙으로 했으나, 일부는 통용되는 방식으로 표기했다.

영화
연출론

개정증보판

스티븐 D. 캐츠

김학순, 최병근 옮김

SIGONGART

감사의 말

아래 '감사의 말'은 1990년에 쓰였다. 시간이 많이 흘렀고, 여기 언급된 몇 명은 고인이 되었다. 내가 언급한 이들 중에는 나와 가까운 친구도 일부 포함되어 있다. 예술에 대한 그들의 독특한 개성과 공헌은 그들이 만든 영화들 속에 고스란히 살아 숨 쉬고 있다.

이 책을 준비하는 동안 나에게 유용한 도움을 주었던 사람들에게 고마움을 전하고 싶다. 동료와 친구들이 제공했던 인내와 시간, 그리고 지식에 비한다면 '도움'이라는 말로는 부족하다. 우선 영화감독이자 출판인인 마이클 위즈Michael Wiese는 시각화를 소재로 한 책이 다른 감독들에게 흥미를 불러일으킬 것이라고 말해 주었다. 특별히 감사하는 바다. '프로덕션 일러스트레이터와 매트 미술가 연합회' 회장 조 무소Joe Musso와 '영화와 텔레비전 아트디렉터 협회'의 진 알렌Gene Allen은 기술에 대한 많은 정보를 주었을 뿐만 아니라 이 책에 나오는 일러스트레이션과 디자인 작업을 했던 구성원들과 인터뷰를 할 수 있도록 도와줌으로써 연구 기간을 줄일 수 있게 해 주었다. 프로덕션 일러스트레이터인 카밀 애봇Camille Abbot과 전설적인 아트디렉터 해롤드 마이클선Harold Michelson은 카메라 투시도에 대한 '마이클선 방법Michelson method'을 설명하기 위한 텍스트와 도표들을 준비하도록 도와주었고, 시간과 전문 기술을 기꺼이 제공해 주었다. 또한 콘티뉴어티 도해 기술에 대한 중요한 사항을 알려 주었다. 영화에 대한 그들의 열의는 나에게 큰 격려가 되었다. 《태양의 제국Empire of the Sun》에 나오는 긴 스토리보드 시퀀스를 제공해 준 스티븐 스필버그Steven Spielberg에게 감사를 전한다. 일리노이 대학의 로버트 C. 켈링거Robert C. Carringer에게도 감사한다. 그는 프로덕션 디자인의 내용이 실려 있는 유용한 자료 정보를 지속적으로 가르쳐 주었을 뿐만이 아니라 나 혼자 해결하기 어려운 문제에도 명쾌한 해답을 찾아 주곤 했다. 뉴욕 현대 미술관에 있는 '영화 스틸사진 보관소'의 메리 콜리스Mary Corliss에게도 감사한다. 그녀는 《새The Birds》의 스토리보드를 제공해 주었고, 프로덕션 디자인을 연구하는 데 중요한 제안을 했다. 《비벌리 힐스 캅 Ⅱ Beverly Hills Cop Ⅱ》와 《플래시댄스Flashdance》에 관련된 미술 자료들은 파라마운트 영화사가 제공해 주었고, 《라 밤바La Bamba》와 관련된 미술 자료는 콜롬비아 영화사의 도움을 받았으며, 《블레이드 러너Blade Runner》와 관련된 미술 자료는 워너브라더스 영화사의 도움을 받았다. 《시민 케인Citizen Kane》의 다시 제작된 미술 자료는 일리노이 대학의 '희귀본 및 특별 수집 도서관'에 있던 것들이다.

더그 쉐퍼Doug Sheffer, 짐 쿤Jim Coon, 스코트 디버Scott Deaver, 존 트래버스John Travers, 그리고 오랜 동료이자 제작자인 칼 쉐어Carl Shea는 친구만이 줄 수 있는 친절한 지원을 아끼지 않았다. 어머니와 아버지, 그리고 여동생에게 특별히 감사한다. 그들은 내가 대부분의 시간을 스튜디오에서 보낼 수밖에 없음을 이해해 주었고, 언젠가는 뜻 있는 일을 해낼 것이라고 변함없이 믿어 주었다. 특히 제인 웨버Jane Weber의 이해, 인내, 그리고 지원에 감사한다.

개정증보판 감사의 말

《데드풀Death Pool》의 감독 팀 밀러Tim Miller는 그의 스튜디오 블러Blur에서 공들여 디자인한 사전 시각화 시퀀스를 마음껏 사용할 수 있게 허락했다. 나는 20년간 그와 알고 지냈는데, 그가 자신의 작업실을 세계에서 가장 우수한 시각효과 및 애니메이션 스튜디오로 성장시키는 과정을 보고 감탄을 금할 수 없었다. 웨스 앤더슨Wes Anderson과 그의 영화《문라이즈 킹덤Moonrise Kingdom》의 스토리보드 도해가인 팻 하핀Pat Harpin에게도 감사한다. 프로덕션 디자이너인 베리 잭슨Barry Jackson은 이 책에 선택된 항목들보다 더 많은 일을 해 주었다. 여러분이 '숏 바이 숏 닷컴(www.shotbyshotbook.com)'에서 그로부터 더 많은 조언을 얻기 바란다. 그리고 뉴욕에서 가장 존경받는 시각효과 영사기사이자, 재치 있는 내 육촌인 밀턴 올신Milton Olshin이 있다. 그는 나를 영화 세트에 초대해서 그곳에서 첫 직업을 갖게 해 준 이야기꾼이다. 내 경력의 초기에 많은 방법으로 나를 아낌없이 도와주었다.

차례

PART 1
시각화: 그 과정

PART 2
콘티뉴어티 유형의 요소들

PART 3
제작 실습

PART 4

이동 카메라

개정증보판 서문

『영화연출론Shot by shot』이 처음 출판된 지 사반세기가 지났다. 나는 초판 서문에서 영화 장비와 서비스가 비싸기 때문에 새로운 필름 메이커가 실제 경험을 얻기 어렵다고 지적했다. 하지만 이는 디지털 혁명, 인터넷, 아이무비, 그리고 4K 비디오를 촬영하는 스마트폰 이전의 상황이다. 이제 누구나 자신의 랩톱이나 아이패드로 동영상을 만들 수 있다. 아이패드에는 성능이 뛰어난 비디오카메라가 내장되어 있다. 배급은? 유튜브, 비메오Vimeo, 페이스북, 인스타그램, 그리고 새로 생기는 플랫폼들이 담당한다. 1895년에 영화가 처음 상영된 이래 필름 메이커에게 가장 좋은 기회는 지금이다. 좋다! 그 기술은 합리적인 비용에 사용자에게 친숙하지만 여러분은 여러분을 밤새 잠 못 들게 하는 이야기를 쓰고, 촬영하며, 편집하는 방법을 알아야 한다. 이 책은 세상이 바뀌는 동안 영화가 한 세기 넘게 지탱해 왔던 것과 거의 같은 방법으로 알려졌기에 유용하게 남아 있다. 한 편의 장편 영화에는 약 1천5백 개의 숏이 있다. 그 숏들을 바른 순서로 모으고 구성하는 것은 그리피스D. W. Griffith, 웰즈Orson Welles, 고다르Jean Luc Godard, 구로사와Kurosawa Akira, 스콜세지Martin Scorsese, 헤르조그Werner Herzog, 그리고 많은 신인 감독들이 그들의 인생을 탐험하면서 아직도 미친 듯 도전하고 있는 퍼즐 맞추기다. 『영화연출론』은 감독 자신만의 목소리를 개발하는 매우 유연한 방법을 제공하고, 내러티브 과정의 시각적 측면에 대한 감각을 만드는 과정을 돕기 위해 쓰였다.

이 책에서 그 방법에 대한 출발점은 여러분이 보는 TV 프로그램과 영화의 99%의 토대가 되는 할리우드 콘티뉴어티 스타일이다. 그리고 이 스타일은 확실한 규칙들을 갖는다. 콘티뉴어티 스타일 안에는 여러분의 시점을 발휘할 수 있는 매우 큰 공간이 있다(그 규칙을 깨는 것을 포함하면서). 그러나 오늘날의 휴대용 카메라와 매우 효율적인 비선형 편집 시스템을 사용하더라도, 만약 여러분이 영화 문법을 사용하는 방법을 배운다면 기술적인 영화 제작에 대한 시간을 줄이고 스토리를 다루는 데 시간을 더 할애할 수 있을 것이다. 『영화연출론』은 콘티뉴어티 스타일을 어떻게 설명하고 가르치는가? 첫째로 오늘날 주로 사용하는 디지털 도구들을 소개하면서, 둘째로 한 신 안에서 배우들의 일반적인 배치를 위한 기본 무대화 규칙을 보여 주면서, 셋째로 무대화에서 카메라 배치의 수백 가지 예를 보여 주면서 설명하고 가르친다. 이것들은 공식이 아니라 여러분이 편집실에서 다양한 숏들을 선택하는 구성에서 미묘하게 변화되는 탐색이다. 옳거나 틀린 대답은 없지만 해설이 있는 다른 해결책을 비교함으로써 감독이 한 장면을 만들기 위해 얼마나 고심하는지에 대한 통찰력을 얻을 수 있다. 이 책에는 발전된 몇 가지 주요 개념이 있다. 스토리의 감정과 주제의 관계를 이해하는 것과 렌즈를 통해 그것들을 프레이밍하는 방법이 관객의 인식을 강조하고, 변경하며, 이동시킨다는 것이다.

감독이 세트에서 기대할 수 있는 것과 빠른 인포그래픽 프레젠테이션으로 하루의 촬영을 준비하는 가장 좋은 방법을 자세히 서술한 새로운 섹션인 '빠른 방법Short Cuts'을 추가했다. 물론 『영화연출론』의 모든 섹션은 영화를 위한 시각적 디자인을 준비하는 데 전념한다. 그러나 새로운 워크숍 섹션은 세트에서 계획을 세울 때 수행해야 할 것에 대해 다룬다. 많은 감독들이 이런 방식으로 작업하면서 배우들에게 장면 개발에 있어서 더 많은 자유와 참여를 허용한다.

전반적으로 개정판에는 웨스 앤더슨의 《문라이즈 킹덤》의 새로운 스토리보드, 코엔 형제Coen Brothers의 《위대한 레보스키The Big Lebowski》의 패널들, 《데드풀》의 사전 시각화 시퀀스 등 다수의 다른 내용이 추가되었다.

이제 감독들이 관심을 갖는 사전 시각화 도구와 기법에 중점을 둔 온라인 필름 메이커의 자원 페이지에 대한 링크가 있다. 이 책은 몇 페이지가 추가되었다. 많은 읽기와 소화해야 할 세부가 있는 것처럼 보일지 모른다. 그래서 그것을 작은 묶음으로 엮었다. 책의 아이디어는 수년간의 문제 해결에서 거꾸로 설계되었고, 계획된 해결보다 과정을 강조한다. 하지만 여러분은 그 중 일부를 여기에서도 찾을 수 있을 것이다.

적어도 좋은 장면이나 좋지 않은 장면을 만들기 위한 공식은 없다. 있다고 하는 것이 책을 쓰는 데 훨씬 더 쉬울 테지만 그런 책들은 이미 출판되었다. 영화 제작은 힘들고 어려우며 황당한 과정이며, 또한 가장 크게 발전하고 있는 공연 예술 중 하나라는 것은 피할 수 없는 사실이다.

만약 여러분이 영화 게임에 뛰어든다면 이 책은 여러분을 장인이 되도록 조금 더 가까이 데려갈 것이다. 여러분에게 달려 있다.

이 책에서 사용한 스토리보드와 사진들에 대해

이 책에서 사용한 사진 보드들은 코닥 파나토믹 엑스Kodak Panatomic X와 플러스 엑스Plus X 필름에, 다양한 고정된 초점 거리focal length와 *줌렌즈zoom lens를 사용하여 니콘 F3, 올림푸스 OM – 2n으로 찍었다. 가능한 한 자주 가장 폭넓게 사용하는 영화 규격의 구성적인 특성에 접근하고자 노력했다. 그러나 여러 기술적인 이유(예를 들어 렌즈 제조자에 따른 초점 거리 치수의 불일치와 그 범위 안의 다른 위치에서 줌렌즈의 초점 거리를 정확하게 맞추는 어려움)로 차이가 생길 수밖에 없다.

35mm SLR 카메라는 약 1.5:1의 *화면 종횡비aspect ratio를 사용한다. 이것은 1.33:1의 풀 아카데미 종횡비와 유럽에서 널리 쓰이는 1.65:1 화면 종횡비 사이에 놓여 있다. 그러므로 극장 개봉 영화에서 보통 사용하는 다양한 와이드 화면의 종횡비로 프레임을 확대하기 위해서는 인화 단계에서의 크로핑Cropping(**마스크나 소형 영사구경을 이용해 영상의 크기를 자르는 일)이 필요하다. 이 책에서는 3개의 화면 종횡비를 보여 주는데, 표준 와이드 스크린인 1.5:1과 1.85:1, 그리고 익스트림 와이드 스크린 비율인 시네마스코프Cinema Scope와 파나비전Panavision 70mm의 2.35:1이다.

이러한 이유로 많은 스토리보드 사진들에 수반되어 있는 초점 거리와 애퍼처aperture는 어림짐작할 수밖에 없다. 동일한 *원근법perspective, *피사계 심도depth of field, 초점 거리, 영화 카메라와 렌즈를 사용한 구성을 복제하더라도 필연적으로 초점 거리가 달라진다.

과거에는 영화 제작의 미술 자료들이 영화 산업에서 어떤 일관성을 가지고 보존되는 경우가 드물었다. 이 책에 나오는 프로덕션 일러스트레이션들은 오래전에 사라져 버린 원본 작품에 대한 사진 복사를 재생한 것들이다. 그 결과 작품의 암영과 색조의 많은 부분이 손상되었다.

　스토리보드와 프로덕션 일러스트레이션은 특정한 사용과 일러스트레이터의 스타일, 감독의 선호도에 따라 크기가 상당히 변한다. 따라서 대부분의 그림과 사진들은 책의 규격에 맞추기 위해 크기를 축소했다. 어떤 도해들은 절반으로 줄어들기도 했지만 모든 경우마다 허용 가능한 공간과 가장 어울리는 표현을 얻기 위해서 개개의 미술가들에게 의견을 물었다.

PART 1

시각화:

그 과정

Visualization:
The Process

1. 시각화Visualization

한 소년이 풀밭에 누운 채로 장난감 병정을 자신의 눈높이로 들고 있는 것을 본 적이 있다면, 할리우드 영화의 시각적 토대를 이루는 추진력impulse을 본 셈이다. 소년은 영화감독이 하는 것처럼 장난감으로 자신의 주위에서 돌격과 후퇴를 거듭하면서 그것들을 눈높이에서 움직이고 있다. 장난감은 이제 관찰 대상이 아니라, 경험하는 세계 속에서 움직이는 실제 크기의 병사들이다.

『영화란 무엇인가?Qu'est-ce que le Cinéma?』에서 프랑스 영화 비평가 앙드레 바쟁Andre Bazin은 관객이 스크린 위의 이미지와 동일한 시공간 속에 있는 듯한 느낌을 묘사하기 위해 *현시성presence이라는 단어를 사용했다. 그는 이 환영이 르네상스 시대 때 발견한 선 원근법으로 시작된 서양 회화의 핍진성verisimilitude(**실물과 아주 비슷함)의 전통을 잇는 것이라고 봤다. 이런 기하학적인 방법은 화가들에게 2차원의 표면 위에 3차원의 현실을 정확하게 재현하는 그림을 창조할 수 있도록 해 주었다. 그 후에 사진술도 자동적으로 같은 효과를 낼 수 있게 되었고, 그것을 보는 사람은 인간의 시각으로 보는 것과 똑같은 광학적인 특성을 보게 된다.

영화는 그러한 환영에서 한 단계 더 발전했다. 회화와 사진이 전달하지 못한 것, 즉 어떤 일이 일어났을 때 그것을 본다는 경험 또는 바쟁이 언급했던 현시성을 전달한다. 인간은 그림이나 사진을 볼 때 항상 그것의 표면을 의식하기 때문이다. 우리는 그림의 표면을 보는 대신에 그것이 실제의 3차원적 공간인 것처럼 화면 위에 영사된 그림의 공간 속으로 빠져든다.

콘티뉴어티 스타일The Continuity Style

거의 완벽한 깊이감을 지닌 이러한 환영은 19세기의 전환기에 그래픽 예술의 모든 재생산 방법들로부터 영화를 따로 분리해 냈다. D. W. 그리피스와 에드윈 포터Edwin Porter 등의 선구적인 감독들이 발전시킨 편집과 촬영 전략들은 환영 자체에 주목하기를 피하면서, 경험을 바라본다는 영화의 근본적인 경향 위에 세워졌다. 이것은 예술적인 유산, 즉 크게는 19세기의 연극, 문학, 잡지와 책의 삽화, 사진술과 연관성을 유지한다. 공교롭게도 영화적이거나 또는 적어도 '콘티뉴어티 스타일'이라고 알려진 영화의 기본적인 방법들은 19세기 대중 예술 속에서 발전하거나 암시되어 왔다.

오늘날 그 스타일은 시네마 베리테cinéma vérité와 실험 영화, 아방가르드 영화에도 쓰일 만큼 확장되었지만 대개는 지금까지도 국제적인 스타일이라고 할 수 있는 이야기식의 할리우드 영화에서 주로 쓰인다. 이 책에 담긴 사고들은 이러한 기법들의 기본적인 어휘에서 나왔지만 필름 메이커들이 이 스타일을 배운다고 해도 그들의 실험을 방해받지 않는다는 점을 깨닫게 될 것이다. 실제로 최근에는 입체 시청과 VR 모두 이러한 영화를 보는 새로운 방식이 이야기를 전하는 새로운 방식을 제공할 것이라는 주장이 있어 왔다. 이것은 부분적으로만 사실이다. 새로운 기술들이 영화 스토리텔링을 실질적으로 바꿀 것이라는 개념은 과장이다. 신경과학이 증명할 가능성이 크기 때문이다.

필자는 콘티뉴어티 스타일이 지니는 다양한 틀과 무대화를 배운 필름 메이커가 스스로 자신의 것을 지우고 독특한 스타일을 개발할 준비가 더 잘 될 것이라고 기대한다.

시각화는 영화 제작 과정의 한 단계다. 영화는 각본이든 스토리보드든 지면 위에서만 디자인하지는 않는다. 스토리보드나 다른 어떤 시각화 도구도 촬영을 시작하면 변할 것이다. 그러나 세트에 대한 결정을 불필요한 것으로 만들거나 제작 과정을 간소화하는 것(이것이 종종 유익함에도 불구하고)이 시각화의 목적은 아니다. 시각화는 촬영을 시작하기 전에 시각적이고 내러티브적인 새로운 관념과 보조를 맞추는 방법이다. 이것은 단지 한 신scene 속에서 눈길을 끄는 하나의 이미지이거나 빠른 커팅보다는 하나의 긴 *시퀀스 숏 sequence shot을 위해 동작을 어떻게 무대화할지를 결정하는 일일 수도 있다. 이것이 여러분에게 그 신의 극적인 핵심을 발견하게 해 주거나 부적절한 대사의 흐름을 찾아내게 할 수도 있다. 한 신의 무대화를 지면 위에서 미리 볼 수 있고 계속해서 고쳐 나갈 수 있다면 스토리보드는 완성된 영화 속에 담길 비전에 초점을 맞추도록 도와준다.

영화 제작에 대한 이런 식의 접근에는 훌륭한 시퀀스들을 창조하려는 충동이 깔려 있다. 각본이 결정되고 작업이 개시되는 순간부터 감독은 재능, 시간, 그리고 돈이 허락하는 한에서 모든 숏과 시퀀스를 만들기 위해 힘껏 노력해야 한다.

2. 프로덕션 디자인Production Design

한 영화의 시각화에서 감독이 주된 역할을 수행하는 것과 관계없이 시각적인 계획을 발전시키고 시행하는 것은 프로덕션 디자이너(**화면에 보이는 모든 것을 디자인하고 시행하는 사람. 우리나라 영화의 미술감독에 해당한다)와 그의 팀의 책임이다. 그들은 작가가 시간과 그림의 세팅 조절을 원할 때나, 심지어 현재 벌어지는 간단한 사건들을 주제로 삼을 때도 필요하다. 이용 가능한 현실을 촬영한다기보다는 한 영화의 *미장센mise-en-scène을 디자인한다는 개념은 처음엔 영화의 내용과 제작의 경제적 측면 때문에 부분적으로 발전했다. 그리고 이것은 그 출발점에서부터 할리우드 스튜디오 시스템 안에서 이루어지는 진화와 변화의 두 가지 추진 장치였다.

아트디렉터(**프로덕션 디자이너의 조수로 다른 미술 스태프들과 같이 영화 미술 전반을 디자인하고 시행한다)가 창조적이고 주요한 조직적인 역할로 등장한 것은 영화가 연극의 영향을 많이 받던 초기 무성 영화 시대에 시작되었다. 전형적으로 아트디렉터는 신의 디자이너였고, 초기의 세트는 그래서 만든 배경 막backdrop과 몇 점의 가구들에 불과했다. 평면적인 무대에서 입체적인 세트로 바뀌는 과정은 불가피했는데, 다양한 관점을 정교화시켰던 그리피스는 이를 잘 알고 있었다. 그러나 그와 여타의 미국 영화 산업을 이탈리아의 제작 표준에 맞추도록 한 것은 이탈리아 영화가 끼친 단기간의 영향이었다.

이탈리아에서 만들어진 《쿼바디스Quo Vadis》(1912)와 《카비리아Cabiria》(1913)는 당시로서는 가장 야심작이었고 기술적으로도 정교했다. 이들은 역사를 소개하면서 훌륭하게 구성되었고 꼼꼼하게 그린 세트, 인위적인 조명 효과, 한정된 카메라 움직임을 사용했다. 두 작품의 엄청난 성공은 같은 시기에 나온 그리피스의 작품들을 압도했지만 그의 가장 혁신적이고 완성도 높은 영화들인 《베툴리아의 유디트Judith of Bethulia》(1913), 《국가의 탄생Birth of a Nation》(1915), 《인톨러런스Intolerance》(1916)를 만드는 데 상당한 자극을 주었다.

축조된 세트들과 카메라의 더 커진 가동성으로 1910년대 중반에 영화 제작의 물리적 복잡성이 급격히 증가했다. 이런 추세는 아트디렉터와 촬영 기사 사이에 더 많은 협력을 필요로 했다. 아트디렉터들은 그들이 제공하는 회화적 환영幻影들이 카메라에 의존한다는 사실을 발견했다. 그들은 카메라의 제한한 시야를 이용해서 부분적인 세트를 활용하는 법과 신의 배경 막들을 재배치하기 위한 매트 숏matte shot과 모형들을 사용하는 법을 배웠다. 필요에 따라서는 새로운 영화적 기법들을 실행하는 데 필요한 촬영상의 결정에 관여했고, 이로써 연극적인 디자인에서 화면 디자인으로의 이행이 이루어졌다.

이런 특징들이 영화에서 지배적인 형태가 되었을 때 영화사들은 생존하기 위해 영화를 빠르고 효율적으로 생산해야 했다. 그래서 신들을 순서대로 촬영하지 않는 것이 관례가 되었다. 기능인들은 유니버설 시티Universal City, 인스빌Inceville 또는 컬버 시티Culver City에 새로 지은 스튜디오에서 동시에 여러 편의 영화 작업을 했다. 19세기의 대량 생산 원칙에 따라서 직무들이 전문화되었고 각본, 세트 건축, 소도구, 의상, 촬영, 편집을 포함하는 제작의 각 단계를 위한 부서들이 설립되었다.

1915년까지 한 영화를 위해 만들었던 무대 장치, 소품, 의상들이 나중에 다른 영화에 쓸 수 있도록 비축되었다. 또 스튜디오 내의 부서 시스템은 부서들 사이의 조직화와 의사소통을 더욱 많이 필요로 하게 되었다. 가장 복잡하고 자본이 많이 들며 노동 집약적인 분야들은 건축과 관련된 것이었으므로 제작 과정의 많은 부분을 관리하기 위해 아트디렉터를 필연적으로 기용했다. 촬영기사나 감독과 달리 아트디렉터는 다른 부서의 기능인들과 의사 전달을 위해 청사진, 개념 스케치, 모형이라는 형태의 언어를 구사할 수 있는 능력을 갖추었다. 동시에 그리피스와 다른 소수의 선구적인 감독들이 제시했던 프레임의 회화적 가능성들은 영화 산업에서 시각적인 분야에의 투자를 증대시켰다. 항상 새로운 재능을 가진 기능인들을 찾아오던 스튜디오는 아직은 미숙한 미술부서에 새로운 아이디어를 제시하고 관객들이 기대하는 야심적인 제작을 지휘하도록 잡지의 삽화가와 건축가들을 고용하기

시작했다. 할리우드가 무성 영화 시기를 통해서 수백 편의 장편 영화와 단편
영화를 생산할 수 있는 성공적인 영화 공장이 된 것도 미술부서가 제작을
계획할 수 있었기 때문이다.

　　미술부서에서 발전의 다음 단계는 독일 영화의 부흥과 함께 일어났다.
제1차 세계대전 동안 독일의 몇몇 소규모 제작사들은 거대한 활동 범위와
상당한 국가 자금을 가진 단일한 스튜디오인 우파UFA, Universum Film Aktienge-
sellschaft로 통합되었다. 이렇게 많은 지원을 받고 포츠담 바벨스버그에 세워
진 이 훌륭한 스튜디오는 독일의 표현주의와 실내극 영화Kammerspielfilm가 이
끌었던 기술적이고 양식적인 혁신을 가능하게 했다. 하나는 환상적인 주제
를, 다른 하나는 자연주의적이고 우울한 주제를 영화화했던 두 가지 움직임
은 모두 심리학적으로 어두운 것이었고, 매우 양식화된 세팅과 카메라 기법
에 의존했다. 우파와 그곳의 가장 중요한 감독과 작가들, 기능인들, 예를 들어
칼 마이어Karl Mayer, 칼 쉬트루스Karl Struss, 프리츠 랑Fritz Lang, 무르나우F. W.
Murnau, 파브스트G. W. Pabst, 듀퐁E. A. Dupont 등은 이동 카메라, 주관적인 시점,
더 예리한 구성, 그리고 심리 상태를 탐구하는 흥미로운 카메라 사용을 발전
시키면서 다양한 방식으로 1920년대 영화 디자인의 모범을 보였다.

　　우파는 아트디렉터의 재능을 두드러지게 부각시켜 줄 뿐만 아니라 인위
적인 세팅이 영화의 감성적인 힘을 상당히 증가시킬 수 있음을 확실히 보여
주었으며, 여러 영화에서 바그너 오페라의 무대 전통과 거대하고 정교한 세
트를 통합시켰다. 또한 커다란 야외 신을 포함하고 있는 영화늘조차도 처음
부터 끝까지 통제된 스튜디오 환경에서 촬영할 수 있음을 증명했다. 이런 스
튜디오 환경은 1920년대 말에 사운드가 도입되었을 때 아트디렉션에서 훨씬
중요한 요소가 되었다.

　　할리우드는 우파가 이룬 미학적 혁신들을 빌려 오는 데 주저하지 않았
다. 영화 제작이 총체적인 스튜디오 환경으로 더 접근해 가는 동안 처음에는
공동 제작 형태로, 나중에는 유럽의 최고 감독들과 촬영기사들을 고용하는
식으로 이루어졌다. 무성 영화 시대 말엽 할리우드 내의 스튜디오 시스템은

특정 스튜디오에서 생산된 모든 영화의 미장센을 전반적으로 책임지는 부서의 장인 아트디렉터와 함께 완전히 자리 잡아 갔다. 그 결과 유성 영화 시대의 주요 스튜디오에서는 매우 뚜렷한 시각적인 스타일을 만들었는데, 전반적으로 각각의 스타일은 총 지휘를 맡은 아트디렉터의 기호에 따라 달라졌다. 20세기 폭스사의 스타일은 윌리엄 달링William Darling, 리차드 데이Richard Day, 라일 윌러Lyle Wheeler에 의해 만들어졌다. 워너브라더스사는 안톤 그랏Anton Grot이 선호했던 견실한 리얼리즘의 모습을, MGM은 세드릭 기븐스Cedric Gibbons의 화려하고 밝은 모습을 띠었다. 파라마운트는 한스 드라이어Hans Dreier의 유럽적인 복잡 미묘함을 지녔으며, 유니버설은 허만 로스Herman Rosse와 찰스 홀Charles D. Hall의 우울한 어두움을 보여 주었다. 알케이오RKO의 반 네스트 폴글라스Van Nest Polglase는 어스테어-로저스Astaire-Rogers 커플의 뮤지컬들과《시민 케인》(1941)의 스타일화를 주도했다.

　　아트디렉터는 책임이 커져 감에 따라 새로운 이름으로 불릴 때까지 유성 영화 시대 내내 계속해서 주도권을 쥐었다. 제1회 아카데미 시상식의 아트디렉션 부문에서 상을 받은 바 있는 윌리엄 카메론 멘지스Williarm Cameron Menzies는 1939년에《바람과 함께 사라지다Gone With the Wind》를 위해 새롭게 만든 '프로덕션 디자이너'라는 명칭으로 아카데미에서 수상했다.

　　프로덕션 디자이너가 지니는 특수한 책임은 영화에 따라 조금씩 다를 수도 있지만 아트디렉터가 했던 역할보다는 훨씬 포괄적이었다. 세트와 소품, 의상의 전체적인 스타일을 디자인하는 것 말고도 영화 디자인의 동적인 요소들은 물론이고 숏의 흐름에도 밀접하게 관여한다.《바람과 함께 사라지다》에서 멘지스가 공헌했던 바가 이를 잘 보여 준다. 그는 이 영화를 위해서 영화의 각 숏들에 대한 편집할 부분들과 무대화, 그리고 그 구성을 세부적으로 묘사하는 수천 장의 정교한 콘티뉴어티 스케치를 그렸다. 멘지스는 영화의 주요한 숏과 시퀀스를 디자인하는 사람들 중 한 사람으로 감독, 카메라맨, 편집자, 어떤 경우에는 작가와 협동함으로써 프로덕션 디자이너가 제작 팀 안에서 주요 직위가 되도록 위상을 높이는 데 공헌했다.

프로덕션 일러스트레이션 Production Illustration

오늘날, 과거 스튜디오 시절에 존재했던 중앙 집중식의 미술부서는 더 이상 존재하지 않는다. 대신 각각의 영화에 따라 제작 팀이 짜인다. 프로덕션 디자이너는 여전히 과거에 자신과 잘 협력해 온 사람들과 함께 일하려 할 것이고, 프로듀서는 적어도 작업 관계의 지속성을 마련하기 위해서 프로덕션 디자이너를 자신의 팀으로 받아들인다. 그 팀에 포함되는 주요 직위로는 아트디렉터, 소품 스타일리스트, 도안가, 프로덕션 일러스트레이터, 의상 디자이너, 그리고 디지털 사전 시각화 아티스트 등이 있다. 디지털 시대의 또 다른 발전은 이 장인들이 동일한 온라인 네트워크에서 파일들을 교환하고 실시간으로 공동 개발하는 것이다. 이것에는 팀원들이 세계의 다른 지역들에 있을 수 있는 가상 스튜디오가 포함된다.

프리프로덕션 동안 미술부서에 속하는 각각의 구성원들이 하는 도해는 다음 세 개의 기본적인 범주로 나누어 볼 수 있다. 이 단계를 종종 룩 개발look development 또는 줄여서 '룩 뎁look dev'이라고 한다.

- 콘셉트 아트Concept Art: 세트·소품·의상·분장, 그리고 특수효과를 포함해서 제작에서 개별 요소들을 묘사하는 데 사용한다. 하나의 스타일과 시각적 연출을 수립하고자 하는 개별적인 도해들로, 반드시 영화의 한 숏이나 시퀀스를 나타낼 필요는 없다.
- 평면도, 입면도, 투시도Plans, Elevations and Projections: 디자인 도해에서 드러난 어떤 것들을 제작하거나 조립하는 데 필요한 정확한 상술을 주는 고도로 기술적인 묘사들이다. (이 과정의 대부분은 이제 3D 및 CAD 소프트웨어를 사용하여 컴퓨터에서 수행된다.)
- 콘티뉴어티 스케치와 스토리보드Continuity Sketches and Storyboards: 각 숏의 개별적인 구성과 이것들이 영화의 각 신 안에서 나열되는 방식을 묘사하는 연속적인 그림들이다.

콘셉트 아트 Concept Art

콘셉트 아트 또는 프로덕션 일러스트레이션은 거친 스케치부터 사실적인 그림까지 모든 것을 포함한다. 감독은 예산이 허용하는 한 많은 아이디어와 개념을 보고 싶어 하기 때문에 속도가 중요하다. 아트 칼리지에서 교육받은 프로덕션 일러스트레이터는 그림과 드로잉 외에도 3D, 애니메이션, 편집, 그리고 사운드 디자인에 대한 실무 지식을 갖고 있다. 움직이는 픽셀의 유창함은 콘셉트 아티스트의 범위를 넓히지만 주요 기여는 연상적이고 정서적인 이미지들이다.

《스타워즈Star Wars》(1977)의 경우 프로덕션 일러스트레이터 랄프 맥콰리 Ralph McQuarrie가 처음에 여덟 개의 중요 신에 대한 세부 그림을 그렸다. 이것은 영화 전체의 회화적인 톤을 수립했고, 스튜디오에 그 기획을 팔 수 있도록 도와주었다. 그가 처음 아이디어를 내놓은 후에 다른 미술가들이 수백 개의 보충 설계와 그림들을 그렸음에도 전반적으로 그가 처음에 지녔던 개념에 충실했다.

다음 페이지에 나오는 이미지는 애니메이션에서 특히 독특한 건축 디자인으로 잘 알려진 베리 잭슨의 디지털 페인팅이다. 콘셉트 아티스트는 영화 속 장면과 이미지들을 창조할 뿐만이 아니라 복잡한 세트를 설명하는 소품, 건축, 도표를 위한 독립된 삽화도 만들어 낸다. 콘셉트 아트 팀을 조직할 때, 프로덕션 디자이너는 개인적인 스타일이나 어떤 특정한 '인상'으로 알려진 전문가를 고용할 수 있다. 극단적인 액션으로 알려진 아티스트는 애니메이션 영화에서 우선적으로 선택될 것 같지 않다. 하지만 대부분의 콘셉트 아티스트들은 불가피하게 다양한 스타일을 가지게 된다. 다수의 아티스트들은 프리랜서이고, 좀처럼 작업 요청을 거절하지 못하기 때문이다. 미술부는 소수의 정규직으로 구성되어 있지만 이 미술 팀이 감독이 좋아하는 디자인을 만들 수 없을 때, 특별한 장면을 위해 제작과 스토리보드 아티스트들을 추가로 보충할 수 있다.

베리 잭슨이 그린 《스마트SMART》 제작 그림.

다음은 《시민 케인》에 대한 두 개의 개념concept 스케치다. 첫 번째는 케인의 영지인 제너두Xanadu에 있는 커다란 홀의 내부다.

《시민 케인》을 위한 개념 스케치로, 제너두의 큰 홀 내부를 보여 준다.

《시민 케인》의 목욕탕을 위한
낡은 차일과 빈 수영장을 담은
개념 스케치.

　　프로덕션 일러스트레이션의 또 다른 예는 프로덕션 디자이너 스튜어트
워젤Stuart Wurtzel이 《카이로의 붉은 장미The Purple Rose of Cairo》(1985)에 나오
는 아름다운 신을 위해 그린 세트 스케치들이다. 아래 실린 이미지는 영화에
나왔던 세트다. 이 영화는 '영화 안의 영화'라는 특징이 있다. 따라서 워젤은
1930년대 중반의 실재 세계를 창조해 내고, 같은 시대에 제작된 상류 사회를
다룬 코미디 영화에 나오는 스튜디오 세트를 그럴듯하게 재창조하는 두 가
지 일을 모두 해야만 했다.

스튜어트 워젤이 그린
《카이로의 붉은 장미》
세트 스케치.

스튜어트 위젤이 그린
《카이로의 붉은 장미》
세트 스케치.

《카이로의 붉은 장미》
속 침실 세트.

다음은 《차이나타운Chinatown》(1974), 《졸업The Graduate》(1967), 《캐치
22Catch 22》(1970), 《딕 트레이시Dick Tracy》(1990)의 프로덕션 디자이너였던
리차드 실버트Richard Sylbert가 그린 두 개의 세트 스케치다. 그가 《레드Reds》
(1981)와 《초원의 빛Splendor in the Grass》(1961) 작업에서 그린 세트 스케치들은
자신감 넘치는 도해 스타일을 보여 준다.

리차드 실버트의 세트 스케치들.
《레드》(위)와 《초원의 빛》(아래).

21세기의 미술부서 The 21st Century Art Department

컴퓨터는 현대 영화 미술부서의 중심이다. 제작 일정과 자산은 엑셀, 오피스 프로젝트 또는 숏건Shotgun 소프트웨어로 관리되는 반면에 예술가들은 와콤 태블릿 같은 장치를 사용하여 컴퓨터에서 직접 작업한다. 그들은 포토샵 또는 페인터로 그림을 그리고 채색할 수 있다. 또한 지브러시ZBrush와 마야Maya를 사용해 모델링과 렌더링을 할 수도 있다. 이 데이터는 부서 간 공유된다. 자동차의 가상 모델이 그림에 대한 지침으로 일러스트레이터에게 전달되거나 디지털 모델러는 자동차의 개념 스케치를 가이드로 받을 수 있다. 2D와 3D 미술은 이제 서로 바꿔 사용할 수 있으며, 디자인에 대한 이와 같은 혼합 – 미디어 방식은 단일 이미지를 완성하기 위해 여러 소프트웨어 프로그램을 사용하는 단일 예술가의 작업이 될 수도 있다.

디지털 제작의 커다란 변화에도 불구하고 감독과 함께 장편 영화를 위한 1천5백 개의 숏들을 디자인하는 미술부서의 기본 사항은 할리우드의 황금기 때와 본질적으로 동일하다. 전업 예술가들은 4−6주 동안의 촬영 준비를 위해 수개월에서 1년 동안 수백 장의 그림과 스토리보드를 창작할 것이다.

디지털 페인팅 Digital Painting

1990년에 포토샵이 출시되면서 프로덕션 일러스트레이터는 컴퓨터에서 콘셉트 아트와 스토리보드를 제작하기 시작했다. 2000년대 초반에 핀터레스트 Pinterest, 콘셉트 아트 월드 Concept Art World, 디비언트 아트 Deviant Art 같은 온라인 사이트에서 디지털 방식으로 미술을 창작하는 아티스트의 수가 폭발적으로 증가했다. 존 크놀 John Knoll, 토마스 크놀 Thomas Knoll 형제가 이미지 편집 소프트웨어인 어도비 포토샵을 출시했을 때, 1983년에 더브너 페인트박스 Dubner Paintbox 방식으로 미술 경력을 시작한 크레이그 멀린스 Craig Mullins 가 그것을 조지 루카스 George Lucas 의 시각효과 회사 ILM Industrial Light and Magic 에 도입했다.

크레이그 멀린스가 그린 《메치 사막 Mech Desert》 디지털 페인팅.

크레이그 멀린스가 그린 《트랙터 슬레드》 디지털 페인팅.

존 크놀은 ILM의 시각효과 아티스트였으며, 멀린스는 영화 제작에서 단시간에 가장 유명하고 영향력 있는 디지털 아티스트가 되었다. 멀린스는 사실적인 매트 페인팅을 많이 창작했지만 그의 경제적 재능은 그의 디지털 스케치 그림에서 가장 많이 나타난다. 그의 작품은 단지 몇 번의 붓질만으로 많은 것을 말하는 방법에 대한 훌륭한 예가 되어 준다.

콘셉트 아트는 영화를 진전시키기 위해 적어도 모든 제작 미술이 간단한 책으로 만들어지기 전까지는 일회용이다. 완성된 그림이 아름답게 보일지라도 대규모의 영화 제작에서 감독과 프로덕션 디자이너는 이 고도로 완성된 미술을 시각적 탐구를 위해서만 사용한다. 몇 달 동안 매주 여러 미술가가 그림을 제출하지만 결과적으로 그 그림들의 80%가 거부당한다. 예산이 허락하는 한 감독은 원하는 모양을 얻을 때까지 풀 페인팅을 요구한다. 미술부서의 창의적인 과정이 진보적인 개선 중 하나이기 때문이다. 제작 미술을 창작하기 위해 풀타임으로 일하는 다수의 아티스트들과 함께, 아이디어가 팀 내에서 순환되고 넘친다. 이를테면 도시 그림에 있는 자동차 디자인은 승인되지만 그 뒤에 있는 건축물은 거부될 수 있다. 그러나 승인된 자동차 디자인은 이제 그 팀의 다른 사람들에 의해 새로운 그림에서 사용된다.

34페이지에는 프로덕션 일러스트레이터 랜디 골Randy Gaul이 그린 캐릭터 디자인이 나온다. 영화《베오울프》에 대한 매우 상세한 이 그림은 전적으로 상상력으로 창작되었다. ILM과 다른 메이저 스튜디오에서 일한 골은 스무 명으로 구성된 일러스트레이터 팀의 일원으로, 수백 개의 디자인을 창작했다. 이런 수준의 그림은 완성하는 데 일주일이 걸릴 수 있다.

건축적인 그림/캐드 Architectural Drawings/CAD, Computer-Assisted Design

미술부서는 세트, 의상, 소품 제작을 담당한다. 블록버스터 판타지 영화 작업에서는 (본질적인 의미에서) 세상을 건설한다. 개발 후기 단계에서 콘셉트 아티스트가 디자인 또는 최소한 아이디어를 승인받으면 3D 아티스트는 스케치된 디자인에서 작동하는 정확한 치수의 건물, 자동차, 세트, 풍경을 모델링한다. 세트 디자인은 일반적으로 마야, 후디니Houdini 또는 시네마4D 같은 프로그램으로 작업하는 애니메이터와 공유할 수 있는 파일 형식을 내보내는 건축 또는 CAD 프로그램에서 수행된다. 벡터웍스 스포트라이트VectorWorks Spotlight와 스케치업SketchUp(레이아웃 포함)은 3D 건축 설계에 널리 사용된다. 둘 다 청사진을 작성하고 세트 건축가들이 필요로 하는 기술 계획을 작성하는 데 사용할 수 있다. 그러나 미술부서는 모두 디지털 방식이다. 삽화가 한 부서에서 다른 부서로 이동하는데, 사전 시각화에 사용하거나 콘셉트 아티스트가 참고 자료로 사용할 수 있는 3D 모델이 포함된다.

전통적으로 훈련된 화가인 프로덕션 디자이너 배리 잭슨은 마야와 포토샵을 사용하여 자신만의 독특한 스타일을 창작하는 탁월한 디지털 아티스트가 되었다. NYC 택시 개념에서 볼 수 있듯 왜곡된 시각과 극단적인 각도를 사용하는 것으로 잘 알려져 있다. 애니메이션《호튼Horton Hears a Who》의 디자인은 기발한 주제에 대한 잭슨의 강한 서사 구성의 감각을 보여 준다.

캐드 데이터가 포함된 3D 모델은 세트에서 실제 사용하기 위한 실물 크기의 모델 또는 미니어처 모델을 생성할 수 있는 고속 프로토타이핑을 제공하면서 세트 숍, 기계 기술자, 서비스 센터로 전송될 수 있다. 캐드 파일은 아

프로덕션 일러스트레이터 랜디 골이 그린
캐릭터 디자인.

티스트의 디자인에 따라 모델을 생성하기 위해 3D 프린터 또는 CNC Computer Numerical Control 시스템에서 사용되도록 형식화될 수 있는 개체에 대한 숫자적 서술이다. 가령《스타워즈》에 나오는 죽음의 별 모델 또는 중국 자금성의 물리적 모델은 빠른 프로토타이핑을 사용하여 다양한 크기로 만들어질 수 있다.

　건축 또는 프레젠테이션 고객을 위해 수작업으로 세트와 로케이션 모델 또는 미니어처를 만드는 기존의 제작자도 찾을 수 있지만, 3D 프로토타이핑이 현장을 지배한다. 그럼에도 불구하고 미니어처 세트에 장난감 병사를 배치하는 구식 방법은 컴퓨터에서 동일한 장면을 보는 것과는 매우 다른 느낌을 가지며, 중요한 이점을 가질 수 있다. 예를 들어 바쟁의 견해에 더 큰 존재감을 제공한다. 컴퓨터에서는 2D 깊이의 환상만 보여 주지만 실제 공간에서는 실제 모델을 볼 수 있다. VR은 우리에게 실제 세계의 착시에 훨씬 더 가까이 다가갈 수 있게 하지만 적어도 손에 쥐고 있을 수 있는 모델은 컴퓨터 화면을 보는 것과는 다르게 아이디어에 영감을 준다.

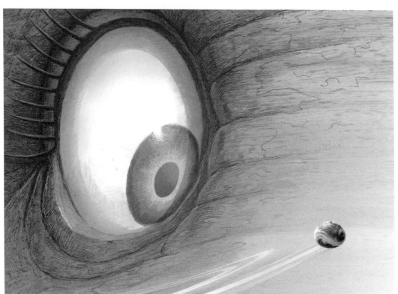

베리 잭슨이 그린 디지털 스케치로 위는 뉴욕 시의 로 앵글, 아래는 《호튼》.

콘티뉴어티 스케치와 스토리보드 Continuity Sketches and Storyboards

콘티뉴어티 스케치는 월트 디즈니가 최초로 그린 만화영화에서 세밀하게 사용되기 시작했다고 볼 수 있다. 디즈니는 20세기 초 전설적인 코믹 스트립인 『리틀 네모Little Nemo in Slumberland』의 창조자이고, 논설 만화가로 잘 알려진 최초의 자연주의 애니메이터 윈저 맥케이Windsor McKay에게 영감을 받았다. 맥케이의 스토리보드에 대한 기록은 없으나 그는 자신의 모든 애니메이션 셀에 연필을 사용했고, 스토리보드의 선구자인 인기 있는 코믹 스트립을 그렸다. 몇 년 후인 1930년대 초에 웹 스미스Webb Smith는 스토리보드를 발명함으로써 디즈니의 애니메이터가 되었다. 하지만 이는 그 용어를 특수하게 사용한 경우다. 이미 1927년에 디즈니의《운 좋은 토끼 오스왈드Oswald the Lucky Rabbit》시리즈에서 액션과 커팅의 중요한 지점을 보여 주는 콘티뉴어티 스케치(한 페이지에 6개씩 들어 있음)들을 사용했고, 개별 패널을 쉽게 추가하고 제거할 수 있게 했다. 그다음 해인 1928년에 디즈니에서는《증기선 윌리 Steamboat Willie》의 주요 장면들과 액션에 대한 양식화된 묘사를 담고 있는 콘티뉴어티 스크립트들을 사용했다. 그는 몇 년 후에 애니메이터들, 특히 스토리 담당자들이 전체 스토리를 개관할 수 있도록 한 스튜디오에서 다른 스튜디오로 옮겨질 수 있는 단일 대형 패널 또는 보드에 고정된(일반적으로 4x8피트) 수십 개의 콘티뉴어티 스케치를 전시하도록 했다(여기서 스토리보드라는 단어가 생겨났다). 본질적으로 1920년대의 비선형 편집이다.

미술부서에서 세트 디자인을 하고 카메라 앵글을 지시하는 개념 스케치를 일일이 그렸음에도 이 시기의 영화 산업에서는 어느 곳에서도 스토리보드를 실연 영화live-action movies를 계획하는 기준으로 수용하지는 않았다. 그러나 1932년에 디즈니는 최고의 애니메이터였고 국제적인 성공을 거두었다. 할리우드에서 작업하던 실연 영화의 아트디렉터들은 스토리보드의 사용을 포함해서 디즈니 스튜디오가 해냈던 혁신의 일부를 분명하게 인식하고 있었다. 디즈니의 영향이 아니더라도 스토리보드와 가장 가까운 코믹한 짧은 줄거리들은 1930년대에 대부분의 미국 영화인들에게 확고한 전통으로 자리 잡았다. 영화가 개개의 그림으로 시각화될 수 있다는 생각은 불가피한 발전으로 보였다.

아트디렉터이면서 프로덕션 디자이너인 진 알렌(1953년에 '스토리보드와 매트 미술가 조합'의 초대 회장이고, '아트디렉터 협회' 전직 회장)은 1937년에 워너브라더스 미술부에서 경력을 시작했다. 알렌은 콘티뉴어티 보드가 이미 1930년대 중반에 신들을 계획하는 방법으로 자리 잡았고, 안톤 그롯Anton Grot이 이끌던 미술부서에는 적어도 8시간 동안 일하는 콘티뉴어티 스케치 미술가가 일하고 있었다고 말했다. 스튜디오 시스템에서 영화의 물리적 디자인은 전적으로 미술부서가 담당했다. 아트디렉터는 세트 디자인과 의상, 그림 콘티뉴어티에 참여했고, 미술 스태프들이 그를 도왔다. 그림들을 종이 위에 (또한 만들어 놓은 많은 세트와 함께) 디자인한 후에야 감독과 카메라맨이 그 그림을 볼 수 있었다. 이러한 절차는 매우 효과적이라 많은 시간이 걸릴 회화적 문제를 총괄적으로 해결한다면 대부분의 배우와 감독들은 일 년에 세 편 이상의 영화를 만들 수도 있을 것이다. 존 휴스톤John Huston이 이런 시스템의 절정에서 연출을 시작했을 때 그는 미리 계획하는 것의 가치를 알고 있었다. 몇 년 후 "나는《말타의 매The Maltese Falcon》(1941)를 완전히 스토리보드화했는데, 스태프들에게 체면을 지키기 위해서였다. 내가 하고 있는 일이 어떤 것인지를 알고 있다는 인상을 주고 싶었다"라고 했다.

스튜디오 시스템에서는 대중에게 스토리보드 사용을 공개하지 않았다. 영화의 모든 아이디어가 감독에 의한 것이라고 하면 감독이 명성을 쌓기가 더욱 수월했기 때문이다. 1970년대에 스디븐 스필버그와 조지 루카스가 펄프 일러스트레이터, 만화책, 그리고 히치콕이 자신의 작품을 위해 스토리보드를 사용했을 때 모든 것이 바뀌었다. 1980년대에 프랜시스 포드 코폴라Francis Ford Coppola는《마음의 저편One From the Heart》을 위해 초기의 전자 – 컴퓨터 프로덕션 파이프라인을 실험했다. 지금은 과거에 영화를 제작하는 데 있어 어려웠던 모든 것을 극복할 수 있는 도구들을 거의 모두가 가지고 있다. 그것은 바로 컴퓨터다. 컴퓨터는 스튜디오가 되었다. 또한 한 사람의 손에 많은 창작 과정이 집중되게 만들었다. 지금은 한 사람이 작가, 감독, 촬영기사, 편집자의 역할을 모두 할 수 있는 시대다.

　　프로덕션 일러스트레이션의 여러 유형 중 스토리보드는 감독이 자신의 생각들을 시각화하는 데 가장 유용한 도구다. 또 그가 맡고 있는 일과 가장 직접적으로 관련 있다. 다음 장에서 우리는 콘티뉴어티 미술가들의 작품과 그들이 영화 안에서 숏의 흐름을 계획하기 위해서 사용한 스타일과 접근법들의 광범위한 영역을 살펴볼 것이다.

　　《미궁 속의 알리바이Her Alibi》(1989) 스토리보드 그림의 예가 아래에 있다. 우리가 보는 것처럼 휴브너는 이후에 촬영감독이 하는 것과 마찬가지로 액션의 전체적인 신을 그리고 피사체를 프레이밍한다. 모든 스토리보드 미술가들이 이 기법을 사용하지는 않으나 특히 팬 촬영과 그 밖의 카메라 움직임을 지시할 때 유용하게 쓰인다.

⑤ — SAM CONVINCES PHIL TO LEAVE —

⑥ — PHIL TELLS SAM ABOUT FLIPPY — THAT HE WILL HELP THEM —

멘토 휴브너가 그린 《미궁 속의 알리바이》 스토리보드.

3. 스토리보드 Storyboards

가장 존경받는 프로덕션 일러스트레이터와 아트디렉터들 중 한 명인 모리스 주버라노Maurice Zuberano는 스토리보드를 '영화의 일기장'이라고 불렀다. 그렇다면 그것은 미래의 사건들에 대해 쓴 일기다. 그럼에도 그가 말하고자 했던 것은 스토리보드는 시각화 과정에 대한 사적인 기록이기에 그중에서도 그대로 남아 있는 것이 거의 없다는 의미다. 종종 스토리보드는 한 영화가 감독이 아닌 다른 어떤 사람의 작품이라는 증거가 된다. 시각적 감각이 별로 없는 감독들을 위해서 스토리보드 도해가는 구조화, 무대화, 그리고 숏들과 시퀀스들을 구성화하는 데 필수적인 숏의 흐름을 디자인한다.

물론 서술적인 감각에 있어 제작 스태프의 어느 성원 못지않게 시각적으로 세련된 감독도 존재한다. 어느 누구보다도 스토리보드와 관련 깊은 히치콕은 자신의 비전을 가다듬고 영화 제작 과정을 통제하기 위하여 원래 의도를 화면으로 확실하게 옮기기 위한 수단으로 정교한 스토리보드를 사용했다.

아트디렉터로 영화 커리어를 시작했던 히치콕에게 스토리보드는 그가 영화의 디자인으로 명성을 얻도록 만든 확실한 방법이었다. 그는 영화를 만들기도 전에, 그리고 촬영기사와 편집자가 영화 필름에 손대기도 전에 영화가 완성되었다고 말하기를 좋아했다. 세트에서 좀처럼 카메라 뷰파인더를 들여다보려고 하지 않는다는 사실에서도 확인된다. 그 전에 이미 완성되어 있는 스토리보드의 사진적 등가물에 불과하기 때문이다.

히치콕은 1960년대 모든 세대의 감독들에게 영향을 끼쳤다. 그들은 재즈와 블루스처럼 당시의 미국적인 예술 형태로 인식되기 시작했던 희극에 나타난 콘티뉴어티 그래픽에 애정을 가지고 있었다. 그 시대 인물 중 가장 유명한 영화감독인 스티븐 스필버그는 일반적으로 오락 영화감독들 가운데 가장 시각적인 감독이라고 인정받는다. 그가 조지 루카스와 공동으로 발간한 영화 제작 미술에 대한 모음집은 스토리보드와 프로덕션 일러스트레이션의 사용에 대해 더 깊은 관심을 일으켰다. 스토리보드가 없었다면 스필버그의 복잡한 무대화와 역동적인 효과는 그의 작품의 품질 증명이자 많은 젊은 감독들의 목표가 된 보석과 같은 광택을 갖지 못했을 것이다.

현재 스토리보드화에 관심을 갖는 것은 오늘날 할리우드 영화감독들이 코미디를 제외한 소설에 대해서는 거의 모르고 또 관념보다는 스토리보드와 액션을 갖고 작업하는 것을 편하게 여긴다는 점을 나타내는 증거인데도 이 사실은 쉽게 잊힌다. 그러나 주제와 상관없이 많은 영화가 스토리보드화되는 게 사실이다. 심지어 액션이 많지 않은 영화들도 역동적인 제재보다는 스토리보드에서 많은 도움을 받기도 한다. 연재 만화가나 할리우드의 고전적 영화들이 공유했던 콘티뉴어티 장치를 자신의 경력 속에서 철저히 버리거나 배제했던 장 뤽 고다르마저도 숏들의 연결을 위해 때때로 스토리보드를 사용했다. 스토리보드는 단지 하나의 도구일 뿐이어서 개별적인 작가가 보여주려고 하는 것 외의 어떤 스타일이나 내용도 반영할 필요는 없다.

스토리보드를 사용하는 데는 두 가지 목적이 있다. 첫째, 감독의 아이디어들을 미리 시각화하도록 해 주고, 작가가 연속적인 도안을 통해서 아이디어를 발전시키는 것과 같은 방식으로 그것을 정교화시킨다. 둘째, 제작 팀의 전 구성원에게 아이디어를 소통시키는 가장 명확한 언어로 기능한다. 확실히 스토리보드의 소통 가치는 제작이 복잡할수록 커지지만 그렇다고 큰 예산의 제작과 액션 신에만 스토리보드를 한정해서 사용하는 것은 아니다. 심지어 소규모의 극영화에서도 스토리보드의 도움으로 감독이 스토리를 정교화시킬 수 있다.

스토리보드화할 때 감독의 역할The Director's Role in Storyboarding

모든 영화는 재능과 개성의 독특한 혼합물이고 한 영화의 모습에 대한 책임은 정도는 다르지만 프로덕션 디자이너, 감독, 촬영기사, 편집자가 공유한다. 최근에는 프로덕션 디자이너로부터 콘티뉴어티에 대한 책임의 일단이 이동하면서 감독이 스케치 미술가와 직접 작업하려는 경향이 있다. 그러나 오늘날 메이저 스튜디오의 고도로 분업화된 제작 시스템과 매우 시각적인 감독은 스튜디오의 작업 시스템에도 언제나 그림을 책임져 왔다는 사실이 중요하다. 이제 더 이상 스튜디오가 자체의 스타일을 강요할 수 없음이 더욱 분명해졌다. 마지막으로 감독은 영화의 모양과 주제에 대한 중재자다.

그래픽 미술에 대한 훈련을 받았거나 드로잉에 취미를 가진 감독들(예를 들어 히치콕과 리들리 스콧Ridley Scott)은 자신이 스토리보드를 대강 그린 다음에 정규 스토리보드 미술가들이 정교화하게 한다. 인기 있는 프로덕션 일러스트레이터인 셔먼 래비Sherman Labby는《블레이드 러너》(1982)에서 리들리 스콧과 작업했는데, 감독인 스콧이 많은 신에 대해서 영감을 주는 '리들리그램'이라는 애칭으로 불리던 선 드로잉을 주어서 그것을 기초로 작업했다고 했다. 감독 겸 미술가였던 사람들로는 세르게이 에이젠슈타인Sergei Eisenstein, 페데리코 펠리니Federico Fellini, 구로사와 아키라 같은 스타일리스트들이 있다. 모두 시퀀스들을 스토리보드화하거나 자신의 영화에 대한 정교한 개념 스케치를 그렸다. 도면 그리기에 별로 재능이 없는 감독들(예를 들어 스티븐 스필버그와 조지 밀러George Miller)도 때로는 특수한 구성이나 무대화를 설명하기 위해서 미숙하지만 직접 그림을 그리기도 했다. 그러나 감독이 마음속으로 분명한 계획을 세웠다 하더라도, 그는 스토리보드 미술가들이 그 아이디어에 기여할 수 있도록 용기를 북돋아 줄 것이다.

희극과 영화에 대한 경험을 지닌 프로덕션 일러스트레이터인 폴 파워Paul Power는 감독과 오랜 기간 회의하면서 각 신에 대해 작업하기를 즐긴다. 때때로 대사를 읽으면서 각본의 신들을 한 페이지씩 시연해 보다 감독이 잠시 중단하고 대강의 스케치를 그리면, 나중에 더 깊은 토의를 하는 동안 이것들은 훨씬 정교한 그림이 된다. 영화의 무대화와 극적인 개념에 참여해 봄으로써 파워는 패널 속에서 '연필로 연기하는 것'과 같은 유형의 도해를 그려내게 된다. 파워는 프로덕션 일러스트레이터의 책임을 '감독이 자신의 환상을 표현할 수단을 발견하도록 돕는 것'이라고 규정했다. 실제로 감독이 가장 먼저 할 일은 모든 프로덕션 일러스트레이터들과 일관된 테마를 유지하는 일이다. 어떤 점에서 스토리보드화라는 기능 자체는 일러스트레이터에게 융통성을 발휘하는 법을 가르치게 된다. 프로덕션 일러스트레이터들은 지속적인 수정을 통해서 하나의 시퀀스를 정교화하는 데 익숙하기 때문에 어떤 문제든지 해결책이 있음을 알고 있다. 공동 작업은 각본에 대한 감독의 시각을 해석한다는 점에서 도전의 의미를 지닌다.

　　스토리보드 미술가와 감독의 협업에서의 독특함은 프로덕션 일러스트레이터 토드 앤더슨J. Todd Anderson과 작가 겸 감독 코엔 형제의 관계와 같다. 앤더슨은 1987년 코엔 형제의 두 번째 영화《아리조나 유괴사건Raising Arizona》부터 모든 그림을 스토리보드화하기 시작했다. 그들의 협업 과정은 간단하다. 한 번에 한 장면씩 작업하고 무대를 걸으며 실연한다. 감독은 특별한 숏 목록을 가지고 있고, 앤더슨은 대략적인 스케치를 그린다. 형제가 장면을 설정하고 연기에 대해 설명하는 동안 앤더슨은 느슨한 축소판 그림 패널들을 빠르게 그린다. 축소판 그림은 막대기 모양과 도형으로 구성되며 5-30초 정도 소요된다. 움직임을 나타내는 메모와 화살표도 있지만 앤더슨이 형제의 의도를 기억에 저장하는 동안 작동하면서 숏의 주요 세부 사항이 기록된다. 그는 머릿속에 그런 생각을 가지고, 빨리 그린 모든 스케치들을 더 발전된 패널로 다시 그리기 위해 하루의 나머지 시간을 보낸다. 이것들은 다음 날 감독에게 제시되고 승인되거나 거부된다. 때로는 새로운 아이디어가 생겨서 해당 시퀀스의 두 번째와 세 번째 과정이 필요하다. 이 과정은 스토리보드에 표시된 영화의 모든 장면과 구성에서 평균 6-8주 동안 계속된다. 최종 결과는 스크립트의 각 장면을 한 페이지에 여러 패널로 그린 코엔 형제의 그림 스크립트다. 스크립트는 출연진과 제작진이 공유하기 때문에 모든 사람이 영화의 모양을 정확하게 알 수 있다.

스케줄Schedules

　　프로더션 일러스트레이터들은 한 영화에 2주 또는 제작의 복잡성과 감독의 요구에 따라 일 년 이상도 일할 수 있다. 평균 스케줄을 강요하기는 어렵지만 액션 시퀀스들을 골라내는 것과는 반대로 전체 영화를 철저하게 스토리보드화하는 작업은 일반적으로 도면의 세부 사항에 따라 최소 4-6개월이 소요된다. 정교한 세트와 효과들을 수반하기 마련인 대규모 제작의 경우여러 명의 스케치 미술가들이 필요할 수도 있다. 어떤 경우에는 프로덕션 디자이너가 콘티뉴어티 스케치에 관여하기도 한다. 한 명 이상의 미술가가 작업하더라도 복잡한 영화라면 스토리보드를 만드는 데만도 일 년이 소요되기도 한다. 그러나 이 더 긴 스케줄은 수정, 대본 변경, 그리고 감독의 역량만큼 그리기 시간을 반영하지 않았음이 언급되어야 한다. '룩뎁look dev'이라는 문구는 감독과 미술부서가 시각적 테마를 확인하는 기간을 나타낸다. 몇몇 감독은 그들의 영화에 대한 기본적인 시각적 감각을 가지고 있으며 시각화를 결정한다. 다른 감독들은 수십 가지 옵션을 탐색해야 하며 시각화를 결정하지 않을 수도 있다. 다만 감독에게 매우 비용이 많이 든다는 한계가 있다. 공통적인 표현은 시각적 능력이 없는 감독들과 시각석 능력이 있는 감독들이 있다는 것이다. 전자는 그림의 모든 요소를 여러 번 보고 선택해야 하고 명확하거나 일관된 권장 사항이 없는 반면에, 후자는 명확한 범위의 진로와 정보에 근거한 결정을 설명할 수 있는 능력이 있다. 이 책의 목표 중 일부는 감독들이 시각적 디자인 과정을 개발하는 것을 도와서 모든 영화가 직면하고 있는 제한된 자원과 시간을 낭비하지 않도록 하는 데 있다.

스토리보드 미술가들이 갖추어야 할 기술들

Skills Required by Storyboard Artists

프로딕션 일러스트레이터는 무대화, 편집, 구성을 이해해야 하고 촬영 기술에서는 렌즈 사용에 통달해야 한다. 그는 여러 자세를 취하고 있는 인간의 모습을 모형이나 사진에 의존하지 않고 그리는 일에도 숙달된 능수능란한 도안자여야 한다. 또한 이국적인 로케이션과 다양한 역사적 시대의 모습과 느낌에 적응하고, 마감에 맞춰서 작업을 빨리 진행할 수 있어야 한다. 그렇다고 조사 자료를 전혀 사용하지 않는다는 의미는 아니다. 스케치 미술가가 특정 시대의 의상이나 독일 잠수함의 내부 또는 네팔의 지평선이 어떤 모

INSIDE MANSION

IUC GR7

SCENE 7/
SET-UP /

"THE BIG LEBOWSKI"

SCENE 7/
SET-UP 3

"THE BIG LEBOWSKI"

3. HINGING The Dude and Walterdown the Hallway toward the greatroom.

1. Med Close on the two guys as they bang thru the greatroom doors.

2. LONG SHOT TRACKING into the Big Lebowski as he motors into the f.g.

토드 앤더슨이 그린 코엔 형제의 《위대한 레보스키》 스토리보드.

습인지 꼭 알고 있어야 하지도 않다. 그러나 어떤 일련의 스케치를 위해서 참조가 될 만한 것들을 찾아보는 데 드는 시간이 제한되어 있기 때문에 시각적인 기억력이 뛰어나다는 것은 아주 중요하다.

참조와 조사 Reference and Research

디자인의 더 나중 단계에 이르면 스케치 미술가는 감독과 프로덕션 디자이너, 촬영기사가 선택한 실제 로케이션을 찍은 사진들이나 자신이 개인적으로 로케이션 장소를 방문해서 참조할 숏을 찍은 사진들을 도해의 기초로 삼을 것이다. 로큰롤 음악가 리치 밸런스의 전기 영화인 《라 밤바La Bamba》(1987)는 스토리보더인 폴 파워가 주인공이 실제로 살던 장소를 방문해서 그의 가족들을 만나 봄으로써 멕시코의 문화를 익혔다. 파워는 촬영을 시작하기 전에 몇 달 동안이나 스토리보드 작업을 했고, 촬영 기간에는 진행 중인 영화 작업과 스토리보드를 일치시키기 위해서 제작 팀과 함께 남았다. 49페이지의 이미지는 폴이 만든 《라 밤바》 도입부 신의 스토리보드 중 몇 작품이다.

비교적 저예산 영화를 만드는 입장에서 보자면 파워의 경험은 부러운 일이다. 오늘날의 영화 제작 환경에서 스토리보드 도해가는 일반적으로 자신의 그림을 정교화하기 위해서 과거보다는 시간을 덜 들인다. 이 탁월한 도구는 제작자에게 많은 시간과 돈을 절약할 수 있도록 해 줌에도 불구하고 거꾸로 예산에서 줄이거나 아예 삭제하는 첫 번째 항목이다.

오늘날 스토리보드와 정교한 콘셉트 아트의 자유로운 사용은 1억5천만 달러가 넘는 슈퍼 히어로와 시각효과로 인한 중량감 있는 그림들의 지배 결과다. 이 대부분의 그림들이 그래픽 소설이나 만화책을 기반으로 하기에, 우리가 제작 미술 르네상스에 있다는 것은 놀라운 일이 아니다. 콘셉트 아티스트 크레이그 멀린스Craig Mullins와 더그 치앙Doug Chiang은 수천 명의 다른 일러스트레이터의 온라인 포트폴리오와 함께 디지털 아티스트 급증의 첫 물결이다. 그들 중 많은 사람이 열렬한 사진작가이며, 전통 예술 자료를 사용한 경험만이 아니라 3D 기술도 가지고 있다.

폴 파워가 그린 《라 밤바》 스토리보드.

스타일 Style

51페이지부터 시작하는 그림은《시민 케인》에 나오는 스토리보드다. 콘티뉴어티 스케치가 시퀀스의 시각적인 흐름과 분위기를 어떻게 전달하는가를 보여 주는 좋은 예이자 1930-1940년대에 스튜디오에서 제작한 작품의 유형 중에서도 전형적인 것들이다. 이 그림들 중 하나의 아랫부분에 감독 오손 웰즈, 아트디렉터 반 네스트 폴글라스Van Nest Polglase, 조수 페리 퍼거슨Perry Ferguson이라는 크레디트가 적혀 있다. 하지만 이는 약간 잘못되었다. 당시의 스튜디오 시스템이 지니던 볼썽사나운 면 중 하나다. 실제로는 퍼거슨이《시민 케인》의 아트디렉터였고, 폴글라스는 RKO 전체 미술부서의 장이었다. 퍼거슨이《시민 케인》을 위한 실제적인 디자인 작업을 했던 반면에 폴글라스는 전체적인 관리를 책임졌을 뿐 대부분의 특수한 창작상의 결정에는 참여하지 않았다. 불행하게도 스튜디오 시스템에서 프로덕션 일러스트레이터들은 그들의 작품에 서명할 수 없었다. 이것이 오늘날 개인적인 그림에 대해서 크레디트를 부가하는 것을 어렵게 만들고 있다.

퍼거슨은 신들을 개념화할 때 웰즈와 긴밀하게 협력하면서 작업했다. 그다음에 RKO 미술부의 일러스트레이터들이 그린 스케치, 세트 디자인, 스토리보드로 바뀌었다. 로버트 C. 캐링거Robert C. Carringer가 쓴 『《시민 케인》제작 과정The Making of Citizen Kane』에 기록되어 있는 크레디트에 따르자면 이 작품에는 다섯 명의 일러스트레이터가 있었다. 찰스 오만Charles Ohmann이 스케치 미술가의 대표로 올라 있는 반면에 앨 애봇, 클로드 길링워터Claude Gillingwater, 앨버트 파이크 주니어Jr. Albert Pyke, 모리스 주버라노는 스케치와 그래픽이라는 제목 아래에 이름이 올라 있다. 스케치에 참여한 다른 미술가가 있을 수도 있다. 당시에는 한 명 이상의 미술가가 드로잉이나 스토리보드 작업을 하는 일이 흔했다. 스튜디오 시스템에서, 미술부서의 일러스트레이터들이 할 일을 끝마치고서 자신에게 크레디트가 할당되지도 않는 프로젝트에 투입되는 일도 마찬가지다.

처음으로 51페이지의 스토리보드는 대처 도서관에 대한 네 개 패널로

이루어진 시퀀스다. 이런 목탄 스케치는 편집 콘티뉴어티보다는 세트 디자인
과 분위기를 잘 보여 준다. 고딕적인 조명은 영화에서 신들이 보이는 방법과
매우 밀접하다.

그림의 두 번째 시퀀스는 더 전통적인 콘티뉴어티 보드로 각본에서 삭
제되었던 신을 보여 준다. 케인의 스물다섯 번째 생일날 케인의 후견인이자
재정 담당관인 월터 대처가 케인을 만나기 위해서 로마로 가면서 회상하는
장면이다. 신의 기본적인 연기와 전환, 카메라 움직임이 각각의 패널 밑에 기
술되어 있다.

다음의 시리즈에서 케인은 약국 앞에서 처음으로 수잔 알렉산더를 만난
다. 그 신의 기본적인 연기는 영화화된 것과 매우 가깝다. 그러나 카메라 앵글
과 무대화는 상당히 다르다.

《시민 케인》 중 대처 도서관 신을 위한 스토리보드.

첫 번째 로마 시퀀스

카메라가 폴 백하면 쇠창살이 있는 출입구로 다가오는 그들이 보인다.

마차와 피커가 서둘러 마차에서 내려 걷기 시작한다.

마차를 끄는 말의 그림자가 빠르게 스크린을 가로질러 들어온다.

'로마'라고 쓴 글자가 이동해 스크린을 가로질러 사라진다.

손이 들어오고 곧 이어서 문을 연다.

벽난로 옆에 있는 케인.

그들이 앞으로 걸어올 때에 카메라가 뒤로 이동한다.

대처와 피커가 한 문을 통해 방으로 들어온다.

열리는 문.

대화하는 모습이 디졸브로 보인다.

대처의 기억 속 글자들.

빈 벽에 마차의 그림자.

끌려가는 마차에 앉아 있는 대처.

그날 밤, 서재에서 대화하는 케인, 대처, 그리고 번스타인의 모습에서 디졸브가 완성된다.

《시민 케인》에서 삭제된 로마 시퀀스의 스토리보드.

케인, 수잔을 만나다 #1(계획을 위해서 다른 카드를 보러) 외부. 뉴욕 웨스트사이드 야구 내부. 수잔의 아파트

흙탕물을 튀기는 케인.

진흙 웅덩이 다리 역할을 하는 헐거워진 널빤지를 밟는 케인의 발.

케인이 반대 방향에서 걸어온다.

그녀가 아파트를 향해 걸어오고 집 앞에 도착했을 때,

페이드인되면 수잔이 치통 때문에 얼굴을 감싸며 약국에서 나서나온다.

케인이 주위를 살펴보며 화장대로 가고 배경의 침실에 수잔이 보인다.

그들이 들어올 때, 아파트 내부.

그들이 앞으로 걸어올 때에 카메라가 뒤로 이동하여 막 문을 들어서는 그들을 잡는다.

그들은 아파트로 들어간다.

동시에 케인은 수잔에게 달려가고, 그녀는 닦아 주기 위해 서 다가온다. 그 그림은 맞았다.

세 사람의 대화. (계속)

수잔은 케인을 위해 노래를 부르고, 이때 뒤쪽에서 피아노 소 부인이 들어온다.

수잔은 여기에서 피아노를 장면으로 넘어간다.

케인이 재주를 부려 보여 주는 벽에 비춰진 오리의 그림자에서 *풀 백.

그녀가 대화에 대해서 웃고 그림은 웃음을 닦는다. 다음.

케인이 수잔 알렉산더를 만나는 장면의 스토리보드.

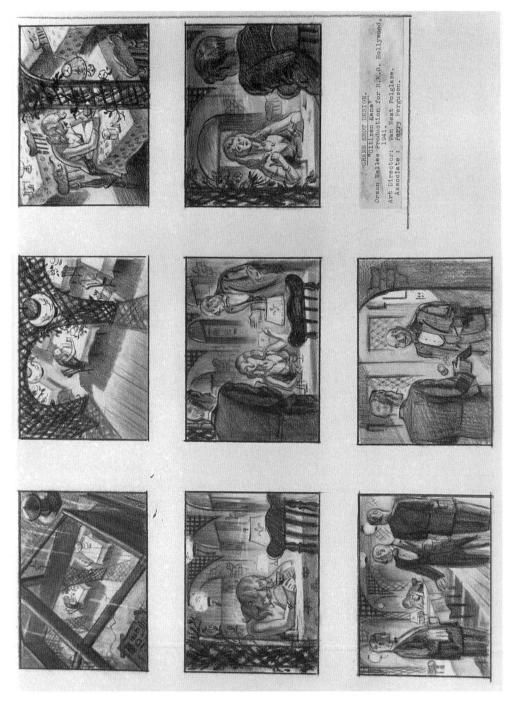

엘 란초 카바레의 크레인 촬영에 대한 스토리보드.

마지막 스토리보드는《시민 케인》에서 가장 유명한 숏들 중 하나다. 카메라가 엘 란초 카바레의 채광창을 지나 테이블에 앉아 있는 수잔 알렉산더와 케인을 향해 아래로 움직인다. 실제로 그 숏은 단일 연속 숏의 환상을 만들기 위해 카메라가 채광창의 비에 젖은 유리를 통해 움직일 때 나이트클럽의 전체 내부와 미니어처로 만든 지붕의 합성을 디졸브로 연결한 것이다.

그 신의 프레이밍은 결국 그 시퀀스를 표현하는 방식과 꽤 다름에도 불구하고, 54페이지의 크레인 촬영은 1920년대에 독일 표현주의자들이 사용했던 조명을 상기시키는 스타일의 도해로 훌륭하게 묘사했다. 어배너 일리노이 대학의 보관소에서 개최된 동일한 컬렉션의 다른 스토리보드들은 동일한 숏의 다른 버전을 보여 준다.

해롤드 마이클선이 히치콕의《새》(1963) 작업에서 그린 스토리보드도 엉뚱하기는 마찬가지다. 특색 있는 여섯 개의 패널은 선을 경제적으로 사용함으로써 카메라맨이 한 신의 콘티뉴어티를 프레이밍하는 방식을 이해하는 데 필요한 모든 정보를 어떻게 전달할 수 있는가를 보여 준다. 이 역동적인 스케치들은 특수한 세부 묘사에 많은 시간을 들이지 않고도 분위기, 장소, 구성, 연기의 무대화, 그리고 각 숏을 위한 렌즈의 선택을 결정하게 한다. 56－57페이지에 나오는 여섯 개의 프레임은 새들이 대거 모인 후에, 보데가 만에 있는 학교에서 달려 나가는 아이들을 공격하는 것을 묘사한다.

《새》의 프로덕션 디자이너 로버트 보일Robert Boyle은 1942년부터 히치콕의 다섯 작품, 즉《파괴 공작원Saboteur》(1942),《의혹의 그림자Shadow of a Doubt》(1943),《북북서로 진로를 돌려라North by Northwest》(1959),《새》,《마니Marnie》(1964)를 담당했다. 보일은 히치콕이 조리 있는 입안자이고, 또한 함께 작업하는 재능 있는 사람들의 아이디어에 관심을 갖고 있는 감독이라는 명성을 재확인시켜 주었다. 그들이 보통 함께 일하던 방법은 초기에 각각의 신을 검토하는 제작 스케줄 모임을 갖는 것으로 시작했다. 히치콕은 하나의 시퀀스를 대강의 스케치로 그렸고, 그의 창작 팀이 그것을 더 정교화했다. 다른 경우보다 좀 더 상세한 각 신에 대한 일반적인 계획을 이 모임에서 고안했고,

해롤드 마이클선이 그린 《새》 스토리보드. 이 영화의 프로덕션 디자이너는 로버트 보일이다.

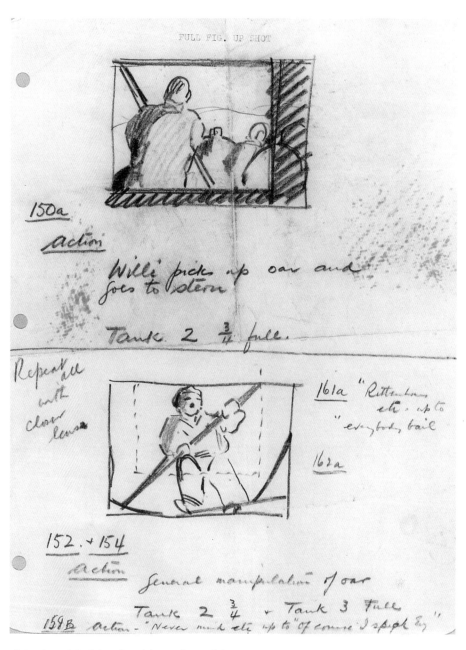

히치콕이 《구명선》에서 그린 주해와 스토리보드 패널.

보일은 아이디어를 영화적 사실로 바꾸는 데 필요한 스토리보드, 세트 디자인, 의상, 특수한 효과들을 관장하기 시작했다. 보일은 세트와 스토리보드에 대한 몇 장의 그림을 직접 그리기도 했지만 이 작품의 대부분은 보일과 히치콕이 협의한 것을 스토리보드 일러스트레이터가 수행했다.

58페이지의 그림들은 매우 드문 경우다. 1943년에 《구명선Lifeboat》을 만들기 위해서 히치콕이 직접 그린 주해와 스토리보드 패널인데 각각 바인더에 끼울 수 있도록 세 개의 구멍이 뚫려 있고, 패널마다 대사와 연기를 묘사하고 있는 주해들을 포함하고 있다. 특별한 대사 암시는 히치콕이 편집 과정에서는 조정을 크게 제한하면서 촬영 과정에서 편집을 한다는 의미다. 첫 번째 패널은 히치콕이 카메라를 왼쪽으로 더 가깝게 움직이면서 구도에 약간의 조정을 가했음을 보여 준다. 또한 두 번째 패널의 왼쪽 끝에 '근접 렌즈로 반복해서 찍을 것'이라고 지시한 것에 주목하라. 이는 노를 젓는 사람을 둘러싸고 있는 점선으로 된 프레임선을 말하는 것으로 보인다. 히치콕이 동일한 연기의 커버리지coverage(**어느 신을 촬영할 때 마스터 숏master shot 이외의 개별 숏들로 거리 및 각도를 다양하게 촬영해 편집 시에 다양한 선택을 가능하게 한다)를 더 가까이서 얻고자 했음을 보여 준다.

디지털 스토리보드 Digital Storyboards

오늘날 전형적인 스토리보드 아티스트는 두 대의 27인치 모니터 앞에 앉아 와콤 태블릿에 그림을 그린다. 신티크Cintiq일 것이다. 그는 포토샵에서 그린 컴포지션의 일부 또는 전체 이미지를 사용하여 인터넷에서 수백 개의 이미지를 조사하고 다운로드한다. 그는 평균 이상의 마야 사용자이며, 터보스퀴드TurboSquid 또는 렌더로시티Renderosity에서 항상 3D 모델을 다운로드한다. 그것은 포토샵에서 모두 레이어로 끝나고, 그의 일러스트레이션 스타일에 영향을 미쳤다. 스토리보더는 일상적으로 포토샵에서 사진, 3D 모델, 그리고 그려진 요소들을 결합한다. 소프트웨어를 변경하는 것의 문제일 뿐이다.

스튜디오 사진들로 작업하는 대부분의 스토리보드 아티스트들은 파워포인트 또는 퀵타임 무비에서 슬라이드 쇼를 제작하여 어도비 애프터이펙트에서 시각 및 음향효과를 추가하는 데 익숙하다. 편집된 스토리보드에 사운드 및 제한된 효과를 추가하는 것이 프레젠테이션을 크게 향상시킨다. 이미지, 사운드, 그리고 사전 제작된 효과의 전체 라이브러리는 온라인으로 판매되므로 그 과정을 훨씬 쉽게 만들고 있다. 아이패드와 다양한 경쟁 업체들은 향상된 스토리보드 시퀀스를 표현할 수 있는 좋은 방법이다. 백라이트를 사용하기 때문에 색채가 인쇄된 이미지보다 생생하다.

카메라 기법의 도해 Illustrating Camera Techniques

스토리보드의 가장 뚜렷한 한계는 동작을 보여 주는 것에서의 무능함이다. 프레임 안의 액션만이 아니라 더 중요하게는 카메라의 움직임도 그렇고, 디졸브나 페이드 같은 광학적 효과들 또한 일러스트레이터의 영역을 넘어선다. 피사계 심도와 초점을 처리하는 일도 대부분 마찬가지다. 그러나 디지털 방식으로 그리는 경우라면 피사계 심도를 시뮬레이션하기 위해 이미지의 일부 또는 전부를 흐릿하게 처리할 수 있다. 정적 스토리보드 프레임으로 움직임을 보여 주는 것을 돕는 가장 좋은 해결책은 여백에 화살표, 캡션, 도식도를 사용하는 것이다. 도식도는 세트를 위에서 보는 평면도, 그리고 카메라와 그 시야각(카메라가 보는 것)이다. 또한 연기하는 피사체에 적용해 볼 수 있는 카메라 움직임과 확장된 공간을 보여 주기 위해서 만화 작가들이 사용하는 몇 가지 기법이 있다.

스토리보드 프레임의 경계는 카메라 시점을 나타낸다. 그러나 때때로 프레임 외부의 내용을 포함하여 장면의 맥락을 보는 것이 도움이 된다. 실제로 많은 미술가들이 프레임 라인 없이 그림을 시작한다. 그들은 장면의 기본 요소들을 스케치한 후, 그림 내에서 최고의 장면을 찾은 다음, 연기 주위에 프레임의 크기와 배치를 선택한다. 일부 스토리보드 미술가들은 오려져 있는 크기가 다른 여러 골판지 패널들을 가지고 있어 그것들을 그림 위로 이동하면서 한 숏을 선택한다. 물론 디지털 영역에서 프레임은 포토샵과 대부분의 다른 페인트 프로그램에서 별도의 그리기 레이어에 놓일 수 있다. 컴퓨터의 힘을 뛰어넘어 일러스트레이션을 수정하고 제어하는 일은 어려운 반면에 종이 위에 연필의 느낌은 아직 입력 장치와 중복되지 않았다.

다음의 일련의 패널에서 카메라의 움직임과 변화를 도해하는 몇 가지 방법을 보여 주면서 다양한 그림 스타일을 사용할 것이다.

팬 숏과 트래킹 숏The Pan Shot and the Tracking Shot

그림 3-1의 가로로 긴 첫 번째 패널은 옥상 위의 저격범을 추적하기 위해 뛰어가는 남자를 도해했다. 길거리의 남자는 연기상 중요한 위치에서 화살표로 그가 갈 방향이 표시된다. 이런 유형의 패널은 팬이나 *트래킹 숏을 지시하는 데 사용할 수 있다. 이 그림은 특별한 프레이밍을 지시하지는 않지만 카메라 위치와 연기의 무대화는 매우 명확하다.

그림 J-1

그림 3-2의 자동차 추적 신처럼 실제 프레이밍을 보여 주는 것도 가능하다. 프레임 안의 A프레임은 카메라가 액션을 찍을 때 그 숏의 구성을 나타낸다. 이 경우 왼쪽의 프레임(A)은 차와 함께 패닝된다. 프레임 밑의 화살표는 차가 왼쪽에서 오른쪽으로 이동할 때, 더 크기가 작은 오른쪽 프레임(B)으로 카메라가 줌 인zoom in됨을 보여 준다. 이러한 도상의 표준은 없다. 충분한 시간을 갖고 아이디어를 이해시킬 수 있는 방식으로 디자인할 수 있다.

그림 3-2

그림 3-3의 세 번째 파노라믹 스토리보드는 수직 팬을 보여 주는데, 복합 원근법mutiperspective이 어떻게 넓은 공간에 걸쳐서 패닝을 지시할 수 있는가를 보여 준다. 다이버를 처음에 앙각 숏으로 잡은 다음에 카메라는 풀장으로 틸트다운tilt down될 때까지 그를 따라간다.

달리와 줌 숏 Dolly and Zoom Shots

만화영화에서는 큰 패널을 그린 다음 미디엄 숏, 클로즈업, 익스트림 클로즈업을 얻기 위해 전체 그림을 더 적은 부분으로 프레임해서 그리는 것이 가능하다. 만화영화에서는 필드 컷field cut이라고 부르는데, 한 장의 그림을 여러 크기의 프레임으로 찍음으로써 최대한 많은 숏을 얻기 위해 사용한다. 필드 컷은 한 프레임 안의 또 다른 프레임으로 지시된다. 또한 그림 3-4에서 나오듯 달리dolly나 줌zoom을 지시하기 위해서 실연 영화 스토리보드에서 사용한다. 달리나 줌의 방향을 지시하기 위해서 두 프레임을 연결하는 화살표를 첨가한다. 편집보다는 오히려 움직임을 통해서 숏 크기의 변화가 얻어진다는 것을 보여 준다.

그림 3-5에서는 같은 축을 지닌 컷, 달리 또는 줌 숏을 지시하는 더 관례적인 방법을 보여 준다. 물론 그림을 두 번 그려야 하고 자막으로 부가적인 설명을 해야 한다는 것이 문제다. 추가된 프레임의 장점은 클로즈업의 중격이 더 효과적으로 전달된다.

한 프레임 안의 프레임은 **그림 3-6**에서처럼 변화무쌍한 카메라의 동작을 보여 주기 위해서 사용할 수 있다.

그림 3-3 이와 같은 복합 원근법적 시계는 아주 큰 거리상에서 선회하는 팬 숏을 보여 주기에 좋은 방법이다. 이런 유형의 도해를 가지고 그 숏의 프레이밍이 와이드인지 미디엄인지 아니면 클로즈업인지 말하기는 어렵다. 그러나 다이버의 동작에 대한 몇 가지 개개의 숏들이 이용하고 있는 대안적인 재현의 유형은 그 숏의 주요 특성인 다이버의 매끄러운 동작과 진로를 전달하지는 않는다.

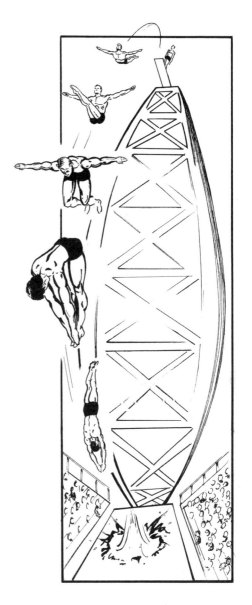

그림 3-4 줌 또는 달리의 움직임을 지시하기 위해 프레임 속에 또 다른 프레임을 사용했다. 바깥쪽 프레임의 모서리와 안쪽 프레임을 연결하고 있는 선들을 제거한다면 이것을 하나의 새로운 숏으로 컷됨으로써 숏 크기가 변화함을 의미하게 될 것이다.

숏들 사이의 전환Transitions Between Shots

그림 3-7을 통해 디졸브와 페이드 같은 전환이 어떻게 이루어지는가를 볼 수 있다. 이런 특별한 설계의 유형은 애니메이션 스토리보드에서 빌려 왔다. 스타일은 애니메이션 스튜디오에 따라 조금씩 다르다. 그림 3-7은 패널들 사이의 공간에 대한 전형적인 사용을 보여 준다.

크레인 숏The Crane Shot

콘티뉴어티와 편집의 도해 기법들에 대한 마지막 예다. 크레인의 움직임을 이용한 시퀀스 숏으로 스토리보드에는 모두 열한 개의 패널이 있지만 이는 끊어지지 않은 하나의 숏을 의미한다.

포맷과 프레젠테이션 Format and Presentation

적당한 가격의 잉크젯 프린터와 암호로 보호된 사이트를 가질 능력과 영화 해상도로 미술 작품과 비디오/사운드를 보여 줄 수 있는 기능을 통해 제작 미술 작품을 발표하고 공유하는 데는 여러 방법이 있다. 오늘날 대부분의 작품은 온라인으로 공유되며, 대부분의 프레젠테이션들을 노트북 화면에서 볼 수 있다. 많은 삽화들이 인쇄되어 종이 위에 제시되면 투자자, 배급자 또는 스튜디오 대표에게 프레젠테이션하기 좋다.

사전 제작 기간 동안 스토리보드는 일반적으로 여러 부서에서 공유된다. 프레젠테이션의 형식은 그것들이 사용되는 방법에 따라 다르다. 애니메

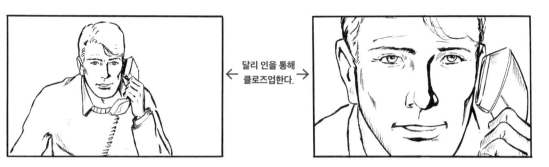

← 달리 인을 통해 클로즈업한다. →

그림 3-5 숏 크기 변화를 나타내는 전형적인 방법.

이션에서 스토리보드는 일반적으로 디즈니의 예에 따라 그룹 회의에서 많은 패널을 볼 수 있도록 미술부서의 벽이나 게시판에 배치된다. 이것은 촬영의 요구사항에 대한 병참적인 개요를 얻는 데 적합하지만 정확한 숏들의 흐름과 타이밍을 시각화하는 데는 불편하다. 스토리보드 제작의 초기 단계에서 감독은 전체 영화를 빠르게 스케치하기 위해 비트 보드(**도약판 – 주요한 부분만을 그림)를 택하기 쉽다. 이것을 받아 스토리보드 팀은 1분의 상영 시간을 유지하는 한 번의 스케치로 작고 매우 느슨한 스케치들을 만든다. 표현을 위해 선정된 순간이 주요 스토리 비트다. 보드는 일반적으로 하나의 벽 또는 여러 벽에 고정된다. 몇 주 동안의 많은 수정 후에 전체 90분짜리 애니메이션 영화가 수백 개의 연필 스케치로 작업될 수 있다. 약한 부분을 수정하고

그림 3-6 지진, 배 갑판의 요동 또는 대상이나 공간의 어떤 움직임을 묘사하기 위한 카메라 움직임은 한 프레임 안에 다른 프레임들을 사용함으로써 나타낼 수 있다.

일반적으로 가장 중요한 극적인 순간과 전환점을 개선하는 데 몇 주가 더 걸릴 수 있다. 매주 스토리보드 미팅에서 수십 개의 비트 보드가 제거되거나 추가될 수 있으므로 비트 도면의 벽은 가장 중요한 결정이 내려진 부분을 보여준다. 일반적으로 편집자는 90분 비트 영화가 준비될 때까지 비트 패널들을 시퀀스로 자르고, 시퀀스를 스크래치 트랙으로 자른다. 이제 분당 스크린 시간에 더 많은 스토리보드 패널을 추가하면서 수개월 동안 각 장면의 스토리보드를 시작한다. 편집자 또는 애프터이펙트 아티스트가 그림들에 제한된 애니메이션을 추가하는 방식으로 미술을 준비하기 위해 스토리보드 미술가와 편집자는 스토리 헤드와 협력한다. 실제 거친 애니메이션과 3D 사전 시각화를 포함하면서 세련미와 디테일을 강화하여 1년간의 스토리보드 작업이 끝난 후, 관객은 과거의 불완전함을 보면서 이야기에 반응하며 이 완성된 애니메이션을 볼 수 있다. 애니메이션에서, 관객보다 앞서 영화의 사전 시각화 버전을 갖는 것은 스토리보딩의 길잡이와 같다.

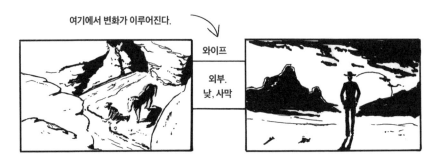

그림 3-7 만화가들은 숏 사이의 변화를 보여 주기 위해서 프레임 사이의 공간을 사용하기도 한다.

프레임 안의 아파트 건물에서 떨어지는 파편
을 따라 팬 다운하면

아파트 4층 테라스에 있는 여자와 아이가 프
레임 전경에 보인다.

여자가 바구니 안의 아이를 땅으로 내리는
모습을 잡기 위해 카메라가 풀 백한다.

바구니가 내려갈 때, 그것을 잡기 위해 카메
라가 밑으로 크레인 다운하기 시작한다.

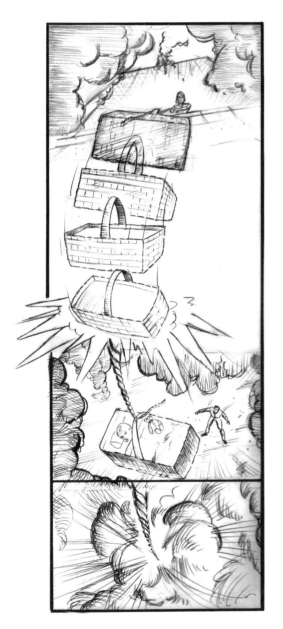

바구니가 카메라에 더 빠르게 접근해 떨어진다.

바구니가 카메라 앞을 지난다.
카메라는 바구니와 같이 팬 다운한다.

바구니 위쪽의 창문에서 불길과 연기가 폭발
할 때, 아버지가 밑에서 기다리고 있다.

연기가 바구니를 감싼다.

여자가 멀리 배경으로 멀어질 때까지 카메라는 바구니 밑에서 아래로 움직임을 계속한다. 연기가 프레임을 검게 메운다.

연기가 갤 때 카메라는 아버지를 향해 밑으로 움직인다.

아버지가 "바구니를 계속 내려요. 나는 볼 수가 없어요"라고 외친다. 연기가 그의 눈을 가리고, 그는 겨우 볼 수 있다.

바구니가 프레임 전경에서 흔들리고 있을 때, 아버지의 얼굴이 서서히 안도하는 표정으로 바뀐다. 그가 바구니를 잡는다.

그림 3-8 계속되는 크레인 숏을 그린 세 개의 패널.

단순화된 스토리보드 도해 Simplified Storyboard Illustration

스토리보드는 기본적으로 두 종류의 정보를 전달한다. 한 시퀀스의 물리적 환경에 대한 묘사(세트 디자인/로케이션)와 공간적인 특질에 대한 묘사(무대화, 카메라 앵글, 렌즈, 그리고 그 숏에서 어떤 요소들의 움직임)다. 스토리보드 일러스트레이터는 분위기, 조명, 환경적 디자인의 다른 면들을 전달하는 반면에 감독은 카메라의 기본 설정과 피사체의 배치만 보여 주려고 한다. 이것은 간단한 그리기 스타일이나 도표로 전달할 수 있다.

다음은 쉽고 빠르게 익힐 수 있는 그래픽적인 표현의 몇 가지 유형이다. 이것들은 한 숏이나 한 신에 대한 감독의 개념을 소개하는 데 필요한 특정한 방법 안에서 결합될 수 있다. 이 신은 거리의 차도를 달리고 있는 한 여자를 보여 준다. 그림 3-9를 보면 그 숏의 피사체나 카메라 움직임의 방향을 지시하기 위해서 문자로 된 설명문과 화살표를 사용하는 가장 기본적인 의사 전달 방법으로 시작한다. 대단히 초보적이라 한 시퀀스를 디자인하는 데는 별로 도움이 안 되는 것처럼 보이지만 편집 경험이 있는 감독은 그 보드를 읽으면서 속도감을 얻을 수 있다.

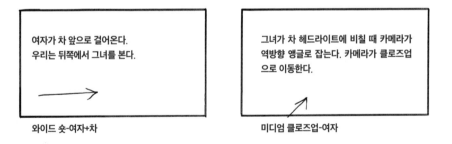

여자가 차 앞으로 걸어온다.
우리는 뒤쪽에서 그녀를 본다.

와이드 숏-여자+차

그녀가 차 헤드라이트에 비칠 때 카메라가
역방향 앵글로 잡는다. 카메라가 클로즈업
으로 이동한다.

미디엄 클로즈업-여자

그림 3-9 프레임 안에 글로 적는 것은 가장 간단한 유형의 스토리보드다.

그림 3-10에 두 가지 유형의 개요 그림이 있다. 첫 번째 쌍은 카메라의 배치와 액션의 방향을 분명하게 보여 주는 대강의 플랜이다. 두 번째 쌍은 카메라의 높이를 보여 주는 좀 더 발전된 개요 그림들이다. 개요 그림들은 로케이

션에서 숏들을 촬영할 순서를 계획하도록 도와주는데, 이것들로 많은 전략적인 문제들이 드러나기 때문이다. 보통 장비와 사람들을 이동시키는 가장 좋은 방법을 발견하는 일과도 관계 있다. 대강의 개요 그림은, 만약 점심시간 전에 마지막 숏을 위해 달리 트랙을 놓았다면 그것이 점심시간에 움직여야 할 차들을 가로막게 된다는 것을 미리 알게 해 준다. 개요 그림들은 카메라의 배치를 정확하게 묘사하는 반면에 숏의 크기 또는 한 숏의 감정적인 면이나 움직임상의 특질에 대한 지시는 거의 주지 않는다.

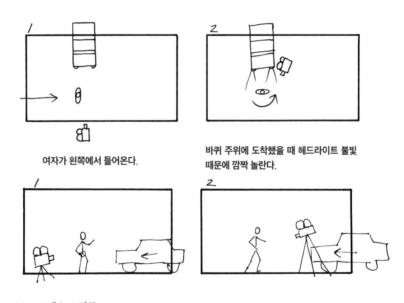

여자가 왼쪽에서 들어온다.

바퀴 주위에 도착했을 때 헤드라이트 불빛 때문에 깜짝 놀란다.

그림 3-10 개요 그림들.

이에 대한 하나의 대안은 인물의 배치와 액션의 방향을 전달하는 선화 stick figure(**선으로 그리는 그림) 사용이다. 두 가지 예를 그림 3-11에서 볼 수 있다. 선화 도해에서는 원근법이 나타나지 않기 때문에 카메라의 높이를 보여 줄 수 없다. 조잡해 보여도 이 네 개의 패널은 꽤 많은 정보를 제공한다. 이런 패널을 그리는 데는 1분도 안 걸리지만 프레임의 각 쌍들이 어떻게 함께 컷될 수 있는가에 대해 많은 것을 말해 준다. 감독은 이것보다 복잡하지 않은 그림들을 사용해서 한 시퀀스를 위한 숏의 크기를 훌륭하게 다듬는다.

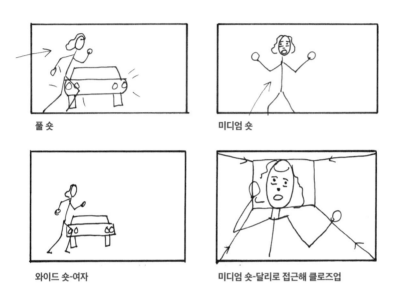

풀 숏

미디엄 숏

와이드 숏-여자

미디엄 숏-달리로 접근해 클로즈업

그림 3-11 원근 없이 그린 선화들.

약간의 여분 작업만으로도 그릴 수 있는 원근법적으로 그린 화살표들은 **그림 3-12** 처럼 감독이 보여 주고자 하는 시계의 각도에 관해 많은 것을 말해 줄 수 있다.

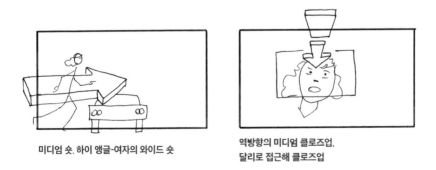

미디엄 숏. 하이 앵글-여자의 와이드 숏

역방향의 미디엄 클로즈업.
달리로 접근해 클로즈업

그림 3-12 원근을 나타내기 위해 화살표를 사용할 수 있다.

화살표는 응용하기 쉬운 기호이고 쉽게 능숙해질 수 있다. **그림 3-13**에 폭넓은 선택의 여지가 보인다. 한 숏의 카메라나 피사체 또는 둘 모두의 동작을 도해하는 데 사용할 수 있다. 화살표는 질주하는 차의 복잡한 진로를 보여 줄 수 있고, 한 시퀀스 숏 안에서 카메라의 진로를 보여 주기 위해서 개요 그림에 사용할 수도 있다.

하이 앵글

로 앵글

그림 3-13 화살표들은 카메라 앵글과 카메라 움직임을 나타내는 탁월한 방법이다.

또 다른 변형태는 각도의 전체 범위를 묘사하는 **그림 3-14**의 화살표 머리들이다. 빠르게 시각화하는 것을 돕기 위해서 감독은 여기 나온 것처럼 화살표로 가득한 페이지를 간직하거나, 선화를 그릴 때 자신이 복제할 수 있는 분류도를 아트디렉터에게 그리게 한다. 이것은 감독이 원근법을 표현하고자 할 때 시간을 절약해 준다.

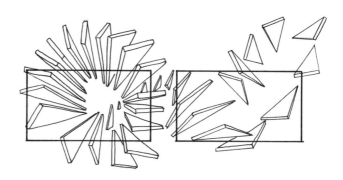

그림 3-14 피사체나 카메라의 경로를 나타내기 위해 많은 삼각형을 쓸 수 있다.

프레임 자체를 한 신에서 카메라의 진로를 보여 주는 화살표로 사용할
수도 있다. 중첩된 프레임들이 같은 목적으로 기능할 수 있다. 만약 겹친 프레
임들 사이의 선들이 왼쪽에 있다면 동작 사이에 정지하고 있던 카메라가 다
시 움직인다는 것을 의미한다. **그림 3-15**는 이런 생각을 대표적으로 보여 주는
예들이다.

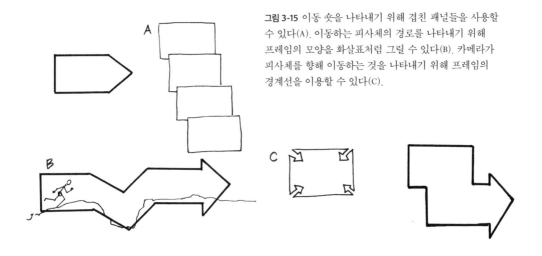

그림 3-15 이동 숏을 나타내기 위해 겹친 패널들을 사용할
수 있다(A). 이동하는 피사체의 경로를 나타내기 위해
프레임의 모양을 화살표처럼 그릴 수 있다(B). 카메라가
피사체를 향해 이동하는 것을 나타내기 위해 프레임의
경계선을 이용할 수 있다(C).

선화로 원근법을 나타내는 문제로 돌아와 보자. 하나의 방법은 카메라
각도를 묘사하기 위해서 간단한 3차원의 상자 속에 그것들을 집어넣는 것이
다. **그림 3-16a**는 인물에 대한 상자 그림이 없다면 카메라의 높이를 알 수 없
는 두 개의 로 앵글 숏을 보여 준다. **그림 3-16b**에서 보이는 변형은 익스트림
로 앵글과 하이 앵글 클로즈업을 보여 준다. 그림에서 나타나듯 자동차는 원
근법을 규정하도록 도와주는 상자처럼 취급된다. 이처럼 간단한 그림에서도
상자 기법은 우리에게 카메라가 놓여 있는 곳을 알려 준다. 드로잉 경험이 없
는 사람이라도 여기서 사용한 것처럼 간단한 상자의 앵글 조종법은 배우기
쉽다. 다시 말해 다양한 각도로 보이는 입방체를 한 페이지에 그린 것을 참조
로 사용할 수 있고, 프로덕션 디자이너가 이것을 제공할 수 있다.

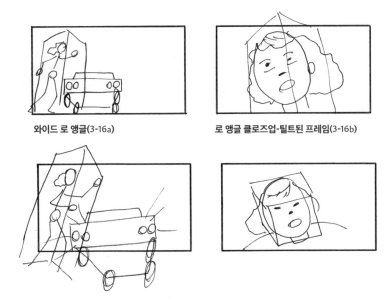

와이드 로 앵글(3-16a) 로 앵글 클로즈업-틸트된 프레임(3-16b)

그림 3-16 선화 위에 원근법적으로 그린 상자는 카메라의 앵글을 알려 준다.

　간단한 도안에 형태와 부피를 더함으로써 공간적인 관계에 대해 더 나은 감각을 가질 수 있다. **그림 3-17**은 감독이 그 프레임 속의 차와 여성을 무대화하는 데 만족할 때까지 몇 가지 변화를 시도해 보는 방법을 보여 준다.

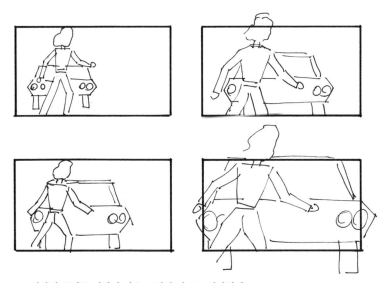

그림 3-17 선화에 부피를 더하면 많은 구성적 정보를 전달한다.

이번 장에서 제시한 가장 중요한 점은 촬영하는 동안 감독이 그것을 따르는 것과 관계없이 스토리보드가 감독에게 많은 도움을 준다는 사실이다. 예를 들어 각본의 많은 부분이 스토리보드화된 후에 감독은 각본이 나타내지 못했던 이야기의 극적인 흐름을 볼 수 있다. 게다가 지면 위에서 이루어지는 시각화 과정은 단지 제작 팀이 세트 작업에서 따라야 할 계획을 수립하는 일이 아니라 아이디어들을 낳게 하는 기법이다. 이 과정은 감독이 직접 그린 그림으로 작업할 때 훨씬 유익하다. 만약 당신이 한 영화를 감독하고 있다면 당신이 직접 소매를 걷어 올리고 작업하는 것보다 좋은 방법은 없다. 그 그림들이 아무리 조잡한 것이라도 지면 위에다 숏들을 구성하는 데 필요한 사고 과정과 마음의 상태는 매우 귀중하다.

브라이언 드 팔마Brian De Palma는 스토리보더Storyboarder라는 소프트웨어 프로그램을 사용해서 매킨토시 컴퓨터로 선화 도해들을 직접 그렸다. 그 그림은 단순하지만 원근법적 요소들을 모두 지닌 친숙하고 상세한 숏을 마음에 떠오르도록 하는 기억을 돕는 장치로 기능한다. 물론 드 팔마에게 일어났던 일이 당신에게는 일어나지 않을 수도 있다. 당신은 당신의 필요에 더 잘 들어맞는 다른 유형의 표상을 발견할지도 모른다. 이 책을 쓰기 위해서 스토리보드들을 찾아보면서 얻은 기쁨 중 하나는 각각의 일러스트레이터들이 발전시켰던 스토리보드 만들기에 대한 많은 개별적인 접근을 발견한 일이었다.

도안자의 솜씨 Draftsmanship

가능하다면 스토리보드를 보다 완성도 있게 그리지 않을 이유는 없다. 그림을 가르치는 일은 이 책에서 서술하고자 했던 범위를 넘어서는 것일 수 있지만, 스토리보드 미술가들에게 특히 가치 있는 하나의 생각을 전달할 수 있다. 그것은 당신이 무엇이 그릴 필요가 없는 것인가를 아는 일이다. 스토리보드 미술가에게 단순성은 취미 이상의 문제이고, 또한 필요한 문제다. 한 영화의 모든 스토리보드 패널에 대해 세밀한 그림을 그릴 시간을 갖게 되는 경우는 드물다.

일러스트레이터 노엘 시클스의 선화는 단순성의 한 모델이고, 경제적인 그림에 대한 객관적 교훈을 준다. 결코 스토리보드 일러스트레이터는 아니지만 연속 만화에서, 나중에는 국가적으로 인정된 상업적인 일러스트레이터로서 그가 보여 준 혁신적인 작업은 오늘날에도 여전히 영향을 끼친다. 아래는 그가 초기에 작업했던 『스코치 스미스Scorchy Smith』에서의 작업 프레임을 확대한 것이다. 외관과 장소의 모든 유형을 전달하는 데 얼마나 적은 수의 선이 필요한가를 보여 준다. 당신이 실용적인 스토리보드 스타일을 발전시키려고 한다면, 그 배경의 디테일을 연구해 보면 유용할 것이다.

노엘 시클스는 26세가 되던 1933년에 연속 만화를 그리기 시작했다. 곧이어 사진처럼 현실감 있는 인상적인 흑백 잉크 스타일을 개발했다.
5년 후에는 훌륭한 도해가가 되기 위해서 만화 분야를 떠나 삽지와 책의 도해 분야로 옮겼다.
시클스의 만화 『스코치 스미스』에서 발췌하여 확대한 프레임은 소수의 잘 배열된 선과 그림자들이 얼마나 많은 시각적인 정보를 전달할 수 있는가를 보여 준다. 그의 작품은 그래픽의 모범과 혁신으로 가득하며, 스토리보드 아티스트들을 위한 아이디어의 보고다.

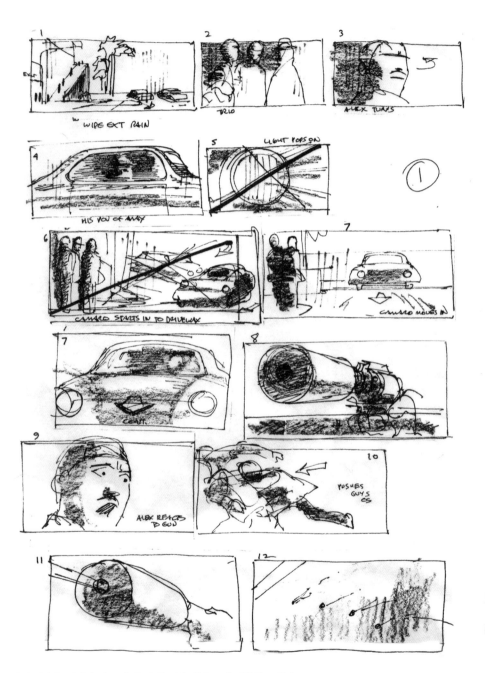

셔먼 래비가 《비벌리 힐스 캅 Ⅱ》의 한 신을 위해 그린 간략한 스케치.

시클스의 만화 『스코치 스미스』에서 발췌해 확대한 프레임은 소수의 잘 배열된 선과 그림자들이 얼마나 많은 시각적인 정보를 전달할 수 있는가를 잘 보여 준다. 그의 작품은 그래픽의 모범과 혁신으로 가득하며 스토리보드 미술가들을 위한 아이디어의 보고다.

가장 간단한 그림 스타일도 감독이 한 신을 구상하는 데 도움이 된다. 왼쪽은 셔먼 래비Sherman Labby가 《비벌리 힐스 캅 Ⅱ Beverly Hills Cop Ⅱ》(1987)를 위해 매우 빠르게 그린 스케치들이다. 잉크와 음영으로 된 이런 유형의 간략한 스케치들은 전형적으로 감독과의 모임을 통해 그리게 되는데, 각 프레임마다 고작 1-3분이 소요된다. 이것은 하나의 완전한 시퀀스라도 한 시간 안에 그리고 논의할 수 있음을 의미한다. 그러나 그림을 그린다는 점에서 스토리보드화만을 생각하는 것은 바람직하지 않다. 실제로 종종 이 시간은 한 시퀀스가 얼마나 빠르게 지면 위에 그려지는가를 결정하고, 한 신에 대한 개념을 고안하는 데 쓰인다. 《비벌리 힐스 캅 Ⅱ》를 위해 그린 그림과 같은 것들은 보통 스토리보드 일러스트레이터들이 나중에 제출할 더욱 완성된 표현물들의 초고로 사용한다.

분위기 Mood

셔먼 래비가 그린 또 다른 일련의 스토리보드 패널들이 80-88페이지에 나와 있다. 영화화되지 못했던 두 신 중 하나는 《블레이드 러너》의 도입부 신인데, 회화적 서술에 대한 그의 훌륭한 감각을 보여 준다. 한 영화의 톤tone(이 경우에는 조용하고 전원적인 세팅의 역설적인 사용)을 수립하기 위해서 분위기를 사용한 뛰어난 예다. 도입부는 한 농장에 그의 비행선을 착륙시키는 데커(해리슨 포드 분)라는 인물을 보여 준다. 이와 같이 처음에 나오는 극소수의 우아하게 구성된 프레임들은 1940년대의 공상과학 소설이 전형적으로 보여 주던 경이감을 불러일으키는 몇 가지 간단한 형태들만을 포함한다.

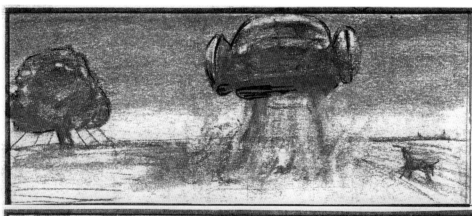

WIND BLOWS - D. WALKS TO FARMHOUSE - ⇐ CAM PAN

D. OPENS FRONT DOOR

D. POV AS HE LOOKS OVER INTERIOR   CAM PAN

(POV) POT BOILING ON STOVE · CAM MOVES BACK AS....

7

RVL D. LOOKING AT POT.. HE TURNS TO RIGHT.. CAM FOLLOWS

CUT

D. SITS - LOOKS OUT WINDOW

CUT

HIS POV OF GIANT TRACTOR MOVING TOWARD HOUSE

MAN ENTERS - SEES DECKARD - DIALOGUE

MAN TAKES TAKES OFF GOGGLES..

MAN MOVES TO KITCHEN - D. CROSSES FRAME (DIALOGUE)

CUT

RESOLUTION COMES TO DECKARD'S FACE

CUT   14

MAN COMES FROM KITCHEN WITH BOWL OF SOUP (DIALOGUE)

D. FIRES GUN AT MAN

RUS. AS MAN IS HIT - HE FALLS.. DROPS SOUP BOWL

HE FALLS OS AND   OUT OF FRAME

D STANDS OVER FALLEN MAN

CUT

C.U. AS D. PINCHES CHEEK

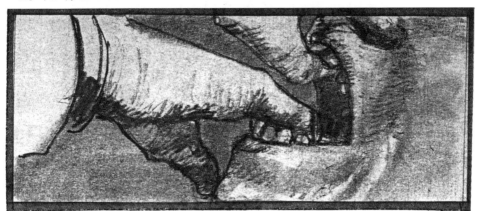

C.U. AS D. REACHES INTO MOUTH..

CAM

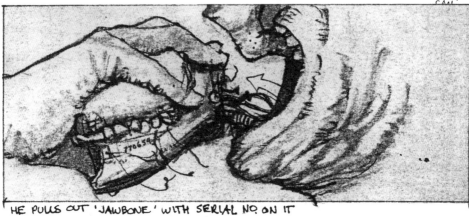

HE PULLS OUT 'JAWBONE' WITH SERIAL NO. ON IT

21

HOLD AS HE TURNS - WALKS OUT OF HOUSE

CUT

HE WALKS ACROSS YARD - DOG FOLLOWS

D. WALKS TOWARD SPINNER FOLLOWED BY DOG - GIANT TRACTOR STANDS SILENT

CAM FOLLOWS D. - HE ATTEMPTS TO PET DOG - DOG BACKS OFF - D. ENTERS SPINNER

CUT   25

POV DECKARD - SPINNER INT. RISES / MONITORS SHOW DOG TREE + FARM

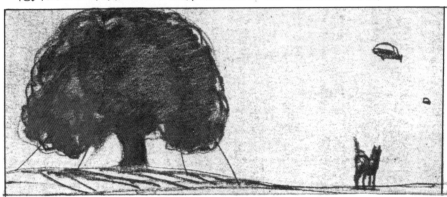

SPINNER MOVES OFF - DOG WATCHES

END SQ

셔먼 래비가 그린 《블레이드 러너》 스토리보드.

캐릭터 Character

프레드 럭키Fred Lucky가 그린 다음의 스토리보드 패널들은 등장인물에 대한 표현적 드로잉들이 각 장면에 나타난 희극적인 의도를 얼마나 명확히 도와주는가를 보여 준다. 프레드는 개그 작가로서 디즈니의 실연 영화 분과로 옮기기 전에 디즈니 스튜디오의 애니메이션 부서에서 그림과 만화 그리는 기술을 다듬었고, 몇 년간 해마다 네댓 편의 영화에서 프리랜서로 스토리보드 작업을 했다. 그리고 코미디와 액션 시퀀스를 쓰고 해석하는 능력 덕분에 여러 곳에서 초청받았다.

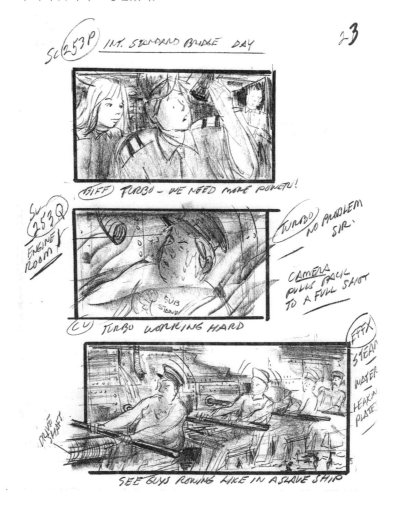

프레드 럭키가 그린 스토리보드.

해석 Interpretation

　무엇보다도 스토리보드는 신에서 숏의 흐름을 전달한다. 그것은 극적 디자인dramatic design과 그래픽적 디자인graphic design의 결합으로 이루어진다. 훌륭한 프로덕션 일러스트레이터는 스토리보드로 분위기와 명암을 전달하기도 하지만 실제로 시점, 렌즈의 원근, 내러티브 모션 사용이 가장 중요하다. 이것을 모두 보여 주는 좋은 예가 오른쪽에 나오는 해롤드 마이클선이 그린《졸업》스토리보드다. 프로덕션 디자인은 리차드 실버트Richard Sylbert가 맡았다.

78 - ZOOM BACK WITH BEN.

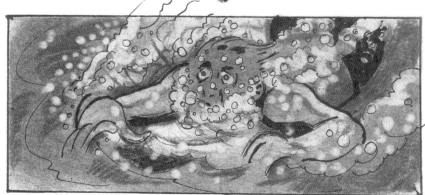

79 - RIGHT TO CAMGRA AND FAST PAN LEFT

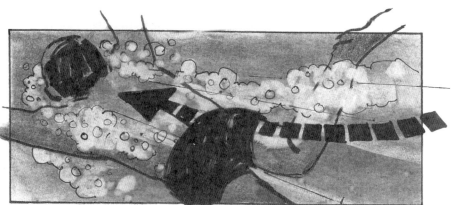

79 - AS BEN STARTS UP.

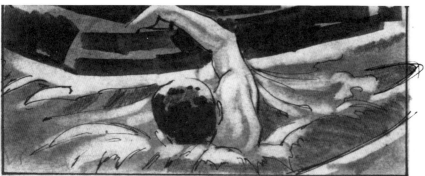

80 - BEN SURFACES

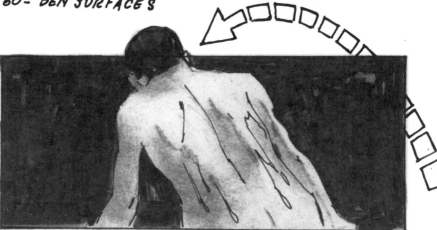

80 - WE GO UP WITH HIM AND OVER

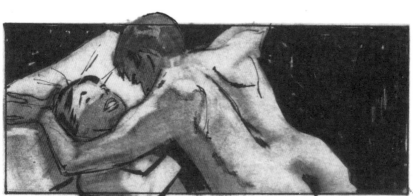

81 - INT. TAFT HOTEL ROOM

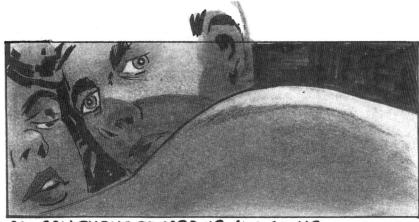

81- BEN TURNS TOWARD US AND LOOKS

82- P.O.V. SHOT... MR. BRADDOCK AT POOL.

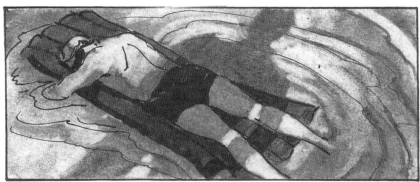

83- BEN ON RAFT.

83- ... "GETTING OFF HIS ASS..."
　　　　　 "THE ROBINSONS ARE HERE."

83

83- HI, BEN ...

83- SAY HELLO TO MRS. ROBINSON, BENJAMIN

84- HELLO, MRS. ROBINSON

84- HELLO BENJAMIN.

해롤드 마이클선이 그린 《졸업》 스토리보드.

스토리에 대한 지식이 없을 때에도 그 보드의 액션을 쉽게 읽을 수 있고, 편집 리듬도 명확하게 드러난다. 7-9번째 패널에 나타난 각각의 콘티뉴어티 디자인은 특히 우아하다. 등장인물과 우리의 관계를 설정해 주며, 벤자민(로버트 드니로 분)의 시점과 백일몽을 표현해 주는 몇 가지 효과를 가진다. 미묘하고 극적인 역광과 수면 위의 그림자 효과를 무대화함으로써 프레임 안의 인물들을 경사지게 배치할 수 있는 타당성을 갖는다. 매우 수준 높은 시각적인 이야기 방식이다. 뚜렷한 선과 구성적인 진술은 결코 그 자체를 목표로 사용한 것이 아니라 주제나 내러티브의 의도와 완전히 조화를 이룬다. 이것은 스토리보드 아트가 아니라 스토리에 관한 것이다.

각색 Adaptation

어떤 의미에서 모든 스토리보드는 각색물이다. 각본을 옮긴 것이기 때문이다. 그러나 희곡이나 소설과 달리 각본은 그 안에서 내러티브를 나타낼 실제적인 매개물을 위한 하나의 청사진이자 직접적인 형식이라고 볼 수 있다. 시나리오 작가들은 보고 들을 수 있는 드라마를 쓰고 시각화하려고 노력하는데, 실제로 충분히 이해되기 위해서는 보이고 들리는 것이 필요하다. 이론상으로 보면 스토리보드 미술가는 각본에 있는 아이디어들을 단지 그림으로 나타낼 뿐이지만 사실상 그 아이디어 중의 어떤 것을 빛내고자 한다면 스토리보드는 각본의 또 다른 초고와 매우 밀접하다. 어떤 스토리보드 미술가들은 시나리오 작가들이 시각적 요소를 묘사하는 것과 같은 방법으로 문학적인 아이디어를 암시하고 신들을 개조하며 이야기 요소들을 더하고 대사에 대해 조언한다.

하나의 이야기가 화면에 어떤 모습으로 나타날 수 있는가에 대해 더 나은 감각을 얻기 위해서 스티븐 스필버그가 발라드J. G. Ballard의 자전적 소설 『태양의 제국Empire of the Sun』에 나오는 두 신을 각색한 방법을 살펴보자. 스필버그는 스토리보드의 개념적인 내용에 크게 의지한다. 다행히도 우리는 비교해 볼 수 있는 그 과정의 몇 가지 단계를 가지고 있다. 소설과 두 개의 각본

초고가 그것이다. 첫 번째 초고는 극작가 톰 스토파드Tom Stoppard가 1986년 1월 7일이라고 날짜를 기록했고, 세 번째로 교정된 초고는 멘노 메이제스Menno Meyjes가 1986년 9월 12일이라고 써 놓았으며 스토리보드도 있다. 데이비드 조나스David Jonas가 그린 스토리보드는 99 – 106 페이지에 나온다.

소설The Novel

이야기는 부유한 부모와 함께 중국 상하이에 살고 있는 열한 살짜리 영국 소년 짐(크리스찬 베일 역)의 행적을 따른다. 시기는 일본이 상하이를 침략한 1941년이다. 첫 신은 새벽에 팔레스 호텔의 짐의 방에서 시작한다. 소설에서 짐은 이미 일어나서 교복을 입고 있다. 그리고 창문으로 가서 양쯔 강을 따라 자리 잡은 상하이 부두를 내려다본다. 짐은 일본 해병대원이 가득 탄 두 척의 정찰선을 본다. 장교들을 태운 모터보트가 일본 포함을 떠난다. 그들은 미국 배와 영국 배에 올라탄다. 모터보트는 신호등을 켜서 포함에 메시지를 전한다. 짐은 보이스카우트에서 배운 적이 없는 수기 신호로 팔을 움직여 그 신호에 답하려고 한다. 몇 초 후에 포함이 영국 배를 향해 포탄을 발사하고, 그로 인한 충격의 파장이 호텔을 뒤흔든다. 깜짝 놀란 짐이 침대로 물러선다. 이것이 상하이 침략의 시작이고, 몇 분 후에 겁에 질린 손님들이 호텔에서 도망친다. 짐의 아버지는 짐의 방으로 와서 3분 후에 떠날 거라고 말한다. 짐은 침대에 앉아 일본의 상하이 공격에 대한 책임이 자신에게 있다고 생각한다.

자신이 창문에서 보낸 엉터리 신호를 모터보트에 있던 일본 장교기 잘 못 해석해서 전쟁이 시작되었다고 믿은 것이다.

각본The Screenplay

톰 스토파드가 각색한 것 중에 이 소설에 나오는 것과 같은 신이 있다. 그 신은 짐의 호텔 방에서 시작한다. 짐은 자고 있다. 새벽에 그는 가까이서 날아가는 비행기 소음에 잠이 깬다. 그는 침대에서 빠져나와 창문가로 간다.

소설에 나왔던 일본 해병 대원을 태운 배들의 움직임이 연장되어 각본에서는 짐이 강에서 움직이고 있는 일본 포함들을 보고 있는 것으로 압축된다. 그는 창문에서 물러나 침대 옆 램프를 켠다. 우리는 호텔의 외부 숏을 통해서 전반적으로 어두운 호텔 창문 속의 그 불빛을 보게 된다.

잠시 후에 컷이 되면 짐이 교복으로 갈아입고 있다. 그는 침대와 나란히 놓인 탁자 위의 작은 장난감 비행기 옆에 있는 라틴어 입문서를 집어 든다. 그러나 곧 창문 밖에서 벌어지는 행위로 장면이 전환된다. 강 가운데에서 일본 포함이 신호 전등으로 다른 보트에 메시지를 보내고 있다. 짐은 침대 근처로 돌아가서 전등을 든다. 호텔 바깥의 새로운 숏으로 컷되면 호텔, 강, 포함들의 와이드 숏이 펼쳐진다. 동트기 전의 어스름한 빛 속에서 짐의 전등 불빛이 그의 호텔 방 창문에서 깜박거린다. 신호를 보낸 잠시 후에 포함의 대포들이 큰소리를 내며 발사되고, 짐의 방은 눈부신 섬광으로 번쩍번쩍 빛난다. 짐은 뒤로 나가떨어진다. 몇 초 후에 짐의 아버지가 그의 이름을 부르면서 달려온다.

짐

나는 그런 뜻이 아니었어요! 그냥 장난이었어요!

이미 드러났듯이 각본의 첫 번째 초고와 교정된 세 번째 초고는 원래 동일했다. 각본을 그대로 무대화한 스토리보드와 이것을 비교해 볼 수 있다. 그 신을 정말로 영화답게 만드는 주요한 변화들이 더해진다. 아래에 시작되는 것은 그 스토리보드에 대한 압축된 설명이다.

이제까지 우리는 그 신에 대한 모든 자료들, 즉 소설, 영화 각본, 스토리보드를 살펴봤기 때문에 그 신이 실제로 어떻게 촬영되었는지 생각해 볼 수 있다.

SC41-내부. 호텔 방. 밤/새벽

침대 옆 테이블 위에 놓인 주머니 크기의 금속으로 된 일본 전투기.

SC41 A

짐이 창문으로 걸어간다.

짐이 창문 밖을 보고 있다. -바깥 광경을 보여 주기 위해 카메라가 짐을 지나 앞으로 나아간다.

SC42

짐이 본 강의 광경. 몇 척의 배들이 움직이고 있고, 조금 이른 아침 부두의 교통 상태. 몇 대의 인력거 등등. (컷 투 cut to)

창밖을 내다보는 짐이 보인다. 우리는 비행기의 소음을 들을 수 있다.

짐의 시점-일본 전투기. (컷 투)

SC44 외부. 호텔 창문

짐. 나카지마.

SC45 내부. 호텔 방. 새벽

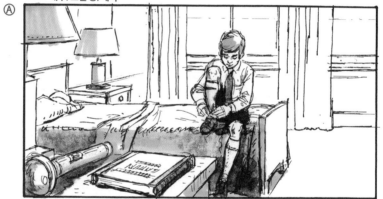

짐이 학교에 가기 위해 옷을 입고, 신발 끈을 매고 있다. 탁자 위에는 전등과 케네디의 라틴어 입문서.

SC45A

짐이 탁자로 걸어가, 그 책을 집어 들고 읽기 시작한다. 그러나 밖에서 깜박거리는 불빛이 신경 쓰인다.

SC45B

그가 창문을 향해 걸어간다. (컷 투)

SC46

창문 밖을 내다보던 짐은 신호를 보내고 있는 영국 군함을 향해 멀리서 신호(섬광)를 보내고 있는 일본 포함을 본다.

SC46A

짐이 돌아선다. (컷 투)

SC47

더 넓은 숏에서 짐이 카메라를 향해 달려온다.

SC47A

짐이 전등을 집어 든다. (컷 투)

SC47B

일본 군함이 신호를 보낸다. (컷 투)

SC48 외부. 중국 호텔. 새벽

짐의 창문에서 번쩍거리는 섬광. (컷 투)

SC49 내부. 호텔 방. 새벽

짐이 창문에서 전등을 깜빡거리면서 조용히 웃으며 즐거워하고 있다. 그 빛이 유리창에 부딪혀 빛난다. (컷 투)

SC49A 외부. 중국 호텔

짐이 웃으면서 전등을 깜박이고 있다.

SC49B

한 번의 폭발이 일어난다. 짐의 창문에 금이 가고, 다른 창문들은 산산이 부서진다. 석조물들은 부서
지고 흔들리며 무너져 내린다. 그 번쩍이는 빛이 유리창에 반사된다.

SC49C

짐이 아직 전등을 손에 쥔 채로 바닥에 나뒹군다.

SC49D

짐의 아버지(목소리): 제이미!
짐(돌아서며): 나는 그런 뜻이 아니었어요! 그냥 장난이었어요.

SC49E

짐의 아버지: 옷을 입어라!
짐: 입었어요.
짐의 아버지: 우리는 떠날 거야.

SC49F

데이비드 조나스가 그린 《태양의 제국》 스토리보드.

영화화된 시퀀스The Sequence as Filmed

이 신은 새벽의 상하이 부두에 대한 여러 숏들로 시작한다. 짐이 있는 어두운 호텔 방 천장 위에 있는 비행기의 그림자로 컷한다. 카메라는 전등 불빛 속에서 짐이 들고 있는 장난감 비행기가 만들어 낸 그림자와 함께 팬한다. 벽 아래로 계속 팬하다가 옷을 입고 침대에 누워 있는 짐에게로 간다. 배의 구슬픈 경적 소리가 강이 내려다보이는 창문으로 짐의 주의를 끈다.

- 짐이 있는 창문으로 새로운 앵글. 그는 불빛으로 해안에 신호를 보내

고 있는 일본 포함을 바라본다.

- 신호를 보내는 일본 군인에 대한 세 개의 외부 미디엄 숏으로 컷.
- 호텔과 포함이 있는 강의 배경을 와이드 숏으로 컷. 이 숏에서 관객은 앞뒤로 신호를 주고받는 두 척의 일본 배를 본다. 갑자기 호텔의 높은 층에 있는 유리창 중 하나에서 세 번째 빛이 신호를 보내기 시작한다.
- 짐이 전등을 가지고 신호를 보내고 있는 호텔 방으로 컷.

영화의 구조가 어떻게 전개되는지를 검토하기 위해 여기서 잠시 멈추어 보자. 첫째로 스포트라이트와 장난감 비행기의 사용을 보자. 스필버그는 이 두 개의 이야기 요소를 하나의 단일한 이미지로 압축하면서 우리를 회화적으로 짐에게 이동시킨다. 이것은 어린 시절을 환기시키는 선택이고, 이후의 신들에서 중요하게 사용되는 전등과 장난감 비행기를 소개한다.

또 하나의 시각적인 결정은 빛이 먼 거리에서도 보일 수 있다는 명백한 이유 때문에 소설에서 묘사된 수기 신호 대신에 전등으로 대체한 일이다. 이것은 숏에 대한 새로운 가능성을 열었고, 또한 짐이 수기 신호보다는 전등을 가지고 무심결에 일본 포함에 약간의 자극적인 신호를 보냈다고 상상하는 편이 훨씬 더 그럴듯하다.

각본이나 스토리보드와는 달리, 영화화된 시퀀스에서는 짐이 전등을 가지러 창문에서 돌아오는 신이 없다. 오프닝 숏에서 장난감 비행기와 전등을 같이 소개함으로써 짐이 침대 옆 탁자에서 그것을 집어 드는 것을 보여 줄 필요가 없게 된다. 짐이 전등을 집어 들고 창문으로 가는 중간 숏을 생략함으로써 그 신은 간결해지고, 강을 찍은 와이드 숏에서 일본 배가 보낸 신호 위에 짐이 신호로 보낸 빛이 보일 때 관객들은 놀라게 된다(그러나 혼동하지는 않는다).

스필버그는 영화로 무대화할 때 스토리보드에 마지막 변형을 가한다. 짐이 대포 소리에 놀라 뒤로 나뒹굴어졌을 때, 카메라가 그와 함께 팬한다. 그러나 경첩으로 연결된 세 개의 거울에 그가 바닥에 넘어지는 모습이 비춰지는 순간을 담기 위해서, 그를 공중에 남겨 둔 채 재빨리 거울로 팬한다. 폭발 때문에 흔들리던 거울 중 하나가 안쪽으로 회전하면서 우리가 소년의 아버지가 방으로 들어오는 것을 볼 수 있도록 때맞춰 출입구를 프레임한다. 짐은 두 개의 거울 속에 비추어지고, 그의 아버지는 세 번째 거울에 비추어진다. 이런 식으로 세 개의 숏이 하나로 결합된다. 매우 빈틈없어 그 효과는 거의 눈에 띄지 않는다.

《태양의 제국》에서 감독은 재능 있는 두 명의 프로덕션 일러스트레이터인 데이비드 조나스와 에드 버록스Ed Verraux를 고용했는데, 그들은 유니버설사에 있는 스필버그의 앰블린 엔터테인먼트 콤플렉스의 미술부서에서 상하이에서 찍어 온 사진들을 가지고 일했다. 필자가 말했던 많은 프로덕션 일러스트레이터들처럼 조나스는 실연 영화로 옮기기 전에 도면 그리기와 스토리텔링 기술들을 연마하면서 디즈니 애니메이션 부서의 프로덕션 일러스트레이션 분야에서 일하기 시작했다.

원래 8 1/2×11인치 페이지에 맞도록 그렸던《태양의 제국》스토리보드는 이례적으로 상세했고 조나스의 훌륭한 구성 감각과 인물 그리기를 보여준다. 이전에 만든 스토리보드 일러스트레이션만큼이나 실행 과정이 복잡하다. 특히 이 영화의 거의 모든 신이 같은 솜씨로 도해되었기 때문이다. 오늘날의 복잡한 액션 그림들을 위해서는 5-6명의 스토리보드 미술가와 몇 명의 콘셉트 미술가가 있어야 한다.

프로덕션 일러스트레이션 분야에서의 경력을 위한 제언

Seeking a Career in Production Illustration

스토리보드 작업은 다른 분야의 미술가들이 기대할 수 있는 개인적인 평가를 거의 받지 못하는 매우 전문적인 기술이다. 대부분의 프로덕션 일러스트레이터들은 다른 사람의 아이디어를 현실화하기 위해서 고용되고, 짧은 시간 안에 그 작업을 완성해야 한다는 압력을 받는다. 그러나 좋은 프로덕션 디자이너 및 감독과 협력하고, 그들의 스케치가 훌륭한 영화로 비꾸는 것을 보는 것만으로도 충분한 보상이 된다. 시각적 시장과 온라인 포트폴리오가 수천 개의 잠재적 과제에 도달할 수 있는 오늘날에, 프로덕션 일러스트레이터는 게임 디자인, TV, 영화, 웹툰, 서적 삽화, 그래픽 소설 등에서 바쁘게 일할 수 있다. 어느 때보다도 스튜디오에서 독립적인 작업과 정규직 직업을 혼합해서 하는 편이 훨씬 수월하다.

교육 Instruction

온라인에는 전통 및 디지털 아트 교육을 위한 많은 정보 소스가 있다. 유튜브에는 아티스트가 아티스트를 위해 제공하는 수천 개의 무료 자습서가 있으며, 상당수는 구독 기반 과정이 있는 사이트로 연결된다. 학점 또는 수료 프로그램이 있거나 없는 많은 온라인 아트 스쿨이 존재한다. 린다닷컴Lynda.com, 플러랄사이트Pluralsight, 비디오코파일럿Video Copilot, 유데미Udemy 및 기타 여러 사이트에서 그림 그리기나 원근법과 같은 특정 예술 또는 시각효과 기술 외에도 디지털 소프트웨어 코스를 제공한다. 많은 전통 예술학교가 이제 학위 프로그램을 온라인으로 제공한다. 스토리보드 코스를 이용할 수 있지만 더 넓은 범주의 디지털 일러스트레이션보다 옵션이 적다. 여러분이 라이브 액션을 위한 프로덕션 일러스트레이션에 관심이 있더라도 애니메이션 스쿨에서 자금 지원 스토리보드 교육을 받는 것이 좋다. 스토리보드는 애니메이션에서는 필수지만 라이브 액션에서는 그렇지 않다.

고급 미술 또는 상업 미술 학교에서 하는 전통적인 훈련이 프로덕션 디자이너, 아트디렉터, 프로덕션 일러스트레이터들에게 여전히 좋은 토대가 된다는 사실은 바람직한 일이다. 많은 미술학교에 광고 미술 교육 과정이 있는데, 이들은 텔레비전 광고의 스토리보드 그리기를 커리큘럼에 포함한다. 그러나 보통 영화 기법에 대한 것보다는 도해 기법과, 마커나 혼합 매체와 같은 재료에 초점을 맞춘다. 그리는 기술도 중요하지만 프로덕션 일러스트레이터는 무엇보다도 촬영과 편집에 관심을 갖고 있는 영화 디자이너다. 따라서 영화사, 영화 기법, 기초적인 촬영 기술을 다루는 과정들은 여러분의 도해 기술이 얼마나 훌륭한가와 상관없이 필수불가결하다.

조합들Unions

특별히 스토리보드 일러스트레이터들을 대표하는 조직이 캘리포니아에 두 곳 있었다. 첫 번째는 실연 영화 스토리보드 미술과 프로덕션 일러스트레이션을 포함하는 일러스트레이터와 매트 미술가 지부 790The Illustrators and Matte Artists Local 790 IATSE(연극 무대 피고용자들의 국제동맹International Alliance of Theatrical Stage Employees), 두 번째는 IATSE와 제휴한 만화영화인 지부 839The Motion Picture Screen Cartoonists Local 839였는데 아마추어만을 대표했다. 2008년에 두 조합은 '아트디렉터 길드 800 지부Local 800 of the Art Directors Guild'로 통합되었다. '아트디렉터 길드 앤 시닉the Art Directors Guild & Scenic'과 '타이틀 앤 그래픽 아티스트Title and Graphic Artists'로부터 풍경, 타이틀, 그래픽 조합이 합병된 것이다.

현재 영화 산업 내의 기능 조합들은 과거보다 훨씬 통제가 약하다. 특히 로스앤젤레스 밖에서 비조합원들이 많은 독립영화들을 만들기 때문이다. 한 영화의 제작비가 인플레율보다 훨씬 더 빠르게 올라가는 동안에 소규모 영화도 수백만 달러가 소용되는 주된 이유는 영화 마케팅 비용과 더불어 프로듀서, 감독, 배우들의 터무니없이 높은 임금 때문이다. 이와 비교해 본다면 기능 조합원들에게 드는 비용은 엄청나게 낮은 셈이다.

아트디렉터 길드에 대한 자세한 내용은 아래를 참고하라.

아트디렉터 길드The Art Directors Guild
11969 Ventura Boulevard, 2nd Floor
Studio City, CA 91604
T(818) 762-9995
https://www.adg.org

4. 시각화: 도구와 기법들
Visualization: Tools and Techniques

　　몇 가지 예외가 있지만 오늘날 영화 제작 도구는 디지털이다. 사전 시각화에서 가장 중요한 예외는 연필과 종이다. 와콤 태블릿과 선택한 이미지 편집 소프트웨어가 애니메이터, 시각효과 아티스트 및 프로덕션 아티스트에게는 표준이겠지만 손 스케치 또한 여전히 매우 효율적이다.

그리기 Drawing

　　많은 디지털 스케치 도구가 존재하고 또 언제나 더 많이 나오고 있다. 가격이 하락함에 따라 아이패드와 경쟁사는 기능을 향상시키고 있다. 도면 슬레이트가 있고 슬레이트/모니터도 있다. 슬레이트는 기본적으로 컴퓨터를 위한 펜 입력이다. 컴퓨터 화면에서 결과를 보면서 도면 표면에 그린다. 와콤 신티크 같은 슬레이트/모니터를 사용하면 그리기에 최적화된 컴퓨터 화면에 직접 그릴 수 있다. 슬레이트(모니터 제외)는 오늘날 100달러 미만으로 가격이 낮아졌는데, 이전보다 넓은 표면인 6–8인치 그림 표면과 간단한 펜 stylus은 약 300–400달러에 이른다. 슬레이트/모니터는 가격이 비싸지만 사진을 복사하거나 수정하는 데 있어 미래적이고 훌륭한 도구다. 500–1,000달러 범위에서 찾을 수 있다. 할리우드에서는 대부분의 스토리보드 및 스케치 아티스트들이 디지털 그림으로 옮겨 갔다. 다행히 저렴한 가격으로 새로운 기능을 제공해 주는 새로운 드로잉 하드웨어 및 앱이 폭발적으로 증가했다.

와콤 태블릿은 필수 도구가 되었다.(출처: 와콤)

그리기 및 페인팅 소프트웨어 Drawing and Painting Software

디지털 드로잉 및 페인팅을 위한 소프트웨어 옵션은 일반적으로 어도비 포토샵 및 코렐 페인터Corel Painter로도 시작하지만 몇 가지 최신 프로그램은 현재 상태를 유지하는 기능을 제공한다. 스미스 마이크로Smith Micro의 모호 Moho는 그리기/애니메이션 소프트웨어인 반면에 클립 스튜디오 페인트 EX Clip Studio PAINT EX는 만화 예술에 최적화된 일반적인 그리기 및 페인팅 도구다. 둘 다 동급 최고다. 3D 소프트웨어 섹션에서는 스미스 마이크로로 돌아갈 것이다. 또한 오토데스크 스케치북 프로Autodesk Sketchbook Pro, 리벨 2 Rebelle 2 (디지털 자연 미디어 페인팅), 아트레이지ArtRage, 블랙 잉크Black Ink(윈도우 전용), 페인트툴 사이PaintTool SAI(윈도우 전용), 툰 붐Toon Boom(할리우드 애니메이션 스튜디오에서도 널리 사용됨), 그리고 미스치프Mischief가 있다.

자산 중심 디자인 Asset-Driven Design

온라인으로 수십 억 개의 디지털 사진, 모델, 디자인 템플릿, 비디오 및 오디오 샘플을 사용할 수 있다. 대부분은 무료다. 여러분이 사용하는 많은 그림/사운드/오디오가 최종 영화에서는 볼 수 없기에 처음부터 모든 것을 창작할 이유는 없다. 바람직하다. 누구나 사전 제작한 자산을 사용할 수 있으며, 여러분은 여러분의 영화가 개봉되기 전에 유튜브에 영화의 일부 디자인 요소가 나타나기를 원하지 않을 것이기 때문이다. 다행히 여러분은 건물의 청사진은 볼 수 없고, 건물을 보게 된다. 사전 제작을 위한 미술은 영화가 완성될 때까지 사용된다. 그리고 이후에는 폐기된다.

사전 제작된 자산 라이브러리를 직접 만들 수도 있다. 여러분이 좋아하는 영화를 보다가 화면을 캡처하거나 다운로드한 숏으로 컴퓨터에 와이드/미디엄/클로즈업 숏들의 폴더를 보관해 두기를 권한다. 클로즈업들, 숏 리버스 숏 패턴들, 미디엄 숏들, 투 숏들, 싱글 숏들 등의 카테고리를 만들어 보자. 세르지오 레오네Sergio Leone의 클로즈업은 크리스토퍼 놀란Christopher Nolan의 클로즈업과 동일하지 않다. 이를 추적하거나 프로덕션 디자이너 또는 아트디렉터가 장면을 구상하는 방법을 보여 주기 위해 스토리보드에서 직접 사용할 수도 있다. 자산 중심 디자인으로 시각 예술 분야에서 이와 같은 추세가 점점 더 커지고 있다. 수많은 상업 사이트에서는 애프터이펙트, 포토샵, 3D 애니메이션 응용 프로그램을 포함한 기타 여러 프로그램에서 사용할 수 있도록 사전 제작된 아트 템플릿들을 판매하고 있다.

온라인에서는 디지털 아티스트에게 디자인 보조를 제공하는 수많은 아트 마켓이 있어 자산의 양이 기하급수적으로 증가 중이다. 모든 일러스트레이터, 사진작가 또는 3D 모델러는 다양한 스타일로 온라인에서 판매할 작품을 업로드할 수 있다. 마켓 플레이스는 자산과 관련된 기술에 대한 사용 지침 프로그램을 무료로 제공하기도 한다.

사전 제작된 자산은 미술 작품을 만드는 데 참조하면 큰 도움이 된다. 그리기에 도움이 되는 다른 해결책도 있다. 이를테면 대부분의 아티스트들은 카메라 또는 작은 손거울을 유용하게 사용하여 자신의 예술 작품을 위해 포즈를 취할 수 있다. 삼각대에 장착된 아이폰은 하드 드라이브를 사용하여 파일을 쉽게 전송할 수 있다. 아이패드에서 그림을 그리거나 내장 카메라를 사용한다면 아예 전송받을 필요가 없다. 멋진 워크플로우다.

영화 스토리보드를 시작할 때 숏 목록을 작성하거나 사용될 클로즈업들과 미디엄 숏들을 대본에 직접 표시하라. 아이디어는 간략한 그림 또는 포토보드를 참조하는 것이다.

디지털 사진은 그림 그릴 필요는 없지만 배우들, 친구들 또는 관심 있는 구경꾼들이 사진 안에 있어야 한다. 디지털 사진 및 비디오 촬영에서 명심해야 할 것은 디지털 미디어는 무료이기 때문에 많은 양의 자료를 촬영하는 것이 매우 쉽다는 점이다. 그러나 수백 장의 사진과 몇 시간 분량의 비디오를 볼 때 여러분의 시간은 결코 자유롭지 않다. 여러분에게 충분한 시간이 있다면 괜찮지만 제한된 예산에서 일하는 경우라면 올바른 숏과 일련의 숏들을 찾기 위해 약간의 훈련이 필요하다. 해결책은 정리되어야 한다. 분별 있는 명명 규칙과 가능한 간단한 폴더 체계를 사용하는 습관을 갖기를 추천한다.

명명 규칙: 일관성을 유지하라. 컴퓨터에서 검색을 수행할 때 큰 도움을 줄 것이다. 많은 폴더로 구성된 한 장면을 스토리보드화하고 나서 한 달 후에 지능적으로 정리하지 않으면 그것들이 어디에 있는지 잊어버릴 가능성이 있다. 기본 워크플로우는 다음과 같다.

- 각본의 여백에 그림들과 메모 추가하기
- 숏 리스트 만들기
- 필요한 자산(자동차, 주택, 로케이션, 사람 등)의 리스트 작성하기
- 온라인에서 필요한 자산 찾기
- 폴더에 자산 구성하기
- 자산을 사용하여 스토리보드 또는 포토 보드 만들기

프레젠테이션 Presentation

여러분에게 인터넷에서 다운로드한 그림 작품, 몇몇 사진들, 이미지들이 포함된 1백 개의 스토리보드 패널이 있다고 하자. 사람들에게 그것을 보여 줄 가장 좋은 방법은 무엇일까? 많은 선택이 있다. 하나는 포토샵의 레이어다. 스토리보드 패널을 순차적으로 표시하기 위해 스택stack에서 레이어 온on과 'o'를 클릭하거나 피디에프 파일이나 파워포인트를 사용하여 유사한 과정을 수행할 수도 있다. 여러분만의 속도로 이미지를 설명하고 진행할 수도 있다. 기본적으로 슬라이드 쇼다. 세련된 다음 단계는 슬라이드 쇼에 덧붙여 모션, 전환, 음악 및 사운드다. 아비드Avid, 파이널 컷 프로Final Cut Pro, 프리미어Premiere, 애프터이팩트After Effects, 아이무비iMovie, 그리고 유사한 편집 소프트웨어는 전문적인 프레젠테이션을 수행하기에 충분한 기능이 있다.

때때로 당신의 보드를 인쇄해야 할 필요가 있을 것이다. 포토샵에서 직접 설정하거나 온라인에서 사용 가능한 수십 가지 무료 템플릿을 다운로드할 수 있다. 툰 붐과 모호 같은 소프트웨어에는 템플릿이 내장되어 있다. 요즘에는 모든 작업이 웹에서 공유되므로 대부분의 사람들이 LED 화면에서 예술

작품을 보는 데 익숙하다. 컬러 아트의 경우 디지털 모니터는 일반적인 실내 조명에서 볼 수 있는 잉크젯 인쇄보다 훨씬 생생하다. LED 패널은 점점 가볍고 선명해지고 있으며 여러분의 작품을 최상의 상태로 보여 주는 최적의 방법이 될 수 있다. 아이패드와 경쟁 업체의 제품들은 음악 및 음향효과가 있는 제작 아트를 드러내는 훌륭한 방법이다.

전용 스토리보드 프로그램 Dedicated Storyboard Programs

앞서 언급한 여러 드로잉 프로그램에는 애니메이션 디자인을 위한 도구가 있다. 하지만 일반적으로 2D 애니메이션을 만드는 데 필요한 전부인 드로잉 및 페인팅 프로그램들을 사용한다. 실연 영화를 위한 스토리보드와 애니메틱스에 관심 있는 필름 메이커들을 대상으로 하는 몇 가지 프로그램들도 있다. 2D 및 3D 제품이 그것이다. 파워프로덕션 소프트웨어 PowerProduction Software는 오래전부터 주요 제품인 '스토리보드 아티스트 스튜디오 에디션 StoryBoard Artist Studio Edition'을 포함하여 여러 스토리보드 제품을 보유하고 있다. 드로잉 소프트웨어 프로그램이지만 강한 자산 기반 접근 방식을 과시한다. 이는 프로그램에 회전하고, 쉽게

스토리보드 아티스트 소프트웨어는 타임 라인 편집기가 포함된 2D 디지털 사전 시각화 프로그램이다.

크기를 조정하며, 프레임에 배치할 수 있는 수백 개의 2D 캐릭터들과 세트들, 그리고 소품들이 포함되어 있음을 의미한다. 또 제품과 함께 제공되는 수십 가지 사전 준비된 문자 배열이 있다. 이들은 수백 가지의 일반적인 내부 및 외부 위치에 걸쳐 한 캔버스에 겹쳐 있다. 이 프로그램이 해당 작업을 수행하기까지는 충분한 자산을 보유하는 데만도 몇 년이 걸렸지만 최근 데이터베이스가 크게 성장했다. 예술에서 얻을 수 없는 것은 예술가에게서 얻을 수 있

는 응집력 있는 예술 연출이나 특별한 조명이다. 그러나 손끝에서 장면들을
미리 볼 수 있는 스토리보드 아티스트 스튜디오는 경쟁 대상이 거의 없다. 마
지막으로, 이 프로그램은 효과, 전환, 완벽한 사운드 지원을 제공하는 타임
라인 편집기를 제공한다. 종합적으로 매우 유능한 올인원 2D 사전 시각화 환
경이다.

3D 사전 시각화 3D Previsualization

이것은 영화 디자인에서 주요한 프로그램이다. 고급형으로는 할리우드
에 사전 시각화 서비스 제공업체가 있으며, 전 세계의 많은 VFX 스튜디오에
서도 해당 서비스를 제공한다. 그러나 DIY 분야에 머물면서 3D 구현을 위한
최고의 소프트웨어는 영화업계에서 수십 년 동안 보유한 것과 동일하다. 오
토데스크 마야Autodesk Maya 및 3D 스튜디오3D Studio, 시네마 4D Cinema 4D, 후
디니Houdini, 오픈 소스 블렌더, 그리고 제트-브러쉬 같은 특별한 도구들로
보강된 라이트웨이브LightWave가 그것이다.

그다음 3D로 생성된 애니메이션은 누크Nuke나 애프터이팩트 같은 합성
프로그램으로 이동한 다음 아비드, 파이널 컷 프로Final Cut Pro, 프리미어Pre-
miere 또는 아이무비iMovie 같은 편집 프로그램으로 이동한다. 자신의 영화를
시각화하기를 원하지만 애니메이션을 위한 시각효과의 경력이 없는 대부분
의 필름 메이커에게는 기술적으로 너무 높은 단계에 있어 쉽게 배울 수 없는
복잡한 도구에 속한다. 그렇긴 해도 3D를 자신들의 스케치북에 사용하거나
요령 있게 다루는 특출한 필름 메이커들도 여럿 있다. 3D 소프트웨어에 대한
교육을 받지 않은 감독을 위한 단순화된 3D 도구는 아이클론iClone 및 프레임
포지FrameForge가 있으며, 본질적으로 3D 일러스트레이션 도구인 영화 전용
소프트웨어 포저Poser와 다즈 스튜디오DAZ Studio가 있다.

래리 와인스타인이 만든 프로그램인 포저는 1995년 예술가들을 위한 디
지털 마네킹으로 여겨졌으며, 이후 모든 사전 시각화 제품의 표준이 되었다.
포저는 자산 중심 소프트웨어를 개척했기에 영화 산업 종사자들이 선호하는

도구로 발전했다. 포저 마네킹이 포저 사용자 개개인에 맞추고 수정할 수 있음을 의미한다. 머지않아 포저 미술가들이 오리지널이나 수정된 모델을 사고 팔 수 있는 근사한 마켓 플레이스가 등장할 것이다. 15년 동안 수만 개의 모델, 소품, 의상, 그리고 로케이션을 생성할 군중의 힘을 믿어라! 포저는 사전 시각화에 최적화되지 않았고 실제로는 일러스트레이터를 위해 디자인되었지만 사전 시각화 과정에 대한 큰 자산으로 남아 있다. 일반적으로 CG에 정통한 필름 메이커는 그들의 영화를 디자인하기 위해 여러 가지 프로그램과 기술을 결합하여 사용하게 될 것이다.

프레임포지는 실제 카메라를 사용할 수 있게 해 준다. 이 장면에서 사용된 카메라는 아리플렉스 디-21 Arriflex D-21.

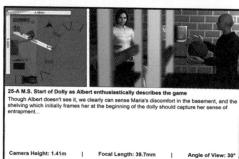

프레임포지는 많은 구성으로 페이지를 인쇄할 수 있는 능력이 있다. 렌즈 정보, 세트 개략도, 그리고 카메라 및 달리 트랙을 포함한 세트의 모든 요소가 여기 포함된다.

'스토리보드 아티스트 스튜디오 에디션'과 마찬가지로 프레임포지는 수년에 걸쳐 개발되었다. 또 이 버전들은 강력한 사전 시각화 도구를 제공한다. 프레임포지는 처음부터 필름 메이커를 위해 만들어졌으며 도구들 역시 목적에 최적화되어 있다. 캐릭터와 소품의 제품 및 다른 테마 세트와 함께 제공되는 캐릭터, 포즈, 소품, 로케이션의 큰 자산 기반이다. 장면들은 3D이며, 가장 일반적으로 사용되는 전문 가상 카메라 및 렌즈, 달리, 붐 암, 크레인, 조명 장비를 완벽하게 보완한다. 프레임포지를 사용하면 사전 시각화를 위한 충분히 차원 있고 생생한 장면을 만들 수 있다. 심지어 배경에 사용된 로케이션 사진에서 공간 정보를 거꾸로 설계할 수 있는 능력을 허락한다. 특정 렌즈를 사용한 무대화가 해당 사진을 정확하게 보여 줄 것임을 의미한다.

아이클론은 실시간 실행을 위한 게임 엔진을 기반으로 한 또 다른 강력한 환경이다. 업계의 동향에 따르자면 아이클론은 캐릭터 생성기 모듈과 자산 데이터베이스가 증가하는 가장 진화된 실시간 애니메이션 프로그램 중 하나라는 평이다. 아이클론의 모습은 일반적으로 프레임포지보다 정교하다. 사전 시각화에 쉽게 적응할 수 있어 게임 수준의 영화를 제작할 수 있기 때문이다.

DIY 사전 시각화 DIY Previs

이 도구는 권한을 주고 흥미진진하다. 하지만 사용 가능한 모든 최적화와 사전 제작된 자산에도 불구하고 3D 애니메이션 사전 시각화 시퀀스 또는 음악이 포함된 스토리보드의 파워포인트 슬라이드 쇼를 만드는 일은 중요한 작업이다. 여러분이 연출하는 방식에 따라 비트 보드가 필요한 만큼 많이 있을 수도 있다. 촬영이 복잡하고 스케줄이 엄격할수록 세밀한 사전 시각화를 위한 준비가 필요하다. 물론 모든 것을 직접 할 필요는 없다. 프레임포지에서 여러분의 모든 숏을 설정할 수 있는 좋은 CG 전문가를 찾는 편이 (예산이 허락한다면) 현명하다. 그다음 몇 가지 간단한 탐색 명령을 학습하여 장면을 시작하고 빠르게 다시 무대화 할 수 있다. 그렇게 하면 여러분의 시간이 장면들을 설정하는 바쁜 작업에 있어 시간 낭비 없이 사전 시각화에 대한 창조적인 결정과 평가를 만드는 데 사용될 수 있을 것이다.

팀 밀러가 만든 《데드풀》의 정교한 액션 세트 부분을 위한 다음의 사전 시각화는 키 프레임과 물리 시뮬레이션만이 아니라 모션 캡처을 기반으로 한 유동적인 캐릭터 움직임을 갖춘 최첨단 사전 시각화를 보여 준다. 필요한 경우 이러한 사전 시각화는 대상과 로케이션의 실제 크기를 기반으로 하며, 기술적으로 정확한 카메라와 렌즈를 사용한다. 사전 시각화에 기반한 카메라 배치 및 물류 결정이 마치 그들이 로케이션 또는 세트에 있는 것 같은 동일함을 의미한다. 이 수준의 사전 시각화는 비용이 많이 들어 주로 액션, 판타지 SF 블록버스터에 사용된다. 사실 그것들이 결코 개봉되지 않는다는 점만 제외하면 본질적으로 저예산 애니메이션 영화 수준이다.

《데드풀》사전 시각화에서는 각 프레임 내에 3개의 패널이 나타난다. 맨 위에는 애니메이션 사전 시각화가 있다. 왼쪽 아래는 사전 시각화에서 3D 캐릭터에 부과될 연기자의 모션을 기록하는 모션 캡처 세션이다. 시퀀스를 기반으로 하는 실사 장면은 오른쪽 아래 패널에서 실행된다.

합성 작업 Compositing

애니매틱 animatic (**TV 커머셜 내용의 흐름을 러프 스케치로 잘게 나눠 애니메이션화한 것) 또는 사전 시각화를 위한 디지털 삽화, 비디오, 오디오, 3D 애니메이션을 생성할 때 최종 프레젠테이션을 만들기 위해 편집 또는 합성 프로그램에서 이것들을 결합한다. 대부분의 비선형 편집 소프트웨어는 몇 가지 합성 도구가 내장되어 있지만 더욱 강력한 전용 프로그램들이 있다. 이 범주의 확실한 승자는 어도비 애프터이팩트로 포토샵이 이미지 편집을 구성하는데 사용된다. 특히 하이엔드에는 영화와 관련 있지만 전면적인 유용성, 사용의 편의성, 특성에 있어 훌륭한 경쟁자들이 존재한다. 컴퓨터 기억 매체로부터 장면을 결합하고 VFX 애니메이션을 만들기 위한 매우 강력한 환경이다. 다른 우수한 합성 소프트웨어로는 블랙 매직 디자인 Black Magic Designs, 퓨전 Fusion, 그리고 파운드리 Foundry의 누크가 있다. 마지막 세 가지 제품은 일반적으로 시각효과 스튜디오에서 스튜디오 파이프라인 설정에 사용되지만 필수는 아니다.

블러 스튜디오가 《데드풀》에서 수행한 사전 시각화 작업물.(© 2016 20세기폭스)

디지털 비디오 Digital Video

오늘날 HD 비디오를 촬영하고 편집 프로그램으로 가져오기는 쉽다. 때때로 스토리보드와 3D 애니메이션으로 현실을 재현하는 데 어려움을 겪는 대신에 사전 시각화를 위해 비디오를 촬영하여 장면을 녹화하기는 쉬워 보인다. 우리는 배우, 로케이션, 물류 문제로 돌아가야 한다. 여러분은 아이폰에서 촬영하고 편집할 수도 있으나 런앤건 스타일의 촬영조차 생각보다 훨씬 복잡할 수 있다. 그럼에도 불구하고 영화의 대부분을 스마트폰으로 쉽게 확실히 사전 시각화할 수 있다. 실제 영화를 사전 시각화하기 위해 전체 영화를 촬영하는 방법은 실용적이지 않아도 선택한 대화 장면들에 적합할 수는 있다. 최종 애니매틱은 비디오, 스토리보드, 3D 애니메이션의 혼합일 수 있다. 영화의 기본 느낌과 이야기의 요점을 전달하는 것은 좋은 해결책이다.

립-오-매틱스 Rip-O-Matics

유튜브와 현재의 샘플링 아트 패션은 할리우드에서 립 – 오 – 매틱스로 고공 행진하고 있다. 일반적으로는 프로젝트를 스튜디오, 배급사 또는 독립 투자자에게 판매하기 위한 트레일러 또는 티저다. 립 – 오 – 매틱스는 영화에 필요한 모든 폭발, 로케이션, 자동차 추적, 대화 시퀀스와 거의 비슷한 것이 기존 영화(온라인)에 있기 때문에 인기가 높다. 약간의 혼란스러움 외에는 확실한 진실이다. 따라서 강력하고 완벽하게 실행된 사전 시각화 시퀀스 또는 기존 영화에서 장면을 자유롭게 발췌해서 예고편을 만들 수 있다. 훌륭한 편집자는 이런 방식을 통하여 장면을 구성할 수 있으므로 시청자가 그 소스를 쉽게 알 수 없다. 오늘날 립 – 오 – 매틱스는 일반적인 판매 도구이지만 여기서 중요한 점은 당신이 남북전쟁의 숏들이 필요하고, 그것을 3D로 그릴 수 없거나 만들 수 없다면 50년 전의 어떤 영화에서 당신이 필요로 하는 것과 가까운 숏을 얻을 기회가 있다는 것이다. 바로 유튜브다. 다만 모든 자료에 대한 저작권법을 준수해야 한다.

사운드와 스코어 Sound and Scores

많은 필름 메이커가 음악 편집 작업을 좋아한다. 음향효과는 강력할 수 있다. 예를 들어 도시를 배경으로 한 특정 장면에서 등장인물들이 비트 보드의 슬라이드 쇼를 볼 때, 교통수단이 내는 배경 음향효과는 가상의 세계를 생생하게 만들어 준다. 이 모두는 온라인으로 가격이 책정 가능하며 무료 음향효과들과 뮤지컬 발췌곡들을 갖춘 여러 사이트가 있다. 대부분의 음향효과 사이트는 다운로드가 가능한 여러 형식의 수천 가지 음향이 주제별로 색인된다. 거의 2 – 10달러 정도의 가격이고, 호스트 사이트에서 미리 들어 볼 수 있다.

아날로그 Analog

디지털은 어디에나 있지만 일부 아날로그 도구와 기술은 여전히 사용 가능하다. 좋은 일이다. 모든 감독이 영화를 만들기 위해 어도비 크리에이티브 스위트Adobe Creative Suite를 알아야 할 필요는 없다. 실제 세계에서 물리적 대상을 촬영하거나 진짜 연필과 종이를 사용하여 그림을 그리는 편이 가상 도플갱어보다 빠르고 재미있을 때도 많다. 최근 해부학적으로 정확한 자세를 바꿀 수 있는 인물 모형의 새로운 종류가 생겨났다. 스티키본즈 Stickyhones, 반다이 S.H. 피규아트 바디 군Bandai S.H. Figuarts Body-kun 돌크 에스에프비티Dolk SFBT, 피그마Figma는 미술가가 어떤 각도에서든 사람의 모습을 그릴 수 있도록 다양한 플라스틱 인물 모형을 만든다. 값은 비싸지만 모든 스토리보드 미술가에게 큰 도움이 된다. 미니어처 세트에 배치할 수 있는 훨씬 저렴한 장난감 병사도 있다.

S.H. 피규아트는 미술가들을 위해 자세를 바꿀 수 있는 인물 모형을 만든다.

스티븐 스필버그는 《레이더스Raiders of the Lost Ark》를 사전 시각화하기 위해 장난감 군인을 사용했다.

향후 계획What's Next

위에서 언급한 소프트웨어 및 하드웨어는 항상 발전하고 있다. 새 버전의 소프트웨어는 이 책의 개정판과 비교할 수 없게 자주 나온다. 그래서 숏 바이 숏 웹 사이트(www.shotbyshotbook.com)에서 디지털 도구 및 자원에 대한 정보를 제공하고 있다. 상세한 사항은 475페이지에 있다.

앞으로 훨씬 많은 개개의 아티스트가 하나의 프레임에 배치하거나 유튜브에 업로드할 수 있는 거의 모든 것을 위해 사전 제작된 맞춤형 디자인 템플릿이 제공될 것이다. 이에 따라 사전 시각화 및 자산 기반 디자인 시장도 점점 커질 것이다. 이것이 디지털 재생 시대의 예술이다.

카메라의 미래The Future of Cameras

영화, TV, 입체 프레젠테이션, VR, 인터넷은 동시에 빠르게 진화하는 미디어 환경의 모든 것. 핵심은 데이터. 고작 하나 또는 두 개의 연결된 프로그램으로 앞서 열거한 전부를 혼합하는 콘텐츠 창작 소프트웨어도 있지만 여러 방법으로 결합할 수 있는 것은 데이터뿐이다. 이것이 카메라가 바뀌는 이유다. 이미 일어나고 있다.

미래의 카메라는 이미지가 기록되는 위치의 모든 물리적 속성을 캡처하여 메타 데이터로 저장할 것이다. GPS 용어로 카메라의 현지 기상 조건, 방향,

로케이션을 의미한다. 로케이션의 광 탐침, 광량 캡처, 사이트 재작성을 위한 3D 레이저 스캔이 그것이다. 처음에는 두세 개의 장치지만 결국 단일 패키지로 끝난다. 그러나 지금도 미래의 카메라에 필요한 몇 가지 개별 기술들은 소니, 니콘, 캐논, 파나소닉, 레드 디지털, 그리고 많은 다른 회사의 실험실들 외에도 킥스타터Kickstarter에서 원형을 만들고 테스트하여 시장에 내놓고 있다.

예를 들어 드론은 컴퓨터 시각을 사용하여 3D 팩시밀리를 만들기 위해 로케이션을 비행하는 데도 사용된다. 시각효과 팀이 사용할 수 있는 3D 로케이션을 제공해 준다. 심지어 실내에서도 로봇 드론은 나중에 복제할 한 장면에서 모든 대상물의 3D 좌표를 캡처하여 패턴 주위로 비행하도록 프로그래밍할 수 있다. 테이블, 의자, 카펫을 만드는 데 사용되는 재료들과 같은 장면의 객체 표면이 포함된다. 라이트 탐침은 한 장면에서 빛의 HDRI 샘플을 기록하는 별도의 도구들이지만 드론으로 캡처하거나 혹은 지상에서 핸드 헬드 탐침으로부터 공급될 수도 있다. 다시 말하지만, 이것은 비非카메라 활동으로 시각효과 영화 촬영의 표준 관행이나 근시일 내에 카메라로 모두 옮겨 갈 것이다. 카메라가 중심이다. GPS 좌표, 그날의 시간 및 기온은 모두 동일한 카메라 보고서에 표시되고 주 카메라에 의해 메타 데이터가 기록될 것이다.

전 세계 대부분이 위성에서 지도화되었으며, GIS 지리학으로 사용할 수 있다. GIS는 지리 정보 시스템이다. 비디오 및 사운드처럼 공간 좌표와 기타 정보는 GPS 위치 데이터와 함께 사용될 수 있고, 3D 애니메이션 프로그램에 제공될 수 있는 0과 1로 끝난다. 여기서 미래의 카메라를 위해 캡처한 사이트와 드론 데이디는 장면에서 세트 또는 실외 로케이션의 3D 재구성을 만드는 데 사용될 것이다. 하나의 모델이 이 데이터로 만들어지고, 기록된 장면으로 다시 일치시킬 수 있다.

장점은 후반 작업에서 장면을 다시 조명할 수 있다는 점이다. 과거에는 비디오와 필름이 주 촬영 후에 색상과 감마 보정되었다. 디지털 중간체는 색상 보정을 훨씬 많이 제어할 수 있지만 차원상으로 장면을 재조명하는 것은 전통적인 DI의 실제 범위를 벗어난다. 그러나 앞서 설명한 전체 데이터 캡처를 통해 앞으로의 촬영은 많은 3D 데이터를 포함으로써 이미지를 거의 완벽하게 제어할 수 있는 미래의 색상 보정이 될 것이다. 필자가 설명한 대부분의 내용은 오늘날 별도의 워크플로에서 이용할 수 있지만 결국 실연 영화를 위한 최후의 데이터 허브인 카메라로 이동될 것이다. 반면에 3D 애니메이션 소프트웨어는 애니메이션과 가상 프로덕션에서 동일한 기능을 제공할 것이다.

최근 개발된 가벼운 카메라인 라이트로Lytro는 다른 카메라가 기록하는 모든 전통적인 그림의 조명 값을 캡처하지만, 믹스에 빛의 방향을 추가한다. 이는 이미지가 캡처된 후 필드 심도를 제어할 수 있게 한다. 라이트로는 이미지의 깊이를 분간한다. 격리시킬 필요가 있는 전경 대상은 배경과 다른 깊이 평면에 있는 것으로 분간되므로 효과를 위한 녹색 화면이 필요하지 않다. 현재는 기존 카메라를 대체할 수 있는 해결책이 아니지만 필름이나 기존의 디지털 센서 기술 이미지를 사용하지 않고 이미지 제어를 크게 향상시키는 방법을 보여 준다.

이번 장을 끝맺기 위해《태양의 제국》의 스토리보드를 이용해서 시각화에 대해 보다 확장된 예를 들어 보자. 프로덕션 일러스트레이터 데이비드 조나스가 그린 몇 개의 연속되는 패널들이다. 모든 패널에는 편집과 숏의 동력을 전달하기 위해서 액션상의 정확한 순간을 묘사하는 조나스의 능력이 드러난다. 그렇지만 이 스토리보드는 감독인 스티븐 스필버그의 시각적 스타일을 전달하고, 감독의 작업에 익숙한 필름 메이커들은 스필버그가 어떤 효과들을 가장 좋아하는지 알아차릴 것이 분명하다. 이를테면 차 유리창 안쪽에 짐의 얼굴이 반사된 것은 짐이 보고 있는 바깥 장면을 우리가 볼 수 있도록 해 주는 반투명으로 보인다. 이 간단한 효과는 단일 숏 안에서 숏과 역숏을 결합시킨다.

해당 시퀀스는 일본이 상하이를 침략하기 시작한 것으로 끝나는 마지막 시퀀스(106페이지) 바로 다음에서 시작한다. 새로운 스토리보드는 짐의 부모가 호텔에서 나와서 차로 도시를 빠져나가려는 데부터 시작한다.

SC51J

거리 풍경을 담은 와이드 로 앵글. 중국인이 짐과 그의 부모를 차 속으로 밀어 넣는다. (컷 투)

SC52

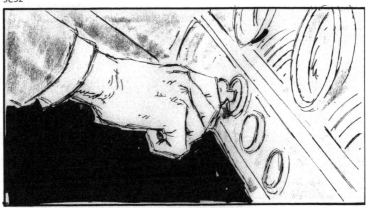

차 내부. 시동 스위치에 대한 앵글. 중국인이 열쇠를 돌려 엔진을 가동시킨다. (컷 투)

SC52A

차 외부. 유리창을 통해서 짐이 군중의 흐름을 내다보고 있고, 그 모습이 유리에 반사된다.

SC52A (계속)

차가 프레임 밖으로 빠져나간다. (컷 투)

SC52B

차 내부. 짐의 어머니: "우리는 어떻게 해야 해요?"
짐의 아버지: "아마 배가 있을 거예요. 두 사람에게 미안하구려. 맥스가 옳았어!" (컷 투)

SC52C

외부. 차가 군중을 따라 서서히 갈 때 차에 앵글을 맞춘다. (컷 투)

SC52D

외부. 자동차 뒤 유리창에 앵글을 맞추면 짐이 밖을 응시하고 있다.

SC52D (계속)

두 번째 차가 뒤따르면서 그 차는 카메라에서 멀어진다. (컷 투)

SC53

짐의 차를 따르던 차가 군중에 둘러싸인 채 카메라 아래를 지날 때, 일본 해군의 분견대가 뒤쪽의 길모퉁이를 돌아오고 그 뒤로 탱크가 따라온다.

SC53 (계속)

그 뒤를 이어서 두 대의 탱크와 두 대의 장갑차가 따른다. (컷 투)

CAM WHIP PANS LEFT

SC54

초조하게 땀을 흘리고 있는 짐의 아버지 얼굴로 클로즈업. 그는 유리창을 두드리는 소리를 듣는다. 카메라가 그쪽으로 빠르게 팬한다.

SC54 (계속)

한 영국인이 유리창에 대고 외친다. "바닷가에 사람들이 있어요…. 영국인…."

SC54 (계속)

영국인은 강 쪽을 향해 이동한다. 뒤쪽 바다에서 사람들이 싸우고 있고, 다른 사람들이 그들을 돕고 있다. 더 많은 사람들이 진흙 속에서 선 채로 강변에 몰려 있다. 포탄들이 물기둥을 뿜어 올리며 바닷속에서 폭발한다.

SC54 (계속)

짐의 아버지가 차 밖으로 나오려고 움직일 때, 그의 얼굴이 유리창에 반사된다. "제이미, 어머니를 돌봐드려." (컷 투)

SC54A

차 외부. 문이 열리고 짐의 아버지가 군중 속으로 뛰어들면서 카메라 쪽으로 성급히 다가오면 카메라가 앞으로 나아간다.

Ⓑ

SC54A

짐의 어머니가 짐 위로 몸을 내밀면서 그의 아버지에게 "우리와 같이 있어요!"라고 외칠 때 그녀에 대한 앵글. (컷 투)

SC54B

짐이 탄 차의 뒷 범퍼에 뒤에 있는 차가 부딪힌다. (컷 투)

SC54C

차 내부. 뒷좌석의 짐과 그의 어머니가 시트에 나가떨어진다. (컷 투)

데이비드 조나스가 그린 《태양의 제국》 스토리보드.

5. 프로덕션 사이클The Production Cycle

이번 장에서는 제작 과정을 알아보려고 한다. 또 21세기 필름 메이커가 어떠한 잘 정의된 단계를 통해 창의적인 팀 혹은 그 비전을 개발하고 제시할 수 있는지 살펴본다. 사전 시각화, 스토리 릴, 애니메이션 등의 용어들은 영화를 디자인하는 데 가장 철저한 과정으로 남아 있는 애니메이션 영화의 사전 제작 과정에서 영감을 받아 상호 교환이 가능하게 사용된다.

아래는 실연 영화를 위한 제작 과정이다. 할리우드 영화에서 8 - 18개월 동안 하는 일이다. 보통 각본 쓰기는 영화 제작이 시작되기 전에 완료되지만 작가/감독을 위해 과정에 포함시켰다. 그들에게 있어 (영화의) 첫 번째 아이디어에서부터 마지막으로 극장에 걸리는 개봉 영화에 이르기까지, 창조적인 아크Arc는 언제나 스토리가 기반이다. 모든 제작 단계는 필름 메이커의 단일한 초점을 지원한다.

- 각본 쓰기
- 조사
- 시각적인 각본 분석
- 프로덕션 디자인
- 리허설
- 촬영

수천 명의 예술가와 기술자가 보통 일주일에 60시간 동안 장편 영화 작업을 한다. 그다음 작업이 끝난다. 작업의 처음부터 관객에게 보이기까지의 전력 질주는 빠르고 강렬하다. 감독은 수많은 결정과 끝없는 토론과 회의에 직면한다. 만드는 과정에서 개인적인 시간을 갖기는 어렵다. 영화 제작은 사적인 과정이 아니다. 그러나 감독이 자신이 관리해야 할 세부 사항의 과부하로 초점을 잃을 때, 시각화는 그가 의존할 수 있는 나침반이 될 수 있다.

자세한 스토리보드는 다방면에서 유용하지만 과거에 그것의 주된 목적은 감독이 최종 영화에서 추구하는 내용을 제작 팀원에게 전달하는 것이었다. 이는 지금도 사전 시각화에서 중요하게 사용되지만 디지털 도구를 사용하면 스토리보드를 넘어서 영화의 총연습 같은 무엇을 만들어 낼 수 있다.

오늘날 많은 영화감독은 그래픽 아트 소프트웨어의 사용에 거리낌이 없기 때문에 영화를 시작하기 전에 스스로 시각적 프레젠테이션을 만들 수 있다. 이 사전 디자인은 영화 제작이 시작되기 몇 년 전에 감독이 투자자를 찾기 위한 시각적 프레젠테이션으로 시작될 수도 있다. 시각적 판매 프레젠테이션을 데크deck 또는 감독의 비전 북vision book 또는 피치 북pitch book이라고 한다. 그러나 제작 전에 감독이 선행 작업을 수행하더라도 일단 영화가 가동되면 사전 시각화 서비스 회사를 고용하거나 사내 팀을 구성하는 편이 좋다.

애니메이션 디자인에서 약간의 우회는 몇 개의 단락에 대해서만 순서가 정해진다. 동영상의 사전 시각화를 위한 황금 표준을 나타내기 때문이다. 앞서 언급했듯 디즈니는 현대 스토리보드 과정을 조직하고 개발했지만 스토리보드 또는 콘셉트 아트의 사용은 개발하지 않았다. 그러나 디즈니 방법론은 이제 모든 애니메이션 스튜디오만이 아니라 많은 시각효과 스튜디오와 대부분의 주류 블록버스터에서 사용된다.

우리가 알아야 할 사항은 다음과 같다. 애니메이션 스토리 릴의 목적은 영화가 공개되기 전에 여러분의 영화처럼 보이고 들리는 프레젠테이션을 관객에게 보여 주는 것이다. 따라서 대상 인구 통계에 잠재 고객을 포함하도록 신중하게 관리된다. 때때로 설문지를 사용하여 각 테스트 대상 참가자의 반응을 기록하기도 한다. 애니메이션 영화《천재 소년 지미 뉴트론Jimmy Neutron: Boy Genius》의 작가, 제작자, 감독인 존 A. 데이비스John A. Davis 같은 몇몇 감독은 청중과 함께 테스트 극장에 앉아 관객을 관찰함으로써 감독이 영화가 작동하지 않는 부분을 빠르게 배울 수 있다고 믿는다. 관객들이 불안할 때, 그들은 지루해한다. 그래서 설문지가 관객으로부터 수집되고 평가된 후, 관객이 예상대로 응답하지 않은 영역을 수정하기 위해 되돌아와 작업한다.

몇몇 필름 메이커는 영화를 회사의 간섭에 노출시킨다고 여겨 테스트 상영을 선호하지 않는다. 사실일 수도 있지만 대사, 음향효과, 음악으로 처음부터 끝까지 영화의 잘 제작된 사전 시각화 버전은 감독과 편집자를 위한 사전 시각화 상영만으로도 제작하지 않은 것에 비교하면 매우 유익하다.

각본 쓰기 Scriptwriting

각본은 놀라울 정도로 일관된 형태로 유지되어 왔으며, 현재도 그 형식은 매우 구체적인 페이지 레이아웃에 따라 전 세계에서 시행되는 보편적인 규칙 체계다. 대행사, 독자, 스튜디오는 모두 표준 형식을 기대하지만 일단 영화에 자금이 제공되면 영화 제작진을 대상으로 시나리오 형식을 실험하지 않을 이유가 없다.

다음은 스토리를 작성하는 다른 접근 방법이다.

각본과 스토리보드를 묶어서 출판한 책으로, 시각화와 각본의 집필 과정이 결합되는 방법을 잘 보여 주는 『진실한 이야기들 True Stories』에서 저자 데이비드 번 David Byrne은 서문에 이렇게 썼다. "이 영화의 틀을 세우는 방법은 로버트 윌슨 Robert Wilson과 공동 작업을 하면서 그의 작업 과정에서 약간의 영감을 받았다. 그는 주로 시각적인 아이디어를 가지고 무대 작업을 시작하고, 그다음에 그 위에다 사운드와 대사를 넣는다. 필자도 비슷한 방법을 사용했다. 필자는 벽에다가 한 동네에서 발생할 수 있는 사건들에 대한 그림들을 잔뜩 붙였다. 그다음 그것이 어떤 종류의 흐름을 지닌 깃처럼 보일 때까지 세속해서 그림들을 다시 배열했다. 그러면서 그 그림들 속에 나타나 있는 사람들에게 타블로이드 신문 기사들에 의해서 떠오른 성격들을 부여했다."

이런 접근법은 매우 개성 있다. 또한 번이 《트루 스토리스 True Stories》(1986)의 감독이자 주요 작가였기 때문에 가능했다. 그는 스튜디오에 기획안을 팔고자 의도적인 스타일로 각본을 쓰지 않았다. 그래서 동일한 토대 위에 시각적이고 언어적인 재료들을 배치하는 더욱 영화적인 방식으로 이야기를 자유롭게 구성했다. 이 영화는 할리우드 표준에 맞는 관습적인 내러티브가 아니다. 구성 방법만이 아니라 그것의 결과도 다르다. 관찰이 핵심이라고 할 수 있다. 《트루 스토리스》를 제작하는 동안 번은 시사성이 강한 재료들을 모아서 이것을 자신만의 일정한 틀에 맞추어 표현했다. 요점은 단어가 이미지에 우선하는 전통적인 영화 각본 쓰기만이 각본을 쓰는 유일한 방법이 아니라는 것이다. 139페이지는 영화 각본을 구체화시키기 위해서 번이 그린 몇 개의 스토리보드 패널이다.

조사 Research

여러분이 시나리오 작가라면 여러 영화를 보고 연구했을 것이다. 그러나 시각적인 부분보다는 이야기에 훨씬 치중했을 것이다. 만약 로케이션 장소를 물색하고 있다면 여행 요건에 따라야 한다. 최대한 많은 사진과 비디오를 캡처하라. 가능한 숏을 구성하고 시도하라. 어시스턴트가 있으면 촬영하는 동안 장면의 기본 동작을 해 보게 할 수 있다. 한 장면에 대해 둘 이상의 가능한 로케이션 장소가 있다면 결정에 큰 도움을 준다. 또한 장면을 스토리보드로 만드는 사람에게도 도움이 된다. 심지어 편집된 애니메이션으로 만들 수도 있다. 그리고 선임 스토리보드 아티스트가 로케이션에 가야 하는지에 대한 의문을 일으킨다. 일반적으로 프로듀서, 프로덕션 디자이너, 감독은 로케이션을 방문하는 주요 사람들이다. 촬영기사도 현장 방문이 가능하다면 그도 멤버가 된다. 그러나 장소 물색 여행에 스토리보드 미술가를 데려가는 것은 비교적 새로운 발전이기는 하나 결코 표준이라고는 할 수 없다. 그럼에도 절대 나쁜 생각은 아니다.

두 가지 유형의 연구가 있다. 첫째는 영화에 등장할 것으로 예상되는 장소 또는 로케이션에 대한 구체적 연구다. 둘째는 영감을 주는 정보, 이미지, 사운드 등이다. 특정 연구는 각본에 언급된 실제 로케이션의 이미지를 찾는 것이다. 그랜드 캐니언 또는 에펠 탑을 예로 들 수 있다. 이런 로케이션의 모든 사진과 그림을 찾아 컴퓨터의 폴더에 저장한다. 영감을 주는 연구는 영화가 진행되는 1950년내의 식당 메뉴일 수도 있다. 영화에는 나타나지 않지만

데이비드 번은 《트루 스토리스》의 각본을 발전시키기 위해서 이와 같은 그림들을 그렸다.

관객에게 전달하려는 특정 느낌을 불러일으킨다. 당대의 신문광고 같은 시간이나 장소의 사진을 찾아야 할지도 모른다. 여러분은 영화를 위한 가장 눈에 띄는 광경과 소리를 만들기 위해 이야기의 주제와 설정에 몰입해야 한다. 프로덕션 디자이너에게 이와 같은 정보를 보여 주는 것도 유용하겠지만 오직 여러분 자신에게만 도움이 되기도 한다.

저장 공간을 가득 채울 만큼의 비디오, 사진, 음악, 사운드 모음으로 마무리될 수도 있지만 우선순위를 정하기 위해 피디에프 소책자 또는 편집된 비디오 프레젠테이션에서 콜라주로 구성할 수도 있다. 이미지를 제시하는 방식은 이미지에 대한 반응 방식을 변화시킨다. 작품을 바닥에 놓거나 벽에 붙일 수 있다. 여러분은 언제나 새로운 연관성과 아이디어를 생성하는 새로운 병렬 배치를 만들면서 이미지들을 이리저리 이동해야 한다. 계속 뒤돌아가 보라. 어느 순간, 새로운 아이디어가 떠오를 것이다. 나중에 프로덕션 디자이너와 그의 팀이 동일한 작업의 어떤 과정을 수행하겠지만 감독은 자신의 연구를 수행하는 동안 발견된 지식에 힘입어 희망을 얻고 나아가 자신의 고유한 방식으로 이미지를 검색하고 선택한다. 궁극적으로 영감을 주는 연구는 새로운 아이디어를 장려하는 한편 각본에서 발견된 것들에 대한 해결책을 찾기 위한 구체적인 연구가 수행된다.

뒷이야기 Backstory

연구의 하위 범주는 뒷이야기(백스토리)다. 연구는 실제 세상의 사실이고, 뒷이야기는 지어 낸 사실이다. 뒷이야기는 감독의 시각적 탐색의 일부일 수도 있다.

작가들은 종종 이야기에 제시된 시간 프레임 이전의 삶을 묘사하는 등장인물들을 위해 뒷이야기 또는 전기를 개발한다. 과거가 있는 대강의 캐릭터들을 창조함으로써(그들의 역사를 알고 있으므로) 등장인물의 행동을 어느 정도 예측하면서 현재를 더 쉽게 창작할 수 있다. 사진, 잡지의 사진, 신문 헤드라인, 엽서 또는 고등학교 연감에서 복사한 페이지는 시각적 뒷이야기를 형성할 수 있다. 실제 삶의 세부 사항들은 키보드를 치면서 보내는 오랜 시간 동안 여러분이 구상하는 이야기의 단면과 질감을 상상하는 데 도움을 준다.

여기 여러분이 영화를 위한 시각적 계획을 준비할 수 있는 몇 가지 방법이 있다.

시각적인 스케치 북Visual Sketchbook

이것은 이미지, 사운드, 메모가 포함된 컴퓨터 바탕 화면의 연구 폴더에서 시작한다. 이제 여러분은 각본의 빈 페이지나 메모에 그것들을 추가하거나 혹은 연구만을 위해 책을 만들 수 있다. 어느 방법이든 목표는 결국 영화의 이미지가 될 각본에 있는 형용사나 명사인 모든 것, 즉 주제, 로케이션, (역사적인) 기간, 캐릭터 아크와 관련된 시각적 자료와 각본의 아이디어를 연결하기 시작하는 데 있다.

두 가지 이유가 있다. 첫째는 실제 세계의 실제 내용과 각본으로 작성한 내용을 동일시하는 것이다. 스토리에 복원된 1967년식 머스탱이 있다면 여러분은 아마도 프로덕션 디자이너에게 그것을 보여 줄 것이다. 이 작업을 수행하는 두 번째 이유는 주제 또는 시간과 장소의 분위기 같은 각본의 덜 정의된 측면 때문이다.

따라서 1950년대의 성냥갑이나 빈티지 신문의 광고를 찾을지도 모른다. 어쩌면 모든 이미지가 남부의 민권 시대 이전의 묘사로 합쳐질 수도 있다. 이 과정의 일부는 분위기를 생성하고 특정한 것들을 보여 주는 것이나 상상하거나 기억하는 시간과 장소를 실제처럼 보이게 하는 세부 사항을 찾는 것이 가장 중요하다. 《시민 케인》의 구성 역학은 로즈버드 썰매를 중심으로 이루어졌지만 부자연스럽다. 물론 각본에 썰매가 있었지만 시각적 스케치북을 만들 때 이런 종류의 시각적 은유가 종종 발견된다. 또한 저예산 영화에서도 연구원을 둘 수 있다. 감독은 영화의 시각적 계획에 대한 최종 의사 결정자이나 모든 작업을 수행하지는 않는다. 요약하면 시각적 스케치북은 아이디어를 찾고 이미 선택한 시각적 선택을 명확하게 하는 방법이다.

▶ 시각적 각본 분석VISUAL SCRIPT ANALYSIS

이것은 극적이고 시각적인 두 가지 맛이 있다. 드라마틱한 분석은 주로 배우와 캐릭터를 이해하는 것이다. 감독과 배우에게 주디스 웨스턴Judith Weston이 쓴『감독을 위한 영화 연기 연출법』과『영화감독의 직감』을 강력 추천한다. 감독과 배우를 위한 각본 분류와 각본 분석에 대하여 가장 철저하게 다룬 책이지만 시각적 디자인에 관한 것은 아니다. 극적인 분석이 텍스트에 중점을 두는 동안에 시각적 각본 분석은 각본 밖에서 답을 찾는다. 흥미로운 것은 그것들의 상호작용이다. 여기 분석이 어떻게 시각적 아이디어를 생성하는지에 대한 스냅 숏이 있다.

여러분의 각본에 밤이 배경인 오프닝 장면이 있다고 해 보자. 부두 끝에 등대가 있다. 이를 분석하기 위해 본질적으로 소크라테스식 문답법이 필요하다.

장면 묘사 Scene description

드레이라는 여자가 밤에 등대까지 운전해 올라간다. 한 남자가 등대에서 그녀를 기다리고 있다. 두 사람은 이전에는 만난 적이 없다. 그들은 출장을 간다고 거짓말한 여자의 남편에 대한 정보를 교환하기 위해 만났다. 남자는 남편이 간다고 했던 장소와 다른 곳에 있는 남편의 사진들을 보여 줄 것이다. 드레이는 이제 자신이 속아 왔다는 사실을 알게 된다.

분석 질문들:

 - 이 신의 목적은 무엇인가?

 - 이 신에서 주인공은 무엇을 원하는가?

 - 드레이가 차 밖으로 나왔을 때 무엇을 보았는가?

 - 드레이는 무엇을 알기를 기대하는가?

 - 그녀는 실제로 무엇을 알았는가?

 - 당신은 관객이 무엇을 알기 원하는가? 그리고 언제?

 - 당신은 그들이 무엇을 느끼길 원하는가?

답변은 다음과 같다.

– 이 신의 목적은 무엇인가?

: 드레이가 그녀의 남편을 조사하고 있음을 보여 주기. 그녀는 더 이상 그를 신뢰하지 않는다.

– 이 신에서 주인공은 무엇을 원하는가?

: 그녀는 남편이 거짓말하지 않았기를 원한다.

– 드레이가 차 밖으로 나왔을 때 무엇을 보았는가?

: 그녀는 한 번도 만난 적이 없는 남자를 본다. 그녀는 고립된 만남의 장소를 본다.

– 드레이는 무엇을 알기를 기대하는가?

: 남편이 거짓말했다면, 그럴 만한 이유가 있으며, 그녀에 대한 것이 아니라는 것이다.

– 그녀는 실제로 무엇을 알았는가?

: 그녀는 자신의 결혼이 가짜임을 알게 될 것이다. 다른 것을 위한 명목상의 것이라는 사실을.

– 당신은 관객이 무엇을 알기 원하는가? 그리고 언제?

: 드레이는 그녀의 남편을 거역할 능력이 있고, 따라서 자신을 위험에 빠뜨릴 수 있다는 것이다.

– 당신은 그들이 무엇을 느끼길 원하는가?

: 드레이에 대한 동정심이 있지만 또한 그녀의 행동에 대한 두려움도 있다.

이제 우리는 장면의 시각적 언어가 장면의 목표를 어떻게 지원하는지 살펴볼 필요가 있다. 질문 목록에 시각적 정보를 추가할 때의 방법은 다음과 같다.

– 이 신의 목적은 무엇인가?

: 드레이가 그녀의 남편을 조사하고 있음을 보여 주기. 그녀는 더 이상 그를 신뢰하지 않는다.

[시각적 분석] 그녀는 앞으로 몸을 숙이고 바람 속을 걷고 있다. 이것은 그녀가 정보를 얻기 위해 할 노력을 보여 준다. 그녀는 결의에 차 있다.

– 이 신에서 주인공은 무엇을 원하는가?

: 그녀는 남편이 거짓말하지 않았기를 원한다.

[시각적 분석] 그녀는 자신의 아이폰을 가지고 비밀리에 대화를 녹음하려고 할 것이다. 이것은 그녀가 정보원은 신뢰할 수 없지만, 그녀의 남편은 믿는다는 점을 보여 준다.

– 드레이가 차 밖으로 나왔을 때 무엇을 보았는가?

: 그녀는 한 번도 만난 적이 없는 남자를 본다. 그녀는 고립된 만남의 장소를 본다.

[시각적 분석] 주차장에서 정보원까지는 한참 걸어야 한다. 정보원은 먼 거리의 거대한 등대 옆에 작게 보인다.

– 드레이는 무엇을 알기를 기대하는가?

: 남편이 거짓말했다면, 그럴 만한 이유가 있으며, 그녀에 대한 것이 아니라는 것이다.

[시각적 분석] 드레이는 대화를 녹음하는 데 사용할 전화를 만지작거릴 수 있다. 그녀는 무심코 가족사진을 잠시 훔쳐볼지 모른다.

– 그녀는 실제로 무엇을 알았는가?

: 그녀는 자신의 결혼이 가짜임을 알게 될 것이다. 다른 것을 위한 명목상의 것이
    라는 사실을.

[시각적 분석] 그녀는 남편이 이중생활을 한다는 사실을 확실하게 가리키는 사진
    을 본다.

– 당신은 관객이 무엇을 알기 원하는가? 그리고 언제?

: 드레이는 그녀의 남편을 거역할 능력이 있고, 따라서 자신을 위험에 빠뜨릴 수
    있다는 것이다.

[시각적 분석] 드레이는 사진을 요구한다. 그녀는 어떻게든 그것들을 사용할 계
    획이며 갈등과 위험을 일으킬 수 있다.

– 당신은 그들이 무엇을 느끼길 원하는가?

: 드레이에 대한 동정심이 있지만 또한 그녀의 행동에 대한 두려움도 있다.

[시각적 분석] 드레이가 정보원과 상호작용할 때 어떤 실수를 만들어 내라. 이것
    이 그녀를 취약하게 만들 것이다.

보다시피, 모든 비주얼이 완성되지는 않았지만 과정이 진행 중이다.

여기에 몇 가지 아이디어가 있다. 아마도 정보 제공자를 숨기려고 할 것
이다. 그는 후드티를 입고 선글라스를 쓰고 있으며 시간도 밤이다. 이로 인해
드레이는 훨씬 위험한 상황에 처한다. 이 장면에서 긴장을 높인다. 등대는 원
래 각본에서 폐기된 것으로 서술되어 있지만 여전히 작동한다. 따라서 등대
위에서 스포트라이트를 회전시킬 수 있게 허락한다. (이것이 그들이 하는 일
이다.) 드레이와 그녀가 걷고 있는 곳에 지나가는 빛을 제공한다. 마찬가지로
그녀가 정보원을 만났을 때 그는 거의 완전한 어둠에 묻혀 있지만 10 - 15초
마다 빛이 장면 위로 이동하면서 고작 몇 초이지만 그들이 있는 장소를 비춘
다. 이를 통해 편집 없이 컷을 할 수 있다. 이 빛은 정보원을 지나갈 때 드러나

고 사라진다. 빛은 순간적인 '숏'을 제공한다. 감독은 빛이 정보원에 대한 작은 사항을 밝힐 때 드레이가 과도하게 주의를 기울일 수 있는 기회를 갖는다.

시각적 각본 분석은 여기까지다. 하지만 장면을 위한 색상 선택, 카메라 배치, 시점POV, 음악 및 사운드 효과에 동일한 분석 과정을 적용할 수 있다.

시각적 각본 분석-세 개의 표본Visual Script Analysis-Three Samples

모든 감독은 촬영 전에 각본을 가지고 일하는 자신만의 방법을 고안할 것이다. 몇몇 감독들은 스토리보드를 사용하는 반면에 어떤 감독들은 숏 리스트나 카메라의 위치를 지시하는 로케이션에 대한 가공의 시계 도표를 작성한다. 다음의 제안들은 한 신에 대한 숏 플랜이나 스토리보드를 고안하는 몇 가지 방법이다. 각본에 기초를 두기는 하지만 각본에 국한되지 않는 일련의 공상 기간이라는 말로 잘 묘사될 수 있다.

남북전쟁 말기인 1865년 4월 9일에 아포맷톡스의 법정에서 로버트 E. 리가 유리시스 S. 그랜트에게 항복했던 일에 기초를 둔 임시 각본인 「아포맷톡스Appomattox」에 숏들을 계획하는 서로 다른 방법을 적용해 보자.

감독은 각본을 여러 번 읽고 작가와 함께 최종적으로 손질한 후에야 신들의 대부분이 어떻게 무대화될지에 대한 일반적인 감각을 갖게 된다. 그는 특별한 아이디어들을 상세하게 각본의 여백에 기록하고 궁극적으로는 이것을 자신이 모아 온 사진, 스케치, 다른 참고 자료들이 들어 있는 별도의 노트에 옮긴다. 나중에 아포맷톡스 법정과 다른 로케이션 장소를 방문해서는 가는 곳마다 사진을 찍는다. 이제 감독은 각 신에 대한 한 숏 한 숏의 계획을 세울 준비가 되었다.

한 숏의 계획을 세운다는 것은 연기의 무대화, 숏의 크기, 렌즈의 선택, 카메라 앵글의 묘사를 의미한다. 숏 리스트를 사용한다면 다음과 같을 것이다. "전경과 후경을 압축하기 위해서 장초점 거리 렌즈를 사용한 와이드 숏. 카메라는 바로 앞의 나무들을 적당한 하이 앵글로 잡으면서 북군의 대열을 내려다본다. 가메라는 프레임의 오른쪽에서 들어오는 기병을 따라서 팬한다."

이는 한 숏의 회화적 특성과 사진적 특성에 대한 전통적 묘사들이다. 그러나 감독은 궁극적으로 한 숏의 사진적 특성들이 그 신의 내러티브 효과를 어떻게 결정하는가에 관심을 갖는다. 다음의 연습은 전통적인 숏 묘사를 극적인 용어로 고쳐 씀으로써 시각적인 요소들과 극적인 요소들 사이의 관계에 대한 인식을 높여 주는 좋은 방법이다. 아래에 수록된 네 개의 범주에서 질문의 형태로 제기된 회화적 특성들은 그와 동등한 내러티브적 특성들과 조응을 이루고 있다.

1. 회화적 특성: 카메라를 어디에 배치할 것인가?
   내러티브적 특성: 누구의 시점으로 표현하고 있는가?
2. 회화적 특성: 숏의 크기는 얼마인가?
   내러티브적 특성: 우리가 그 신의 피사체로부터 얼마나 떨어져 있는가?
3. 회화적 특성: 시계 각도는 얼마인가?
   내러티브적 특성: 피사체와 우리의 관계는 어떤가?
4. 회화적 특성: 편집할 것인가 카메라 움직임을 쓸 것인가?
   내러티브적 특성: 시점들을 비교하고 있는가?

위의 질문들은 다소 중첩되지만 하나하나에 대답해 봄으로써 여러분이 새로운 방식으로 자료를 보는 데 도움을 주려 한다. 이제 「아포멧톡스」에서 발췌한 각본에 이것들이 어떻게 적용되는가를 보자.

숏 플랜-초고 Shot Plan-First Draft

감독은 로케이션 현장을 두 번째 방문해서 예산을 토대로 임시로 제작 계획을 세운 후에 숏 플랜을 만든다. 로케이션 사진과 다른 연구 자료를 자신이 일하는 곳에다 펼쳐 놓고 시작한다. 다음에는 각본을 읽을 때 마음에 떠오른 아이디어들을 기초로 해서 이미지 리스트(숏 리스트가 아닌)를 만든다. 그는 색인 카드에 이미지를 써넣을 수도 있다. 이 훈련은 자유 연상과 같으며,

연기자들에 대한 감독의 느낌, 연기자들이 어떻게 서 있고, 무엇을 보고 있는 가 또는 로케이션의 모습은 어떤가 등을 포함한다. 때로는 시기적절하게 개인적 경험이 마음에 떠오르기도 한다. 예를 들어 감독이 초등학교 때 싸움에 졌던 일과 나중에 한 친구의 얼굴을 동정적으로 바라본 일을 기억해 낸다. 그는 이것을 색인 카드에 적는다. 그림 솜씨가 있다면 특별한 숏이나 구성에 관한 아이디어 또는 간략한 스케치를 그릴 수도 있다.

재고 Second Draft

이제 감독은 더욱 구체적인 단계에 이르게 된다. 감독이 일하는 한 가지 유형을 보여 주기 위해 「아포멧톡스」에서 발췌한 각본 샘플 1을 이용해 보자.

외부. 아포멧톡스 계곡의 북쪽 경계선—한낮

우리는 북군의 엉성한 전열 뒤에 있다. 전열의 모든 사람이 휴전의 백기를 든 네 명의 기병이 탁 트인 들판을 가로질러 오고 있는 것을 조용히 보고 있다. 기병 중의 한 명이 리 장군이다. 전열은 기병들이 지나갈 수 있도록 서서히 갈라진다. 군인들은 몸을 돌려서 뒤의 비탈을 내려가서 만을 따라 서 있는 나무들 사이로 들어가는 리를 바라본다. 몇 명의 군인들은 나무 위에서 쏟아지고 있는 얼룩진 햇빛 속으로 사라져 가는 기병들을 보기 위해서 비탈 아래로 조금씩 걸어 내려간다.

그랜트 장군(**남북전쟁 북군 총사령관, 18대 대통령)에게 항복하는 리 장군에 대한 첫 번째 무대화를 묘사하고 있다. 남북전쟁 동안 전선은 승리와 패배의 경계선에 지나지 않았다. 그래서 남부군의 가장 위대한 장군이 연방군 대열의 뒤로 움직일 때, 그것은 믿을 수 없는 순간이 된다. 북부 군인들은 역사 속에서 남북전쟁이 끝나는 모습을 목격하고 있음을 알고 있다.

북군의 시점에서 이 사건을 보는 것이 이 신에 대한 시나리오 작가의 의항처럼도 보인다. 이것은 정확한 선택이고, 네 가지 질문들 중 첫 번째인 '누구의 시점으로 표현하고 있는가'에 대한 답변이다.

다음으로, 두 번째 질문에 답해 보자. '숏의 크기는 얼마인가.' 와이드인가 미디엄인가 아니면 클로즈업인가? 내러티브 용어로 하자면 우리는 대상으로부터 얼마나 떨어져 있는가? 여기에는 약간의 설명이 필요한다. 숏의 크기를 피사체를 둘러싸고 있는 프레임으로 생각하는 것은 바람직하지 않다. 필자는 거리에 따라서 숏의 크기를 생각하는 쪽을 선호한다. 프레임은 한쪽 끝에 카메라가 놓여 있는 3차원의 상자다. 우리는 프레임의 네 면을 보는 동안 피사체와의 거리를 느낀다. 카메라는 실제로 관객의 시점이기 때문에, 프레임의 크기는 관객이 동작이나 피사체와 얼마나 가까이 있는가를 말해 준다. 극영화에서는 물리적인 거리가 정서적인 거리로 바뀐다. 우리가 숏 크기에 대해 말할 때, 실제로는 스크린상의 동작과 관객이 맺게 되는 정서적인 관계를 말하고 있는 것이다.

감독이 이 첫 번째 숏의 시점을 연합군의 것으로 하기로 결정했다. 따라서 숏의 크기와 정서적 거리는 리 장군과 군인들 간의 분리를 나타낸다. 그는 해당 신의 극적인 중심이다. 그들이 그에 대해 커다란 존경심을 느낄지도 모르지만 그는 아직 그들에게는 불구대천의 적이다. 이런 이유로 리가 말을 타고 지나갈 때 숏의 크기와 거리는 풀 숏보다 더 가까이 보여서는 안 된다. 그는 불가사의한 인물로 남아야 하기 때문이다. 관객은 그의 얼굴에 나타난 감정을 보기 위해서 긴장해야만 한다. 이를 위해서 거리가 필요하다.

이제 감독은 시계의 각도를 고려한다. 시점과 거리를 결정한 후에, 그는 리의 접근을 기다리고 있는 군인들을 따라서 카메라를 놓아야 함을 깨닫는다. 만약 카메라가 로 앵글이면 군인들이 카메라의 시야를 가리기 때문에 실행에서 약간의 문제점이 생겨날 수도 있다. 이와 동시에 그들 모두가 일사불란하게 리에게 초점을 맞추면서 동일한 관심사를 갖고 있기에 감독은 대열에 있는 사람들의 경험을 공통된 것으로 간주한다. 따라서 카메라는 군인들을 하나의 집단으로 다루어야 한다. 이 두 가지 이유로 감독은 카메라가 대강 7–8피트 높이의 미디엄 하이 앵글이어야 한다고 믿는다. 카메라는 그 숏에서 많은 군인들에게 둘러싸여 있는 리의 모습을 이런 식으로 분명하게 보여 주게 된다.

마침내 감독은 편집(커팅 대 카메라 움직임)의 문제와 시점이 바뀌어야 되는지 아닌지의 문제에 도달한다. 연기에 대한 감독의 감각은 리가 멀리서 나타나 북쪽의 대열을 향해 이동할 때 천천히 발전한다. 리가 다가오고 있다는 이야기가 펼쳐질 때 개개의 군인들에 대한 숏이 있을 수도 있지만 그 신은 엄숙하고 서두르지 않는다. 그러므로 리 장군이 지나갈 때 카메라를 다시 올리기 전에, 사람들을 가까이에서 보여 주기 위해서 크레인을 이용해 카메라를 사람들 사이로 낮게 내리는 시퀀스 숏을 선택하는 것이 좋다. 이런 최종 결정을 내리는 것과 함께 감독은 그 신을 어떻게 찍을가를 결정한다.

다음은 **각본 샘플** 1에 대한 숏 리스트에 이런 결정들을 어떻게 적어야 하는가를 보여 준다.

"카메라는 크레인이나 긴 *집 암jib arm 위에 놓인 채로 북군 사이에 배치한다. 카메라의 시점은 멀리서 다가오는 리를 바라보고 있는 군인들의 대열을 따른다. 카메라는 군인들이 다가오고 있는 리에게 주의를 돌릴 때 그들 사이에서 낮게 움직이기 시작한다. 카메라는 전열을 이루고 있는 사람들을 따라가고 리가 옆으로 지나갈 때 8 – 10피트 높이로 서서히 올라간다. 리와 기병들이 지나갈 때 그들을 따라 함께 팬한다. 그리고 리가 오고 있는 것을 알았을 때 군인들이 전열 뒤에서 하는 여러 가지 움직임들을 추가 숏으로 찍어 둔다." **그림 5-1**은 이 메모에 수반된 개요 그림이다.

여러분이 보듯 개요 그림은 우리가 한 시퀀스 숏을 다루고 있을 때 위로 향해서 움직이는 크레인과 결합된 *달리 숏dolly shot에 대강 접근할 수 있을 뿐이다. 카메라와 피사체의 안무(리가 지나갈 때 팬의 타이밍과 카메라의 위치 등등)는 주해 없이는 알 수 없다. 그러나 개요 그림은 프로덕션 디자이너, 촬영감독, 프로덕션 매니저, 조감독이 배우, 스태프, 장비 등을 제자리에 둘 수 있도록 해 준다. 이 계획은 창조적이고 조직적인 팀이 알아야 하는 모든 문제점의 윤곽을 잡아 볼 수 있게 해 주며, 각본에 대해 우리가 세우는 첫 번째 계획이다. 이세 우리는 또 다른 시도를 할 수 있다.

각본 샘플 2로 옮겨 가면, 감독은 새로운 로케이션의 다른 신으로 넘어간다.

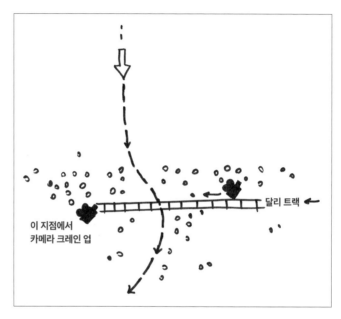

그림 5-1

외부. 들판-북군 측

　한 시간의 휴전이 선언되었을 때, 우리는 남군 경계병과 막 충돌하려고 하는 북군 척후병 측에 있다. 1백 야드도 떨어져 있지 않은 먼지 나는 길 양편에 북군 척후병들이 앉아 있고, 이와 마주하고 있는 일련의 나무들 밑에 있는 들판에 남군의 선봉 대열이 앉아 있다. 양측의 사람들은 서로를 분명하게 볼 수 있다. 카메라 가까이에 앉아 있는 한 북군 병사가 총검으로 개미집을 쑤시면서 시간을 보내고 있다.

　이번에 감독은 그 신을 분석하는 것이 아니라, 각본에 쓰인 액션을 그대로 따른다. 그는 시퀀스 숏으로 가기보다는 몇 개의 숏으로 나누려고 한다.
　"들판에서 같은 숫자의 북군 병사들과 대치하고 있는 남군 병사들에 대한 로 앵글. 카메라는 북군 측에서 몇 명의 북군 병사들을 지나가면서 찍는다. 맨 앞의 전경에 나이 어린 북군 병사가 앉아서 자기가 개미집에 꽂았던 총검에 기어오르고 있는 개미를 바라보면서 시간을 보내고 있다. 점점 더 많은 개미들이 밖으로 나온다. 어린 북군 병사와 가장 가까이에 있는 남군 병사들 중 한 명이 들판을 가로질러 약 60야드의 거리에서 그를 보고 있다. 어린 북군 병사가 올려다보자, 두 병사의 눈이 마주친다. 북군 병사가 멋쩍어서 총을 땅에서 뽑아내면 개미집이 부서진다. 그다음 그는 개미들을 털어 낸다. 남군 병사의 뒤에서부터 새로운 숏으로 컷한다. 남군 병사는 북군 병사가 그의 총을 들어 올리는 것을 보면서 이것이 일종의 허풍을 떠는 몸짓이라고 생각한다. 그리고 자신의 총을 집어서 무릎 위에 놓는다. 그는 미소를 띤 채로 그를 내려다보고 있는 북군 병사를 똑바로 돌아본다."

숏 리스트:

1. 개미집과 나란히 잡은 북군 병사의 옆얼굴. 배경의 남군 병사.
2. 개미집과 총검의 클로즈업.
3. 역방향에서 찍은 남군 병사의 와이드 오버 더 숄더wide OTS와 배경의 북군 병사.
4. 북군 병사의 오버 더 숄더와 배경의 남군 병사.

그림 5-2 해당 시퀀스에 쓰인 카메라 각각의 앵글에 숫자를 매긴다. 그 숫자들은 처음의 계획을 따르게 될 스토리보드 패널들과 일치한다. 156-157페이지에 스토리보드 패널들이 나온다.

그림 5-2는 개요 그림이 이 신을 어떻게 나타내는지를 보여준다.

이제 **각본 샘플 3**으로 넘어가 대화 신을 어떻게 조종하는지 알아보자. 이번에 우리는 리 장군과 함께 한 농가에 있다.

내부. 응접실—벽돌 농가—오후
리 장군이 방 보퉁이의 의자에 앉는다. 그는 창밖을 응시한다.

그때 그는 자신이 한 곳을 응시하고 있음을 깨닫고, 방 여기저기를 둘러보기 시작한다. 그러나 단지 왔다 갔다 하는 식에 지나지 않아서, 아무리 유심히 본다 해도 그의 느낌을 드러낼 어떤 행위나 감정도 보이지 않는다. 훨씬 더 젊은 그의 부관, 육군 중령 찰스 마샬은 장군에게서 태연하게 있으라는 지시를 받고, 벽 위의 한 그림을 바라본다. 마샬은 이따금 리가 무엇을 하고 있는지 보다가 마침내 벽난로 옆의 의자에 앉는다.

그랜트의 참모인 육군 중령 오빌 밥콕은 현관 앞에 서 있다. 그는 이야기를 나누어서 모두를 불편하게 만들기보다는 리와 마샬만 응접실에 남겨 둔채 나가 버린다. 밥콕은 앞뜰에서 그랜트 장군과 쉐리단 장군이 대문으로 들어오는 것을 보고 크게 안도한다. 밥콕이 문을 열면 장교들이 들어온다. 모든 사람이 일어선다.

밥콕(그랜트에게):

그랜트 장군—

그랜트는 밥콕의 존재를 거의 느끼지 못한다. 그의 생각은 오직 한 사람에게만 가 있다. 그는 응접실을 곧장 가로질러서 인사하기 위해 서 있는 리에게 간다. 두 사람이 악수한다.

그랜트

리 장군

그랜트는 앉을 자리를 찾기 위해 둘러보고, 리는 그 전에 앉았던 자리에 앉는다. 밥콕이 다섯 명의 다른 장교들을 방으로 들어오게 하는 동안 그랜트는 잠시 다른 데로 주의를 돌린다. 그들은 방 둘레에 자리 잡고서 천천히 서류를 정리하고 마샬은 벽난로가 있는 뒤쪽으로 물러난다. 그랜트는 의자를 끌어다가 리의 바로 맞은편에 앉는다. 그랜트는 둘 사이의 긴장감을 풀어 보려 노력한다.

그랜트

리 장군, 나는 전에 당신을 한 번 만난 적이 있소. 나는 뉴멕시코에 주둔하고 있었고, 당신은 여단을 시찰하러 왔었지요. 나는 항상 당신의 모습을 기억해 왔고, 어디서든지 당신을 알아봤을 거라고 생각하오.

리

그렇소. 나도 그때 당신을 만난 일을 기억하고 있고, 당신이 어떻게 보였던가를 떠올리려고 노력해 왔소. 그러나 나는 결코 하나의 단일한 모습을 생각해 낼 수 없었소.

이번에는 숏 플랜을 자세히 세우지 않는다. 대사와 제한된 움직임을 지닌 내부 신은 배우와 더불어 더욱 쉽게 무대화되기 때문에, 묘사는 등장인물들에 대한 관찰과 그것이 카메라로 어떻게 보일 것인가로 이루어져 있다. 숏의 주해는 다음과 같다.

숏 플랜:

1. 농장 집 응접실에 앉아 있는 리를 방에서 보고 있는 와이드 숏. 전경에 그랜트의 참모 중 한 사람인 육군 중령 밥콕이 있다. 그는 전열을 통과해서 리를 호위한 사람이다. 방 안에는 리의 부관인 육군 중령 마샬이 리 가까이에 서 있다. 밥콕은 유리창 밖을 보면서, 리와 마샬만 남겨 두고 자신은 홀에 나가 있어야겠다고 생각한다. 밥콕은 손에 장갑을 끼고 있는 리를 쳐다본다. *화면 밖off screen에서 소리가 들리면 밥콕이 똑바로 일어선다.

2. 외부. 앞뜰과 집의 측면 **롱 숏**. 약간 로 앵글. 그랜트가 쉐리단 장군과 대문으로 들어오고 있다. 그는 품위를 지키기 위한 마지막 노력의 일환으로 구겨진 제복의 먼지를 털면서 빠르게 걷고 있다. 그는 그렇게

하면서도 걸음을 멈추지 않는다.

3. 내부. 응접실 숏. 카메라는 방 후면의 리 뒤에 있다. 리는 그랜트에게 인사하기 위해 일어서 있다. 그랜트는 앞문으로 들어와서, 곧장 리에게로 걸어간다. 두 사람이 악수한다. **컷 투.**

4. 그들이 악수를 나눌 때 **리와 그랜트의 리버스 숏**reverse shot. 마샬이 프레임을 가로지르면 **카메라는 풀 백**pull back한다. 그랜트는 앉을 의자를 찾고, 리는 이전에 앉았던 곳에 앉는데, 그랜트는 밥콕이 도와주기 전에 자기 힘으로 의자를 잡아당긴다. 그랜트는 신경질적으로 보인다. 리는 침착함을 잃지 않고 있다. **컷 투.**

5. **정문의 미디엄 숏.** 카메라 높이는 5피트. 북군 장교들이 장례식에 참석하는 사람들처럼 조용하게 들어온다. 모두가 리를 힐끗 훔쳐본다. 카메라는 그들과 함께 백업back up하다가 한 장교를 따라 팬한다. **방의 와이드 숏. 리와 그랜트의 기울여 잡은 옆얼굴. 호의적인 리.** 카메라 높이는 4피트. 장군들 사이의 대화 전체를 처음부터 끝까지 이렇게 잡는다(이것이 마스터 숏이다).

6. **리의 오버 더 숄더.**

7. **그랜트의 오버 더 숄더.**

8. **리의 클로즈업.**

9. **그랜트의 클로즈업.**

이와 같이 숏 플랜에는 엄격한 형식이 없다. 주해, 도표, 숏 리스트 등 촬영해야 할 것만 분명하게 해 준다면 무엇이든 유용하다. 유일한 목표는 모든 중요한 시각적 세부 묘사들을 간결하고 적절하게 표현하기다. 보통 무대화와 시각적인 액션에 대한 전반적인 묘사는 번호를 매긴 숏들보다 우선한다. 카메라맨, 배우, 제작진은 이런 식으로 무대화에 대한 일반적인 계획과 목적을 이해할 것이다. 그래서 번호를 매긴 숏들이 나오면 신의 편집과 구성이 명백해진다.

스토리보드 준비하기|Preparing a Storyboard

감독이 막 준비한 숏 플랜은 꽤 정확하다. 이제 그는 이것을 스토리보드로 바꿀 준비를 한다. 시작하는 방법 중 하나는 그림이 없는 스토리보드 프레임 안에 숏 플랜 써넣기다. 이는 감독에게 차례대로 생각하게 해 준다. 프레임의 경계 안에 각각의 숏에 대한 묘사를 적어 놓는다면 몇 가지 이유로 숏 리스트가 오히려 더욱 영화적(스크린 위에서 보이게 될 것에 더 가까운)으로 보일 수 있다. 아래에 나오는 숏 플랜에 대한 이런 유형의 스토리보드 프레임들이 **그림 5-3**이다.

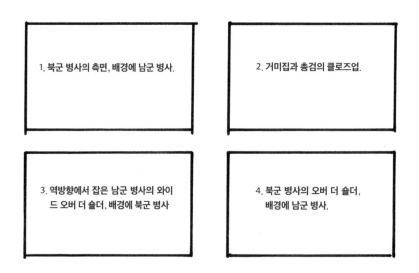

1. 북군 병사의 측면, 배경에 남군 병사.

2. 거미집과 총검의 클로즈업.

3. 역방향에서 잡은 남군 병사의 와이드 오버 더 숄더, 배경에 북군 병사

4. 북군 병사의 오버 더 숄더, 배경에 남군 병사.

그림 5-3 이 스토리보드는 **그림 5-2**(152페이지)의 개요 그림으로 시작했다.

다음으로 감독은 드로잉이나 사진들을 추가한다. 이것은 간략한 스케치 또는 폴라로이드 사진일 때도 있다. 어떤 사진 위에다가 그림을 그릴 수도 있다. 감독은 주요 연기자들에 대한 클로즈업, 미디엄 숏, 롱 숏들을 갖고 있다. 그는 이것들을 스토리보드를 위해 사용한다. 그는 스토리보드 패널들을 각 페이지에 붙여서 숏들의 순서를 바꿀 수 있도록 바인더에 끼운다. **그림 5-4**는 이 단계에서 감독이 만들어야 하는 드로잉 유형을 보여 준다.

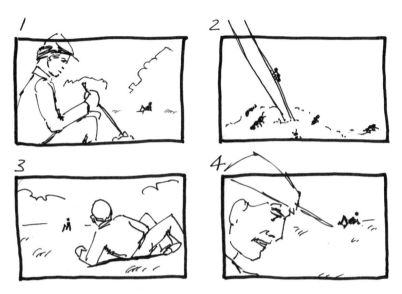

그림 5-4 각본의 해석 과정에서 최종적으로 나온 스토리보드.

감독은 신을 상상하면서 스토리보드 작업을 하는 동안 음악을 연주한다. 다른 음악은 다른 아이디어를 제시한다. 감독은 극적인 신을 갖고 작업할 때, 리허설 대사를 녹음해서 한 신을 디자인하는 동안 다시 들어 봐야 한다.

이런 방식으로 연속적인 그림을 그리며 작업하면 여러분의 시각적 기억이 크게 개선되어 여러 편의 영화를 다룰 수도 있고, 시각화 기술이 궁극적으로는 예리해져서 더 길고 복잡한 시퀀스들도 쉽게 다룰 수 있을 것이다. 무엇을 해야 하고 또 무엇을 하지 않아야 하는가를 판단하는 여러분의 능력이 크게 개선되었음을 발견하게 될 것이다.

모형들과 미니어처들 Models and Miniatures

《아포멧톡스》 같은 영화를 위해 만든 모형들은 특히 가치가 있다. 샘플 각본에 나오는 첫 신(휴전하는 동안 리가 전쟁터에 줄지어 서 있는 북군을 지나가는 장면)은 복장을 갖춘 수백 명의 엑스트라, 말, 마차와 대포 등의 특별한 소품들을 포함한다. 이런 유형의 신을 무대화하는 데 따르는 전략적인 문제는 규모가 너무 거대하다는 데 있다. 그리고 카메라 뒤에서 진행하는 것의 시 각화는 카메라가 기록하게 될 것을 시각화하는 일만큼이나 중요하다. 조감독 과 프로덕션 매니저는 진입로, 발전기 트럭, 크레인, 트랙, 액션을 무대화하는 데 있어 한 요소가 될 어떤 다른 장비를 포함하기를 원할 것이다.

《아포멧톡스》의 첫 신을 계획하는 동안에 감독은 스틸 카메라로 각각 의 미니어처 인물들을 찍으면서 그것들을 여러 가지로 집단화시켜 본다. 또 는 프레임포지나 마야 같은 3D 앱으로 직접 이동하여 군인, 말, 그리고 장면 에 필요한 다른 소품을 포함한 로케이션 모델을 구축할 수 있다. 풍경이 정확 한 시간에 맞추어 설정되고 조명이 켜지면, 감독은 장면 내에서 카메라를 쉽 게 움직여 수십 개의 앵글을 잡아 몇 시간 동안의 공간에서 스토리보드를 위 한 이미지들로 그것들을 내보낼 수 있다.

▶ 프로덕션 디자인 PRODUCTION DESIGN

미술부서는 사전 제작 과정에서 조직된다. 그리고 그림의 유형에 따라 세트, 소품, 의상을 만들고 실제 로케이션과 결합하여 이것들을 전체적으로 통합하는 것이 임무다. 이 모두가 아주 신속하게 이루어지므로, 감독은 로케 이션에 가거나 제작 사무실에서 의상과 세트를 검토하면서 많은 시간을 할 애할 것이다. 독자적으로 연구할 시간은 끝났다. 여러분은 이제 근무 시간 중 에 있다. 미술부를 위한 공간이 마련된 제작 사무실이 있지만 현재는 화가와 스토리보드 미술가가 파트타임으로 재택근무를 할 수 있다.

여러분은 본격적인 작업을 시작하기에 앞서 여러분이 수행한 모든 연구 결과를 발표할 것이다. 많거나 혹은 적을 수도 있다. 몇 주 동안의 진행에 걸 쳐 프로덕션 디자이너는 디자인에 대한 대안을 제시하고, 자신의 연구 자료 를 가져온다. 콘셉트 아티스트와 스토리보드 미술가는 감독이 장면을 배정한 후 작업을 시작한다. 감독이 아티스트들에게 피드백을 주기 위해 일주일에도 여러 번의 회의가 있을 수 있다. 그는 아이디어를 수정하고 검사할 것이다. 감 독과 프로덕션 디자이너는 각 장면마다의 미술 결정에 덧붙여 시각적 로그라인을 지속적으로 검색해야 한다. 이야기의 핵심을 시각적 방식으로 표현하는 느낌이나 아이디어다.

몇 주 또는 몇 달의 디자인, 수십 개의 커피 테이블 북, 그리고 로케이션 탐색을 살펴보면서 주요 결정이 내려진다. 사전 시각화 팀을 데려오거나 사내에 팀을 만들 수도 있다. 이 시점에서 승인된 로케이션과 디자인의 단단한 토대가 있어야 한다. 이들 중 어느 것도 완성되지 않았지만 당신은 잘 진행하고 있다. 그리고 이것이 스토리 회의에 참석할 가능성이 높은 사전 시각화 팀과 공유된다. 영화 제작 예산이 1천200만 달러라고 가정해 보자. 촬영 기간은 단 5개월이다. 1억 1천만 달러의 예산으로, 프리프로덕션 기간이 1년 또는 그이상 지속될 수 있는 영화와는 다르다. 매우 적은 예산 안에서 감독은 자기 자신의 계획보다 더 많이 집행하거나 아예 계획을 세울 수 없다. 위에서 설명한 심층 접근 방식에는 예산이 없지만 여전히 미술부서는 있을 것이다. 소액 예산의 해결책 중 하나는 다큐멘터리 스타일로 촬영하는 것이다.

게임 기술, 가상 세트, 그리고 디지털 효과의 디지털 믹싱의 결과물인 가상 프로덕션 디자인은 불가피한 추세다. 시각효과를 미리 보려고 전경 요소를 분리시키기 위해 유니티Unity와 그린 스크린 키잉 같은 실시간 실사 게임 엔진을 결합하는 것은 자연스러운 진화다. 디지털 매트 페인팅과 디지털 세트는 20년 동안 광범위하게 사용되어 왔지만, 최근 공상과학이나 판타지 세계를 특징으로 하는 영화 및 TV 프로덕션에서, 그린 스크린 앞에 배우와 몇 가지 소품을 두고 배우와 함께 전적으로 스튜디오에서 영화를 제작하려는 아이디어가 실험되고 있다. 요즘에는 영화의 실제적인 부분을 그린 스크린을 배경으로 촬영한 영화가 많다. 가상 세트는 로케이션 촬영보다 확실한 이점이 있지만 로케이션 배경 그림을 위해 고정된 페인팅 거치대를 사용하는 1만 달러짜리 매트 숏보다 비싸다. 디지털 세트에는 값비싼 설정 과정이 필요하며, 완벽하게 통합된 디지털 및 실제 요소들을 제공하려면 대규모 미술 팀이 필요하다. 아직은 미래의 일이다. 디지털 요소의 렌더링 시간이 줄어들고, 많은 사전 제작 세트와 로케이션이 판매될 것이다. 변화가 이미 시작되었지만

20년 만에 현재 할리우드 블록버스터가 사용하는 기술들이 상품화될 것이다. 지금도 볼 수는 있지만 가격과 복잡성은 여전히 개선되어야 할 부분이다.

오늘날 가상 세트는 라이브 액션과 관련된 많은 기술적 문제들이 사라졌음에도 진짜 세트가 창조되는 것과 동일한 방식으로 설계된다. 문제는 디지털이 실제 로케이션과 같은지 여부다. 당장의 정답은 ILM 또는 웨타WETA 같은 세계 최고의 VFX 스튜디오나 전 세계의 수십 개의 작은 시각효과 회사들이 실제 세계와 구별할 수 없는 디지털 세계를 만들 수 있다는 것이다. VFX 최고의 영상 가운데 90%는 실제이지만 실제 세계와 맞지 않는 대부분의 디지털 영화 세계에는 인공적인 면이 있다. 이것은 또한 영화 제작에 대한 매우 편협한 접근 방식이다. 감독은 영감을 얻고, 그린 스크린 스튜디오 촬영이 제공하지 않는 로케이션에 대한 세부 정보를 찾는다.

주 촬영을 시작할 때까지는 프로덕션 디자인 대부분을 완성해야 한다. 거의 모든 영화는 4~7주 안에 촬영된다. 규모가 큰 촬영은 이보다 긴 시간이 소요되지만 그렇다고 너무 길지는 않다. 악천후로 인한 로케이션의 상실을 포함하여 상황이 변하기 때문에 프로덕션 디자이너와 미술부는 프로덕션 기간 동안 현장에 남는다. 그러나 영화 촬영이 시작되면 스토리보드 종사자는 최소 인원으로 줄어든다. 프로덕션 디자인에서 영화 촬영으로의 전환은 주 촬영의 출발에서 시작한다.

▶ 카메라 테스트 CAMERA TESTS

프로덕션 디자인의 마지막 부분인 카메라 테스트는 필름이 표준 촬영 매체였던 과거에 더욱 일반적이었다. 1930년대, 1940년대, 1950년대에는 영화에서 볼 수 있는 모든 것이 카메라 테스트를 거쳤다. 여기에는 제작, 대여 또는 구입한 전부가 포함된다. 전자 영화 촬영이라도 이러한 종류의 테스트는 여전히 의미가 있고, 세트에 대한 피드백은 즉각적이다. 배우는 조명 스타일에 따라 다르게 반응하는데, 장면을 촬영하기 전에 계획되는 쪽이 좋다. 대부분의 배우는 촬영에 대한 '좋은' 또는 선호하는 측면을 가지고 있다. 한 배우에 대해 작동하는 특정 조명 설정이 같은 장면에서 다른 배우에는 어울리지 않을 수 있다. 디지털 촬영 이전에는 다른 변화가 있는 두 단계인, 테스트 필름을 현상과 인화를 해야 했기에 테스트 과정이 훨씬 복잡했다. 디지털 촬영과 마무리 작업에서, 디지털 이전 시대의 가능성을 훨씬 뛰어 넘어서 장면에서 색상을 크게 제어할 수 있다.

여전히 이 테스트 중 일부, 특히 배우를 위한 조명 설정을 수행하는 것이 좋다. 디지털 촬영과 색 보정(Digital Intermediate 또는 DI라고도 함)은 매우 강력해졌지만 수정하는 비용이 많이 든다. 촬영 중 만들어진 어리석은 실수의 후반 수정에 관한 완전한 가이드를 만들 수 있다. 이 후반 작업은 프로덕션 디자인, 촬영 및 조명의 조합이다. 모든 제어 권한을 가진 사람은 후반 작업 시설의 색상 보정 아티스트일 수 있다. 기술은 영화의 모든 예술가에게 기존의 전문 분야를 훨씬 뛰어넘는 능력을 부여했다.

▶ 리허설 REHEARSAL

픽션을 읽거나 보면서 느끼는 즐거움 중에는 우리가 책이나 스크린으로 볼 때까지 종종 잊고 지내기 마련인 일상의 극히 섬세한 순간들과 이상한 세부들이 있다. 배우와 감독은 끊임없는 관찰을 통해서 이러한 이미지들을 축적한다. 공동 작업을 하는 동안 여러분이 발견하기를 희망하는 것들 중 하나다. 촬영 과정 중에 종종 받게 되는 압력은 행위에서 이처럼 작은 단편들을 끌어내는 방식에서 오는데, 배우는 이것을 직관으로 구체화해야 한다. 이런 일이 생겼을 때 배우와 감독은 그들의 창조적인 선택에서 명백한 것에 의존하려는 경향이 있다. 배우가 자신의 모험적인 충동과 연계해서, 리허설에서 기대하지 않았던 것과 예측하지 못했던 것을 발견해 낼 수 있는 환경을 창조하는 일은 감독의 몫이다. 이것은 다른 무엇보다도 창조적인 무대화(그리고 연기의 모든 다른 면들)에 기여하는 일이 된다. 일단 배우가 매일 일어나는 급격한 변화를 자신 안에 새겨 놓았다가 연기를 통해서 자신의 것으로 만들면, 감독은 단지 그것을 프레임 안에 구성하기만 하면 된다.

불행하게도 대부분의 장편 영화에서 리허설을 하는 시간은 연극과 비교해 볼 때 매우 짧다(때로는 존재하지도 않는다). 영화를 만들기 전에 이삼 주 동안이라도 모든 배우가 모일 수 있다면 매우 괜찮은 경우로 여겨진다. 이와 비교해서 연극 연출가들은 흔히 서너 배나 많은 리허설 시간을 갖는다.

리허설 신들 미리 보기 Previewing Rehearsal Scenes

디지털 시대에서는 배우와 감독이 녹화되자마자 즉시 연기를 확인할 수 있다. 리허설에서도 마찬가지다. MGM의 어빙 탈버그 Irving Thalberg가 그로초 막스 Groucho Mark의 제안에 따라서, 막스 브라더즈로 하여금 영화 제작에 앞서 청중 앞의 무대에서 《오페라의 하룻밤 A Night at the Opera》(1935)을 위해 정해진 순서를 테스트해 보게 한 이유는 몹시 바쁜 영화 제작 스케줄 안에서 각본과 연기를 갈고 닦는 일이 어렵기 때문이다.

막스 브라더즈는 아이폰이 없었다. 하지만 당신은 가지고 있다. 실제로 모든 카메라를 사용할 수 있으므로, 촬영 과정과 카메라 배치가 배우를 방해하거나 지연시키지 않는 한 멀티 카메라 촬영을 고려하는 것이 합리적이다. 여러 대의 카메라를 동시에 사용하면 연기가 매우 파편화된 방식으로 다양한 클로즈업들과 미디엄숏들로 촬영되는데, 개별적으로 촬영하는 영화와 달리 배우들의 앙상블로 작용할 수 있다.

극적 요소들을 미리 보는 것에 덧붙여서, 특정 카메라 앵글과 무대화를 정교화할 수 있다. 가능하다면 로케이션에서 작업하는 것이 이상적이지만 절대적으로 필요하지는 않다. 만약 리허설 공간을 이용한다면 배우들이 실제 로케이션의 배치에 대한 전반적인 감각을 가질 수 있도록 마스킹 테이프로 마루 위에다가 복도와 가구들을 표시할 수 있다. 소품을 이용하거나 적절한 가구들을 갖출 수 있다면 더욱 좋다. 장소에 대한 세부 묘사는 배우에게 동기를 부여한다. 리허설 공간에 현실감을 주기 위해 쉽게 갖다 쓸 수 있는 소품이 있다면 도움이 된다. 한 신이 식당차에서 일어나는 것이라면 시간이 날 때 배우와 함께 식당차에 가 보라. 어시스턴트에게 작은 카메라나 스마트폰으로 찍으라고 시키는 것도 좋은 방법이다.

여러분이 스토리보드를 만들기 위해서 스케치 미술가를 고용하고 있다면, 가끔 리허설에 참석시키거나 리허설 테이프를 보게 하는 일은 분명 유익하다. 아직은 이용할 수 없는 로케이션(이를테면 혼잡한 쇼핑 몰의 내부)을 본뜬 리허설 공간을 사용한다면 미술가는 자신의 드로잉이나 다른 필요한 특별 주문 제작 안에 배경을 추가할 수도 있다. 이것은 우리를 프로덕션 사이클의 마지막 단계로 이끌고, 이 시점에서 당신은 촬영 과정으로 들어가게 된다. 감독은 지금까지 자신이 원한다면 즉석에서 유동적으로 만들 수 있는 각본의 많은 각색을 검토해 왔음에도 불구하고 시각화는 계속한다. 그 많은 시간 동안 사물들은 명확한 계획에 따라 촬영될 것이고, 감독과 제작진은 세트 작업에서 참고할 스토리보드를 갖게 될 것이다. 프로덕션 일러스트레이터에서 아트디렉터로 변신한 에드 버록스Ed Verraux는 촬영이 있는 날마다 제작진이 볼 수 있도록 잘 묘사된 보드들을 세트 위에다 전시하고, 숏들을 하나하나 완성할 때마다 그것을 떼어 냈다.

▶ **촬영**CINEMATOGRAPHY

바쁜 촬영기사가 촬영 시작 불과 몇 주일 전에 제작 팀과 합류하는 경우는 흔하다. 여러 달 동안 사전 준비 작업을 해 온 영화 제작상의 요구 사항들을 배우기 위해 그가 빠르게 움직여야 함을 의미한다. 팀과 합류한 다음에는 즉시 감독과 함께 로케이션을 방문하고, 스토리보드·세트·소품·의상·분장을 자세히 살펴본다. 가능하면 이 요소들 중 어떤 것을 시험 촬영하기도 한다.

영화에 따라 달라지겠지만 촬영기사의 주요 책임은 조명과 촬영, 프로덕션 디자이너, 감독, 촬영감독 자신이 결정한 프레이밍과 카메라 움직임을 실행하는 일이다. 촬영기사가 숏의 흐름에 대해 절대적인 조정을 하지 않는 것이 많은 사람에게 이상하게 보이겠지만 궁극적으로 감독의 소관이다.

대부분의 경우 DP와 감독은 영화의 주제와 관련된 영화를 보거나 미술 서적을 검토한다. 일반적으로 그 팀은 주제가 비슷한 영화를 본다. 종종 여러분이 원하지 않는 것이 발견될 것이다. 촬영기사는 다양한 연구 자료, 세트 디자인, 사전 시각화를 검토하겠지만 이 시점에서 많은 미술 방향이 이미 결정되어 있다.

촬영 전의 마지막 몇 주 동안 감독은 세트·로케이션·주요 소품·의상·분장을 포함해 스토리의 환경을 정확히 이해해야 한다. 일반적으로 촬영기사들은 그들의 책임을 침해하기 때문에 스토리보드를 좋아하지 않는다. 스토리보드 디자이너는 촬영기사보다 장면을 구성하는 일련의 숏들을 디자인할 시간이 훨씬 많아 이것은 실제처럼 상상된다. 게다가 그들은 그들의 숏들을 소리, 음악, 대사를 가진 하나의 편집된 시퀀스로 배치할 수 있고, 며칠이나 몇 주 또는 몇 달에 걸쳐 개선할 수 있다. 스토리보드 없이 DP는 일반적으로 촬영 당일 무대화 및 구성을 수행한다. 세트에서 어떤 종류의 카메라 돌리 시스템이 필요한지를 결정하는 데 도움이 되기 때문에 한 장면을 촬영하기 전에 며칠 동안 DP와 어떤 논의와 계획이 있을 수 있다. 하지만 이것은 세트에서 개선될 느슨한 시각적 계획이다. 스토리보드가 없으면 감독과 프로듀서는 커버리지에 더 관심을 가지는 경향이 있으며 이로써 창의적 위험이 줄어들 것이다. 하루의 작업이 끝났을 때, 상당히 복잡한 장면이 사전 시각화나 상세한 스토리보드 없이 어떻게 작동하는지 아무도 보증할 수 없다. 그렇다 해도 세트에서 배우의 선택은 감독을 새로운 방향으로 나아가게 할 수 있다. 여기서 촬영기사는 매우 귀중하다. 그들은 배우들이 한 장면에서 만들어 내는 창작에 반응하는 즉흥 연주자다. 시각의 양식적 관심에 대한 우리의 모든 담화에서, 배우는 이야기의 예측할 수 없는 중심이다. 세트에서 배우 다음으로 감독과 가장 가까운 관계는 촬영기사다.

PART 2

콘티뉴어티 유형의

요소들

Elements of the
Continuity Style

6. 숏 구성하기: 공간적 연결
Composing Shots: Spatial Connections

숏의 크기 Shot Size

구성의 보편적인 단위는 롱 숏, 미디엄 숏, 클로즈업이다. 그것들을 태양계만큼이나 크거나 핀의 끝만큼이나 작은 공간들을 묘사하는 데 사용할 수 있지만 우리는 이러한 단어들을 사용할 때 얼마나 커다란 범위가 프레이밍되고 있는지를 대충은 알고 있다. 피사체에 따라서 숏들의 비율이 정해지고 서로가 균형 있게 관계 지어지기 때문이다. 이를테면 엠파이어스테이트 빌딩의 롱 숏은 건물 전체와 맨해튼의 많은 부분을 보여 줄 것이고, 그 건물의 미디엄 숏은 더 낮은 층의 어느 부분을 자를 것이다. 클로즈업을 하고자 이동한다면 하나의 창문이 그 프레임을 채울 수밖에 없다. 이러한 용어의 사용에서 절대적인 규칙은 없다. 심지어 용어 자체가 바뀌기도 한다. **그림 6-1**에 사람의 모습에 대한 기초적인 프레이밍 높이가 나와 있다.

숏에서 숏으로는 크기 변화는 다양해도 동일함이라는 범위에 의해 결정된다. 우리가 클로즈업, 익스트림 클로즈업, 미디엄 숏, 그리고 기타 숏 등으로 구도를 잡은 피사체는 그것이 와이드 숏의 일부일 뿐이라고 인식하는 한 크기 변화가 허용된다. 사실상 이러한 정의도 수십 가지가 넘는 편집 양식의 변화를 고려해야 한다. 영화 역사에 있어 처음 50년 동안 와이드 숏에서 클로즈업으로 이동하는 것은 (그사이에 하나의 미디엄 숏을 사용하지 않는 한) 관객에게 너무나 급격한 비약으로 여겨졌다. 관객이 클로즈업이 어디서 발생했는지에 관해 혼란을 느끼지 않도록 할리우드 편집자들은 클로즈업을 와이드 숏과 병치시킬 수 없었다. 몇 십 년 동안의 할리우드 관습에 익숙해진 오늘날의 관객들은 크기의 극단적인 변화들을 쉽게 받아들인다. 오히려 과거의 보수적인 편집 규칙들은 관객의 이해에 뒤떨어진 듯하다.

숏들 사이의 시각적인 인지는 콘티뉴어티 양식이 지닌 전략의 절반일 뿐이다. 아주 흔하게 숏들의 관계는 함축이나 추론의 관계다. 예를 들어 보

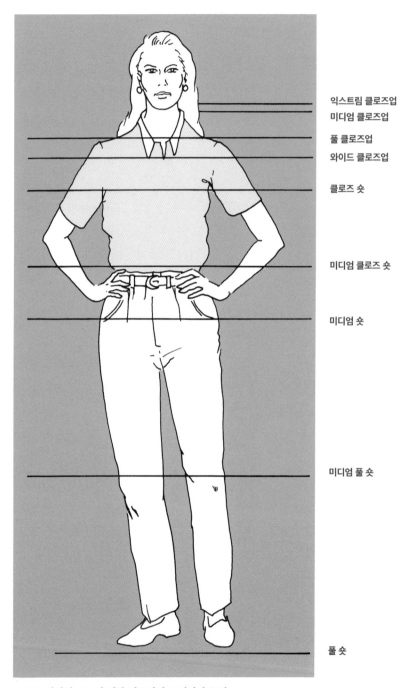

익스트림 클로즈업
미디엄 클로즈업

풀 클로즈업
와이드 클로즈업

클로즈 숏

미디엄 클로즈 숏

미디엄 숏

미디엄 풀 숏

풀 숏

그림 6-1 사람의 모습에 대한 기본적인 프레이밍 높이.

자. 우리가 문을 향해 다가오는 한 사람의 와이드 숏을 본다. 이것이 문손잡이를 돌리고 있는 그의 손에 대한 익스트림 클로즈업으로 컷된다. 비록 문손잡이가 너무 작아서 와이드 숏 속에서 우리의 주의를 끌지 못하고, 우리가 다른 장소와 시간의 다른 복도를 보고 있다고 하더라도 논리적인 의미를 만들기 위해 그것이 이전의 숏과 연결되기를 기대한다. 숏들 사이의 내러티브 논리와 시각적 연결은 연속적인 공간 감각을 만드는 데 일조한다. 인과 관계와 공간적인 인식이라는 두 가지 관념이 어우러져서 콘티뉴어티 양식의 유기적 토대를 제공한다.

롱 숏, 미디엄 숏, 클로즈업은 어떤 피사체나 로케이션을 묘사할 수도 있으나 가장 흔하게는 사람의 모습을 묘사하는 데 사용한다. 이 용어들은 이런 연결에서 특별한 의미를 갖는다. 여기서 숏들 사이의 크기의 변화는 논리나 시각적 인식 하나에만 관계되지 않는다. 대신에 프레이밍은 후기 르네상스 미술의 관례나 일반적으로 만족스럽고 균형 잡힌 구성이라고 여겨지는 것에 의해 결정된다.

클로즈업 The Close-up

텔레비전은 클로즈업 사용을 크게 증가시켰다. 작은 크기의 화면을 벌충하고자 시청자가 더 가까이 접촉할 수 있도록 클로즈업을 사용한다. 대화 시퀀스에는 (어깨 위까지의) 숄더 앤 헤드shoulder-and-head 숏이 지배적인 프레이밍이 되었다. 경비를 아끼려는 프로듀서들은 *타이드 숏tight shot을 선호한다. 조명하기 쉽고 거의 모든 숏과 결합할 수 있어서 필요한 커버리지 양이 줄어들기 때문이다. 점점 더 많은 영화감독들이 텔레비전에서 큰 화면의 영화로 진출함으로써 클로즈업에 대한 선호도가 장편 영화로 옮겨 왔다.

영화에서는 눈이 그러하다. 일찍이 고다르는 가장 자연스러운 컷은 얼굴 표정의 컷이라고 했다. 얼굴 표정이 지닌 강력한 연상의 힘은 윙크·눈짓·응시·눈물·곁눈질·노려보기, 그리고 눈이 명령하는 언어의 전체 범위로, 영화에서 사랑 이야기 표현을 돕는다. 눈은 입이 말과 소리로 크게 해야만 전달할 수 있는 것을 조용히 전달해 주는, 사람 얼굴 가운데 가장 표현이 풍부한 부분이다. 하나의 얼굴 표정은 우리에게 프레임 밖의 대상이 흥미롭다는 것과 그 대상이 어느 방향에 놓여 있는지를 보여 줄 수 있다. 렌즈의 초점 거리와 카메라의 앵글이 관객을 화면 위 피사체들과 명백한 관계 속에 위치시킬 수 있는 것처럼 한 피사체에 대한 시선은 신 공간 속에서 공간적인 관계를 분명하게 결정한다. 관객들은 서로 바라보고 있는 피사체들 사이의 시선이 어긋나는 데 특히 민감하다. 그래서 대부분의 경우 시선의 일치가 조금만 어긋나도 쉽게 알아차릴 수 있다. 연기자가 단지 카메라의 광축으로부터 몇 인치 떨어져 있을 뿐인 큐 카드를 보더라도 관객이 알아차리기에 렌즈 축 텔레프롬프터 lens-axis teleprompter(**출연자에게 대사 등을 보이게 하는 장치)를 사용해 왔다.

클로즈업은 친한 친구나 가족들을 제외한 다른 사람과 우리가 갖는 관계보다 화면 위의 피사체들과 더 친밀한 관계를 맺도록 유도할 수 있다. 때때로 자세하게 관찰하는 능력이 지나쳐서 클로즈업은 감정의 일치에 의해서만 공유되는 친밀함을 강요함으로써 개인의 자유를 침해하기도 한다. 그러나 특히 망원 렌즈가 장치된 카메라는 그런 일치만 요구하지는 않는다. 텔레비전 뉴스 카메라맨들은 흔히 익스트림 클로즈업들을 사용해서 슬픔에 빠진 가족들의 삶을 엿본다. 시청자들은 보통 일상생활에서 요령 있게 외면해 왔던 장면들을 바라보면서 불편해하는 자신을 발견할 수도 있다.

모든 문화에는 다양한 상황 속에서 사람 사이에 허용되는 거리에 기초한 사생활, 신체적 접촉, 용인되는 행위의 관습이 있다. 마치 우리 자신의 개인 공간에서 일어나고 있는 것처럼 감독은 우리가 이런 사회적 거리에 반응하는 것을 기록하기 위해서 카메라를 사용할 수 있다. 클로즈업이 친밀함만을 나타낼 수는 없고, 마치 우리가 사생활의 순간에 끼어들거나 상처받는 순간을 함께 나누는 것(화면 속의 사람이 우리에게 자신을 열어 보이는 것)처럼 느끼게 만들 수 있다. 우리는 카메라 렌즈에 의한 공간 조종을 통해서 화면 위의 사건과 피사체들에 대한 초연함이나 감정적인 몰입을 느낄 수 있다.

그림 6-2는 16mm 및 텔레비전(1.33:1)과 동일한 아카데미 애퍼처Academy

aperture, 와이드 스크린(1.85:1), 그리고 애너모픽 시네마스코프 프로세스ana-morphic Cinemascope process(2.35:1)라는 세 가지 종횡비로 프레이밍된 8개의 클로즈업의 특색을 드러낸다.

그림 6-2

어떤 프레임의 균형이나 불균형은 그것의 앞뒤에 오는 숏에 달려 있기 때문에 한 시퀀스에서 이미지들이 함께 보일 때는 쌍으로 보여 준다. 처음의 두 프레임에서 피사체들은 정확히 중심에 위치한다. 이것을 편집했다 하더라도 여러분이 그것을 '읽으려고' 이 프레임들 위로 눈을 움직인다면, 눈이 화면 중앙에 초점을 맞춘 채로 있게 되기 때문에 숏 변화상에 어떤 리듬도 없다는 사실을 알게 될 것이다. 프레임 3과 4를 이것과 비교해 보라. 여기 번갈아 보이는 클로즈업에서 탈중심적인 구성은 역동적인 좌우의 눈 운동을 만들어 낸다. 이 효과는 화면의 폭이 넓어질 때 더욱 두드러진다. 구성은 개별적인 것이 아니라 시퀀스 속에서 어떻게 결합되느냐로 판단된다. 여기에서 우리는 연속적인 그림이 의도하는 바에 대한 좋은 예를 본다.

서구 미술은 대칭적 구성이 깨지는 것을 피하기 위해 사람의 얼굴을 중심에서 약간 벗어난 곳에 위치시키는 초상화를 선호한다. 관례적인 해결책은 피사체가 보고 있는 화면의 측면에 여분의 공간을 남기고, 프레임의 위쪽보다는 아래쪽에 더 많은 공간을 남기는 것이다. 영화에서 탈중심적인 구성은 스크린이 넓을 때 더욱 빈번하게 사용한다. 그러나 이것을 실험하지는 마라.

이것이 디자인 감각에 맞지 않는다면 감독이 이러한 제약들을 받아들일 이유는 없다. 다음의 예는 일반적인 것과 그렇지 않은 프레이밍 비율을 도해한 것이다.

초상화 구성의 비관례적인 처리들을 도해한 **그림 6-3**에 나오는 것과 같은 스크린 폭의 극단적인 사용도 가능하다. 뚜렷하게 중심을 벗어난 프레이밍은 더 넓은 스크린일수록 효과가 두드러지지만 어떤 화면 종횡비에서도 가능하다. 이런 유형의 구성은 광고에서 쓰는 프린트 그래픽의 영향을 받아서 최근에는 텔레비전 광고에서 흔히 볼 수 있다. 다른 예술로부터 기법을 흡수하려는 경향이 있는 영화에 미묘한 영향을 끼쳤다.

보통 내러티브의 어떤 특별한 부분을 진전시키기 위해서 눈, 입, 귀에 대한 익스트림 클로즈업을 빈번하게 사용한다. 예를 들어 밤에 혼자서 인적이 드문 길을 지나 집으로 가고 있는 한 여자의 숏은 희미한 발자국 소리가 들릴

때 그녀의 귀에 대한 익스트림 클로즈업으로 이어질 것임에 틀림없다. 그녀
의 공포를 나타내기 위해 비슷한 구성으로 그녀의 눈을 클로즈업 할 수도 있
다. 이것들은 비슷한 장치들이다. 실험하고자 한다면 매크로 클로즈업marcro
close-up을 활용할 수 있는 많은 방법이 있다. 익스트림 앤 매크로 클로즈업에
대한 세 개의 변형이 **그림 6-4**에 나와 있다. 세 가지 모두 특징이 잘 드러나도

그림 6-3

록 얼굴의 정면이나 측면의 시점을 취한다. 이것으로 여러분의 개인적인 스타일을 제한할 필요가 없는 관습이 하나 더 늘어날 것이다. 질감, 조명, 그리고 무한한 형태의 다양성을 통한 인물 묘사를 위해서 비관습적인 시점, 프레이밍, 숏의 크기를 사용할 수 있다. 그렇다고 전통적인 방법을 포기해야 한다는 의미는 아니다. 전통적인 방법은 결코 사라지지 않으며, 실험적인 기법들만큼이나 소통되고 놀라우며 감동적일 수 있다.

미디엄 숏The Medium Shot

텔레비전에서 클로즈업과 익스트림 클로즈업을 자주 사용하기 전에 미디엄 숏은 유성 영화 시대를 통틀어 대화 장면을 나타내는 가장 흔한 방법이었다. 풀 숏과 클로즈업의 중요한 특성이 결합되어 있어서 아직도 텔레비전과 장편 영화에서 널리 쓰인다. 풀 숏처럼 배우의 몸짓이나 신체 언어를 포착하지만 미디엄 숏은 얼굴 표정의 미묘한 변화도 충분히 포함할 수 있을 정도로 여전히 타이트하다.

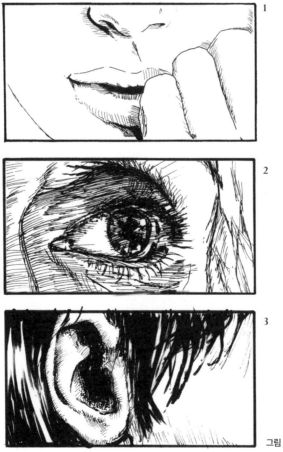

그림 6-4

또한 집단 숏을 대화 장면으로 구성할 때 쓰는 일반적인 범위다. *투 숏 two-shot, 쓰리 숏, 포 숏 또는 파이브 숏은 전형적인 집단화다. 프레임에 다섯 명 이상의 연기자가 있을 때, 인물들이 상당 부분 겹치지만 않다면 카메라는 모든 사람을 포함하기 위해 풀 숏 범위로 풀 백을 해야만 한다. 미디엄 숏은 현재 클로즈업과 비슷한 인기를 누리고 있지만 한 신에 대한 일차적인 구도 로서가 아니라 클로즈업과의 연계 속에서 사용할 때에 한해서 그러하다. 이 단락에서는 미디엄 숏의 예는 생략하고 나중에 제작 실습 단락에서 깊이 있 게 다룰 예정이다.

풀 숏The Full Shot

지난 20년 동안 미디엄 숏 또는 클로즈업의 대안으로 쓰였던 풀 숏은 사용 빈도가 점점 줄어드는 추세다. 단일 숏 안에서 연결시킬 필요가 있을 때만 쓰이는 설정 숏으로 기능이 전락했다. 감독은 클로즈업 또는 미디엄 숏으로 대신할 수 있다면 한 신을 넓게 쓰기를 꺼리는 듯도 보인다. 풀 숏을 잘 사용 하지 않는 이유 중 하나는 이것이 롱 *테이크take로 찍어야 하는 대화 장면들 을 필요로 하기 때문이다. 보통 풀 숏은 미디엄 숏과 클로즈업 숏과 같은 커 팅 유형을 불필요한 것으로 만들면서, 한 신 안에서 대사하는 연기자들 모두 를 프레임하기 때문이다. 롱 숏을 이처럼 더 밀착된 두 가지 프레이밍과 함께 쓴다면 편집 패턴은 가까이 이동하는 것을 택하지 굳이 풀 숏으로 돌아가지 는 않는다. 미디엄 숏과 롱 숏은 내러티브를 채우기 위해서 다른 숏들에 의존 하지 않고서도 한 신 속에서 액션을 포함할 수 있는 반면에 일반적으로 클로 즈업은 한 신의 내러티브적 요구들을 채우기 위해서 다른 클로즈업, 미디엄 숏 또는 풀 숏을 동반해야 한다.

풀 숏의 가장 매력적인 특성 중의 하나는 배우에게 신체 언어를 사용하 게 한다는 점이다. 그러나 이런 유형의 신체적인 표현은 무성 영화 시대 이후 로는 영화에서 거의 사라졌다. 게다가 클로즈업만큼 촬영과 조명에 경비가 적게 드는 것이 없어 텔레비전과 인색한 프로듀서들은 촬영과 조명이 어려운 풀 숏을 기피했다. 비난받아 마땅할 일이다. 넓은 숏 속에서 전체적인 모습을 보여 주는 경우가 거의 없이 춤추는 모습을 찍은 뮤직 비디오가 이것을 가장 뚜렷하게 드러낸다.

구성적으로 보면 한 인물에 대한 롱 숏은 클로즈업과 마찬가지로 비대칭적인 프레이밍의 기회를 많이 제공한다. 서 있는 인물의 수직선은 특히 더 넓은 포맷에서 그래픽 패턴을 강조하는 디자인에 쉽게 들어맞는다.

그림 6-5는 프레임 균형을 도해한 두 가지 풀 숏의 특징을 드러낸다. 오늘날에는 약간 중심을 벗어난 프레이밍이 흔하기 때문에 중심에 놓인 피사체는 과감하게 탈중심화된 구성만큼이나 강렬하다.

그림 6-5 프레임 밸런스.

동작선 The Line of Action

이 책의 일반적인 접근법은 감독의 개인적인 필요에 응하는 해결책을 발전시키는 것이다. 앞으로 나오는 많은 해결책은 인정할 수 있는 전략들의 일부이지만 감독의 개인적 비전이 언제라도 체계, 허용된 관례, 전통적인 관습을 뒤엎을 수는 없다. 그렇기에 우리는 콘티뉴어티 체계가 준수하는 카메라 위치의 가장 기본적이고 규칙적인 동작선을 살펴볼 수 있다.

동작선의 목적은 꽤 간단하다. 일관된 화면 방향과 공간을 유지하기 위해서 카메라 앵글들을 조직하는 일이다. 촬영 계획을 짜는 데도 유용하다. 카메라가 새로운 각도로 움직일 때마다 세트에 대한 조명을 바꾸어야 하기 때문에, 비슷한 각도의 시점을 공유하는 숏들을 조로 짜서 한꺼번에 촬영할 수 있도록 하는 편이 조리에 맞다. 그래야 어떤 카메라 위치에 대해 한두 번 이상 조명을 설치하는 일을 피할 수 있다.

우리는 동작선을 카메라 앞의 공간을 가로지르는 상상적인 분할이라고 생각할 수 있다. 원래 한 신을 여러 각도로 촬영했을 때, 화면 공간의 왼쪽과 오른쪽이 혼동되어서 뒤집히지 않고 편집되도록 하고자 고안되었다. 이것은 한 숏 안에서 프레임을 통해 이동하는 피사체가 다음 숏에서도 같은 방향을 유지하게 해 주는 방법이다. 동작선은 또한 **그림 6-6**에 나오는 '180도 법칙' 또는 '동작 축선'이라고도 부른다. 탁자에 앉아 있는 두 사람이 일정한 화면 방향을 유지하도록 하기 위해서 콘티뉴어티 체계는 그들 사이에 상상적인 동작선을 그을 것을 제안한다. 선의 방향은 감독이 선택한 어떤 곳이든지 가능하지만 보통 한 장면에서 주가 되는 피사체들 사이의 *시계선sight line이 된다. 일단 그 선을 결정하면 180도의 작업 공간(회색의 반원)을 설정한다. 어떤 신이나 시퀀스에 대해서는 설정된 반원 안에 있는 카메라 위치만 허용된다. 그 결과 그 선의 한쪽 편에서 얻은 숏들의 화면 방향은 서로 일치할 것이다. **그림 6-6**의 카메라 A, B, C로 찍은 숏을 보여 주는 결과물이 **그림 6-7**에 도해되어 있다. 회색의 작업 공간 밖에 있는 카메라 위치들은 동작선을 가로질렀다 또는 넘어섰다고 말한다. **그림 6-8**은 카메라 A와 F의 경우처럼 그 선의 양쪽에서 찍은 숏들을 편집한다면 어떤 일이 일어나는지를 보여 준다. 남자가 여자의 뒷머리를 보고 있다는 결과가 나온다.

그림 6-6

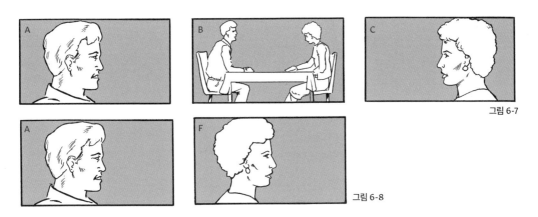

그림 6-7

그림 6-8

삼각 체계 The Triangle System

동작선을 사용 중일 때, 또 다른 관습인 카메라 위치의 삼각 체계는 그 신의 한쪽 편에서 카메라 위치들을 묘사하는 빠른 방법이다. 이것은 어떤 피 사체에 대해서 모든 기본적인 숏을 180도 작업 공간 안의 세 지점에서 찍을 수 있다고 제안한다. 이 세 지점을 연결하면 카메라들의 위치에 따라서 형태 와 크기가 변할 수 있는 하나의 삼각형이 생긴다. 어떤 숏은 삼각형 배치 체 계 안의 다른 숏과 결합할 수 있다. 이 체계는 콘티뉴어티 양식에서 대화 장 면에 사용하는 모든 기본적인 숏 크기와 카메라 앵글들을 포함한다. 삼각 체 계는 하나의 피사체와 액션 장면들을 포함해서 모든 유형의 상황에 사용한다. 퀴즈 쇼, 스포츠 프로그램, 시추에이션 코미디 같은 텔레비전의 생방송 프로그램에도 널리 사용하고 있다. 뒤에 나올 예에서 세 대의 카메라가 있지만 카메라 한 대가 삼각형 배치와 개별적으로 얻은 다른 배치에 따라서 각 지점으로 옮길 수 있다. 장편 영화의 경우가 종종 그렇다. 그러나 넓은 무대나 카메라 움직임이 필요하지 않는 한 삼각 체계는 다중적 카메라 배치에 적합하다. 이것은 한 카메라가 다른 카메라 앞에서 움직이게 되는 문제를 일으킬 것이다. 삼각 체계에서 얻을 수 있는 다섯 가지의 기본적인 카메라 배치들이 있다. 각도 있는 단일 숏angular singles (미디엄 숏이나 클로즈업들), 마스터 투 숏, 오버 더 숄더 숏, 시점 단일 숏point-of-view singles (미디엄 숏이나 클로즈업), 그리고 측면 숏profile shots이다.

그림 6-9에서 카메라 위치 A와 C는 탁자에 앉아 있는 두 피사체에 대한 각도 있는 숏들이다. 위치 B는 투 숏이다. 물론 프레이밍은 각각의 카메라 위치에 따라서 변할 수 있고, 카메라 A와 C에 대한 숏 크기는 익스트림 클로즈업에서부터 풀 숏까지 어떤 것일 수도 있다.

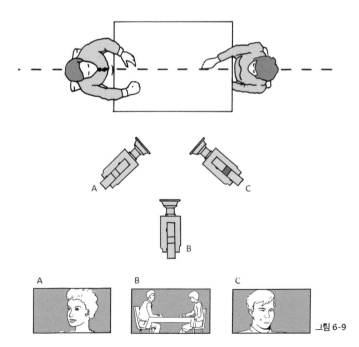

그림 6-9

▶ 오버 더 숄더 숏 OVER-THE-SHOULDER SHOTS

그림 6-10은 오버 더 숄더 숏들을 위한 두 번째 삼각형 배치다. 카메라 A
와 C는 오버 더 숄더 위치로 이동한다. 카메라 B는 그림 6-9에서처럼 항상 투
숏을 촬영하므로 다음의 예에서는 뺐다. 바깥쪽이나 양옆의 카메라 위치에서
만 변형이 일어난다.

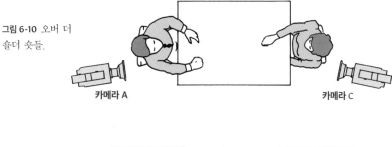

그림 6-10 오버 더
숄더 숏들.

▶ 포인트 오브 뷰 클로즈업 POINT OF VIEW CLOSE-UPS

그림 6-11의 배치에서 카메라 A와 C는 동작선 바로 안쪽이나 더 적절하
게는 피사체들의 시선 안으로 이동되었다. 카메라 위치 A와 C는 이제 각 피
사체의 시점에서부터 클로즈업을 얻기 위해서 사용한다. 이 경우 카메라를
제 위치에 놓기 위해서 촬영하지 않은 피사체는 선 밖으로 이동해야 할 것이
다. 이는 선이 중단됨을 지시한다.

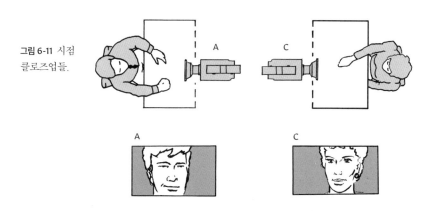

그림 6-11 시점
클로즈업들.

▶ **프로필 숏**PROFILE SHOTS

    그림 6-12는 삼각 체계에서 가능한 마지막 배치인데, 카메라 A와 C를 이용한 얼굴 측면 숏들을 보여 준다. 당연히 숏의 정확한 각도, 구성, 크기는 동작선을 침범하지 않는 한 삼각 체계 안에서 무한하게 변화할 수 있다.

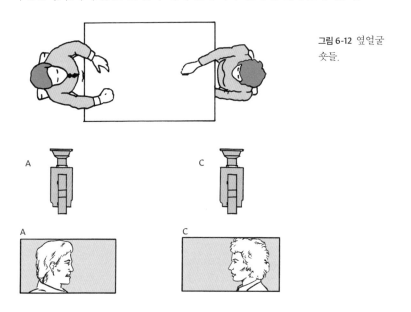

그림 6-12 옆얼굴
숏들.

새로운 시계선으로 새 동작선 설정하기

Establishing a New Line of Action With a New Sight Line

    카메라가 동작선을 넘어가는 것을 허용하는 유일한 때는 새로운 선이 설정될 때다. 그 방법 중 하나가 **그림 6-13**이다. 이전의 선은 탁자에 앉아 있는 두 사람 사이에 설정된다. 두 번째 남자가 테이블로 다가오면 앉아 있는 남자가 그에게 주의를 돌린다. 이 새로운 시계선은 새로운 동작선과 카메라에 대해 이에 상응하는 180도 작업 공간을 수립한다. 회색 반원이 이것을 나타낸다. 새로운 선의 설정은 보통 프레임 안의 새로운 지역이나 사람에게 주의를 돌리는 인물의 숏으로 구축된다. 이런 주축 숏pivot shot은 두 개의 동작선을 결합힌다.

그림 6-13

　　일단 새로운 동작선이 구축되면 시계선이 두 남자에게 머무르는 한 카
메라는 새로운 작업 공간의 어디에서든지 이전의 동작선을 넘어서 움직일
수 있다. 여러분은 이 공간이 또한 여자를 포함한다는 사실을 알게 될 것이다.
이것이 180도 법칙 안에서 허용된다고 할지라도 카메라로 여자를 찍기 위해
사분면 X 안에 놓지는 않을 것이다. 여자가 숏에서 보인 다음에야 카메라는
이전의 동작선에 따라서 위치할 것이다. 재설정숏reestablishing shot이라고 한
다. 관례적인 지식에서는 동작선과 이에 상응하는 카메라 배치들을 재사용함
으로써 반복을 통해서 일관된 공간 감각을 강화하라고 주장한다. 일단 기본
적인 편집 패턴(그리고 숏 지리학shot geography)이 설정되면 관객은 배우들 사
이의 공간적 관계에 대한 전반적인 감각을 갖게 되기에, 이전의 동작선으로
복귀한다 해도 주축 숏에 의한 동작선을 따를 필요가 없다.
　　선들을 변화시키는 일은 실제로는 훨씬 덜 복잡하다. 대사가 뒤죽박죽
찍힌다 할지라도 특정한 각도에서 찍은 모든 숏을 결합할 수 있도록 촬영 계
획을 준비한다. 나중에 그 숏들은 적절한 극적 시퀀스로 편집된다. 스크린 위
에서 변하는 동작선은 실제의 경우보다 훨씬 더 복잡한 도식에 따른 것으로
보일 수도 있다.

연기자가 동작선을 넘어설 때 새로운 선 설정하기

Establishing a New Line When a Player Crosses the Line

새로운 선을 설정하는 두 번째 방법은 한 장면에 나오는 연기자들 중 한 사람에게 자신의 동작선을 넘도록 하는 것이다. **그림 6-14**에 나와 있다. 앞에 서처럼 앉아 있는 두 사람 사이에 동작선이 있고, 카메라를 위한 작업 공간은 선의 가까운 쪽인 A다. 1단계에서 배우가 탁자에서 일어나 선을 넘어 공간 B 의 새로운 위치로 이동한다. 2단계에서 남자가 여자와 다시 눈을 마주치자마 자 새로운 동작선이 설정된다. 새로운 선은 더 이상 효과가 없는 이전의 선을 파기시킨다. 다시 180도의 작업 공간이 창조된다. 이 전략에서 유일하게 필요 한 것은 관객 스스로가 방향 전환을 할 수 있도록 배우의 재배치가 숏 안에서 명백하게 보여야 하는 것이다.

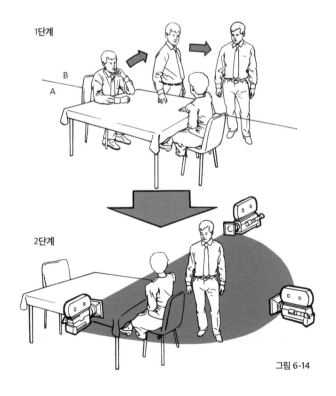

그림 6-14

어떤 새로운 선을 설정할 때 고려해야 할 또 다른 요소는 카메라가 어느 쪽을 사용하는가다. **그림 6-15**는 **그림 6-14**의 배치에 대한 대안적인 배치를 도해한다. 이번에는 카메라를 위한 작업 공간이 선의 반대편에 있다. 이전의 동작선에서 가져온 주축 숏과 새로운 공간이 일치하는 한 어떤 선택도 허용된다. **그림 6-16**에서 볼 수 있다. 파트 1은 동작선과, 이에 상응하는 카메라의 반원 모양의 작업 공간을 보여 준다. 반원을 양분하는 선은 남자가 여자와 마주 보고 서 있는 위치로 이동할 때 설정되게 될 새로운 동작선이다. 카메라 A와 B는 남자가 새로운 위치로 이동할 때 그를 기록하기 위해 사용되는 주축 숏에 대한 선택들을 나타낸다. 파트 2의 그림은 카메라 위치 B를 주축 숏으로 할 때 사용하게 될 180도 작업 공간을 보여 준다. 파트 3은 카메라 위치 A를 주축 숏으로 할 때 사용하게 될 180도 작업 공간을 보여 준다.

일반적으로 개개의 새로운 동작선에 의해 선택된 작업 지역은 탁자나 제한된 공간에서 대화 상황을 촬영할 때 그 집단의 중앙에 카메라를 둔다.

대안적인 작업 공간

그림 6-15

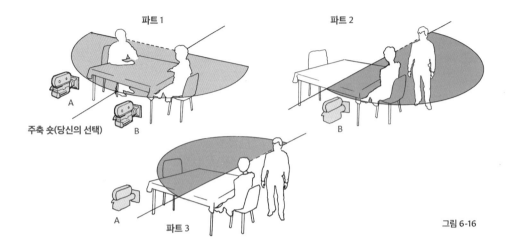

파트 1

파트 2

주축 숏(당신의 선택)   B

A

파트 3

그림 6-16

카메라로 선 넘어가기 | Moving the Camera Over the Line

연기자가 선을 넘어서 새로운 선을 설정할 수 있을 뿐만이 아니라 카메라가 새로운 공간과 새로운 동작선을 위해 팬을 하거나 달리를 사용하거나 크레인으로 이동할 수 있다. 카메라 움직임이 방해받지 않는다면 쉽게 이루어진다. 이 상황에서 시선은 설정할 필요가 없고 카메라는 두 연기자 사이에서 시계선의 한 쪽에서부터 다른 쪽으로 혼란을 일으키지 않고 이동할 수 있다. **그림 6-17**은 동작선을 가로질러 휘어진 카메라의 진로를 통해서 이 전략의 한 변형태를 보여 준다.

동작선

그림 6-17

카메라가 선을 가로질러 이동

컷어웨이와 연결 숏들 Cutaways and Bridge Shots

신의 다른 부분으로 선을 넘어가는 또 하나의 방법은 신의 지형이 아니라 연기와 명백하게 관련된 숏을 이용해 한 시퀀스의 지형을 방해하는 것이다. 우리가 학교 교실의 한 신에서 동작선을 설정했다고 가정하자. 그 선을 넘고 싶지만 이전의 예에서 살펴본 전략 중 어떤 것도 그 신의 액션 안에서는 작용하지 않을 것이다. 이 경우 우리는 한 학생의 노트나 관련 있는 다른 세부의 클로즈업을 찍는다. 이 컷어웨이는 주축 숏과 동일한 목표에 이바지한다. 우리가 주요 액션으로 돌아 왔을 때 카메라는 그 선을 넘어 움직이면서 새로운 선을 설정할 수 있다. 이와 같은 해결책은 일반적으로 콘티뉴어티에 문제가 생겼을 때 편집 과정에서 신속하게 처리하기 위해 사용한다.

움직이는 피사체들과 연기를 위한 동작선

The Line of Action for Moving Subjects and Action

필자가 보기에 동작선은 여러 연기자가 대화하는 시퀀스를 촬영할 때 가장 유용하다. 스크린 방향은 빠르게 움직이는 피사체들(예를 들어 추적 시퀀스 속의 차들)의 관계를 이해하는 데 있어 중요함에도 불구하고 동작선을 준수하는 것이 실제로 숏들의 더 재미있는 배열 방법일 수도 있음에는 의심할 여지가 없다. 이유의 하나는 콘티뉴어티 편집이 영화 이미지들을 조직하는 유일한 방법은 아니고, 동적이거나 분석적 편집 같은 다른 방법들이 엄격한 콘티뉴어티와 충돌할 수도 있지만 그럼에도 창작의 문제들에 대한 더 좋은 해결책을 제공할 수도 있기 때문이다. 또 하나는 오늘날의 관객이 시각적으로 매우 세련되기 때문에 비관습적인 편집 패턴들도 비교적 쉽게 읽어 낼 수 있기 때문이다. 그 선들을 넘어감으로써 스크린 방향이 거꾸로 된다면 몇몇 시퀀스에서 보다 역동적인 결과를 얻을 수도 있음을 알아야 한다. 편집의 다른 유형들을 세밀하게 살펴보겠지만 지금은 계속해서 동작선을 탐구하면서 대안적인 숏 조직의 방법들이 있다는 점을 염두에 두어야 한다.

액션 시퀀스 Action Sequences

　　액션 시퀀스에서는 흔히 동작선을 설정해야 할 어떤 시계선도 없다. 이런 경우에 동작선은 피사체의 지배적인 움직임을 따른다. 만약 한 대의 차가 다른 차를 추격하고 있다면 **그림 6-18**에서 보듯 그 선은 차들의 진로다. 만약 두 차가 서로 나란히 가고 있다면 두 차 사이에 추가적인 동작선을 설정할 수 있다. 그 숏에서 차의 운전자들이 별로 중요하지 않을 때에도 차는 운전자와 그들의 시계선의 상징이 되기 때문에 필자는 이것을 암시된 시계선implied sight line이라고 부른다. 이런 상황은 차, 배, 비행기 또는 운전자가 있는 다른 운송 수단에 적용되는 특이한 경우다. 두 선이 **그림 6-19**에 나와 있다. 바로 뒤에 실려 있는 스토리보드 패널에서 보듯이 운동선line of motion의 양쪽(카메라 위치 A, C와 B, D) 모두에서 찍은 숏들을 함께 편집한다면 스크린 방향이 전도되는 결과를 초래할 것이다. 암시적 시계선은 특별한 경우로 일시적으로만 운동선에 우선한다. 그 외의 경우에 운동선은 널리 행해지는 규칙이다. 180도 법칙을 막기 위해 고안한 유형처럼 보일 수도 있는 반면에 실제로는 운동선과 암시적 시계선이 있는 대화 신들에서도 공통된 편집 패턴이다.

　　《대부 IIThe Godfather Part II》(1974)에서 어린 비토 콜레오네가 복잡한 뉴욕 거리를 따라서 작은 트럭을 몰며 가고 있을 때가 여기에 해당된다. 지역 범죄단의 두목인 파누치가 비토 옆에 앉아 있고 그들은 차가 거리를 따라가고 있을 때 대화를 나눈다. 많은 차와 움직이는 배경을 프레이밍하면서 차의 양측 면에서 찍은 두 개의 트래킹 숏을 사용한다. 그 숏들을 함께 편집하면 한 쌍의 매우 넓은 오버 더 숄더 숏이 이루어진다. 대화하는 동안 매번 한 번의 컷이 있고, 배경의 방향은 거꾸로 된다. 만약 그 숏들이 더 타이트해서 비토와 파누치가 프레임을 채웠다면 컷의 급전이 부드러워질 수 있었을 것이다. 판명되었듯이 숏의 변화는 귀찮은 것이 아니라 180도 규칙 내에서 허용되는 하나의 예다.

그림 6-18 동작선은 운동의 방향을 따른다.

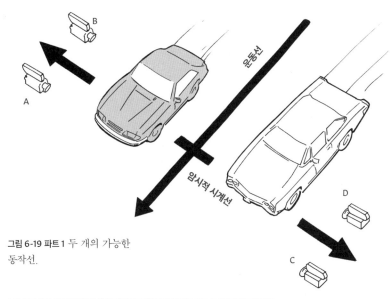

그림 6-19 파트 1 두 개의 가능한
동작선.

그림 6-19 파트 2

액션 시퀀스에서 선 넘어가기 Crossing the Line in Action Sequence

대사가 없는 상황에서 선을 '적절하게' 넘어가기 위한 전략은 본질적으로 그림 6-13에 나오는 대화 신에 대한 도해와 같다. 유일한 차이는 주요 운동선이 시계선을 대신한다는 것이다. 요약하면 새로운 동작선이나 운동선을 설정하기 위해서는 세 가지 기본적인 방법이 있다.

1. 한 피사체(차, 말, 사람 등)가 새로운 운동선의 방향에 의해서 새로운 동작선을 설립하는 선을 넘어갈 수 있다.
2. 카메라가 새로운 신 공간으로 피사체를 따라가거나 회화적 다양성을 위해 그저 새로운 시점으로 이동함으로써 선을 넘어갈 수 있다.
3. 새로운 피사체가 프레임 안으로 들어와서 처음의 것과 대조되는 지배적인 운동선이 될 수 있다. 이것은 새로운 배우가 새로운 시계선을 설정하면서 그 신에 들어오는 그림 6-13의 상황과 유사하다.

동작선 위에 있는 동안 선 넘어가기 Crossing the Line While on the Line

카메라가 동작선에 근접할수록 카메라가 그 선을 언제 넘어갔는가를 간파하기는 어려워진다. 그림 6-20에서 카메라 위치 A와 B는 동작선 위에 있기 때문에 함께 편집하면 스크린 방향이 반대로 된다. 이런 유형의 시퀀스를 오래전부터 회피해 왔겠지만 오늘날 관객들은 아무 문제없이 이와 같은 편집 패턴으로 된 신 공간의 지리를 이해한다. 피사체의 옆모습이 잡혀 이런 식의 역전은 때로는 그 선 위에서 촬영한 경우보다 놀랍게 만들기도 한다. 피사체의 시계선이 동작선과 같을 때, 관객이 숏들을 구별하도록 도와주는 이전과 이후의 두 가지 시계 모두를 얻는다.

실제로 영화를 만들 때 흔히 새로운 동작선을 설정할 방법을 찾기 위해서 정교한 무대화와 논리적 분석을 거칠 필요가 거의 없음이 판명되었다. 필자의 기본 신념은 감독이 영화적 지리를 확고하게 이해하고 신을 훌륭히 개관하며, 그가 촬영 중이거나 이미 촬영한 것에 대해 철저한 노트를 해 왔다면,

콘티뉴어티에 관한 어떤 심각한 어려움과도 마주치지 않는다는 것이다. 그렇기는 해도 대부분의 영화 촬영에는 연속성을 담당하는 스크립트 슈퍼바이저가 자리한다.

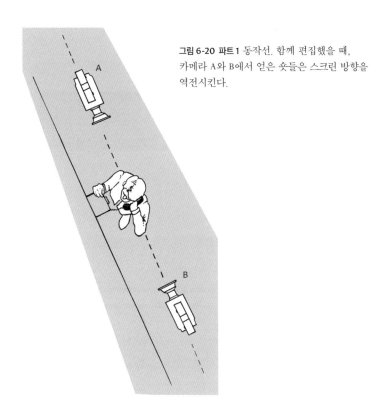

그림 6-20 파트 1 동작선. 함께 편집했을 때, 카메라 A와 B에서 얻은 숏들은 스크린 방향을 역전시킨다.

결론 Conclusion

180도 규칙은 여러분이 아무 문제없이 그것을 받아들일 때만이 하나의 규칙이 된다. 필자가 느끼기에는 규칙이 지닌 가정들 중 많은 부분이 과장된 듯하다. 관객들은 일반적으로 생각하는 것보다 영화에서 공간적인 관계들을 이해하는 데 훨씬 민감하다는 것이 입증되어 왔다. 오즈 야스지로Ozu Yasujiro, 로베르 브레송Robert Bresson, 칼 테오로드 드레이어Carl Theodor Dreyer 같은 감독들은 목표를 성취하기 위해서 콘티뉴어티 영화 제작의 관습들을 빈번하게

위반하는 내러티브 기법들을 발전시켰다. 관객들은 다른 면에서는 몰라도 시
각적 스타일들 때문에 혼란을 겪지는 않는다. 고다르와 급진적인 영화 운동
과는 달리 이들은 콘티뉴어티 스타일에 반대하지 않았다. 특히 주제적 관심
사에 대해서 그들이 보여 주는 시각적인 해결책은 종종 매너리즘에 빠지는
좌파의 스타일보다도 변화무쌍하다.

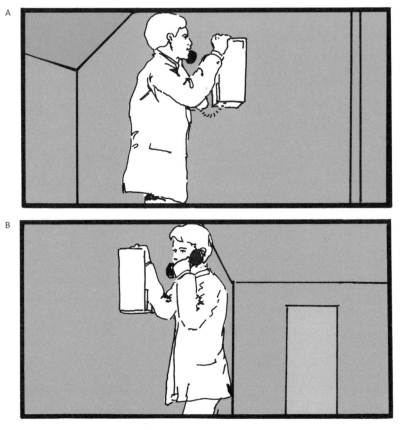

그림 6-21 파트 2 동작선. 위에서 본 카메라 위치들 중 어떤 것도 관객의 방향 감각을
혼란시키지 않으면서 함께 편집할 수 있다.

7. 편집: 시간적 연결
Editing: Temporal Connections

1920년에 레프 쿨레쇼프Lev Kuleshov는 시퀀스를 구성하는 연잇는 숏들의 의미가 전적으로 편집에 의해 창조될 수 있음을 증명하는 유명한 실험을 했다. 쿨레쇼프는 세 개의 서로 다른 시퀀스에 러시아 배우 모주킨의 무표정한 얼굴을 클로즈업한 것을 *반응 숏reaction shot으로 사용했다. 그는 한 그릇의 수프, 관 속의 여자, 장난감 곰을 갖고 노는 아이에게 반응하는 것처럼 보인다. 각각에서 똑같은 클로즈업이 사용되었지만 그 장면들을 본 관객들은 각 상황에서 모주킨이 보여 주는 예민한 연기에 감탄을 금치 못했다. 여기서 우리의 이해를 이끄는 논리는 인과 관계다. 우리가 스토리텔링의 논리에 대해 말한다면 실제로는 숏, 신, 시퀀스들의 구조를 이야기하는 셈이다. 구조는 관객에게 이야기 정보가 주어지는 순서를 조종한다. 그것은 스토리텔링의 과정에서 제시되는 사실상의 정보만큼이나 중요하다. 영화의 구조는 각본이 전달할 수 없는 방법으로, 스토리보드에 제시될 수 있기 때문이다. 시각화 과정은 각본 쓰기와 궁극적으로는 편집 과정의 일부라고 생각할 수 있다.

내러티브의 추진력The Narrative Impulse

종종 인용되는 소설가 E. M. 포스터의 플롯에 대한 정의는 편집할 때 선택의 동기가 되는 구조적 논리의 종류를 이해할 수 있게 해 주는 좋은 출발점이다. 포스터는 "왕이 죽었다. 그다음 왕비가 죽었다"와 같이 하나의 플롯으로 짜이지 않은 일련의 사건을 묘사하는 것으로 시작했다. 그러나 포스터가 이야기했듯 우리가 "왕이 죽었다. 그리고 슬픔으로 왕비가 죽었다"고 한다면 인과적 연결이 이루어지기 때문에 하나의 플롯을 묘사한 셈이 된다.

어떤 이야기의 과정에서 인과 관계는 독자를 끌어들이는 가장 기본적인 도구다. 이것은 사건들 간의 논리적 연결을 만드는 데 독자가 참여할 것을 요구함으로써 이루어진다. 포스터의 예는 요점을 지적하기에는 단순하다. 그는 우리에게 작가가 왕과 왕비의 관계를 드러내는 방법을 보여 주지 않았다. 예를 들어 이전 장에서 왕비가 왕의 죽음에 무관심한 것처럼 그려졌을 수도 있다. 그러나 이야기가 진행되면서 작가는 왕위를 이어받은 왕비가 신하들에게 약하게 보일까 봐 두려워서 자신의 감정을 드러내지 않으려 한다는 것을 설명하는 세부 묘사를 할 수도 있다. 또는 1장에서 왕비가 죽었고, 이야기의 마지막 장까지 그녀가 병든 원인이 왕의 죽음이었음을 묘사하지 않을 수도 있다. 두 가지 경우 모두에서 토대가 같은 사건들이 그 이야기에 대한 각각의 각색과 관계되어 있지만 플롯이 드러나는 순서나 방법에 의해서 독자들은 다른 추측을 하게 된다.

소설에서 흔히 원인과 결과는 독자의 참여를 고무시키는 질문과 대답이라는 도식으로 이루어진다. 다음에 어떤 일이 일어날 것인가라는 질문에 대한 대답을 보류함으로써 긴장감을 일으키는 연속 모험극의 결말은 이런 장치를 가장 과장되게 이용한 예다.

질문과 대답의 전략을 사용한 이야기들은 여러 방식으로 만들 수 있다. 수십 페이지에 걸쳐 세부 묘사를 축적함으로써 질문에 대한 대답을 할 수도 있고, 질문이 제기된 후에 간결하고 짧게 대답할 수도 있다. 사실상 정보를 질문과 대답으로 제시하는 일은 동시에 여러 가지 차원에서 작용하는 이야기의 모든 지면에서 벌어진다. 소설이나 짧은 이야기만큼이나 각본이나 영화에 대해서도 이것은 맞는 말이다. 우리는 보통 그것들을 연결이라고 부르며, 연속 편집은 이런 유형의 질문과 대답이라는 전략에 기초를 둔다. 다음은 연속 편집에서 발견되는 가장 기초적인 세 가지 유형의 연결이다.

- 시간적 연결Temporal connections: 컵을 떨어뜨리는 남자에 대한 첫 번째 숏에서 컵이 바닥에서 부서지는 두 번째 숏으로 컷한다.
- 공간적 연결Spatial connections: 백악관에 대한 와이드 숏에서, 백악관임을 알아볼 수 있는 디테일이 담긴 더 근접한 숏(가령 백악관 돔)으로 컷한다.
- **논리적 연결**Logical connections: 백악관의 와이드 숏에서부터 사무실에 앉

아 있는 대통령의 숏으로 컷한다. 이 결합에는 어떤 시간적·공간적 연결도 필요 없다. 우리가 백악관과 대통령을 알고 있다면, 그가 백악관에 있다고 말해 주는 실제적인 정보가 없다 할지라도 우리는 그가 백악관 안의 한 사무실에 앉아 있다는 논리적 연결을 만들어 낸다. 그것은 그저 암시적이다.

이러한 연결의 유형들은 단편적인 이미지와 소리로부터 실제적이고 물리적인 세계라는 환상을 창조한다. 앞의 예제는 주로 자연 세계의 설득력 있는 버전을 설정하는 방법을 보여 주지만 편집 연결은 플롯과 극의 내용을 만드는 데 사용될 수도 있다.

내러티브 모션 Narrative Motion

질문은 이야기를 진전시킬 뿐만이 아니라 기대감을 갖게 하는 데에도 필요하다. 예를 들어 컵을 떨어뜨린 남자를 보여 주는 두 숏에서 질문과 대답은 행위를 묘사하기 위해서만 사용된다. 그러나 파티에 준비된 음료수 중 하나에 독약이 들어 있음을 안다면, 우리는 그에 대해 누가, 무엇을, 언제, 어디서, 왜 등 많은 질문을 하게 될 것이다. 우리는 자신이 읽거나 본 어떤 이야기에 모든 지식과 경험을 동원하기 때문에 제기된 질문에 가능한 대답을 생각해 낼 것이다. 내러티브 영화에서 거의 모든 전략은 일련의 숏 안에 기대감을 갖도록 고안되어 있다. 그 결과로 나타나는 것이 내러티브 모션이다.

숏들을 배열하는 이런 방식은 영화 편집의 기본이다. 구소련의 영화 작가 세르게이 에이젠슈타인이 느끼기에, 변증법적 *몽타주montage도 기대감을 갖고 질문하는 내러티브 모션을 이용하는 인과적 편집의 다른 방식일 뿐이었다. 그의 정正 – 반反 – 합合이라는 변증법적 숏 패턴에서 처음의 두 숏은 "이러한 관념들이 어떠한 연관성을 지니는가?"라는 질문을 한다. 세 번째 숏에서 내놓은 대답은 '합'이다. 이런 분석에서 보자면 구소련의 몽타주와 할리우드의 연속 편집은 정반대가 아니라, 질문과 대답 전략의 변형일 뿐이다.

질문과 대답의 패턴들 Q & A Patterns

가장 간단한 질문과 대답의 편집 패턴은 두 개의 숏만 필요로 한다. 화면 바깥쪽을 보고 있는 한 사람에 대한 숏 다음에 그가 관찰하고 있는 대상에 대한 숏이 나오는 것이 그 예다. 일반적으로 '보는 것을 연결한다'고 한다. 패턴을 길이로 제한하지 않고 질문과 대답의 순환을 완성하기 위해 수십 개의 숏들이 필요할 수도 있다. 또는 숏들의 순서를 바꿈으로써 패턴이 변화할 수 있다. 루이스 부뉴엘Luis Bunuel, 알프레드 히치콕, 장 뤽 고다르, 오손 웰즈, 프랑수아 트뤼포Francois Roland Truffaut는 이런 방법으로 스토리텔링을 해 나가지는 않지만 그들의 영화는 많은 부분이 관객에게 던지는 질문과 대답의 패턴들을 발전시킨 방법들이다.

문맥 Context

특정한 질문과 대답 패턴이 지닌 의미는 그것을 구성하는 문맥을 바꿈으로써 확장되거나 수정될 수 있다. 예를 들어 우리가 쿨레쇼프의 실험에서 수프, 관, 아이에 대한 남자의 반응을 이해하는 것은 그가 각 신에서 진정으로 감동하고 있다는 가정으로 가능하다. 만약 그가 감동하고 있는 척한다는 것을 보여 주는 새로운 신이 추가된다면 우리는 처음 시퀀스들을 다르게 해석할 것이다. 제대로 안 된 플롯화로 보일 수도 있지만 내러티브 요소들에 대한 이런 유형의 조종은 히치콕이 서스펜스를 창조하거나 버스터 키튼Buster Keaton이 개그를 구성하기 위해 사용했던 방법들 중 중요한 것이었다.

패턴들의 이용 Using the Patterns

필자가 보기에 시각화를 담당하는 사람이 갖는 주요 관심사는 숏이나 시퀀스의 회화적 요소들이 아니라 시퀀스의 구조, 다른 식으로 표현한다면 관객이 무엇을, 언제 알게 되는가에 관한 것이다. 공교롭게도 재미있는 구성적 아이디어는 보통 대담한 회화적 실험보다는 내러티브적 창작의 결과다.

제일 처음에 제시한 예는 내러티브 문맥, 그리고 질문과 대답 패턴이 한 신을 읽는 방법을 어떻게 결정하는가를 설명한다.

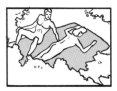

1. 예제 1

내러티브 문맥: 이 신은 어느 여름날 숲속에서 일어나는 일이다. 10대인 로라가 오빠 탐을 찾고 있다. 우리는 아직 탐을 본 적이 없으므로, 그가 어떻게 생겼는지 알지 못한다.

    숏 A: 로라가 숲속으로 들어온다.

    질문: "탐이 어디 있을까?"

    숏 B: 로라가 개간지에서 몇 야드 떨어진 곳에 잠깐 선다.

    새로운 질문: "그녀가 무엇을 발견한 것일까?"

    숏 C: 탐과 한 소녀가 개간지에서 담요 위에 옷을 벗은 채 누워 있다.

    대답: "로라는 그녀의 오빠를 발견했다."

이것은 간단한 질문과 대답의 편집 패턴이고 관객은 쉽게 결과를 예상할 수 있다. 다음 예처럼 우리가 탐이 어떻게 생겼는지 알고 있다면, 숏 C가 숏 A의 대답이 되는 동시에 새로운 질문을 제기하게 된다.

2. 예제 2

    숏 A: 로라가 숲속으로 들어온다.

    질문: "탐이 어디 있을까?"

    숏 C: 탐과 한 소녀가 개간지에서 담요 위에 옷을 벗은 채로 누워 있다.

    대답: "탐이 여기에 있다."

    새로운 질문: 로라가 탐을 발견할 것인가?

    숏 B: 로라가 개간지에서 몇 야드 떨어진 곳에 잠깐 선다.

    대답: "로라는 탐을 발견했다."

이제 우리가 숏 B에서 로라가 도착하기 전 시간을 연장한다면, 관객은 탐이 망신당할 상황에 처해 있음을 알게 됨으로써 감독과 비밀을 나누게 된다. 이런 편집 패턴은 질문 전에 대답을 위치시킴으로써 긴장감을 창조한다. 우리는 숏들의 순서를 바꾸고, 문맥을 조종함으로써 이렇게 할 수 있다.

3. 예제 3

내러티브의 문맥을 다시 바꾸어 보자. 이번에 우리는 탐의 동생이 그를 찾고 있다는 사실을 알고 있다. 그러나 그녀를 본 적이 없으므로 그녀가 어떻게 생겼는지 모른다. 앞 신에서 설정한 문맥은 탐의 소재를 모르는 채로 남겨진다. 그 신이 시작되면서 우리는 첫 번째 대답을 얻는다.

> 숏 C: 탐과 한 소녀가 개간지에서 담요 위에 옷을 벗은 채로 누워 있다.
> 대답: "탐이 여기에 있다."
> 숏 A: 한 소녀가 숲속으로 들어온다.
> 질문: "이 여자가 로라일까?"
> 숏 B: 로라가 개간지에서 몇 야드 떨어진 곳에 잠깐 선다.
> 대답: "이 여자가 로라다."

오프닝 숏에서 망신당할 상황에 놓여 있는 탐을 보여 줌으로써, 그 신의 나머지 부분에서 서스펜스적인 상황이 수립된다. 두 번째 숏에서 로라가 숲 속에 들어섰을 때 도화선에 불이 붙고 우리는 잠재적으로 난처한 만남이 있을 수 있음을 알게 된다. 히치콕은 종종 신을 이런 식으로 설정함으로써 관객을 특권을 가진(그리고 불편한) 자리에 위치시키고, 주인공은 절박하게 필요로 하지만 얻을 수는 없는 정보를 관객에게 제공한다. 같은 아이디어를 더 꾸며 보자. 로라가 탐을 발견하기 전에 다른 커플이 숲속에서 사랑을 나누고 있는 것을 발견하게 함으로써 우리의 기대감을 방해할 수도 있다. 이렇게 미리 마주치게 하는 것은 그 커플이 로라에게 낯선 사람이라는 사실이 우리에게 드러나기 전에, 로라가 탐을 발견했음을 순간적으로 믿게 하기 위해 고안한 것이다. 이것은 내러티브에 대한 우리의 두 번째 추측을 불확실하게 만들고,

실제로 만났을 때의 놀라움을 반감시켜 준다.

관객은 감독이 사용한 신을 이해하기 위해서 작가가 창조한 내러티브 문맥에 특정한 가정을 덧붙인다. 이러한 가정은 스토리텔링 관습과 함께 일반적인 도덕관념이나 친숙함을 포함할 수도 있다. 감독은 이 가정을 유지시키거나 전복시킴으로써 그것을 조정할 수 있다.

히치콕은 《사이코Psycho》(1960)에서 영화의 삼분의 일이 진행될 때까지 관객이 주인공이라고 믿었던 사람을 죽게 함으로써 이와 반대되는 일을 행했다. 관습적인 내러티브의 모든 규칙을 깨는 완전히 예상 밖의 일이었다. 그 결과 관객은 그들이 보고 있는 허구적 세계 속의 어떤 도덕적 이유에 의해서 실제로도 그랬던 것처럼 완전히 버려진 느낌을 받게 된다. 이러한 예에서 드러나는 요점은 편집 패턴과 내러티브 문맥이 관객을 의식과 무의식 수준 모두에서 영속적인 추측 상태에 있도록 하고자 사용된다.

질문과 대답의 또 다른 변형들 More Q and A Variations

질문과 대답 패턴의 순서를 변화시키는 것 외에도 몇 개의 숏이나 신에 예상되는 내러티브 정보의 일부나 전부를 보류함으로써 패턴의 리듬과 타이밍이 변화할 수 있다. 또한 하나 이상의 질문이나 대답이 단일한 숏 속에서 일어나거나 결합되는 것도 가능하다. 누아르noir 영화의 짧은 시나리오를 사용해 몇 개의 예를 살펴보자.

－숏 안에서 하나의 질문이 제기되는데, 그다음 숏보다는 오히려 나중의 몇몇 숏에서 대답을 얻을 수 있다.

1. 시퀀스 A

이 경우 첫 번째 숏은 보통 권총 숏으로 대답이 될 수 있다. 그러나 그 대답은 숏 2와 3에서 남자가 전등을 켜는 것을 보여 주는 동안 지연된다.

– 숏에서 하나의 대답이 주어지고, 그 질문이 나중에 제기될 수 있다.

2. 시퀀스 B

이 각색에서, 표정을 보여 주는 컷은 우리로 하여금 그 표정 전에 주목 대상을 보게 하기 위해서 순서가 뒤바뀐다.

– 하나의 숏이나 일련의 숏 속에서 대답을 얻기 전에, 질문이 일련의 숏들 속에서 제기되거나 정교화될 수 있다.

3. 시퀀스 C

물론 이러한 숏들에서 질문은 문을 통해서 오고 있는 사람이 누구이고 왜 오고 있는가에 관한 것이다. 이에 대한 부분적인 대답은 그가 남자이고, 세 번째 프레임에서는 그가 손가락 하나가 없는 사람임이 드러난다. 프레임 4에서 그가 권총을 찾기 위해 거기에 있음을 알게 된다.

– 하나의 숏이나 여러 숏들 속에서 하나 이상의 질문이 제기될 수 있다.

따라서 하나 이상의 대답이 한 숏이나 여러 숏에서 나올 수 있다.

4. 시퀀스 D

프레임 1에서 누가 문을 통해 들어오고 있으며 누구의 손이 문 뒤에서 나오는가 하는 두 가지 질문이 제기된다. 프레임 2에서 그 사람이 방으로 들어올 때, 그가 남자임을 알려 주는 부분적인 대답을 얻는다. 그러나 또한 프레임 2는 바닥에 엎질러진 검은 잉크의 의미에 대한 질문을 제기한다. 프레임 3에서 그 남자는 테이블 위의 종이에 손을 올려놓는다. 우리는 그가 손가락을 잃은 남자라는 것을 알고 있기 때문에, 이는 남자의 정체에 대한 질문에 관한 대답이 된다. 그러나 하나의 새로운 질문이 제기된다. 왜 편지의 일부가 조심스럽게 잘려 나갔을까가 그것이다. 마침내 프레임 4에서 우리는 권총이 바닥에 있음을 알게 되지만 권총 위쪽에 서 있는 여자는 누구인가? 하는 새로운 질문이 생긴다.

앞의 예들과 비교했을 때 이 마지막 숏은 숏의 숫자는 같지만 훨씬 많은 정보를 지닌다. 이것은 질문과 대답 패턴들의 확장이다. 그러나 이와 같은 전략은 심리적인 허구의 세계를 만들어 내며, 잉그마르 베르히만, 구로사와 아키라, 칼 테오도르 드레이어와 많은 감독은 그들이 제공하는 도덕적 딜레마 속에 관객을 끌어들이기 위한 방법으로 교묘하게 사용했다.

지금까지 보아 온 질문과 대답 관계의 회화적인 표현을 상상해 보려고 한다면, 그 숏들은 편집자가 실제의 필름을 배열할 때처럼 끝과 끝이 이어져 있는 게 아니라 부채꼴로 펼친 한 벌의 카드처럼 일련의 겹친 패널들과 유사할 것이다. **그림 7-1**은 일련의 숏 사이의 내러티브 관계를 보여 준다. 각각의 숏은 어떤 인과 관계에 의해서 다음 숏에 연결된다. 어떤 숏은 다른 것보다 두드러지게 서술적인 반면에 어떤 숏은 질문에 대답하거나 새로운 질문을 제기하지 않은 채 세부적인 것을 추가하면서 기존의 정보를 유지하는 식으로 배경 속에 남아 있다.

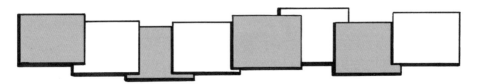

그림 7-1 숏들 사이의 질문과 대답은 서로 겹치며 그것들을 연결한다.

명료성의 한계 The Limits of Clarity

질문과 대답의 스토리텔링 기술은 자주 우회적인 방법으로 정보와 관련되기 때문에, 이 간접성이 각본이나 숏 리스트 또는 스토리보드에 묘사될 때 초보자에게는 혼란스러워 보일 수도 있다. 결과가 관객에게 더 명료하게 전달될 것이라는 잘못된 믿음으로 인해 시나리오 작가, 감독 또는 편집 기사들이 유별난 질문과 대답 패턴을 피할 수도 있다. 이런 예 중 하나가 신의 첫머리에 쓰이는 고전적인 *설정 숏establishing shot이다. 예를 들어 한 연극에서 임시 대역 배우가 병이 난 주연 배우 대신에 극장에서 그 역을 연기한다는 것을 알려 주면서 한 신이 끝난다. 그다음 신의 오프닝 숏에서 우리는 극장을 보게된다. 이처럼 익숙한 패턴은 우리가 이미 기대했던 것(여배우가 극장에 간다)을 보여 줄 뿐만이 아니라 거의 기대감을 불러일으키지 않거나 내러티브 모션에 공헌하지 않는다. 그러나 그 극장에 대한 소개가 질문을 제기하는 분리된 숏들로 구성되었다면, 관객은 의미 있는 진술을 형성하기 위해 다음과 같은 단편들을 연결하게 된다. 극장의 위치를 소개하는 하나의 방법으로 이 숏의 다음과 같은 연속을 생각해 보자.

땅 위에 있는 몇 장의 구겨진 극장 프로그램들 중 하나에 대한 클로즈업
+ 쓰레기장 속의 무대 벽체들 중의 하나에 대한 클로즈업

+ 글자들이 대부분 떨어져 나간 극장 차양에 대한 클로즈업

= 막이 내린 연극

이것은 큰 글자로 '문 닫았음'이라고 써 붙인 로비의 문들을 가로질러 깃발이 꽂힌 극장 정면을 보여 주는 설정 숏을 대신하는 스토리텔링이다. 두 가지 변형 모두 익숙한 전략이고, 이것이 주는 교훈은 특별한 해결이 아니라 스토리텔링이 모든 면에서 관객을 참여시켜야 한다는 일반적인 생각이다.

내러티브 편집 패턴들이 복잡해지고 중략될수록 세심한 계획 없이 그것들을 실행하기는 점점 어려워진다. 우리가 보아 왔듯, 도전적인 패턴은 종종 질문과 대답이 숏에서 숏으로 겹쳐짐을 의미한다. 이와 같은 숏들 사이의 정확한 상호 관계는 편집 선택권을 주의 깊게 디자인한 계획으로 제한하는 경향이 있다. 다른 한편 여기에서 배제된 편집 선택권이라는 것은 거의 언제나 숏들을 이어 붙이는 문제다. 어떤 점에서, 평상시에 쓰이는 편집 전략은 복잡한 질문과 대답 전략의 연결 관계가 빠져 있기 때문에 쉬우면서도 정확하게 바꿀 수 있다. 이것은 우리에게 연기의 커버리지(**어느 신을 촬영할 때 마스터 숏 이외의 모든 필요한 개별 숏들로 거리 및 각도를 다양하게 촬영해 편집 시에 다양한 선택을 가능하게 해 준다)라는 주제를 가져다준다.

편집 촬영 대 커버리지 Camera Cutting vs. Coverage

이론적으로 보면 충분하게 발전한 스토리보드는 한 신에서 필요한 모든 숏을 삼녹에게 보여 줄 수 있다. 감독과 촬영기사가 종이 위에 나타난 스토리보드대로 정확하게 찍는다면 숏의 길이까지도 계산할 수 있다. 편집 기사는 나중에 모든 숏을 함께 산뜻하게 연결하기 위해서 그것을 여기저기 손질하기만 하면 된다. 편집 촬영이라 부르는 이러한 촬영 방법은 완벽한 각본과 스토리보드, 그리고 각 숏에 대한 완전한 실행을 전제로 한다. 낙천주의는 미덕일 수도 있지만 영화 제작 과정에서 잘못될 수 있다는 사실(그런 일이 많다)을 무시하는 것은 무모한 일이다. 편집 촬영은 그물받침 없이 높은 철사 줄 위에

서 일하는 것과 같다. 위험하긴 하지만 스티븐 스필버그, 알프레드 히치콕, 그리고 존 포드 모두는 스튜디오 대표가 그들의 작업을 변경하는 데 사용할 수 있는 편집 옵션을 갖지 못하도록 이 작업을 수행했다.

이에 대한 대안적 견해는 완벽한 것은 없으므로 편집 촬영은 추구할 가치가 없다고 생각하는 것이다. 이렇게 믿으면서 어떻게 시각화할지를 확신하지 못하는 감독들은 프로그램화된 카메라 위치 공식에 따라서 시퀀스들을 촬영한다. 보통 카메라 위치의 삼각형 체계에 입각한 이 방식은 커버리지라고 부른다. 편집 과정에서 최대한의 선택권을 가지며 논리적으로 연속되게 함께 편집할 수 있다고 확신하면서 모든 연기에 대해 몇 가지 카메라 위치를 사용한다. 와이드, 미디엄, 클로즈업 숏이라는 공식적인 선택은 보통 어떤 신을 기본적으로 연출하는 데 손색이 없고 편집자의 기여도를 상당히 강조한다. 커버리지는 촬영하기에는 극히 안전한 방법인 반면에 처음 촬영할 때 모든 커버리지 숏을 얻지 못한다면 한 신의 특별한 촬영을 위해서 고안했던 시각적 전략들이 좌절되기 때문에 별로 매력적이지 않은 점도 있다. 안타깝게도 커버리지를 위한 촬영 스케줄에서는 시간이 충분하지만 여러 흥미로운 시각적 접근을 위해 시간을 할애하는 경우는 드물다.

편집 촬영과 커버리지는 각각 장점과 단점을 가지고 있어 장편 영화 제작에서 한 가지만 사용하는 경우는 거의 없다. 이런 이유로 만약 시간이 허락되거나 감독이 한 신에 대해 특별한 접근이라는 모험을 감행하고자 한다면 '커버리지 촬영을 한다는 것'은 카메라 위치의 체계만이 아니라 스토리보드화된 것 말고도 여분의 보충 숏을 촬영한다는 사실을 가리킬 수도 있다. 일단 세트에 조명이 들어오고 출입이 통제되고 나면 이야기를 전달하는 데 필요한 필수적인 숏들이 촬영된다. 이럴 때 감독과 촬영기사의 태도는 일반적으로 '우리들이 여기에 있을 때, 만약의 경우를 대비해서 약간의 보충 숏을 찍어 두는 것이 낫다'는 식이다. 어떤 감독은 이것이 얼마나 실질적인가를 알고 있을 것이다. 다른 각도에서 찍은 여분의 숏을 얻기 위해서 카메라를 움직이는 데 드는 시간은 세트에 조명을 하고, 한 신을 통제하는 데 걸리는 시간과

비교해 본다면 매우 짧기 때문이다. 일단 한 신에 대한 기술적이고 극적인 조
건들이 설정되고 나면 감독은 조명을 철수하고 다음 신으로 이동하기 전에
가능한 한 많은 숏을 찍으려는 유혹을 느낀다. 게다가 만 하루의 촬영에 드는
전체 제작비와 비교한다면 보충 숏들은 훨씬 경제적이다. 스토리보드를 바탕
으로 촬영할 때도 같은 태도로 작업에 임하면서 많은 보충 숏을 찍어 놓는 것
은 감독의 확신과 경험에 달려 있다. 마지막으로는 의욕이라는 요소가 있다.
많은 감독은 촬영하기를 매우 좋아해서, 필요한 모든 숏을 다 찍고 난 후에도
날씨가 맞고 조명과 세트만 좋다면, 촬영을 종료하기가 힘들 수도 있다.

　　커버리지가 지니고 있는 더 유용한 면 중의 하나는 감독이 촬영한 숏들
중 특별히 적은 부분만을 사용하겠다고 생각할 경우에도 대부분의 촬영 위
치에서 충분한 연기가 이루어진다는 점이다. 이것은 대사를 넣을 때 가장 유
용하다. 한 아버지가 아이들에게 이야기하고 있는 신이 있다고 하자. 아버지
가 할 말을 다하도록 스토리보드를 만든다. 그 스토리보드에서 아버지는 아
이들을 달리로 지나간 다음에 그에 대한 클로즈업으로 끝나는 쓰리 숏으로
그린다. 전체 신은 롱 테이크로 연출한다. 창작 팀의 모든 사람들이 그 신을
이렇게 촬영해야 한다는 것에 동의할 수도 있지만 이 한 숏에만 의존해서 아
이들의 반응 숏을 동시에 찍어 두지 않는다면 현명하지 못한 일이다. 트레킹
숏에 문제가 있는 경우 감독은 찍어 둔 반응 숏으로 대체할 수 있다.

　　이제 스토리보드에 지시되어 있는 긴 달리 숏을 사용하는 대신에 감독
이 카메라 커버리지를 사용하기로 선택한다고 가정해 보자. 그는 아까 아버
지와 아이들을 똑같이 미디엄 숏과 클로즈업으로 찍을 것이고, 숏은 여섯 개
가 될 것이다. 그는 또한 아이들에 대한 오버 더 숄더(OTS) 쓰리 숏과 역으로
아버지에 대한 오버 더 숄더로 촬영할 수도 있다. 카메라 배치의 총합은 여덟
개가 될 것이다. 이 모든 숏의 조명을 설치하고 촬영하는 데 걸리는 시간의
양은 한눈에 보더라도 달리 숏을 포기해야 함을 의미한다. 커버리지와 편집
촬영 사이에서의 실용적인 선택의 문제다.

　　두 방법들 사이의 균형은 상황에 따라서 달라진다는 것이 이 예에서 분

명해진다. 어떤 신은 극적이거나 기술적인 이유 때문에 분명히 다른 신보다 영화화하기 쉬운 경우도 있다. 때로는 대부분은 커버리지로 하면서 복잡한 달리의 움직임이나 다른 식으로 시간을 소모하는 카메라 위치 설정을 취해 볼 수도 있다. 그러나 숏 중의 많은 부분을 편집 과정에서 쓰지 않을 것이 분명하다. 시각화 담당자로서 당신이 배워야 할 기술 중 하나는 카메라가 돌아가기 전에 어떤 일을 해야 하는지 알아야 하는 것이다. 모든 감독은 실수할 수도 있고 그것을 만회할 수도 있지만 앞으로 무엇을 해야 하는지 안다면 사용 가능한 숏의 비율을 평균 이상으로 높일 수 있게 된다. 결정적인 일은 몇 가지 안 되는 카메라 위치에서 촬영함으로써 돈을 절약하는 것이 아니라 더 야심적인 무대화, 숏, 그리고 연기로 인해서 더 좋은 예술적 기회들을 얻는 데 사용할 시간을 버는 일이다.

편집을 위한 액션의 구성 Composing Action for Editing

지금까지 이 장은 스토리텔링과 내러티브 모션을 강조하면서 시각화를 담당하는 사람들의 편집에 초점을 맞추었다. 편집실에서의 진행 절차만이 아니라 영화 편집기사를 위한 편집 방법에 대한 충분한 토론은 책 마지막의 추천 도서에 나와 있는 몇 권의 탁월한 책에서 찾아볼 수 있다. 그러나 이러한 기법에 대한 간단한 개관은 시퀀스를 시각화하는 감독에게 가치 있는 일이다.

움직임을 컷하기 Cutting on Movement

동작선에 맞추어, 움직임이나 동작을 편집하는 것은 화면에서 연속적인 현실 세계의 환상을 만드는 콘티뉴어티 스타일의 두 가지 주요 전략 중 하나다.

이번 장의 서두에 언급했던 것처럼 편집 지점은 그 숏 속에 '들어' 있거나 적어도 연기를 무대화하는 감독이 예상한다. 한 대상에 대해 두 가지나 그 이상의 관점들이 결합되어 있을 때 편집이 액션의 연속성을 보존하게 해 주는 세 가지 방법이 있다. **그림 7-2**처럼 인도 위로 나 있는 울타리를 뛰어넘어 자기 집 앞의 잔디밭을 향해 달려가는 한 소년에 대한 숏을 찍는다고 가정해 보자. 첫 번째 숏은 그 액션의 전체 길이대로 찍는다. 이제 첫 번째 숏의 어떤 곳을 새로운 각도로 컷할 것인가를 결정한다. 여기에는 세 가지의 선택권이 있다. ① 소년이 울타리에 도착해서 점프하기 시작하는 지점에서 새로운 숏으로 컷할 수 있다. ② 소년이 점프하고 있는 동안 새로운 숏으로 컷할 수 있다. ③ 그가 착지한 후에 새로운 숏으로 컷할 수 있다.

　　이들은 모두 훌륭한 편집 지점이지만 콘티뉴어티 스타일에서 흔히 쓰는 것은 소년이 울타리를 넘기 이전이나 이후보다는 뛰어넘는 동작 중 어떤 곳에서 컷하는 것이다. 해당 컷을 드러나지 않게 하며, 새로운 숏으로 넘어가는 것을 잘 보이지 않게 하는 경향이 있다. 컷의 정확한 지점은 대상과 움직임에 대한 편집자의 감각에 의존한다.

　　액션에 대한 편집은 그 숏의 피사체가 그(그녀)의 입술로 음료수를 들어 올리든지, 자기 머리를 돌리든지 눈을 움직이든지 상관없이 사실상 모든 유형의 시퀀스에서 발견할 수 있다. 이 본질적인 편집 전략을 염두에 둔 감독은 카메라 앵글 사이에 예상되는 편집 지점이 겹치도록 액션을 연출할 것이다.

점프 전　　　　　　　점프 중간　　　　　　　점프 후

그림 7-2 액션에 대한 편집 범위들.

퇴장과 입장 Exits and Entrances

한 숏의 대상이 프레임 안이나 밖으로 움직일 때, 그 대상이 아직 부분적으로 프레임 안에 있는 동안 컷하는 것이 흔한 일이다. **그림 7-3**은 나가고 들어오는 숏 안에서 대상의 위치를 보여 준다. 스크린으로 옮겼을 때의 효과는 그 컷이 더 부드러워지고, 액션의 흐름이 가속된다는 점이다.

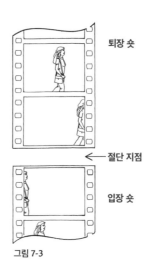

퇴장 숏

← 절단 지점

입장 숏

그림 7-3

프레임 비우기 Clearing the Frame

이것은 같은 대상을 여러 앵글로 결합할 때 움직임을 편집하는 대안적 전략이다. 대상이 프레임 안에 있는 동안 커팅하기보다는 새로운 숏으로 컷하기 전에 그 대상이 프레임 밖으로 나가도록 한다. 이 전략에서는 잠시 동안 퇴장 숏 outgoing shot의 빈 프레임을 유지하는 것이 관습적이다. **그림 7-4**는 이 전략의 한 예를 보여 준다. 퇴장 숏에서 새들이 프레임 안으로 날아드는데, 해당 숏 끝의 최소한 1-2초간 빈 프레임을 유지할 때 우리가 보게 될 액션을 제공해 준다(그림에서의 마지막 프레임은 24개나 그 이상의 실제 필름 프레임이 있음을 상징한다).

프레임을 비운 후에 입장 숏 incoming shot으로 커팅하기 위한 몇 가지 방법이 있다. 이는 퇴장 숏에서 빈 프레임을 얼마나 오랫동안 유지하느냐에 달려 있다. 하나는 프레임 안에 대상물이 없는 채로 시작하는 등장 숏(A)에 대한 것이

퇴장 숏

← 이 구성은 1-2초 동안 유지

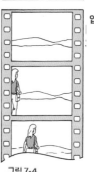

입장 숏 A

입장 숏 B

그림 7-4

퇴장 숏

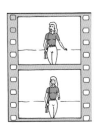

입장 숏

처음에 빈
프레임이 유지

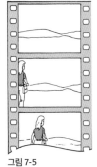

그림 7-5

다. 이 오프닝 숏은 주요 대상이 도착하기 전에 그 숏 속의 액션에 따라서 길이가 변할 수 있다. 우리가 번잡한 공원이나 숲속의 졸졸 흐르는 시냇물에서 시작한다면 그 오프닝 숏은 설정 숏이라는 목적에 기여하면서 몇 초 동안 유지할 수 있다. 두 번째는 이미 프레임 안에 대상이 있는 채로 시작하는 입장 숏(B)에 대한 것이다. 이것은 다소 의외이기 때문에 콘티뉴어티 스타일에서는 흔하지 않다. 세 번째의 대안은 **그림 7-3**에 나오듯 대상이 프레임에 부분적으로 남아 있을 때 컷하는 것이다.

프레임 비우기는 두 가지 방법으로 보여 줄 수 있다. 첫째, 다른 배경들 속에 있는 동일한 피사체의 숏들을 결합하기 위한 방법이다. 이 경우 디졸브와 비슷한 기능을 하며, 시간의 흐름을 가리킨다. 프레임 비우기의 두 번째 사용은 등장 숏과 퇴장 숏이 계속적인 시간을 나타내게 하고자 액션 중의 컷으로 대신하는 것이다. 일반적으로 연속성의 보존에 마음을 쓰는 감독은 프레임 비우기에 쉽게 빠지는데, 이 기법으로 콘티뉴어티에서 실수하는 것은 거의 불가능하기 때문이다. 실제로 그것은 융통성 있는 컷이기 때문에 동작선의 반대편에서 찍은 숏들을 결합하는 데 사용할 수 있다.

마지막 전략은 **그림 7-5**에 나와 있다. 퇴장 숏은 분명히 프레임 안에 있는 대상물과 같이 끝난다. 등장 숏은 대상이 나타나기 전에 시작해서 적어도 대상이 들어오기 전 1초 동안 빈 프레임을 유지한다.

편집과 시각화 Editing and Visualization

관습적인 편집 실행을 숙지하는 일이 가치 있는 이유 중 하나는 감독이 시각화 작업을 할 때 그에게 출발점을 가르쳐 준다는 점이다. 특히 편집의 기회를 제공하는 움직임의 유형들을 알게 되면 무대화는 보다 손쉬워진다. 감독은 어떤 신에서 또 다른 숏으로 이동하기 전에 특정한 동작을 얼마나 길게 보여 줄지를 시각화할 것이다. 일반적으로 동작은 동작의 단일 숏을 찍을 때 편집 지점을 지나 시작에서 끝까지 계속되도록 촬영한다. 동작이 겹치도록 촬영하는 게 가장 중요하다. 이를 통해 편집자는 동작에서 최상의 편집 지점을 찾을 수 있다. 또 다른 전략은 연기자가 주먹으로 탁자를 두드리거나, 앉거나 또는 일어나거나, 코를 긁거나, 유리잔의 술을 마시거나 등의 행위로 강한 편집 지점을 창조하여 동작들을 명확하게 만드는 것이다.

　　이것은 실제보다 훨씬 기계적으로 들릴 수도 있다. 만약 이러한 규칙들이 지나치게 제약을 가하는 것으로 보인다면 더 좋은 아이디어가 있을 때는 언제라도 실행할 수 있다는 사실을 기억해야 한다. 편집의 실행을 이해하는 것은 감독으로 하여금 그 신의 극적인 필요에 주목하면서 전체 시퀀스를 위해 요구되는 카메라 위치에 대한 전체상을 그려 볼 수 있도록 해 준다는 점에서 가치가 있다.

PART 3

제작 실습

The
Workshop

8. 기초적 응용The Basics Applied

숏의 흐름Shot Flow

숏의 흐름은 숏의 연속에 따른 동적 효과를 지칭하는 이름이다. 거칠거나 조용하거나 또는 굽이칠 수 있고, 심지어는 중간에 거꾸로 거슬러 갈 수도 있는 강의 이미지와 비슷하기 때문에 적절한 묘사라 하겠다. 숏의 연속은 마치 강처럼 단일한 통일된 구조 속으로 합쳐진 율동적이고 역동적인 복잡한 콘티뉴어티 관계로 이루어져 있다. 그러나 숏들의 관계가 얼마나 복잡하든지 관계없이 시각화에 대한 이해의 기초라 할 수 있는 두 가지 연속적인 요소가 있다. 숏의 크기와 촬영 각도다. 또한 한 시퀀스를 도와주는 사진과 그림에서도 예술가에게 친숙한 다른 구성적 요소들이 많이 나온다. 그러나 숏의 크기와 촬영 각도가 숏의 흐름을 결정하는 지배적인 물리적 변화다. 이번 장에서는 숏의 크기에 집중할 것이다.

만일 우리가 로케이션 안에서 한 대상을 설정하는 시퀀스를 구성한다면 와이드, 미디엄, 클로즈업 숏과 *시야 각도angle of view 사이의 기본적인 관계성이 명백해질 것이다. 간단한 예를 들어 봄으로써 그 프레임의 회화적 디자인에 집중할 수 있을 것이다. 이 첫 번째 연습의 목적은 몇 가지 간단한 숏으로 생산할 수 있는 운동성의 범위에 대한 지식을 증가시키는 데 있다.

시작하기 전에 표준 숏 묘사와 그것들의 약어를 명확히 하자. 앞으로 이 책에서는 이 용어를 사용할 것이다.

- ECU: 익스트림 클로즈업Extreme close-up
- MCU: 미디엄 클로즈업Medium close-up
- CU: 클로즈업Close-up
- MS: 미디엄 숏Medium shot
- WS: 와이드 숏Wide shot
- LS: 롱 숏Long shot

- **ELS:** 익스트림 롱 숏Extreme long shot
- **BG(bg):** 백 그라운드Background, 후경
- **FG(fg):** 포 그라운드Foreground, 전경
- **OTS:** 오버 더 숄더Over the shoulder, 어깨 걸어 찍기
- **POV:** 포인트 오브 뷰Point of view, 시점

숏 크기의 변화에 따른 로케이션의 설정

Establishing a Location By Varying Shot Size

콘티뉴어티 스타일에서 숏 크기의 변화는 기본이지만 필름 메이커들이 이를 깊이 연구한 적은 거의 없다. 한 시퀀스 안에서 그림의 변화가 가져올 효과를 판단하는 능력을 시험해 보는 것은 내러티브 상황에서 분위기·시점·리듬·템포·감정적 거리, 그리고 극적인 의도에 대한 여러분의 지각을 날카롭게 하도록 도와줄 것이다.

숏의 중요성을 시험하기 위해 다음에 나오는 일련의 사진 보드에서 한 채의 집에 대한 로케이션을 수립할 것이다. 이 로케이션을 묘사할 수 있는 세 가지 기본적인 콘티뉴어티 전략이 있다. 카메라가 와이드 숏에서 시작해서 그 집을 향해 이동할 수도 있고, 카메라가 전체 로케이션을 드러내기 위해서 그 집의 어떤 세부에 대한 클로즈업에서부터 밖으로 이동할 수도 있으며, 마지막으로 카메라가 일련의 클로즈업을 사용함으로써 전체적인 감각을 창조할 수도 있다.

▶ 변형 1VERSION ONE

시퀀스의 첫 번째 쌍인 프레임 1-3과 4-6에서, 규모를 변경시킬 때의 숏 사이의 회화적 관계를 비교할 수 있다. 이를 통해 우리는 각 시퀀스는 움직임을 창조하고, 각각의 변형에서 속도와 가속도가 달라짐을 알게 된다. 가령 프레임 1-3은, 그 집이 프레임 3에서 앞쪽으로 급격히 다가올 때까지 프레임 1과 2 사이에서 제한된 변화만을 보여 준다. 두 번째 시퀀스는 프레임 6이 프레

임을 가득 채우기 때문에 더욱 역동적이다. 또한 오른쪽에서 왼쪽으로 사진 보드를 거꾸로 읽음으로써 대상에서부터 뒤로 멀어지는 효과를 느낄 수도 있다.

　　분석은 잠시 미루고 각 시퀀스를 완전한 진술로 바라보자. 한 시퀀스의 전체적인 지각 효과에 대한 직관적인 감각 발달시키기는 시각화에 필요한 기술 중 하나다. 소리 및 음악과 더불어 이러한 시퀀스에 대한 스토리 라인 story line을 상상해 보자. 그것을 편집하는 것처럼 당신의 상상대로 그림들 위로 눈을 움직여라. 이것은 본질적으로 각본의 원문을 스토리보드로 바꾸는 데 필요한 기술이다.

▶ 변형 2 VERSION TWO

　　여기에서 우리는 너욱더 확장된 범위의 숏들을 본다. 앞의 예에서 각각 더 가까워지는 집을 보여 주었지만 새로운 정보는 전혀 드러나지 않았다. 이제 프레임 3과 6에 클로즈업이 더해지면, '매매For Sale'라고 쓴 팻말이 보인다. 두 숏 사이에서 카메라가 약 1/4마일(약 400미터)쯤 움직일 정도로 변화는 극단적이다. 이때 한 손으로 프레임 2와 5를 가리고, 그 결과 생긴 숏의 쌍인 1-3과 4-6을 봐라. 공간적 통일성을 유지하면서 얼마나 커다란 도약이 공간을 통해 이루어질 수 있는지를 볼 수 있다.

▶ **변형 3**VERSION THREE

　　다음으로 4개의 시퀀스를 비교해 보자. 첫 번째는 익스트림 하이 앵글 (프레임 1−3)에서 숏 크기의 변화로 곧장 들어가는 것이다. 프레임 4−6에서는 숏 크기의 변화 없이 회전 운동을 더했다. 그다음 프레임 7−9에서는 보이는 것처럼 원형적 경로에 더 가깝게 움직이면서 이러한 접근을 결합한다.

마지막으로 프레임 10-12에서는 세 가지 차원, 즉 아래쪽으로, 집을 둘러싸고 호arc를 그리며 움직인다.

▶ 변형 4 VERSION FOUR

다음에 나오는 두 가지 처리 방법은 클로즈업에서 와이드 숏으로 뒤로 움직이는 것을 보여 준다. 모두 두 개의 정면 앵글이 비틀어진 *공중 숏aerial shot

으로 끝나는데, 이는 더 역동적인 편집 패턴을 낳는다. 움직임상에서 이러한 시각적인 대조는 앵글의 간단한 변화가 지닌 힘을 증명해 주는 가치 있는 회화적 효과다. 소개한 두 가지 예에서 각 시퀀스의 처음 두 숏은 운동선을 세운다. 세 번째 프레임에서 우리는 그 집의 정문에서 똑바로 뒤로 가는 운동선이 계속되기를 기대하지만 그 대신 규모와 앵글 상의 큰 도약이 존재한다.

▶ 변형 5 VERSION FIVE

관객이 세부로 전체를 구축하게 될 로케이션을 구성하면서 다음에 나오는 일련의 숏을 다소 다른 방식으로 다루어 보자. 이미지들을 더 도상적이고 추상적인 방식으로 사용하는 것이다. 그러기 위해서 집이 내재하는 개개의 이미지들인 숏 목록으로 시작해 보자. 그리고 에너지를 집중시킬 수 있도록 내러티브 문맥을 부여해 보자. 다음이 그 이야기다. 이혼으로 한 가족이 둘로 나뉘었고, 이제 집을 팔려고 내놓았다. 다음은 필자에게 이 아이디어를 표현한 것으로 보이는 이미지 목록이다.

1. 바깥에 버려진 녹슨 자전거.
2. 땅바닥 위에 팽개쳐진 우편함.
3. 현관에 쌓여 있는 수거되지 않은 광고 전단지.
4. 깨진 창유리.
5. 깨진 유리창 너머로 보이는 빈방들.
6. '매매'라고 쓰인 팻말.
7. 끊어진 케이블 텔레비전 선.
8. 빈 채로 뒤집혀 있는 개집.
9. 파괴주의적인 분위기(집의 벽면에 쓰인 낙서들).
10. 쓰레기로 꽉 찬 이삿짐 상자들.

다음의 스토리보드는 이러한 아이디어들 중 일부에 기초했다.

 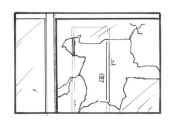 
  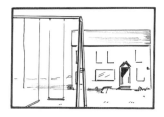

우리가 방금 봤듯이 세 개나 여섯 개의 숏으로 된 기초적인 시퀀스는 간단한 대상을 기록하기 위해서 정지된 카메라를 사용할 때에도 여러 방법으로 다룰 수 있다. 시각화 과정의 일부는 우리가 방금 했던 것처럼 그 시퀀스가 정확하게 당신이 원하는 대로 될 때까지 새로운 아이디어와 낡은 아이디어들을 재결합하면서 스토리보드의 초안을 비교해 보는 것이다. 우리가 방금 마쳤던 연습이 지니는 가치는, 어떤 숏과 시퀀스를 구성하는 많은 회화적 요소들에 대한 인지와 시각적 기억을 증진시킴으로써 감독이 전체 시퀀스 안에서 이야기를 상상하는 능력을 발달시키도록 돕는다는 데 있다. 다음의 예에서 우리는 감독의 눈을 통해 디자인 과정을 보게 될 것이다. 이런 식으로 예를 익히다 보면 창작 과정의 결과뿐만 아니라 과정 자체를 보는 기회를 갖게 된다.

▶ 내러티브의 문제 1: 고정 숏 NARRATIVE PROBLEM ONE: THE STATIC SHOT

한 영화감독이 어린 시절의 경험을 토대로 영화 오프닝 신을 위한 로케이션 장소를 물색하고 있다. 그 신은 이웃이 있는 교외가 필요하다. 감독은 한 줄로 늘어선 가로수와 햇빛이 도로 위로 떨어지는 풍경이 친근한 기억들을 불러일으키는 거리를 지나고 있다. 그는 차에서 내려서 가족이 어렸을 때 살왔던 집과 너무나 흡사한 집을 향해서, 인도를 걸어 내려간다. 앞에 놓인 잔디밭의 한구석에 선 그는 영화 오프닝 신을 상상한다. 그는 첫 신의 어떤 세부 묘사에서도 각본의 방향을 그대로 따를 필요는 없고 단지 시대, 등장인물, 이야기의 분위기만 소개하면 된다고 느낀다.

감독이 처음 썼을 때 그 신은 평소처럼 자신이 가족 중에서 가장 늦게 잠에서 깨어난 평일 아침을 묘사하고 있다. 액션의 대부분은 거의 대사가 없는 채로 부엌에서 일어난다. 그러나 감독이 밝은 햇살 속에서 실제 집 앞에 섰을 때 새로운 기억들이 그에게 다가온다. 재킷과 스웨터를 학교에서 잃어버리거나, 교과서를 버스에 놓고 내리곤 했던 건망증 때문에 부모가 속상해하던 것을 기억해 낸다. 그가 열 살이던 해 어느 아침을 떠올린다.

▶ 변형 1 VERSION ONE

첫 번째 시퀀스에서 감독은 액션을 따르기 위해서 제한된 패닝을 사용하는 고정 숏으로 제한하고자 결정한다. 프레임 1에서 그는 그 집에 대한 정면 와이드 숏으로 시작한다. 잠시 후 아버지가 차고와 마주 보고 있는 현관문에서 나온다. 프레임 2의 새로운 숏에서 아버지가 바깥쪽에서 지나갈 때 침대의 한 모퉁이가 보이는 소년 방의 창문을 보여 준다. 이불이 움직이고 양말한 짝이 침대에서 떨어진다. 바깥쪽에 아버지가 있고 전경에 소년이 있는 프레임 3으로 컷한다.

아버지가 현관문에서 나와 차고 쪽으로 걷는다.

소년이 돌아 엎드리며 이불을 뒤척일 때 양말이 침대 밑으로 떨어진다. 이때 아버지가 배경에서 지나간다.

배경에 아버지가 창문 옆을 지나가는 것이 보인다.

감독은 무대화가 잘 되지 않았음을 깨닫고 여기에서 멈춘다. 그는 프레임 1이 더 넓은 맥락 – 이웃과 거리라는-에서 그 집을 보여 주어야 한다고 느낀다. 또한 소년을 보여 주는 것이 아니라 침대의 일부만 보여 주는, 격식에 얽매이지 않는 프레이밍을 좋아한다 할지라도 창문의 두 번째 프레임이 너무 기울어져 있다고 느낀다. 결국 그는 새로운 무대화를 시도한다.

▶ 변형 2 VERSION TWO

감독은 새로운 시퀀스를 액션에서 약간 벗어날 수 있는 하이 앵글 숏으로 시작한다. 그는 눈에 덜 거슬리는 각도로 그 숏을 찍을 수도 있지만 더 많은 주변 공간을 포함해야 원래의 오프닝 숏과 비교해서 조금 여유가 생길 거라 생각한다. 프레임 1에서 아버지가 나와서 차고로 걸어갈 때 풀밭에서 어떤 것을 발견한다. 그것을 주우려고 그가 허리를 구부릴 때 프레임 2로 컷한다. 그가 발견한 것은 운동화다. 그는 머리를 절레절레 흔들면서 미디엄 숏이 될 때까지 카메라를 향해 몇 걸음 걸어오다가 한숨을 쉰다. 프레임 3으로 컷한다. 소년이 침대에 엎드린 채 누워 있고, 그의 맨발이 이불 아래서 갑자기 나온다. 우리는 문이 열리는 소리를 듣는다. 소년이 편안한 자세를 취하기 위해 몸을 뒤척일 때 아버지의 손이 프레임 안으로 들어와서 침대 기둥에 운동화를 끼운다.

아버지가 현관문에서 나와 아래쪽으로 걷다
중간쯤에서 멈춘다.

아버지가 운동화를 발견하고 줍는다.

소년이 이불 속에서 뒤척이는 것을 잡는다.
아버지의 손이 프레임으로 들어와서 침대 기
둥에 운동화를 끼운다.

▶ 변형 3 VERSION THREE

이 새로운 변형은 프레임 1a에서 화면을 채우고 있는 밝은 오렌지색 우주선에 대한 오프닝 숏으로 페이드인한다. 그것은 아침 미풍에 펄럭이며 흔들리고 있다. 카메라가 뒤로 물러나면 역광을 받아서 밝게 빛나는 높은 나뭇가지에 꼼짝없이 걸려 있는 찢어지고 구겨진 연을 보고 있음을 알게 된다. 바람이 불자 떨어져 나간 연은 집을 드러내는 프레임 1a 아래쪽의 프레임 밖으로 사라진다. 프레임 1b에서 아버지가 집에서 나와 차고로 간다. 프레임 2에서 침대 속의 소년으로 컷한다. 후경에서 차고 문이 올라가는 소리가 후경에서 들린다. 프레임 3에서 차고 문으로 컷한다. 아버지는 차로 가고 프레임 4에서 침대 속의 소년으로 컷 백한다. 소년이 엎드리면 유리창을 후경으로 처음에는 양말 신은 발이, 그다음에는 맨발이 지나가는 것이 보인다. 우리는 유리창을 통해서 아버지가 차를 몰고 가다가 후진시키는 것을 보게 된다.

1a 카메라가 풀 백하면서 연의 클로즈업에서부터 팬 다운한다.

팬이 끝나는 위치

아버지가 현관문에서 나와 차고 쪽으로 향한다.

침대의 소년. 차고 문 여는 소리에 가볍게 뒤척인다.

아버지가 차고로 들어가 차를 출발시킨다.

소년이 침대에 엎드린다. 처음에 양말을 신은 발이 튀어나오고, 이어서 맨발이 튀어나온다. 배경에 차가 지나간다.

차가 운동화 앞에서 정지한다. 아버지가 차에서 내린다.

감독은 즉시 더 타이트하게 프레이밍함으로써(프레임 5) 프레임 4가 개선된다는 것을 알게 된다. 차가 창문 옆을 지나간 직후 브레이크 밟는 소리가 들린다. 차도와 차에 대한 로 앵글 숏으로 컷한다. 차는 운동화에서 몇 피트 앞에 선다. 차 문이 열리고, 프레임 6에서 차에서 내리는 아버지의 발만 포함시키기 위해 프레임을 살짝 조종한다.

감독은 이 세 번째 변형을 재고해 보기 위해서 이 시점에서 멈춘다. 그는 마음에 들기는 하지만 재배열할 필요가 있다고 여겨지는 몇 가지 아이디이를 생각해 낸다. 첫째로 연날리기는 유지하되, 더 낮은 시점으로 이동하기로 결정한다. 집으로 팬 다운하기 전에 이런 식으로 주변의 일부를 포함할 수 있다. 두 번째로 이야기가 소년과 그의 아버지에게 너무 많이 집중되어 있다고 느낀다. 그는 하루를 시작하는 분주한 아침에 다른 가족 구성원들을 더 많이 포함시키고 싶어 할 것이다. 감독은 새로운 등장인물들이 추가되기를 원할 테고, 그들은 운동화와 관련된 액션에만 집중하는 것을 막아 줄 것이다.

▶ **변형 4** VERSION FOUR

　이 마지막 변형에서 감독은 완전한 시퀀스를 만들기 위해 여러 요소를
결합해 간다.

1

연의 클로즈업에서 풀 백. 바람에 연이 떨어진다.
카메라가 연과 함께 집으로 팬한다.
아버지가 현관문을 나서 차고로 가다가 멈춰 선다.
그는 집으로 되돌아간다.

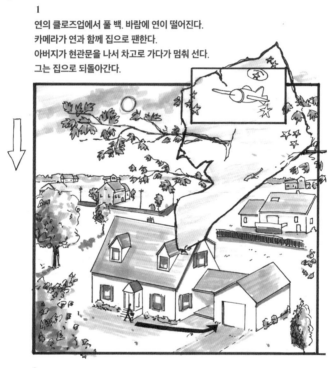

2

어머니가 서류가방을 들고
프레임 안으로 들어와서 현관문을 연다.

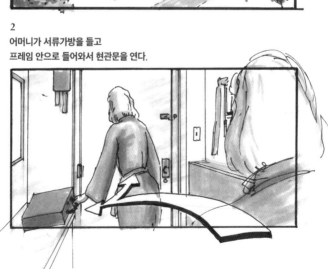

3

아버지가 계단으로 올라올 때 어머니가 그를 기다리고 있다.
아버지가 가방을 건네받는다.

4

아버지가 빙그레 웃으면서 계단을 내려간다.
어머니는 카메라 쪽으로 퇴장한다.

5

소년이 잠결에 이불을 다시 덮는다.

6

부엌에 있는 어머니가 접시들을 정리해 넣으며 딸에게 소리친다. "피터는 일어났니?"

7

카메라 앵글을 침대 높이로 낮춘다. 이불 아래로 양말을 신은 왼쪽 발이 보인다.
그다음에 맨발이 나타난다. 후경에서는 아버지가 도로로 차를 후진시킨다.
(SFX)브레이크 밟는 소리. O.S.

8

아비지가 차 밖으로 나온다. 차 뒤쪽 후경에 운동화가 있다.

9

어머니가 화장실 문을 열며 "피터는 일어났니?"라고 묻는다. 딸이 "내가 어떻게 알아요?"
라고 말한다. (SFX)초인종 소리. 어머니가 프레임을 가로질러 나간다.

10

어머니가 현관문을 연다. 그녀는 차를 타고 떠나는 아버지를 본다.
고개를 숙여 문간의 계단 위에 있는 운동화를 내려다본다.

도로로부터 차를 따라 팬한다.
나무에 걸려 있는 연의 줄이 차 범퍼에 걸린다.
11 차가 연을 멀리 끌고 간다.

12

아버지의 차가 프레임 안으로 들어온다. 잠시 후에 연이 나타난다. -시퀀스의 끝-

감독의 분석 The Filmmaker's Analysis

감독은 오프닝에 대한 최종 접근을 위해서 가능성들을 다 타진해 봤기 때문에 이 시점에서 멈춘다. 트래킹과 패닝이 허용된다면 많은 아이디어가 개선되고 간단해질 수 있다. 그러나 이제 감독은 그 신의 전체적인 톤과 감각에 더 관심을 둔다. 아이디어들이 내러티브에 종사하지 않는다는 이유로 거부된다면, 그것들을 회화적으로 정교화시킬 필요도 없다. 감독은 그의 해결 방식들과 스토리 요점들이 유별나다(아버지와 아들의 똑같은 건망증과 연을 가지고 하는 개그)고 느끼지만 소년의 시점은 플롯에 중심을 두는 오프닝을 창조하면서 상실된다. 유일한 서정적 요소인 연은 여전히 작용할 수도 있지만 오프닝 숏 이후 그 신의 시점은 소년에게로 옮겨 가 그의 것으로 남는다. 감독은 노트에다 같은 신에 대한 최종적인 변형에 대해서 써넣는다.

요약 Summary

이 마지막 스토리보드 시퀀스에 대해서 몇 마디 하고자 한다. 보다 완벽하게 완성된 스토리보드는 프레임 속에서 움직이는 대상을 반복시킴으로써 액션에 대한 각각의 무대화를 보여 줄 수도 있다. 방 안에 있는 어머니를 두 번 그린 패널 6이 그렇다. 패널 7에서 소년의 오른쪽 발에 이어서 왼발이 등장하는 것은 자막의 설명문과 함께 하나의 패널로 보인다. 감독은 편집의 선택과 무대화의 세부 묘사에 정통하고, 자신이 패널을 디자인하기 때문에 혼동할 위험은 없다. 그러나 다른 감독을 위해 액션을 스토리보드화할 때는 오해가 없도록 중요한 모든 움직임을 포함시키는 것이 중요하다.

9. 대화 장면의 무대화
Staging Dialogue Sequences

대화 신들을 무대화할 때, 감독은 두 가지 목표를 충족시켜야 한다. 인간 관계의 성실한 표현과 이런 관계를 관객에게 제시하는 일이다. 첫 번째 목표는 각본과 배우의 연기로 결정되고, 두 번째 목표는 무대화, 촬영, 편집에 의해 결정된다. 그러나 감독은 때로 세트에서 배우가 하는 연기와, 카메라의 실질적이고 극적인 요구들이 상충함을 발견한다. 이러한 고전적 대립 상황에는 옳거나 틀린 해결은 없다. 주어진 상황에서 최선을 다할 뿐이다.

무대화를 시각화하는 방법 A Method for Visualizing Staging

예술에서 기법은 대개 증진된 지각의 문제다. 예를 들어 음악에서는 더 정확하게 듣는 법을, 영화에서는 더 정밀하게 보는 법을 배우는 것을 의미한다. 특히 영화적인 '보기'는 공간적인 기억과 인지, 학습되고 숙련될 수 있는 기술에 의존한다. 다음의 여러 장에서 우리는 이것을 목표로 삼으려 한다.

첫째, 숏들의 기본적인 어휘와 배우의 배치가 필요하다. 어떤 구성 체계라도 요소들을 일관되게 사용한다면 충분하다. 할리우드 콘티뉴어티 스타일은 기본적 요소들을 갖춘 체계 안에서 해체될 수 있는 일련의 친숙한 해결책을 제공한다. 그러나 이처럼 강령화된 접근은 단순히 표준적인 해결책을 제공하는 것만을 의도하지는 않는다. 사람들이 대화하면서 자기 위치를 잡고 그것을 기록하기 위해서 카메라의 위치를 설정하는 기본적인 방식을 알게 되면, 당신은 그 위에서 즉흥적으로 만들고 규칙들을 깨뜨리며 창조적인 위험을 감수하게 되는 확실한 토대를 얻을 것이다.

이러한 공간적인 접근법은 다섯 개의 기본적인 영역으로 이루어진다:

- 움직이지 않는 배우들의 무대화
- 움직이는 배우들의 무대화

- 프레임의 깊이를 이용하기
- 카메라 움직임의 무대화
- 카메라 움직임과 배우의 움직임을 함께 무대화하기

첫 번째 기초적 요소는 두 대상에 대한 무대화 패턴들이다. 약간의 조정만으로도 한 신에 대한 우리의 이해가 얼마나 달라지는가를 볼 수 있도록 사진 보드를 예로 들면서 카메라 앵글, 렌즈, 편집 패턴들을 비교할 것이다. 일단 두 대상에 대한 무대화 패턴이 세워지면 다음 장에서 서너 대상이 있는 상황에도 이와 같은 일반 원칙들을 적용할 수 있다.

실제적인 예를 보기 전에 우선 내러티브 영화에서 발견되는 기본적인 무대화 관습 중 몇 가지를 살펴봐야 한다. 그것들은 허용 가능한 한계가 아니라 오히려 새로운 아이디어들의 출발점을 나타낸다는 사실을 이해하게 될 것이다.

정면성 Frontality

*정면성은 서구 미술의 기본적인 관습으로, 그림의 대상물들이 관객을 향해 있거나 영화의 경우 카메라와 마주하는 방법이다. 영화의 많은 무대화 장치들은 기본적으로 정면이다. 이는 대화 주체들이 서로를 마주 보기보다는 카메라를 마주 보는 경향이 있음을 의미한다. 실생활에 이런 유형의 몸의 자세가 없는 것은 아니지만 영화에서는 종종 카메라의 필요에 따라 조종된다.

정면을 향한 위치에 있는 배우들을 무대화하는 신은 하나의 마스터 숏으로 기록할 수 있다. 그러나 배우들 중 한 사람이 카메라에 등을 돌린다면, 부분적으로 또는 완전히 두 배우의 얼굴을 보기 위해서는 하나 이상의 카메라 앵글이 필요하다. 즉 무대화를 위해서는 두 가지 주요한 편집적 접근법이 필요하다. 한 가지는 모든 배우가 하나의 카메라와 마주 보며 연기하는 것이고, 다른 하나는 다수의 카메라 시점들을 함께 편집하는 것이다.

마스터 숏The Master Shot

*마스터 숏은 그 신의 모든 배우를 포함할 만큼 충분히 넓고, 액션이 진행되는 동안 계속 촬영하는 숏이다. 감독은 마스터 숏을 결국은 함께 편집할 삼각 체계 내의 다른 카메라 배치들도 포함하는 커버리지 촬영 방식 중 일부라고 말한다. 그러나 마스터 숏이 감독이 필요하다고 느끼는 유일한 숏일 때도 있다.

시퀀스 숏The Sequence Shot

특히 다른 카메라 각도로 편집해야 함이 예상된다면 카메라는 보통 마스터 숏에서 움직이지 않기 마련이다. 만약 마스터 숏이 움직이는 숏이라면 카메라는 편집된 시퀀스에서 개별적인 숏들이 낳을 몇 개의 카메라 앵글들을 결합하면서 달리를 통해서 그 신의 처음부터 끝까지 유동적으로 위치를 바꾼다. 무대화에 대한 이런 식의 접근을 *시퀀스 숏이라고 한다. 보통 이동 카메라로 배우들의 움직임을 따라간다. 일반적으로 시퀀스 숏은 편집된 시퀀스의 경우보다는 정면성을 중시한다. 편집이 180도만큼이나 큰 각도로 대립되는 숏들을 허용하고 또 관례적으로 연결하기 때문이다. 편집된 시퀀스에서와 똑같은 변화를 시퀀스 숏에서 되풀이하는 것은 말할 것도 없고, 빠르게 하는 것도 거의 불가능하다. 그러므로 대화 시퀀스 숏에서 이동하는 카메라는 전반적으로 시계 방향을 유지하려는 경향이 있다. 이동 블로킹mobile blocking에 대한 장에서 면밀하게 살펴볼 예정이다.

숏의 크기와 거리 Shot Size and Distance

마스터 숏의 한 변형태인 미디엄 투 숏은 1930–1940년대 미국 영화의 특징이었기 때문에 프랑스인들은 그것을 '플랜 아메리칸plan américan' 또는 '아메리칸 숏American shot'이라고 불렀다. 1930년대 초에는 투 숏을 클로즈업에 의존하지 않고 전체 대화 시퀀스를 포괄하기 위해 사용했다. 부분적으로는 영화에서 사운드를 쓰기 시작하고 이에 따라 대사가 연장된 것에 기인한다. 걸리적거리는 방음 장치 카메라들은 무성 영화에서 사용했던 카메라들보다 가동적이지 못한데, 투 숏은 카메라를 이동시켜야 할 필요를 줄였다. 이런 기술적 제한은 금방 극복되었지만 투 숏은 코미디와 뮤지컬 영화에서 이완된 프레이밍 장치가 되어 왔기 때문에 여러 해 동안 사용했다.

개인적으로는 투 숏과 풀 숏이 제공하는 거리와 객관성을 좋아한다. 육체는 훌륭한 표현 기능을 할 수 있다. 사람들은 다른 사람과 자신의 관계를 나타내기 위해 가끔 신체 언어를 사용한다. 예를 들어 경쟁자, 친구 또는 연인에게 접근하는 각각의 다른 방식들이 그렇다. 한 사람이 움직이는 방식은 개개의 목소리처럼 차별적일 수 있고, 대부분 얼굴을 보기 훨씬 전에 어떤 특색 있는 동작만을 갖고서도 멀리 있는 친구를 확인할 수 있다. 몸의 표현적인 움직임은 풀 숏과 미디엄 숏의 범위에 딱 들어맞는다. 전체 신들은 클로즈업에 의존하지 않고도 이 거리에서 효과적으로 무대화될 수 있다.

숏, 역숏 패턴 The Shot, Reverse Shot Pattern

배우들이 교차되는 클로즈업으로 보일 때 숏, 역숏 패턴은 가장 유용한 해결책 중 하나다. 이보다 할리우드 스타일을 잘 대표하는 편집 전략은 없다. 이런 배치가 대중적인 이유는 가장 넓은 편집 선택 범위를 제공하고, 투 숏에는 없는 두 가지의 중요한 이점이 있기 때문이다. 첫 번째 이점은 대화에서 한 대상의 독립된 반응을 볼 수 있다는 것이고, 두 번째는 그 신 안에서 시점이 변한다는 것이다. 덧붙여 한 연기자와 다른 연기자의 시선 맞추기는 공간적인 통일감 수립을 돕는다.

시계선과 눈 맞춤 Sight Lines and Eye Contact

배우가 한 명 등장하는 어떤 숏에서 시계선이 카메라에 가까울수록 배우와 우리의 접촉은 보다 친밀해진다. 가장 극단적인 경우에는 배우가 렌즈를 직접 쳐다보며 관객과 눈 맞춤을 할 수 있다. 이런 대면 관계는 상당히 놀라울 수 있다.

직접적인 눈 맞춤은 관객이 등장인물 중 한 사람의 눈을 통해서 사물을 보도록 만든 주관적인 카메라 시퀀스에서 가장 흔히 사용한다. 내러티브 영화에서는 비교적 드물고, 대부분의 대화 신은 배우의 시계선이 카메라 축의 왼쪽이나 오른쪽으로 약간 벗어난 숏들로 이루어진다. 두 명이나 그 이상의 배우들에 대한 클로즈업을 번갈아 보여 주는 경우, 보통 시계선에 대해서 카메라가 같은 거리를 유지한다. **그림 9-1**은 클로즈업을 위한 카메라 위치들을 비교한 것으로, 카메라와 관련해 각각 다른 시계선을 도해하고 있다.

당신이 시계선과 눈 맞춤의 심리적이고 극적인 함의에 대해서 어떤 느낌을 얻었다면, 극적인 강조를 위해서 한 시퀀스 안에서 미묘한 변화를 만들어 낼 수 있을 것이다.

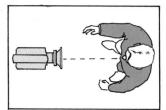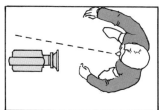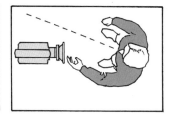

그림 9-1

무대화 체계The Staging System

감독이 카메라와 연기자 배치의 모든 가능성을 파악하기 위한 훈련에 많은 시간을 보내지 않는다면 대개 어떤 신을 만들 때 몇 가지 다목적 전략에 의존한다. 그가 배우들에게 더 많은 자유를 허락한다면 재미있는 새로운 선택권들이 생길 수도 있겠지만 카메라에 대한 무대화를 확고하게 장악하지 못한다면, 제작 과정은 궁극적으로 감독의 실험을 무산시킬 것이다. 감독은 자신이 결과적으로 많은 시간을 들이고 종종 연기자들의 자발성을 살려 내면서까지 왜 한 신을 재무대화하려는지를 촬영기사와 제작자가 이해하려 들지 않을 때 답답함을 느낄 것이다.

공간 속의 배우들과 카메라, 그리고 이러한 요소들의 특정한 결합에서
초래될 구성을 시각화하는 능력이 부족한 것이다. 다음에 나오는 무대화의
패턴 체계에서 논의할 예정이다.

문자 패턴 Letter Patterns

이제부터 우리가 사용할 무대화 체계는 연기자 배치의 두 가지 범주, 즉
패턴과 포지션에 관한 것이다. 우선 패턴에 대해 논의해 보자.

패턴: 한 프레임 안에서 인물을 전개하는 세 가지 기본 패턴이 있다. 우리는 그것
을 'A', 'I', 그리고 'L' 패턴이라고 부를 것이다. 위에서 내려다볼 때 연기자들이 모
여 있는 모습과 닮은 글자들이다.

패턴의 의미는 '동작선에 따라서 배우들을 가장 간단히 배열시키다'이
다. 따라서 무대화 패턴은 카메라 배치와 관련된다.

A와 L 패턴의 글자 모양을 완성하기 위해서는 세 명이나 그 이상의 연기
자가 필요하다. 두 명을 배열하는 유일한 방식은 I 패턴이다. **그림 9-2**는 세 가
지 패턴 모두를 도해했다.

A 패턴   I 패턴   L 패턴

그림 9-2

포지션: 대상들이 패턴 안에서 바라보고 있는 방향을 나타낸다. 주어진 특정한 패턴에는 많은 포지션이 있을 수 있다.

포지션에서 가장 중요한 점은 프레임의 구성과 관련 있다. 카메라가 일단 일정한 패턴으로 위치하면 연기자들의 더 교묘한 배열(그들이 프레임 내에서 바라보는 방향)은 포지션에 의해 결정됨을 의미한다. 경험 있는 감독은 패턴과 포지션을 동시에 고려할 것이다. 그러나 처음에는 분리된 개념으로 더 쉽게 이해가 가능하다. **그림 9-3**에 I 패턴에서 전형적인 세 가지 포지션이 나와 있다.

마지막 요점: 두 연기자를 위한 I 패턴은 체계에서 기본 요소다. 동작선은 한 번에 오직 두 사람 사이에서만 수립될 수 있기 때문이다. 두 사람 이상이 대화하고 있을 때의 동작선은 6장에서 설명한 것처럼 움직인다. 더 커다란 집단에 이것을 적용하더라도 두 대상에 대한 위치만 배우면 된다. 카메라의 시점으로 보자면 일련의 클로즈업과 단일 숏이 필요할 때마다 I 패턴은 A와 L 패턴에 나타난다.

그림 9-3 포지션들. 모든 포지션은 I 패턴에 따른다.

두 인물이 대화하는 장면의 무대화 Staging Dialogue for Two Subjects

이 장에 나오는 사진 보드들 중 대부분은 명료하게 보이도록 *고정 카메라static camera로 무대화한 단순한 환경에서 찍은 것들이다. 나중에 우리는 카메라 움직임이나 연기자의 움직임이 어떻게 편집을 대신할 수 있는가를 보게 될 것이다. 이제 카메라는 내려놓고 사진 보드 시퀀스들을 함께 편집한 다수의 카메라 앵글을 보자.

▶ **포지션 1**POSITION ONE：

마주 보기 Face-to-Face

대화하고 있는 두 사람의 가장 기본적인 포지션은 어깨를 평행으로 하며 서로 마주 보는 것이다. 첫 번째 선택은 처음 여섯 개의 패널에 보이는 것처럼 대상을 옆모습으로 잡는 것이다.

구성적으로 이런 무대화는 대상을 강력하게 대립시킬 때 허용된다. 이 카메라 배치에서 구성이 몹시 타이트(프레임 6)하지 않는다면 연기자들의 표정은 대체로 보이지 않는다. 개별적인 클로즈업을 사용한다면, 개개의 옆모습 클로즈업이 가능함에도 불구하고, 카메라는 보통 역방향의 오버 더 숄더 숏을 찍기 위한 위치로 재조정된다.

▶ **포지션 1** POSITION ONE:

오버 더 숄더 OTS

그다음 시리즈는 오버 더 숄더 프레이밍 안에서의 고전적인 숏, 역숏 패턴을 보여 준다. 이들은 앞에서 설명한 옆모습 무대화에 논리적으로 수반되는 숏들일 수도 있다. 오버 더 숄더 숏들은 보통 렌즈와 프레이밍에 대한 선택을 유지하는 한 쌍의 숏들로 사용되지만 혼합된 쌍들을 함께 편집할 수도 있다. 그러나 대사 교환이 계속 이어질 때는 서로 일치된 쌍들을 더 흔하게 사용한다. 타이트한 프레이밍에서는 오버 더 숄더 숏을 위한 두 가지 주요한 전략이 있다. 프레임 3과 4는 프레임의 전경에 있는 대상의 머리 전체를 포함한다. 프레임 5와 6에서는 우리와 마주 보고 있는 연기자를 강하게 고립시키면서 프레임의 1/3에서 1/2 정도를 차지하게 한다.

▶ **포지션 1**POSITION ONE:

망원 렌즈를 사용한 오버 더 숄더LONG LENS OTS

아직까지 포지션 1의 무대화를 사용하는 다음의 오버 더 숄더 숏 시리즈 (프레임 1-6)에서는 렌즈의 초점 거리가 120mm에서부터 200mm까지 증가 된다. 그 결과는 확연하다. 우리는 프레이밍된 대상의 어깨와 목을 보게 된다. 처음의 얼굴에 대한 프레이밍 장치가 진정한 오버 더 숄더 숏이라는 데 주목 하라. 이러한 렌즈의 결합과 타이트한 프레이밍은 광각 렌즈로 얻을 수 있는 것보다 더 친밀한 느낌을 낳는다.

▶ **포지션 1** POSITION ONE :

앙각 역숏들 LOW-ANGLE REVERSE SHOTS

포지션 1의 숏, 역숏 패턴의 또 다른 변형으로 오버 더 힙 over-the-hip 숏이라고도 할 수 있다. 대상을 대립적 관계로 설정하는 경향을 띠는 역동적인 앙각仰角 위치들이다. 프레임 1과 2는 약간 앙각일 뿐이고, 3피트의 카메라 높이에서 촬영한 프레임 3과 4만큼 대상을 분리시키지는 않는다. 프레임 5와 6에서는 전경의 프레이밍된 대상에 초점이 맞추어지지 않기 위해서 렌즈의 초점 거리를 100mm로 증가시킴으로써 배경의 인물을 강조한다.

▶ **포지션 2** POSITION TWO:

어깨 나란히 하기 Shoulder-to-Shoulder

　　기본적으로 정면을 향하는 이 방식은 같은 숏 안에서 연기자들의 얼굴 전체나 옆모습을 보여 줄 수 있기 때문에 대부분의 다른 숏들보다 더 많은 선택의 여지를 제공한다. 다음 예에서 대상들은 차 후드 위에 펼쳐진 지도를 보면서 앞을 향해서 어깨를 나란히 하고 있다. 그러나 그 두 사람은 서로 대화를 나눌 때 카메라에 대해 옆모습으로 돌아선다.

　　프레임 1-3은 똑바로 앞을 향한 투 숏들이다. 프레임 1은 대화하는 것을 보여 주기 위해 다소 넓게 찍었음에도 불구하고, 이 숏들 중 어떤 것은 마스터 숏의 역할을 할 수 있다. 이러한 프레임들을 보면서 대화 신을 상상해 보려고 노력하라. 그러면 어떤 유형의 신이 마음에 들 텐데, 숏의 크기가 영향을 준다는 사실을 발견할 것이다. 자주 직면하는 것은 정반대 상황(각본에 나오는 신을 위해 숏을 상상하기)이기 때문에 거꾸로 된 연습이라고 생각할 수도 있다.

　　프레임 4-6은 실제의 시퀀스를 보여 준다. 프레임 4에서 옆모습의 투 숏으로 시작해 프레임 5와 6에서 옆모습의 클로즈업으로 넘어간다. 카메라는 클로즈업을 잡기 위해서 안쪽으로 이동하겠지만 아직은 처음의 투 숏과 같은 각도를 유지할 것이다(필자가 보기에 그것은 콘티뉴어티 스타일 내에서 완벽하게 적법한 컷이지만 이런 식의 클로즈업 사용은 신을 해체하는 경향이 있다).

프레임 7-9는 미디엄 투 숏으로 시작한다. 이번에는 카메라를 원 모양으로 옆으로 이동시키고, 이어서 오버 더 숄더 숏으로 전환한다. 이로써 (앞에 나왔듯이) 옆모습의 투 숏을 변형시킨 클로즈업으로 대체된다. 한데 이 프레이밍들은 필자가 원했던 것만큼 프레임을 가득 채우지는 않는다. 스토리보드였다면 필자는 숏들이 더 타이트해야 했음을 미리 알았을 것이다.

마지막 시리즈인 프레임 10-12는 두 개의 클로즈업이 뒤따르는 마스터 숏으로 시작한다. 이번에는 각이 진 투 숏으로 시작한다. 카메라는 클로즈업으로 된 숏, 역숏을 위해 옆으로 이동한다. 프레임 5와 6에서 사용했던 두 개의 옆모습 클로즈업 숏과 비교해 보라, 이런 식의 새로운 클로즈업은 더 강한 존재감을 준다. 클로즈업 속에 있는 각 대상이 카메라 방향을 보고 있기 때문에(어떤 점에서는 그 신 속에 우리가 들어가 있기 때문에) 이런 일이 일어난다.

▶ 포지션 3 POSITION THREE

이 기초적인 무대화는 인물들을 90도 각도로 전개한다. 포지션 1의 얼굴을 마주 보는 배열과 포지션 2의 어깨를 나란히 하는 배열의 절충안이라 할 수 있다. 이는 커플이 논쟁을 하고 있는지 아니면 친밀한 대화를 나누고 있는지 알 수 없게 만드는 더 무관심한 자세다. 보다 느슨한 관계는 두 사람을 서로 먼 곳에서 바라보게 만들고, 그들의 얼굴 방향을 변화시킨다.

프레임 1과 2에 나오는 각이 진 투 숏에서 카메라를 마주 보는 연기자는 호감을 갖게 하는 위치에 있다. 이런 유형의 카메라 배치는 오버 더 숄더 숏과 유사하다. 우리는 두 번째 위치에 있는 연기자에 대한 역숏을 보게 되기를 기대한다.

프레임 3과 4의 정면 투 숏은 연기자들을 동등한 기반 위에 놓는다. 따라서 클로즈업이나 역숏을 사용하지 않는다면 마스터 숏을 위한 논리적 선택의 역할을 한다. 이 대안은 역숏에 해당하는 것을 얻기 위해서 두 번째 위치에 있는 연기자로 하여금 카메라를 향하여 돌아서게 만든다. 'I' 패턴 중 하나와 함께 오버 더 숄더 숏과 클로즈업 숏을 사용할 수 있음에도 불구하고 연기자들을 위치 2의 더 직접적인 관계 속으로 몰아넣는 경향이 있다. 각진 위치를 유지하는 방법 중 하나는 투 숏을 매우 타이트하게 구성하고 대상들 사이의 공간을 더 좁히는 것이다. 이것에 대한 숏, 역숏의 변형이 프레임 5와 6에 나온다.

▶ **포지션 4** POSITION FOUR

　　포지션 4부터는 긴장을 야기하는 무대화다. 모든 경우 연기자들 사이에 눈 맞춤이 없기 때문이다. 이 시리즈에서는 여자가 파트너로부터 돌아서 있어 분리감이 명백하다. 이런 유형의 프레이밍은 관객을 특권적인 위치에 둔다. 남자가 볼 수 없는 것, 즉 그의 말에 대한 상대방의 반응을 우리는 볼 수 있기 때문이다.

　　이런 식의 깊이 있는 무대화는 우리를 연기자들 중 한 사람과 보다 밀접한 관계에 위치시킨다. 이는 신의 기본적인 정면성에 의존하는 시점에 대한 한정적인 선택이다. 이 무대화에서 역숏은 시점을 철저하게 바꿀 것이다. 연기자들과의 보다 중립적인 관계를 원한다면 더 좋은 다른 무대화를 사용해 볼 수도 있다. 하지만 필자는 정면을 바라보는 무대화와 함께 어떤 식의 역숏도 사용해 본 적이 없다.

　　프레임 1의 투 숏은 30mm 렌즈로 깊이감 있게 구성했다. 그 결과 전경의 연기자에게서 약간의 왜곡 현상을 볼 수 있고, 후경의 연기자는 야외 테이블 길이만큼 떨어져 있음에도 불구하고 멀리 떨어져 있는 것처럼 보인다.

　　프레임 4, 5, 6은 약간 수정된 대안을 소개한다. 오프닝 투 숏은 좀 더 느슨해서 관객에게 약간의 숨 돌릴 여지를 허용한다. 또한 프레임 5의 클로즈업은 이완된 느낌을 주기 위해서 더 넓게(거의 미디엄 숏으로) 쓰였다. 프레임 6은 더 낮은 각도의 클로즈업을 보여 준다. 프레임 3과 이 프레임의 느낌을 비교해 보라. 이런 변화의 결과 해당 시퀀스는 덜 강렬해진다.

▶ 포지션 5 POSITION FIVE

　　이것은 분리와 긴장을 나타내기 위한 또 다른 무대화다. 팔짱 낀 여자와 호주머니 속이나 엉덩이 위에 손을 놓고 있는 남자가 보여 주는 신체 언어는 신을 해석하는 데 도움을 준다. 프레이밍은 극적 상황을 강조하기 위해서도 사용할 수 있지만 어느 배우를 두드러지게 할 것인가에 대해서는 본질적으로 중립을 지킨다. 여기 보이는 변형에서 여자는 남자 쳐다보기를 거부한다. 물론 이것은 조종된 유형이라서, 남자가 취약한 위치에 있다고 상상할 수 있다. 하지만 여자가 했던 거짓말 때문에 남자가 그녀와 마주하고 있는 신이라고 제안할 수도 있다. 이 경우 남자는 우세한 역할을 할 것이다.

프레임 1은 부감으로 시작한다. 이런 시계는 보통 긴장과 고립을 창조한다. 탁 트인 주위가 이런 느낌을 더한다. 프레임 2에서 투 숏의 컷은 적법한 편집이지만 필자는 연기자들을 더 분리시켜 보여 주는 편을 선호한다. 그다음의 연속(프레임 3과 4)은 한 쌍의 각이 진 역숏들을 보여 준다.

프레임 5와 6은 더 타이트한 한 쌍의 역숏이다. 이 숏에서 프레이밍은 클로즈업 프레이밍과 미디엄 숏을 결합한다. 명백한 차이는 프레임 5가 실제로 오버 더 숄더인 반면에 프레임 6은 두 연기자의 얼굴을 두드러지게 한다는 점이다.

여자의 표현을 억제할 필요가 있다면 이전 프레임에서 했던 행위의 반대편에서 신을 프레임할 수 있다. 이 경우에는 동작선을 넘어가게 될 것이다.

이런 무대화는 프레임 7에서 부감 숏으로 시작해서 프레임 8로 그 선을 넘어가고, 마지막으로 프레임 9에서 다시 선을 넘는다. 이런 유형의 무대화와 숏의 연속은 콘티뉴어티 스타일의 전형이라기보다는 180도 관습이라는 불변의 관행에 크게 기인한다. 단지 그 선을 넘어간다는 것만 의미하므로 한 숏을 자동적으로 배제하지는 마라. 다만 효용 가치가 있다면 사용하라.

▶ 포지션 6 POSITION SIX

이 극적인 무대화는 효과를 높이고자 눈 맞춤을 억제한다. 이런 무대화가 지닌 가치는 어깨를 나란히 하는 투 숏의 관계에서 그것이 보여 주는 명료함에 있다. 깊이감 있는 무대화는 우리로 하여금 전경에 있는 연기자와 동일시하도록 한다는 점이 차이다. 필자는 이런 유형의 카메라 배치에 대해 과도한 편집이 신의 통일성을 파괴한다는 느낌이 있다.

프레임 1의 배치는 와이드 숏이지만 프레임 2는 마스터 숏을 찍기에 가장 좋은 거리일 것이다. 이런 유형의 무대화에서 후경의 연기자는 이동하고, 걷고, 돌아서거나 잠시 프레임을 벗어날 수 있는 여지를 갖고 있는 반면에 그 프레임 안에 두 연기자가 남아 있을 때 전경의 연기자는 더 작은 공간에 제한된다. 프레임 3과 4는 우리를 남자와 친밀한 관계에 위치시킴으로써 동일시를 조종할 수 있는 방법을 보여 준다. 만약 편집을 한다면 프레임 5와 6의 한 쌍의 클로즈업은 분리감을 견지하게 된다.

▶ 포지션 7POSITION SEVEN

이 무대화 역시 눈 맞춤을 하지 않는 연기자들의 배치를 보여 준다. 두 연기자가 다른 방향에서 스크린 밖을 보고 있기 때문에 배경과 전경의 연기자들 사이에서 관객들의 주의가 나누어진다. 이것이 냉담하고 이완된 극적인 상황을 생산한다. 후경의 연기자가 전경의 연기자를 뒤돌아보고 있음에 주의하라. 관객의 주의를 전경의 연기자에게로 향하게 하면서 해당 숏을 통합시킨다.

이 시리즈에서 클로즈업들을 비교해 보라. 남자의 중간 클로즈업은 숏 크기가 그 시퀀스의 공간적인 통일성에 얼마나 공헌하는지를 잘 보여 준다. 이미지를 연구하는 대신에 그것들 위로 여러분의 눈을 움직이는 법을 배워라. 스토리보드를 읽는 것은 당신의 눈으로 편집을 하는 일이다. 당신이 한 신을 실제로 상상하게 될 때 이 일은 더 쉬워진다.

▶ **포지션 8** POSITION EIGHT

다음의 변형은 이전의 무대화를 변화시킨 것이다. 앞에서처럼 연기자들은 직각 관계를 이루고 있지만 이번에 배경의 연기자는 다른 연기자로부터 멀리 떨어진 곳을 보고 있다. 세 쌍의 사진들은 연기자들과 관객의 관계가 결정되는 다양한 방법을 보여 주는 훌륭한 예다. 프레임 1과 2에서 우리와 마주 보고 있는 여자는 약간 호감을 사고 있다. 눈이 가장 선명하게 보이는 연기자가 그 숏을 지배하는 것이 일반적인 법칙이다. 우리가 앞에서 보아 왔듯이, 깊이감 있는 무대는 우리가 전경의 연기자와 동일시하도록 조장한다. 마지막으로 프레임 5와 6에 나와 있는 각진 숏들은 두 연기자가 모두 카메라를 외면하고 있기에 인물들의 주의를 균형 잡으려는 경향이 있다.

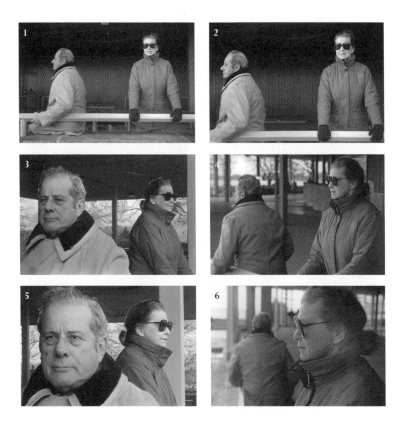

▶ 포지션 9 POSITION NINE

이 시리즈는 두 연기자가 완전히 대립하고 있어서 뮤지컬 코미디처럼 보이는 무대화가 두드러진다. 이는 우리가 두 연기자가 서로를 잘 알고 있고 도전적인 태도를 취해 왔다고 상상할 때에만 올바르다. 그 신을 기차역 플랫폼이라고 설정하고 남자가 여자를 뒤쫓기 위해 고용되었다고 상상해 보자. 우리는 이것을 손쉽게 바꿀 수 있다. 남자가 군중 속으로 이동해서 그녀에게 등 돌린 채 선다. 이 경우 무대화는 코미디가 아니라 스릴러에 적합하다.

프레임 1에서 4까지의 무대화를 비교해 보면, 프레임 3과 4에 가까이 갈수록 프레임 1과 2의 다소 양식화된 위치는 덜 인위적으로 보인다는 사실을 알 것이다.

개인적으로는 프레임 5-10이 해당 위치에 대한 가장 성공적인 프레이밍이라고 생각한다. 여섯 개의 프레임에서 등장인물이 고개를 돌리고 있는 점은, 눈에 띄는 연기자가 스크린 밖의 어떤 소리를 듣고 있음을 가리키고 있기 때문에 환기적이다. 어떤 의미에서는 시선에 대한 컷의 청각적인 변형이라고 볼 수 있다.

▶ 포지션 10 POSITION TEN

이어지는 세 개의 시퀀스는 연기자들이 다른 높이에 위치하고 있는 무대화를 보여 준다. 이것은 보통 타이트한 투 숏이 상향이나 하향 각도로 프레이밍됨을 의미하지만 더 넓은 프레이밍에서는 불필요하다. 역숏이 확실히 유용한 변화임에도 불구하고 이 시리즈에서는 어떤 역숏도 사용하지 않는다.

　　이런 시퀀스에서의 숏 흐름을 지켜보는 데 약간의 시간을 보내 보라. 프레임들을 오른쪽에서 왼쪽으로 또는 다른 결합들을 만들기 위해서 대각선으로 가로질러 읽어 보라. 이 숏들 중 어떤 것은 다른 것과 작용하지만 각각의 숏은 약간 다른 느낌과 공간감을 나타낸다. 한 시퀀스에서 숏들 사이의 관계를 예견하는 기술을 발전시킨다면 개개의 숏들을 구성할 수 있을 것이다.

　　두 연기자의 무대화에 대해서는 여기에서 살펴보지 않은 수많은 변형이 있지만 거의 모든 가능성은 적어도 여기에 도해된 위치들 중 하나가 지닌 본질적인 물리적·정서적 특질을 공유한다. 연기자와 카메라의 모든 배열을 암기하려고 들지 말고, 한 숏의 극적 특질을 구성하는 요소들 간의 관계에 대한 인식을 날카롭게 하라는 게 요점이다.

10. 세 인물이 대화하는 장면의 무대화
Dialogue Staging With Three Subjects

'I' 패턴에 따른 10개의 포지션을 살펴봤다. 제3의 인물을 추가해 'A'와 'L' 패턴을 만들어 보자. 이러한 방식은 다음 세 가지 가정에 근거한다.

- I 패턴은 가장 단순한 기본 단위로, A와 L 패턴에서도 찾을 수 있다.
- 이러한 패턴들은 동작선에 따라 카메라를 어디에 배치할지를 결정하게 한다.
- 포지션은 기본적 무대화의 패턴에 기초해 인물들을 화면에 어떻게 배치할지를 결정한다.

A와 L 패턴의 차이점
The Difference Between A and L Patterns

연기자들이 항상 A나 L의 형태로 정확히 배열되는 것은 아니다. 따라서 어떤 패턴을 적용할지를 결정하기란 쉽지 않다. 이 경우 카메라 배치가 결정적인 요소가 된다.

예를 들어 세 명의 인물을 화면 안에 배치시킬 때 두 인물이 세 번째 인물을 마주 보는 경우가 있다. 세 번째 인물이 다른 두 인물 사이에 놓인다면 이 배열은 A 패턴이 된다. 그러나 세 번째 인물이 다른 두 인물이 서 있는 곳의 바깥에 놓인다면 이 배열은 L 패턴이다. 이러한 무대화를 대치opposition라고 한다. **그림 10-1**은 대치의 다양한 유형이다.

그림 10-1 프레임 1과 2는 한 인물이 다른 두 인물과 대치하는 모습이다. 검은 옷을 입은 한 인물이 다른 두 인물의 중심 쪽에 있기 때문에 이를 A 패턴이라고 부른다. 프레임 3과 4는 세 인물을 다른 방법으로 배열한 것으로, 이 경우 혼자 있는 인물이 한쪽 측면으로 고립되어 있다. 이것이 L 패턴이다. 프레임 5와 6은 위의 쓰리 숏을 투 숏과 대치하고 있는 한 인물의 클로즈업으로 분할함으로써 얻을 수 있는 대치의 한 유형을 보여 준다. 프레임 7, 8, 9에는 모든 인물이 똑같이 클로즈업되어 대치하고 있다.

기본 패턴과 포지션The Basic Patterns and Positions

9장에서 살펴본 2인으로 구성된 무대화에서 인물들은 열린 공간인 야외에 배치되었다. 여기서 기본 포지션을 설정했으므로, 이제 그보다는 정확하지 않게 배열된 모습들을 살펴보자.

한 인물을 추가해 패턴과 포지션 간의 다양한 조합을 만들 수 있다. 그러나 모든 조합은 우리가 이미 살펴본 I 패턴에서 10개의 포지션으로 축소될 수 있기 때문에 모두를 살펴볼 필요는 없다. 반대로 과정을 뒤바꾸어서 10개의 포지션들을 이용해 3인으로 구성된 무대화를 다양하게 만들 수 있다. **그림 10-2**에 나와 있다.

그림 10-2 A와 L 패턴에서 사각으로 구획된 부분은 그림 상부에 있는 다른 두 가지 I 패턴의 대안적 포지션으로부터 대치된 것을 볼 수 있다. 두 인물이 사각형 속에 둘러싸일 수 있는 한, 사각형은 수평 혹은 사선으로 쉽게 구획될 수 있다.

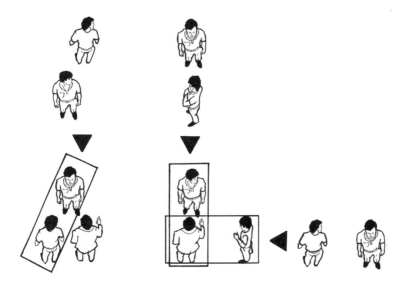

사진의 예를 보기에 앞서, 세 인물이 있는 장면에서 동작선을 다시 살펴 보자. **그림 10-3**은 A패턴에 의한 전형적인 무대화 상황을 보여 준다.

그림 10-3 A 패턴의 무대화에서는 우선 이 장면 전체에 통용될 수 있는 중심적으로 바라보는 각도를 정했다. 카메라가 인물들 주위를 360도 회전할 수 있을지라도, 모든 신은 관객에게 기본적으로 어느 위치에서 바라보고 있다는 정보를 제공해 주어야 한다. 장면에 따라 상황은 달라지겠지만 그림에서는 카메라 1의 위치에서 인물들을 바라보는 것으로 장면이 시작된다. 대화는 인물 a와 c 사이에서 시작한다. 그것은 곧 그들 사이에 하나의 선이 설정됨을 의미한다. 오버 더 숄더 숏을 위한 카메라 위치 2는 그 선의 바깥쪽에 놓인다.

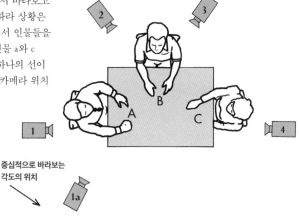

이제 인물 b가 인물 a에게 말을 함으로써 그들 사이에 새로운 선이 설정 된다. 그러면 그 선의 어느 쪽에 카메라를 놓아야 할까? 이것이 중심적으로 바라보는 각도의 위치가 필요한 이유다. 인물 a와 b의 바깥쪽에 카메라의 위 치를 새로 설정하는 것보다는 인물 a와 c 사이에서 했던 것처럼 인물 a와 동 일한 측면에 카메라 위치를 설정한다(1a). 이제 인물 b가 c에게 말을 할 때 인 물 b와 동일한 측면 즉, 카메라 위치 2를 사용할 수 있다. 카메라 위치 3은 어 떨까? 실질적으로 이 앵글이 꼭 필요할까? 이미 취한 앵글의 수만으로도 충 분할 것이다. 위 그림을 이용해 다른 방법으로도 설명이 가능하겠지만 요점 은, 새로운 선이 설정될 때마다 계속 그에 따라 카메라의 위치를 변경하기보 다는 가능하면 이미 사용한 위치들을 다시 사용하라는 것이다.

다음의 예에서 세 인물로 구성된 일반적인 무대화 상황과 그렇지 않은 상황 몇 가지를 살펴보자.

A 패턴(변형 1) A Pattern(Version One)

여기에 **그림 10-3**에서 봤던 것과 동일한 무대화 상황이 있다. 프레임 1은 이 패턴을 통해 모든 인물을 명확히 볼 수 있도록 카메라의 위치 설정과 무대화 등을 조합시킨 경우다. 마스터 숏으로 선택하기에 의문의 여지가 없다.

첫 번째 일련의 프레임들(2–5)에서는 마스터 숏 이후에 *싱글single 숏들(미디엄 숏들과 클로즈업)을 사용했다. 이는 두 가지 결과를 가져온다. 첫째, 그것은 공간을 나누는 경향이 있다. 둘째, 하나의 화면 속에서 이야기를 하는 사람과 듣는 사람을 동시에 보지 못한다. 다음 시퀀스와 비교해 보자.

여섯 프레임으로 구성된 다음 시리즈(6-11)에서는, 공간의 통일을 위해 오버 더 숄더 숏을 사용했다. 설정 숏 이후의 전체 대화는 오버 더 숄더 숏이나, 간혹 리듬 변화를 위해 쓰리 숏 또는 투 숏 등으로 자연스럽게 다루고 있다. 오버 더 숄더 숏들은 2인으로 구성된 무대화를 다룰 때와 같은 방식으로 숏을 구성했다. 9장에서 소개했던 I 패턴에 따른 여러 오버 더 숄더 숏의 형태는 우리가 여기서 다루고 있는 무대화에 모두 적용된다.

A 패턴(변형 2) A Pattern(Version Two)

다음의 'A' 패턴 무대화는 인터뷰나 공식적인 회합 등의 상황에서 볼 수 있듯이 서로 상대를 정면으로 바라보고 있다. 인물이 서 있든지 앉아 있든지 가장 일반적인 무대화의 위치라고 할 수 있다. 프레임 1에서 남자의 시선이 카메라 쪽에 매우 가까이 있어 그가 상대와 아주 직접적인 관계처럼 보인다. 프레임 2에서는 여자들의 옆모습을 보여 준다. 그들은 상대에 대해 공경하는 듯한 자세를 취하고 있어 여자들은 경청자이며 남자는 권위적인 위치에 있어 보인다. 프레임 3에서는 남자의 얼굴은 보이지 않지만 이러한 권위적인 관계가 잘 드러나 있다. 만일 두 여자 중 누가 중요한 말을 하는 경우라면 일반적으로 내려다보는 듯한 화면을 쓰지 않기 때문이다.

프레임 4-6을 1-3과 비교해 보자. 프레임 4는 남자를 앞에 있는 상대와 매우 직접적인 관계에 놓이게 배치했다. 개인적으로 프레임 4나 5 같은 공간 연출을 좋아하지 않는다. 프레임 5는 40mm 렌즈를 사용해 촬영했는데, 공간이 너무 넓어 보인다. 프레임 6은 어떻다고 보는가? 이제 위의 두 시퀀스를 번갈아 보면서 그 화면들을 '본 후'의 느낌을 비교해 보자. 어느 시퀀스가 화면 흐름상 가장 성공적이라고 생각하는가? 두 시퀀스 중 어느 한 시퀀스의 몇몇 화면을 다른 시퀀스의 화면으로 대치시킨다면 무엇을 고르겠는가?

다음 예시에서 남자가 정면 위치에 있지 않을 때 그의 상대적인 위치가 얼마나 약화되는지를 알 수 있다. 이전의 시퀀스에서는 그가 주도적이었으나 지금은 수동적인 위치에 있다. 만약 남자의 옆모습이 담긴 프레임 7 이전에 카메라 쪽을 바라보고 있는 여자의 모습으로부터 시퀀스를 시작한다면, 여자가 권위적인 위치에 놓이게 될 것이다.

A 패턴(변형 3) A Pattern(Version Three)

다음 일련의 프레임은 화면 내의 중복된 공간과 단절된 공간에 내한 좋은 비교를 보여 준다. 프레임 10은 오버 더 숄더 숏으로 이전의 프레임(프레임 9)에서 나왔던 남자의 일부분을 포함하는데, 이것이 중복된 공간overlapping space이다. 프레임 11의 역 클로즈업reverse CU 숏은 이전의 프레임(프레임 10)과 중복된 공간을 갖고 있지 않아 이를 단절적discontinuous이라고 한다. 중복된 부분은 장면의 공간을 함께 묶는 역할을 하며, 한편 프레임 12와 14에 나오는 클로즈업 장면은 인물을 고립시키는 역할을 한다.

이제 프레임 11과 13이 어떻게 프레임 12 또는 14를 이끄는 주축 숏으로

기능하는지 살펴보자. 여기에서는 남자의 시선 방향이 결정적인 요인이 되며
숏을 연결하는 가장 효과적인 편집 지점은 남자가 머리를 돌릴 때다.

　　마지막으로 중요한 것은 렌즈 선택이다. 아래의 사진들은 대개 50 – 90mm
사이의 렌즈로 촬영했다. 프레임 9와 13의 쓰리 숏은 50mm 렌즈를 사용한 것
으로 아래 프레임들 중 가장 넓게 촬영했다. 초점 거리가 좀 더 긴 렌즈를 사용
하면 앞에 보이는 여자들과 남자 사이의 관계를 좀 더 가깝게 나타낼 수도 있
었을 것이다. 렌즈를 사용해 장면의 공간을 조작하는 것은 좋은 기교가 될 수
있으나 자칫 공간의 불일치spatial inconsistencies를 초래할 수도 있다.

L 패턴(변형 1) L Pattern(Version One)

　　이제 전형적인 L 패턴의 예를 보자. 약간 측면에서 바라본 프레임 1은 프
레임 2에 보이는 로 앵글의 오버 더 숄더 숏으로 이어진다. 실제 우리는 남자
의 어깨가 아닌 팔의 일부만 보게 되지만 그것은 오프닝 숏과 공간적 통일성
을 유지시킨다. 그다음에는 두 개의 클로즈업으로 이어진다. 여기서 화면의
크기와 카메라 각도에 변화를 줌으로써 네 개의 프레임에 생겨난 리듬을 볼
수 있다. 세 프레임을 통해 점진적으로 인물들에게 다가간 후 프레임 4에 이
르러서는 약간 넓은 클로즈업을 보게 된다. 다음 시리즈와 비교해 보자.

　　프레임 5-7은 3인으로 구성된 오버 더 숄더 숏만 이용했을 경우 이 시퀀스가 어떻게 보이는지를 나타낸다. 프레임 6에서 카메라가 인물 쪽으로 좀 더 다가갔으면 좋았겠지만 이러한 방법으로도 장면의 전체 대화를 이끌 수 있다. 일반적으로 볼 때 이 시퀀스는 앞에서 본 형태보다 편안하고 안정된 느낌을 준다.

L 패턴(변형 2) L Pattern (Version Two)

　　L 패턴의 또 다른 형태다. 이번에는 신의 오프닝 숏을 투 숏으로 시작한다. 이때 우리는 프레임 3에 이르기 전까지는 신 공간의 전체 모습을 볼 수 없

다. 신을 시작할 때 흥미 있는 방법으로, 신 전체의 상황을 신중하게 유보시킨다. 또한 프레임 1에서 투 숏의 전형적인 방법을 볼 수 있다. L 패턴에서는 일반적으로 두 인물을 영문자 L의 긴 쪽에 배치하기 때문에 전형적으로 이 방법을 사용한다. 대개의 경우 한 인물이 다른 두 인물에게 이야기할 때 앉아 있거나 서 있는 형태의 L 패턴이 이루어진다.

다음의 마지막 시리즈에서 사용한 쓰리 숏과 바로 이전의 시리즈에서 본 투 숏을 비교해 보자. 프레임 5와 6에 보이는 쓰리 숏은 모두 오버 더 숄더 숏들이다. 프레임 7은 프레임 5와 대체시킬 수 있는 다른 모습의 쓰리 숏이다. 이들 시리즈에 나오는 프레임들은 단지 설명을 위한 것이기에 작아 보이나 극장에서는 화면 속의 인물들이 상당히 가깝고, 보다 친밀하게 보인다.

| 패턴 | Pattern

　　일반적인 무대화에서 흔히 볼 수 있는 단순한 형태다. 여기서 우리는 편집 시에 주로 '숏, 역숏' 패턴의 쓰임을 다시 한 번 보게 된다. 커팅을 사용하지 않는다면 좀 더 깊이감 있는 무대화를 구사할 수도 있겠지만 대개는 오버 더 숄더 숏, 투 숏, 클로즈업 등으로 화면을 처리하는 게 최선이다. 아래 시리즈에서 그와 같은 방법이 효과적으로 작용하고 있음을 볼 수 있다. 달리의 움직임을 첨가하거나 인물들을 재배치함으로써, 마스터 숏만으로 여러 개의 숏들을 통해 본 것과 같은 앵글들을 얻을 수 있다. 후에 우리는 한 신 전체를 마스터 숏으로 처리하는 무대화 기술을 보게 될 것이다.

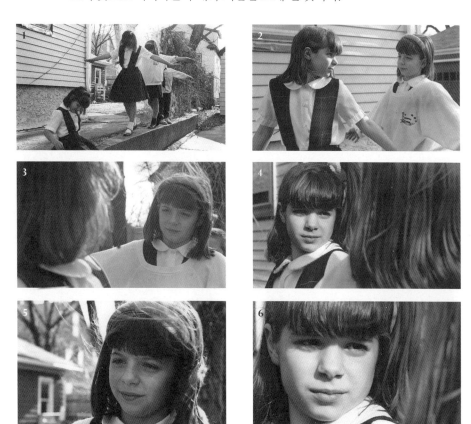

A 패턴(깊이감 있는 무대화 1) A Pattern(In-Depth Staging One)

다음 시리즈는 대화 장면의 특이한 무대화로, 깊이감 있는 무대화 및 렌즈 사용에 대한 연구에 포함시켜 봤다.

프레임 1-4는 인물에게 점점 접근하는 전형적인 방식의 무대화다. 여기서 동작선은 남자와 두 여자 사이에 설정된다. 이제 그 선을 고려하면서 로앵글의 투 숏(프레임 3)으로 연결하거나 새로운 선을 형성하게 되는 여자들의 오버 더 숄더 숏(프레임 4)으로 연결할 수 있다.

남자와 두 여자의 관계에 대해 보다 심층적인 탐구를 하고자 한다면 한 쌍의 역숏을 이용해 보라. 여기에 그 동작선을 가로지를 수 있는 방법이 있다. 우선 프레임 5에서 보듯 남자의 미디엄 숏으로 시작하자. 그가 머리를 돌리기 시작하면서 프레임 6으로 이어지고, 남자는 전경에 보이는 여자들을 멀리서 바라본다. 잠시 후 남자가 다른 곳을 보기 위해 머리를 돌리는데 이때 프레임

7로 컷하면 된다. 이제 위에 있는 프레임들 중 투 숏이나 오버 더 숄더 숏으로 컷할 수 있을 것이다. 또한 프레임 7 다음에 여자들의 동작선을 넘어서 그 반대 방향에서 찍은 오버 더 숄더 숏으로 컷할 수도 있다.

A 패턴(깊이감 있는 무대화 2) A Pattern(In-Depth Staging Two)

깊이감이 있는 다음 무대화는 정면성의 사용법에 대한 좋은 예다. 측면이나 역방향에서 촬영한 숏이 없어도 장면이 이루어질 수 있게 구성했다. 뒤에 보이는 문을 통해 나오는 여자들을 보여 주기 위해 카메라를 후경 가까이로 옮길 수도 있다. 설정 숏 이후에 이와 같은 방법으로 무대화한 신은 전체 대화 장면을 프레임 2와 3만을 이용해 이끌 수도 있다.

프레임 4 – 6은 신 공간을 다른 식으로 설정한다. 여기서는 후경에 있는 여자에서부터 시작한다. 우리는 그녀의 시선에서 우선 호기심을 느끼는데, 장면은 곧 다른 두 인물을 보여 주는 프레임 5의 넓은 공간으로 이어진다. 이것은 그녀가 바라보는 시선에 상응되는 컷일 뿐 그녀의 *시점 숏point of view, POV shot은 아니다. 그녀의 시점이라면 *역앵글reverse angle로 보여야 한다. 이제 우리는 마침내 넓은 설정 숏을 접하게 된다. 이것은 장면 중간에서 하나의 극적인 휴지dramatic pause 부분으로 기능하거나 마지막 숏으로 쓰일 수 있다.

A 패턴(동작선에 대한 응용) A Pattern(Experimenting With the Line of Action)

이 A 배열에서는 흥미 있는 앵글을 얻기 위해 인물들을 서로 다른 높이에 배치시켰다. 동작선에 대한 비정통적인 방법의 한 예라 할 수 있다. 프레임 1과 2에서는 동작선이 인물들의 시선에 근거하고 있지 않기 때문에 그 선이 비관례적인 방법으로 형성된다. 프레임 3에서는 로 앵글 숏으로 파격적인 전환을 했다. 그러나 우리는 이미 장면 상황이 명확히 드러난 프레임 1을 통해 프레임 3의 소년이 어디에 앉아 있었는지를 기억한다. 또한 그 공간에 대한 길잡이 역할을 위해 의도적으로 총의 개머리판이 숏에 포함된 것을 볼 수 있다.

프레임 4에서는 난간 위의 두 소년 사이에 새로운 선이 형성된 것을 볼 수 있다. 그러나 프레임 5에서는 다른 소년의 등장으로 인해 그 선이 파괴된다. 프레임 6에서는 설정 숏이 다시 세워졌으며, 프레임 7에서는 카메라가 다시 동작선을 넘어 위치해 있다. 실제 시퀀스에서는 자연스러운 편집 패턴을 위해 인물들이 머리를 돌릴 때나 공간적 단서가 될 만한 것을 이용해 숏들을 연결할 것이다. 이렇게 규칙을 파괴하는 접근법을 사용하든 안하든 이는 선택 사항이다.

L 패턴(변형 3) L Pattern(Version Three)

앞의 신에 대한 대안적 방법이 있다. 이 형태에서는 바라보는 시선에 따라 다양한 숏이 유발된다. 장면은 프레임 1에서 보듯이 쓰리 숏으로부터 시작한다(세 번째 소년은 난간 뒤에 가려져 있다). 프레임 2에서는 소년이 머리를 돌려 바라보는 장면을 역방향으로부터 보여 준다. 카메라는 다시 반대로 위치해 난산 뒤에서 마주 쳐다보는 소년의 클로즈업을 보여 준다. 프레임 4에서 난간 위에 앉아 있는 소년이 난간 뒤에 있는 소년에게 작은 돌을 던지고 있다. 프레임 5에서 난간 뒤의 소년이 돌을 던진 소년을 쳐다보고 있다. 프레임 6에서 전방에 앉아 있던 소년이 두 친구를 부르면서 화면은 와이드 숏으로 펼쳐진다. 이것은 프레임 7에서 클로즈업된 소년이 머리를 돌려 그쪽을 바라보게끔 하는 역할을 한다. 이 시퀀스를 통해 편집 패턴이 그들의 액션이나 바라보는 시선에 의해 이루어졌음을 알 수 있다.

11. 네 인물 이상이 대화하는 장면의 무대화
Four or More Player Dialogue Stagings

네 인물 이상이 대화하는 장면을 무대화할 때도 우리는 세 인물이 대화하는 장면에서 적용했던 것과 같은 A, I, L 패턴 등을 활용할 수 있다. 그러나 인물 수가 증가함에 따라 개개인의 숏이나 그룹 숏의 가능성도 그만큼 다양하게 늘어난다. 예를 들어 다섯 명이 등장하는 신에서는 다섯 개의 클로즈업, 아홉 개의 투 숏, 여섯 개의 쓰리 숏, 여섯 개의 포 숏, 그리고 다섯 명이 모두 등장하는 하나의 마스터 숏 등 대략 27개의 숏이 가능하다. 어느 한 신을 위해 선택하기에는 너무 많은 수다. 그러한 선택 중 몇몇은 분명히 비실제적이다. 세 명 이상을 촬영하는 그룹 촬영을 할 때의 문제는 그들을 어떻게 통합하고 단순화시키는가에 있다.

그림 11-1

대부분의 경우 픽션의 극적 구조는 개개인의 행동을 통해서 인간 상황의 일반적인 관점을 드러내는 것이다. 이러한 것은 다수가 등장하는 장면 속에서 주인공이 당면하는 문제를 중점적으로 다룰 때 잘 나타난다. 극에서는 관습적인 것이기도 하지만 실제로 많은 사람이 모인 자리에서 우리가 어떻게 행동하는가를 보면 잘 알 수 있다. 예를 들어 저녁 파티에서 사람들은 서로 작은 무리를 지어 모인다. 다섯 명 내지 여섯 명 이상의 사람들과 동시에 대화하는 것이 쉽지 않기 때문이다. 한 인물이 여러 손님의 주의를 끌고 있는 경우라도 기본적으로는 두 사람의 배치다. 즉, 이야기하는 사람과 그의 이야기를 듣는 청중 개개인과의 관계다. 여러 사람이 이야기하고 있는 큰 집단을 촬영할 때 일단 서너 명의 그룹 숏들로 나눈 후에 클로즈업을 종종 쓰는데 배우들을 구별하는 데 도움을 주기 때문이다.

그림 11-1에서 한 남자가 다른 일곱 명에게 둘러싸여 있다. 이 경우 개개의 연기자들 모두가 중요한 대화의 역을 맡는 것은 혼치 않다. 설령 그렇다고 하더라도 대개는 한두 사람이 중심인물이 되기 마련으로, 카메라 위치의 설정은 그가 누구인지를 보여 주는 주된 역할을 한다.

그림 11-2는 두 주인공 사이에 설정된 동작선을 보여 준다. 여기서 다른 모든 인물의 클로즈업을 보여 줄 수도 있으나 기본적으로 위의 두 주인공 사이에 설정한 동작선을 바탕으로 이루어져야 할 것이다.

그림 11-2

그림 11-3은 세 인물이 서로 대화를 나누는 상황을 보여 준다. 이 경우 A 패턴이 적용되며 카메라 역시 그에 따라 배치할 수 있다. 앞 장에서 살펴봤듯이 A 패턴이더라도 동작선을 결정할 때는 궁극적으로 두 사람의 I 포지션으로 축소된다. 대사가

그림 11-3

없는 인물들도 화면 내에 포함될 수는 있지만 카메라의 위치는 동작선의 어느 한 방향에서 180도 범위 내로 설정해야 한다.

그림 11-4에서는 그림 11-3에서 봤던 것과 같은 논리가 네 명의 중심인물에게 적용된다. 이 상황에서는 다양한 시계선line of sight 또는 잠정적인 동작선이 발생할 수 있다. 그 선에 의해 서로 짝지어진 인물들을 각각 찍기 위해, 카메라 위치를 여러 가지로 궁리해 볼 수도 있겠지만 상황을 해결하는 좀 더 간단한 방법이 있다. 우선 주가 될 만한 카메라 위치를 몇 군데로 한정시킨다. 만약 큰 그룹 속을 이곳저곳 다니기 위해 네 개 이상의 시선을 구축한다면 불

그림 11-4

필요한 문제를 초래할 것이다. 여기서 점선은 기본이 되는 동작선을 나타내며, 이 선으로부터 클로즈업, 싱글 숏, 투 숏, 그룹 숏 등을 도출할 수 있다. 이는 장면에 있어 중심적으로 바라보는 방향을 설정하고 있음을 의미한다.

주지할 사항은 이렇게 모든 동작선과 카메라의 위치 등에 주의를 기울이는 것은 결국 동적인 편집 스타일을 암시하고 있다는 점이다. 이러한 큰 집단을 무대화하는 위의 모든 예에 오직 하나의 카메라 위치만 설정해 장면을 이끌어 나갈 수도 있는데, 이 경우 당연히 콘티뉴어티상의 문제는 발생하지 않는다.

위와 같은 예를 도면을 통해 시각화하기는 쉽지만, 많은 배우가 동원된 현장에서 장면을 시각화해 보기는 쉽지 않다. 그러나 인물 배치가 아무리 복잡하더라도 어떤 장면에서든 동작선을 염두에 두고 있다면 카메라 위치를 어디에 설정해야 할지 쉽게 결정할 수 있다. 동작선의 규칙을 따르든지 혹은 의도적으로 무시하든지 어디에나 적용된다. 독특한 연출 스타일로 동작선의 규칙을 깬 일본의 영화감독 오즈 야스지로는 할리우드 감독들이 전통적인 콘티뉴어티의 법칙을 지키는 만큼이나 일관적으로 그것을 거부했다. 이렇게 동작선과 결부해 무대화를 설명하는 이유는 감독에게 현명한 선택을 하게끔 하는 데 있다. 동작선과 그 선에 근거한 패턴들은 심미적인 선택이 아니라 하나의 조직적인 체계로 받아들여야 한다. 그리고 그것이 어떤 새로운 방법을 개척하는 데 도움이 된다면 더할 나위 없이 좋을 것이다.

A 패턴(변형 1) A Pattern(Version One)

이번에는 다섯 명의 인물이 원형으로 배치되어 앉아 있다. 이 경우 어떤 인물이 강조되느냐에 따라 그것을 I 배열, A 배열 혹은 L 배열 등으로 구분할 수 있다. 동작선과 중심적으로 바라보는 각도와 무대화 패턴 등의 결정은 여러분의 선택에 달려 있다.

　　이 상황에서 가장 주도적으로 바라보는 앵글은 프레임 1에 보이듯 할머니의 어깨너머에서 바라본 앵글이다. 할머니를 보여 주기 위해서는 하나의 역방향 숏만이 필요할 뿐 그 외의 다른 연기자들은 모두 이 포지션에서 볼 수 있다.

　　동작선을 다양하게 적용할 수도 있다. 동작선은 일반적으로 인물의 시선에 의해 결정되기 때문이다. 다음 예시처럼 원형의 인물 배치는 많은 시선을 가능케 하기 때문에 신 공간의 어느 곳에서나 쉽게 새로운 선을 설정할 수 있다.

　　프레임 2, 3, 4는 편집 형태를 보여 준다. 여기서 식탁 양쪽에 앉아 있는 인물들의 모습은 각기 할머니의 시점에서 본 것이다. 비정통적인 대안이지만 프레임 5와 6에서 보듯이 할머니의 오버 더 숄더 숏을 나란히 연결해 양쪽을 보여 주는 방법도 있다.

L 패턴 L Pattern

네 명의 그룹을 어떤 방식을 통해 클로즈업, 투 숏, 쓰리 숏 등으로 나눌 수 있는지 보자. 여기서 나란히 앉은 두 소녀는 투 숏으로 쉽게 처리할 수 있는데 이 장면에서 그들은 중심적 위치에 놓여 있다. 우리는 이 소녀들을 앞에 있는 한 소년을 상대하고 있는 한 명의 소녀로 가정하고 프레임을 구성할 수 있다. 이는 이 장면을 I 패턴으로 다룰 수 있음을 의미한다. 프레임 1에서 전체 인물을 보여 준 다음에 프레임 2로 가서 3인의 오버 더 숄더 숏으로 연결한다(네 번째 인물이 뒤에 부분적으로 보인다). 프레임 3의 투 숏으로 구성된 오버 더 숄더 숏, 프레임 4의 투 숏, 프레임 5의 미디엄 싱글 숏 등은 편집 순서에 따라 신을 간략히 구성해 본 것이다. 프레임 2를 참고하면 단일 마스터 숏 single master shot을 위한 장면의 무대화가 그리 어렵지 않음을 알 수 있다. 여기서 카메라를 오른쪽으로 약간 움직이고 또 위로 틸트 업tilt up시킨다면 네 사람 모두 프레임 속에 들어올 수 있다. 이러한 배치에서는 앉아 있는 인물은 옆모습으로 보이고 서 있는 인물은 정면으로 보인다.

A 패턴(변형 2) A Pattern(Version Two)

아홉 개 프레임으로 구성된 다음 시리즈는 I, L, A 패턴을 서로 비교해 볼 수 있는 세 가지 무대화 가능성을 볼 수 있다. 첫 번째 예는 I 패턴에서 전형적으로 사용하는 것으로 세 방향에서 각기 촬영했다. 프레임 1은 양쪽 인물들의 가운데 위치에서 촬영한 모습이다. 이제 카메라가 그 위치에서부터 인물 쪽으로 조금 더 다가가 왼쪽과 오른쪽으로 조금씩 방향을 조정하면 프레임 2, 3과 같은 화면을 얻게 된다.

두 번째 예에서는 앉아 있는 아이들과 L패턴을 이루며 그 앞에 서 있는 소녀의 모습으로 장면을 시작한다. 카메라는 이제 그들의 동작선 가까이로 옮겨 왔으며 신 공간 밖에 위치해 있다. 약간 측면에서 바라본 두 개의 숏은 각기 싱글 숏과 쓰리 숏을 제공한다.

마지막 예는 같은 장면을 A 패턴으로 잡아 본 것이다. 이 경우 프레임 7과 8에서 보듯이 앞에 서 있는 소녀는 앉아 있는 아이들의 중간 부분 앞에 위치해 그 배치가 하나의 삼각형 모양을 이루고 있다. 이들 두 숏에서는 카메라가 동작선과 거의 같은 선상에 위치한다.

이러한 패턴들을 혼합해 사용할 수도 있다. 예를 들어 I, L, A 패턴 순으로 된 프레임 1, 4, 7을 수직으로 보더라도 그 연결이 무리 없이 잘 이루어진다. 궁극적으로 대칭적 프레이밍과 비대칭적 프레이밍과의 선택 문제다. '숏, 역숏' 패턴에서 현저하게 나타난다.

단일 카메라 배치를 위한 정면 포지션 Frontal Positions for Single Setups

　　두 인물이 대화하는 장면에서부터 세 인물, 네 인물, 혹은 그 이상이 대화하는 장면을 무대화하는 방법들을 차례로 살펴봤다. 이제는 저마다의 방법에 따른 저마다의 프레이밍과 편집 패턴에 익숙해져야 할 것이다. 대여섯 명정도 되는 중간 규모의 그룹에서 각각의 인물이 중요한 역을 맡고 있는 경우 대개 마스터 숏으로 무대화하는 방법이 바람직하다. 다음 두 가지 예는 비대칭적인 무대화와 인물의 배치에 깊이감을 이용하는 모습을 보여 준다. (**사진 2에서는 마스터 숏 무대화를 통해 끝에 있는 두 소년이 서로 맞은편에 있는 인물과 얘기하다가 상대편의 위치로 이동했음을 알 수 있다.)

　　모든 액션을 한 시점에서 볼 수 있는 그룹 마스터 숏의 경우 스크린은 곧 연극 무대의 장이 될 수 있다. 프레임 1과 2에서 보듯이 복도에 있는 소년들 건너편에 카메라를 다시 설치해 장면을 무대화시키는 대신 렌즈의 축을 따라 인물들을 화면 안쪽으로 길게 배치시킬 수도 있다. 여기서는 인물들이 측면으로 보인다. 앞에 있는 인물들이 후경에 있는 인물들에게 반응을 보이기 위해 가끔 카메라로부터 돌아설 수 있으나 맞은편에 있는 인물과 얘기하거나 그에 반응하도록 무대화할 수도 있다.

깊이감 있는 정면 포지션 In-Depth Frontal Positions

다음 일련의 프레임은 전경에 있는 인물을 카메라 쪽에 가까이 배치함으로써 그 공간의 깊이감을 나타내고 있다. 지나치게 연극적인 배치를 보여주던 프레임 3을 프레임 4에서는 후경의 인물들이 좀 더 자연스럽게 배치된 모습으로 보이도록 수정했다.

프레임 1에서부터 6을 통해 나타난 구도의 변화는 현장에서 감독, 배우, 촬영감독 등에 의해 이루어진 무대화 과정을 나타낸 것이다. 프레임 1-6은 같은 장면을 각기 다른 방식으로 다룬 것이다. 그중 프레임 5가 가장 적합한 해결 방식이라고 할 수 있다. 그러나 맨 오른쪽에 앉아 있는 인물을 좀 더 앞으로 배치시켰더라면 더 좋았을 것이다.

영화감독은 종종 그룹을 연출할 때 혹시 연기자들이 프레임 안에서 잘

보이지 않을까 걱정한다. 지나치게 짜 맞춘 듯한 인물 배치는 꾸민 듯한 인상
을 주기 쉬우므로 유일한 해결책은 질서 정연한 프레이밍을 무시하는 것이
다. 프레임 1−6에서 인물들은 겹쳐 보이기도 하고 또 프레임에 의해 신체의
일부가 잘려 보이기도 한다. 이러한 자유로움은 액션을 무대화하는 데 있어
보다 많은 선택의 여지를 준다. 구성에서 이러한 스타일을 열린 프레이밍open
framing이라고 한다. 뒷장에서 보다 깊이 다룰 예정이다.

군중이나 큰 규모의 그룹Crowds and Large Groups

마지막으로 개개의 연기자들이 군중 속이나 많은 사람이 있는 모임 속
에 있을 때는 어떻게 다룰지 보자. 군중 속에서의 대화 장면을 무대화할 때
대화하는 인물의 배치는 우리가 두 인물이나 세 인물 또는 네 인물에게 적용
했던 방식에 따라 이루어질 수 있다. 그 외에도 사람이 너무 많아서 공간이

협소한 경우 발생하는 문제를 해결하는 카메라 기술도 있다.

군중 속 또는 그 주위에서 대화 장면을 촬영할 때 두 가지 기본적인 접근 방법이 있다. 카메라가 군중 속에 위치해 군중 바깥쪽을 바라보거나 군중의 바깥쪽에 위치해 군중 속을 들여다보는 방법이다. 어느 쪽을 실행하든 대개 사용하는 렌즈의 초점 길이와 관련 있다. 액션이 행해지고 있는 위치 즉, 군중 속에서 바라본 숏은 대개 광각 렌즈나 표준 렌즈로 촬영한다. 반면 액션 영역의 밖 즉, 군중 밖에서 바라본 숏은 흔히 망원 렌즈로 촬영한다.

망원 렌즈 Telephoto Lenses

망원 렌즈로 찍은 화면은 독특한 시각적 매력을 갖는다. 그러나 다른 방법상의 이유로 군중 장면을 촬영할 때 초점 거리가 긴 렌즈를 자주 사용한다. 예를 들어 망원 렌즈를 이용해 적은 인원의 엑스트라를 요소요소에 깊이감 있게 적절히 배치하면 많은 군중처럼 보이게 할 수 있다. 또한 망원 렌즈는 피사계 심도가 얕기 때문에 무대화된 군중 장면이나 실제의 군중 장면에서 주인공을 전경과 후경의 여러 요소로부터 부각시킬 수 있다.

카메라를 군중들로부터 멀리 떨어뜨려 놓을 수도 있는데 이는 카메라맨의 작업을 수월하게 해 준다. 이때 숏 속이나 숏과 숏 사이의 공간적인 관계는 얕은 피사계 심도로 인해 불확실해지고 액션이 어디에서 행해지고 있는지 구체적인 장소를 확인하기도 어렵다. 망원 렌즈는 카메라맨이 군중과 상관없이 작업할 수 있게 함으로써 실제 상황에서 배우들을 자연스럽게 카메라에 담을 수 있게 한다(다음의 사진 참조).

망원 렌즈를 사용하려면 카메라를 액션이 행해지는 곳에서부터 멀리 두어야 한다. 군중 속에 위치해 있다면 연기자들을 프레임 안에 들어오게 하기 위해 카메라를 그들로부터 멀리 떨어뜨려 놓아야 한다. 그러나 그로 인해 너무 많은 엑스트라가 카메라와 주인공들 사이에 놓이는 현상을 초래하면 결과적으로 군중이 주인공을 가리게 된다. 결국 망원 렌즈를 사용해 군중 속의 주인공을 촬영할 때는 적당한 인원만이 카메라와 주인공 사이에 놓이도록 신중하게 무대화해야 한다. 몇 명으로도 가능하다. 10 – 15명 정도의 엑스트라만 있으면 많은 군중이 운집한 것처럼 보이게 할 수 있다.

광각 렌즈 Wide Lenses

광각 렌즈를 이용해 액션을 무대화하는 것은 훨씬 어렵다. 이 경우 카메라는 일반적으로 액션이 행해지는 공간 속에 위치하며 피사체와 좀 더 가까운 위치에 놓이게 된다. 망원 렌즈의 경우와 마찬가지로 엑스트라들을 카메라와 주인공 사이에 주의 깊게 배치해야 한다. 광각 렌즈의 특성인 깊은 피사계 심도와 선명한 이미지로 인해 프레이밍에 더욱 특별히 주의를 기울여야 하기 때문이다. 여기서 인물의 배치는 화면 구도에 매우 결정적인 영향을 끼칠 수 있다. 화면 내의 요소에 약간의 변화를 주기만 해도 그 숏을 사용하지 못할 수도 있다. 카메라와 주인공이 모두 움직인다면 훨씬 많은 엑스트라가 필요하다. 군중 속에 있는 카메라를 1/4만 회전시켜도 90도 이내의 공간이 모두 보이기 때문이다. 수십 내지 수백 명의 엑스트라들로 채워야 할 공간으로, 카메라와 제작진들은 그 90도를 제외한 공간에서 움직여야 하며 회전 시 이동차의 트랙이나 조명기 등이 화면에서 보이지 않도록 설치해야 한다.

이러한 점에서 망원 렌즈보다 초점 거리가 짧은 렌즈(표준 렌즈나 광각 렌즈 등)를 사용하면 선명한 이미지뿐만이 아니라 장소의 위치를 혼동 없이 보여 줄 수 있다. 따라서 대화 장면은 망원 렌즈를 사용해 촬영한다 하더라도 움직임이 많은 액션을 무대화할 때는 초점 거리가 좀 더 짧은 렌즈를 쓰는 것이 좋다. 몇 가지 실제 예를 보자.

군중 장면을 위한 렌즈의 비교 Lens Comparisons for Crowd Scenes

다음 화면들에서 화살표는 주인공들을 가리킨다. 프레임 1은 액션이 행해지는 영역 바깥쪽에서 보통 광각 렌즈(35mm)를 사용해 촬영한 숏이다. 프레임 2는 시가 행진 사이를 통해서 촬영한 숏으로 40mm 렌즈를 사용했으며, 액션이 행해지고 있는 영역 안에서 주인공들을 보여 주고 있다.

　　프레임 3에서는 카메라를 주인공들이 있는 쪽으로 옮겼는데 후경을 가깝게 보이도록 하기 위해 망원 렌즈를 사용했다. 여기서는 주인공들이 렌즈의 얕은 피사계 심도로 인해 흐릿하게 보이는 비정통적인 방법을 사용했다. 어떤 영화감독들은 주인공들이 화면 안에서 주의를 끌고 있더라도 그들이 흐릿한 초점으로 맞춰지는 것을 허용하지 않는다. 그러나 그들의 옷이나 외형적 모습이 이전의 숏에서 이미 나왔다면 주인공들을 식별하는 일은 그리 어렵지 않을 것이다. 500mm 렌즈로 찍은 프레임 4는 주인공들이 있는 거리의 반대편에서 찍은 것으로 전경에 있는 두 구경꾼을 프레이밍의 한 장치로 이용했다. 프레임 5와 6은 50mm 렌즈를 사용한 것으로 액션이 행해지고 있는 한가운데에서 촬영한 화면이다.

다음은 서로 다른 렌즈를 사용해 비교한 것이다. 처음 사진은 중경에 있는 인물을 40mm 렌즈로 촬영했다. 두 번째 것은 전경의 인물을 50mm 렌즈로, 마지막 것은 후경에 있는 인물을 300mm 렌즈로 촬영했다.

12. 이동 무대화Mobile Staging

무용가 프레드 아스테어는 RKO 스튜디오로 가기 위해 브로드웨이를 떠나면서 영화와 무용에 관한 자신의 생각을 이렇게 요약했다. "카메라가 춤추거나 내가 춤출 것이다." 안무가에게도 유익한 조언이지만 이동 액션을 무대화하기 위한 두 가지 기본 방법을 설명하는 간결한 말이다. 카메라를 움직이거나 인물을 움직이라는 뜻이다.

대화 장면의 무대화를 다룬 앞 장에서 우리는 관객의 주의를 끌기 위해 다양한 카메라 시점을 이용해 시퀀스들을 만들어 봤다. 여기서 카메라는 고정 위치에 있는 연기자 주위를 오가면서 설치되었다. 다른 대안도 있다. 인물들을 화면 공간 속에서 움직이게 함으로써 관객의 주의를 한 인물에서 다른 인물로 돌리게 하는 것이다. 실제로 이러한 두 가지 접근 방법은 아주 다양하고 유동적인 극적 장면을 표현하기 위해 흔히 함께 사용된다. 다양한 시점의 숏들을 편집을 통해 연결하거나 숏 속에서 인물을 움직이게 하는 것 이외에 트래킹이나 크레인 숏을 이용해 카메라를 이동시킬 수도 있다. 시퀀스의 액션을 촬영하기 위한 이 세 가지 방법은 카메라와 인물에 대한 무대화 기법의 모든 면을 나타낸다고 할 수 있다.

그림 12-1에서 프레임 1과 2는 오버 더 숄더 숏을 이용한 '숏, 역숏'의 편집 패턴을 보여 준다. 인물이 정지해 있는 경우의 대화 장면을 처리하는 간단한 방법이다. 다른 대안은 프레임 3과 4에서 보듯이 단일 숏single shot을 촬영해서 연기자들을 움직이게 해 그들의 위치를 재조정하는 것이다. 프레임 4에서 남자가 돌아섬으로써 편집된 숏에서 필요로 했던 남자의 정면 모습을 얻게 되었다.

그림 12-1 프레임 1과 2는 '숏, 역숏'의 편집 패턴을 보여 준다. 프레임 3과 4에서는 남자가 카메라 쪽을 향해 돌아서는 모습을 연속적인 숏continuous shot으로 보여 준다. 이 방법에서는 편집으로 숏들을 연결할 때와 동일한 결과를 얻기 위해 이동 무대화를 쓰고 있다.

이와 같이 편집 대신 배우의 움직임을 이용하는 또 다른 변형 방법이 **그림 12-2**에 있다. 여기서는 후경에 있던 여자가 클로즈업으로 보일 때까지 앞으로 걸어 나온다. 프레임 3에서 카메라를 등지고 있던 남자가 그녀를 따라 뒤돌게 됨으로써 결국 모두 카메라 쪽을 향한다. 어떤 의미에서 우리는 편집에 의존하지 않고도 미디엄 오버 더 숄더 숏, 클로즈업, 투 숏 등에 상당하는 것을 얻었다고 할 수 있다.

편집한 숏

연속적인 숏

그림 12-2 프레임 3과 4는 하나의 숏임을 보여 준다. 이동 무대화를 통해서 여러 위치에서 촬영한 숏들을 편집한 것처럼 배우들을 각기 다른 포지션과 크기로 보이게 할 수 있다.

이동 무대화를 보여 주는 두 가지 예는 독자들에게 기본적인 아이디어를 제공한다. 이러한 배우의 움직임이 필요한지 아닌지를 결정하는 유일한 기준은 그 움직임에 동기가 있느냐 없느냐로, '스테이지 비즈니스stage business' 범주에 속한다. 담배에 불을 붙이는 것에서부터(1940년대 영화에 쓰인 스테이지 비즈니스 중 전형적인 모습) 아침에 침실을 오가며 옷을 입는 것에 이르기까지, 적용 범주는 무궁무진하다. 그러나 단지 장면에 액션을 더하기 위해 인위적으로 일을 만들어서는 안 된다. 스토리와 배우, 연출 과정 등이 서로 협력 체계를 이룰 때 인간 행동에 대한 정확한 관찰이 가능하게 되어 많은 스테이지 비즈니스들을 찾을 수 있다.

블로킹 Building Blocks

가장 길고도 복잡한 영화 시퀀스를 하나 생각해 보자. 이제 그 시퀀스를 스토리보드에서 어떻게 그릴지를 상상해 보라. 연속된 움직임을 하나의 패널 속에 묘사할 수 없기 때문에 액션의 중요 순간들을 선택해서 여러 개의 패널에 그려 넣어야 할 것이다. 긴 장면을 여러 숏으로 나누어 무대화한 액션은 자연스럽게 하나로 연결되도록 내부분 안무했을 때와 동일한 순간으로 구성한다. 따라서 그와 같은 작업은 비교적 쉽게 실행할 수 있으며 과정을 뒤바꾸어 실행할 수도 있다. 액션의 개별적인 중요 순간들로부터 하나의 연속된 숏을 만들 수 있다는 의미다.

우리는 이러한 블로킹을 앞 장에서 분류한 패턴과 포지션들을 통해 이미 살펴본 바 있다. 연기자와 함께 잘 안무된 동작을 만든다는 것은 신의 모든 개별적 모습들이 하나의 숏 속에서 이어지도록 서로 다른 패턴과 포지션들을 연결하는 일이다.

이동 무대화(예제 1) Mobile Staging(Example One)

카메라와 인물의 이동을 통해 두 개의 간단한 포지션으로 된 시퀀스를 만들어 보자. **그림 12-3**은 그 방법을 보여 준다. 여기서 카메라와 연기자의 움직임은 단절 없는 계속적인 이동으로 이루어지고 있다. 아래의 도식은 그 안무를 조감으로 보여 준다.

프레임 1의 와이드 오버 더 숄더 숏wide OTS shot에서 두 소녀가 잠시 이야기하고 있다고 가정하자. 이제 앉아 있는 소녀가 말하기 시작할 때, 새로운 숏으로 그녀를 보여 주기보다는 모자 쓴 소녀를 앉아 있는 소녀의 반대쪽으로 걸어가게 한 후 이동차로 카메라를 4피트(**1피트는 약 30cm) 정도 전진시킨다. 이 형태에서는 카메라와 연기자가 동시에 움직이며 프레임 6에 이르면 두 연기자의 얼굴을 모두 볼 수 있다. 이러한 배치를 어디선가 본 기억이 날 것이다. 9장에서 다룬, 두 인물의 무대화 중 5 포지션이다. 인물이 카메라와 반대 방향으로 움직이는 이와 같은 특별한 유형의 움직임을 역이동counter move이라고도 부른다. 이 형태에서 카메라 앞을 지나가는 소녀가 잠시 프레임 밖으로 사라지나 전체 액션은 매우 짧고 프레임 1에서 6까지는 불과 몇 초에 지나지 않는다. 물론 타이밍과 포지션의 변화는 다양하게 나타낼 수 있으며 신의 어느 부분을 극적으로 강조하는지에 큰 영향을 준다.

이제 앞 장에서 배웠던 패턴과 포지션의 무대화를 통해 좀 더 야심적인 시퀀스 숏을 시도할 준비가 되었다. 우리는 야외 테이블에서 두 인물이 대화하는 장면의 무대화(9장) 중 4 포지션에서부터 시작해 그것을 다른 포지션과

함께 결합해 볼 수 있다. 연기자들과 카메라를 이동시켜 일련의 분리된 숏을
어떻게 하나의 숏으로 결합할 수 있는지를 여러 예시를 통해 살펴보자.

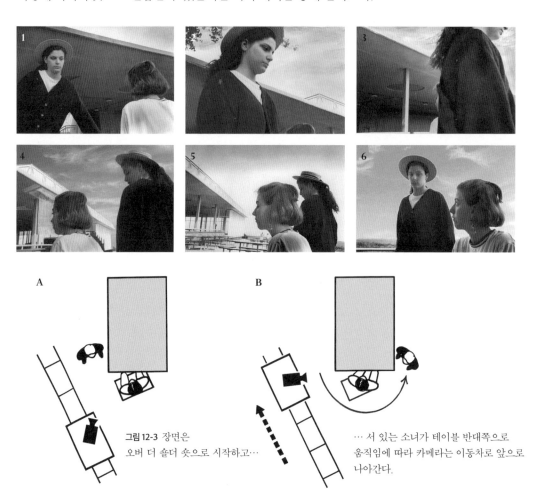

그림 12-3 장면은
오버 더 숄더 숏으로 시작하고…

… 서 있는 소녀가 테이블 반대쪽으로
움직임에 따라 카메라는 이동차로 앞으로
나아간다.

이동 무대화(예제 2) Mobile Staging(Example Two)

프레임 1에서 소녀가 남자친구의 시선을 외면하고 있다. 그가 앞으로 다
가와 프레임 2에서 보듯이 테이블의 맞은편 끝에 앉는다. 그 아래의 도식적인
그림은 새롭게 바뀐 무대화를 위한 카메라의 이동을 보여 준다.

기분이 상한 소년은 소녀에게 계속 이야기하면서 일어나 몇 걸음 걸어
간다(프레임 3). 잠시 후 그가 다시 테이블로 돌아와(프레임 4) 화를 내며 뭔가
소녀로부터 반응을 이끌려고 시도한다. 이 액션이 진행되고 있는 동안 카메
라는 이동하지 않았다.

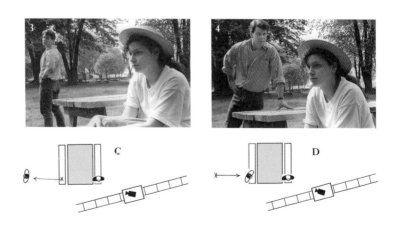

이제 프레임 5에서 소년이 카메라 쪽으로 다가옴에 따라 카메라는 달리
를 이용해 뒤로 약간 이동한다. 이동은 그가 소녀를 바라보기 위해 뒤로 몸을
돌릴 때까지 계속된다. 소년이 이야기하자 소녀가 고개를 돌려 그의 이야기

를 든다(프레임 6). 이때 카메라는 소년을 지나 그녀를 향해 다시 이동해 들어가 결국 화면에는 그녀만 남고 소년은 프레임 밖으로 빠지게 된다. 소녀가 미디엄 숏으로 보일 즈음 카메라는 잠시 이동을 멈춘다.

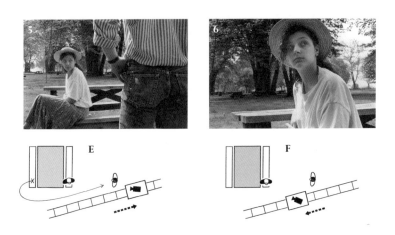

소년이 화면에 다시 들어서기 시작하면서 카메라는 서서히 프레임 7의 소녀 앞으로 움직이고, 프레임 8에 와서는 소년이 그녀 뒤에 앉는다. 이 구도에서 카메라는 잠시 이동을 멈춘다. 그러나 소년이 테이블에서 상체를 왼쪽으로 기울이면 카메라는 다시 그가 기울이는 방향을 따라 이동한 다음 프레임 9에서 보듯 소년이 소녀에게 마지막 호소를 할 때 좀 더 가까운 숏이 되도록 카메라를 안으로 밀고 들어간다.

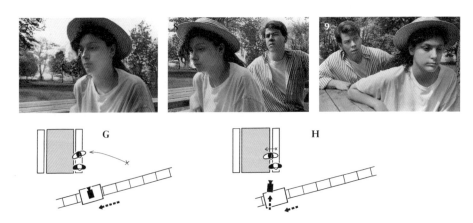

  프레임 10에서 마침내 소년이 포기한 채 작별의 말을 하며 일어선다. 소년이 걸어감에 따라 좀 더 넓은 숏이 되게 만들기 위해 카메라를 몇 피트 정도 뒤로 이동시킨다. 숏의 마지막 프레이밍이 프레임 11에 나타나 있다.

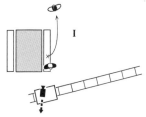

  시퀀스 숏을 위한 이와 같은 이동 무대화의 예에서 우리는 15피트 길이의 필름을 최대한으로 이용하기 위해 몇 가지 서로 다른 테크닉을 사용했다. 프레이밍을 다양화하기 위한 깊이감 있는 무대화, 정지 위치에서 인물을 따라 움직인 팬 촬영, 카메라의 진행 방향을 바꾸어 이미 지나온 공간으로 다시 이동해 가는 것, 한 인물(소년)을 따라가다가 다시 다른 인물(소녀)을 따라가는 것, 인물 쪽을 향해 들어갔다가 다시 뒤로 빠지는 것 등이다.

  장면의 무대화를 시각화하기 위해서는 현장에서 감독, 배우, 촬영감독, 날씨, 우연성, 그리고 좋은 제안을 갖고 있는 스태프 등 모두의 협력이 필요하다. 특히 중요한 것은 카메라 오퍼레이터의 일이다(**할리우드에서는 대개 촬영감독의 지휘 아래 카메라 오퍼레이터가 카메라를 조작한다). 카메라 움직임의 속도와 타이밍, 그리고 한 배우에게서 다른 배우에게로 주의를 집중시키는 일 등은 궁극적으로 그의 손에 달려 있기 때문이다. 이러한 미묘한 사항들은 스토리보드를 통해 예상할 수 없어 현장에서 리허설을 통해 해결해야 한다. 감독이 원하는 것을 얻기 위해서는 촬영감독과 감독의 정확한 의사소통이 절대적으로 필요하다.

융통성 있는 무대화 스타일 Loosening Up Your Staging Style

현장에서 나름대로 시나리오를 해석하고 배우의 연기를 이끌어 가는 동안 여러 가지 즉흥적인 무대화가 생길 수도 있다. 이때 감독은 시각적이며 기술적인 결과를 평가하게 된다. 배우의 동작이 카메라로 인해 범위의 제한을 받는 것은 배우에게 방해 요소가 되며 복잡한 무대화는 문제를 증대시킨다. 한편 감독은 배우가 되도록 쉽게 연기할 수 있도록 해 주고 싶어 하나 그에게는 실행해야만 하는 시각적 계획들도 있다. 감독이 창조적인 가능성에 대한 넓은 지식을 갖고 있지 않은 한 상반되는 목표들에 적합한 해결책은 없다. 다음의 제안들은 감독이 시도를 꺼리는 몇 가지 연출 관례에 있어 제한 사항을 극복하고자 마련했다.

행동과 반응 Action and Reaction

대화 장면은 행동과 반응이라는 두 가지 유형의 숏으로 이루어진다. 흔히 감독들은 말하는 쪽의 행동에 지나친 관심을 보인다. 그러나 실제로 말하는 사람의 행동에서만이 아니라 상대방의 반응을 통해서도 그에 상응하는 많은 정보를 얻을 수 있다. 결국 말하고 있는 사람에게만 항상 주의를 집중할 필요는 없고, 따라서 연출 방향을 보다 자유롭게 구사할 수 있을 것이다.

그림 12-4에서는 뒤에 있는 인물이 앞에 있는 인물 주위를 한 바퀴 도는 안

그림 12-4 화살표는 뒤의 인물이 지나가는 경로를 보여 준다. 카메라의 오른쪽 프레임으로 다시 들어오기 전에 그는 카메라 앞을 한 번 지나가게 된다. 뒤의 인물의 위치에 대한 유일한 단서는 앞의 인물이 뒤의 인물이 걷는 방향을 따라 머리를 움직이며 쳐다보거나 눈의 움직임에서 찾을 수 있다.

무를 보여 준다. 프레임을 통해 보듯이 뒤에 있는 인물 대부분의 행동은 스크린 밖에서 이루어진다. 여기서 카메라는 뒤의 인물이 프레임 밖으로 나가면서 계속 말하고 있을 때 앞 인물의 반응을 보기 위해 클로즈업으로 다가간다.

반응을 보여 주려고 꼭 그 사람의 얼굴만 클로즈업으로 보여 줄 필요는 없다. 가령 긴장해 자동차 열쇠를 만지작거리는 손을 클로즈업한다든가 초조하게 토닥거리는 발이나 그 인물의 감정을 말해 주는 시각적이거나 물리적인 징표 등도 대상이 될 수 있다. 반응하고 있는 인물이 벽난로를 보고 있으면 잠시 불꽃을 보여 주거나 혹은 단순히 한 줌의 재를 보여 줄 수도 있을 것이다. 이와 같이 그 인물과 동일한 시점에서 사물을 보게 되면 그의 반응을 이해하는 데 도움이 된다.

관심 대상의 이동 Moving the Center of Interest

카메라가 관심의 초점이 되는 인물을 따라가면서 주변의 다른 연기자들을 보여 줄 수도 있다. 여기서 중심인물은 우리가 다른 연기자들의 반응을 볼 수 있도록 유도하는 역할을 한다. 단일 숏으로 촬영할 수도 있다. 관심 대상의 인물이 다른 사람들보다 특별히 감정적으로 돋보일 필요는 없으나 다른 사람들에게 관심을 끄는 어떤 특별한 면을 갖고 있을 수는 있다. 실제로 이러한 무대화의 장점은 다른 연기자들이 정지해 있는 동안 한 연기자만 움직인다는 점이다.

관심 대상을 이동시키는 기교의 극단적 예는 우리가 많은 영화에서 봤듯 해병대 상사가 신병을 훈련시키는 장면에서 찾을 수 있을 것이다. 예컨대 카메라가 신병들 주위를 돌아보는 상사를 계속 팬하며 따라갈 경우 상사의 모습과 함께 배경에 있는 신병들의 얼굴도 보일 것이다. 주의 깊게 실행한다면 행동과 반응을 다양한 구도 속에서 동시에 보여 주는 많은 가능성을 제공할 것이다.

간접적 방법 Indirection

한 신에서 모든 스토리와 대사를 낱낱이 강조할 필요는 없다. 영화는 강한 표현력을 때때로 자제하는 것이 오히려 다른 모든 순간들을 강조하는 길이라고 할 정도로 직접적인 매체다. 배우의 연기를 지도하고 카메라의 위치 설정에서, 비록 어느 특정 액션이 스토리의 중요한 부분을 차지하더라도 단지 배경 속에 포함될 수도 있음을 의미한다.

한편 중요한 대사 장면은 클로즈업으로 처리해야 한다는 것도 정확한 견해는 아니다. 사람들은 아주 조용하게 이야기하는 사람의 말을 가장 잘 경청한다. 모든 화면을 극적인 요소로 일일이 가득 채우지 않아도 된다. 때때로 가장 작은 행동이 가장 많은 것을 말해 준다.

13. 화면의 깊이 Depth of the Frame

지금까지 카메라 앞에서의 인물 배치를 중점적으로 다루었다. 배우들의 무대화를 위해 패턴과 포지션의 체계를 살펴봤고, 여러 무대화의 패턴 및 포지션이 하나의 숏 속에서 결합할 수 있도록 배우들이 여러 방향으로 움직이는 안무법들을 살펴봤다. 이러한 방법은 공간 자체보다는 공간 내의 어떤 지점들을 강조한다. 프레임 안의 구성적 요소들을 조정 가능하게 하지만 배우들이 움직이는 신 공간을 검토하기 전까지는 인물에 대한 충분한 무대화를 펼칠 수 없다.

스튜디오 시스템에서 일하는 영화감독들 가운데 대화 장면을 촬영하기 위해 한 배우를 다섯 내지 여섯 번씩 카메라의 위치를 바꿔 가며 촬영하는 감독이 있다는 얘기를 가끔 듣는다. 이는 결단성이 없다는 징후이며 감독의 관점을 전달하는 데 실패한 경우라고 하겠다. 만일 숏들이 그림 측면에 의해서만 결정된다면 두말할 필요 없이 거기에는 감독이나 촬영감독이 고안할 수 있는 수십 내지 수백 가지의 흥미로운 구도가 존재할 것이다. 우리는 공간에 대한 기본적인 몇몇 개념에 따라 그 선택의 가능성들을 모아 문제를 줄일 수 있다.

액션의 극적 범위 The Dramatic Circle of Action

어떤 장면을 촬영하건 카메라 앞 공간은 액션의 범위에 제한을 주는 한계를 갖는다. 신 공간을 구성하는 방법으로, 그래픽 아트에서 깊이를 말할 때 전통적으로 쓰는 용어들로 액션의 범위를 세 부분으로 나누고자 한다. 즉 렌즈 바로 앞 전경, 그다음으로 중경, 그리고 로케이션의 저 멀리에 후경이 있다. 카메라 앞에서 행하는 액션을 무대화하는 데 있어 이러한 용어들은 특별한 의미를 갖는다. 간단히 말해서 어떤 장면에서든 액션의 극적 범위는 해당 액션이 이루어질 수 있는 공간의 크기와 모양에 의해 결정된다.

액션의 안/액션의 밖 In the Action/Out of the Action

공간의 개념을 축구 경기장으로 명확히 규정할 수 있다. 선수들은 경기장, 관중들은 관람석이라는 공간에만 있다. 경기 자체가 그들의 주요 관심 사항이라고 가정할 때, 거기에는 액션을 바라보는 방법이 두 가지만 존재한다. 즉 경기장 밖에 있는 관중 입장에서 안을 보는 것과 경기장 안에 있는 선수 입장에서 밖을 봄으로써 주위의 일어나는 액션을 보는 것이다.

액션의 '안in' 또는 '밖out'은 카메라가 액션과 공간을 녹화할 수 있는 두 가지 기본 방법이다. 이때 액션의 '모양'이 변수가 될 수 있다. 예를 들어 퍼레이드는 행진하는 모습이 카메라 쪽으로 다가옴에 따라 그 형태가 전경, 중경, 후경 등 멀리까지 하나의 긴 줄로 보일 것이다. 또는 마치 우리의 시야 앞에 드리운 커튼처럼 길을 수평으로 가로질러 갈 수도 있다. 우리가 초등학교 운동장에 있다면, 술래잡기하는 아이들의 모습은 퍼레이드나 축구 경기보다 형태가 더 불분명하게 나타날 것이다. 아이들은 학교 모퉁이로 사라져 버리거나 우리 뒤로 숨는 등 사방으로 뛰어다니기 때문이다.

전형적으로, 액션 안에 있으면 대화 시퀀스가 더 친밀하게 느껴지고, 액션 시퀀스가 더 혼란스럽게 느껴진다. 히치콕이 자주 사용했던 시점 시퀀스 POV sequences에서는 카메라가 액션 안에 놓인다. 이 방법에서는 다각도의 앵글이 필요하다. 액션의 안에 있다는 것은, 액션의 극적 범위dramatic circle of action 안에서 벌어지는 모든 것을 보기 위해 사방을 훑어봄을 의미하기 때문이다. 액션의 밖에서 진행한다면, 카메라는 단일 와이드 숏으로 모든 것을 커버할 수 있다.

깊이감 있는 무대화 Staging in Depth

액션의 범위를 설명하는 첫 번째 예에서는 블로킹보다 카메라의 위치에 중점을 두었다. 오른쪽 예를 보자. 한 남자가 공중전화에서 차로 걸어가고 있다. **그림 13-1**은 그 모습을 측면에서 보여 준다.

그림 13-1 밖. 전화 부스-교외 주택가.

예컨대 숏을 다양한 각도에서 컷할 수가 없으며 액션을 단일 숏으로 촬영한다고 가정해 보자. **그림 13-2**에 나오는 조감도는 액션 범위의 안쪽과 바깥쪽에 설정한 카메라의 위치를 보여 준다. 이 범위의 모양은 배우가 차로 걸어감에 따라 형성된 공간에 의해 결정된다. 만약 이 배우가 어떤 이유에서건 길가에 놓인 돌에서 벗어나 옆으로 걸어간다면 액션의 범위는 그가 걸어간 추가 공간을 포함해야 할 것이다.

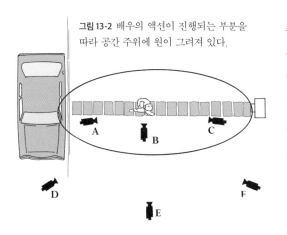

그림 13-2 배우의 액션이 진행되는 부분을 따라 공간 주위에 원이 그려져 있다.

카메라 A, B, C의 위치는 모두 액션의 안쪽이다. 어느 한 카메라가 공중전화에서 자동차까지 걸어가는 배우의 모든 동작을 촬영하기 위해서는 팬을 해야 할 것이다. 그가 카메라 쪽을 향해 오는지 혹은 그 반대쪽으로 걸어가는지에 따라 그의 모습은 점점 크게 보이기도 하고 작게 보이기도 한다. 어떤 의미에서 액션은 하나의 드라마처럼 시작과 중간과 끝이 있다. 또한 카메라는 액션의 안쪽에 있음으로 시점에 영향을 준다. 포지션 A, B, C는 우리에게 주인공과 동일시를 강조하는 반면에 포지션 D, E, F는 거리감을 주는 경향이 있고, 보다 중립적인 관찰을 가능하게 하는 숏을 만들어 낸다.

액션의 바깥쪽에 위치한 카메라에서 광각 렌즈를 이용한다면, 약간 팬을 하거나 혹은 전혀 팬을 하지 않고도 배우의 모든 동작을 화면에 담을 수 있다. 액션의 바깥쪽에 있는 카메라는 남자의 모든 동작에 대해 고정적이고 한정된 시야를 유지한다. 반면에 액션의 안쪽에 위치한 카메라는 같은 동작을 촬영하기 위해 180도 정도 팬을 해야 할지도 모른다. 또한 액션의 밖에서 촬영할 경우 배우는 전체 숏을 통해서 같은 크기로 보인다. 액션의 안쪽에서 촬영한다면 프레임 속의 배우의 크기는 매우 다양하게 보일 것이다.

어느 장면에 연기자가 한 사람 이상일 경우, 액션의 극적 범위는 연기자들의 배치로 결정된다. 연기자들이 움직이지 않은 채 A나 I 또는 L의 패턴으로 있다면 액션의 극적 범위는 그 패턴에 아주 근접하게 그려진다.

액션의 극적 범위의 필요성 The Purpose of the Dramatic Circle of Action

A, I, L 패턴처럼, 액션의 범위란 카메라와 인물의 적절한 배열을 찾기 위해 무대화 상황을 바라보는 방식을 말한다. 이러한 방식으로 액션을 분석하는 것의 장점은 신을 구성하는 데 있어 새로운 방법을 찾을 수 있다는 것이다. 특히 감독이 복잡한 무대화를 개략적으로 파악하는 데 유용하게 쓰인다.

액션의 범위에 익숙해지기 위해서는 텔레비전이나 영화의 시퀀스를 볼 때 숏보다는 공간적인 측면에서 보는 법을 배워야 한다. 이는 로케이션의 지형과 그 공간 내에서의 카메라 위치를 시각화해 봄을 의미한다. 한 가지 좋은 연습 방법은 실내 로케이션에서 무대화된 장면을 보면서 카메라가 어디에 위치하는지를 계속 확인하는 것이다. 특히 각각의 새로운 신이 어떻게 시작되는지를 살피는 게 중요하다. 이와 같은 방법을 통해 여러분은 곧 신 공간을 설정하는 일에 대한 기본 전략을 인식하기 시작할 것이고 또 각각의 접근 방법이 스토리에 어떤 영향을 끼치는지 알게 될 것이다.

촬영감독 고든 윌리스 Gordon Willis는 종종 카메라를 액션의 범위 안쪽으로 아주 가깝게 배치해 연기자들이 카메라 주위를 자연스럽게 지나다니도록 허용한다. 결국 연기자가 순간적으로 후경을 가리면서 카메라 렌즈 바로 앞을 지나가는 프레이밍과 화면 구성을 가져온다. 정반대의 접근법을 사용하는 짐 자무쉬 Jim Jarmusch 감독은 무미건조한 화면을 자주 사용하면서 액션으로부터 거리감을 두기를 선호한다. 자무쉬는 종종 신 전체를 액션의 범위 바깥쪽에서 촬영하기를 좋아한다. 베르나르도 베르톨루치Bernardo Bertolucci, 오토 프레밍거Otto Preminger, 데이비드 린치David Lynch, 스파이크 리Spike Lee, 프랑수아 트뤼포 같은 감독들의 작품은 공간을 어떻게 표현할 수 있는가에 대한 다양한 방법을 예시해 준다.

실내의 깊이 Interior Depth

여러 감독이 나름대로 방 안에서 장면을 구성한 것을 보면 카메라를 배치할 수 있는 곳은 단 세 군데다. 즉 전경, 중경, 후경이다. **그림 13-3**은 어느 방의 조감도다. 한 카메라는 문 가까이에 놓여 있고, 두 번째 카메라는 방 중간에, 세 번째 카메라는 문에서 멀리 떨어진 벽 쪽에 있다. 연기자가 방으로 들

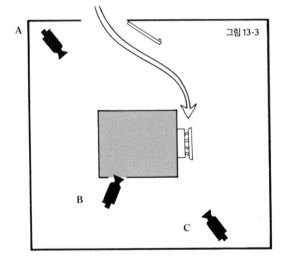

어와 의자에 앉는다고 가정하면 카메라 위치의 선택은 연기자가 카메라 쪽으로 다가오는지(B 또는 C), 아니면 멀어지는지(A)의 여부를 말해 준다. 이 방은 비교적 작기 때문에 세 카메라의 위치는 모두 액션의 범위 안쪽에 있다.

일단 로케이션에서 카메라의 세 가지 기본 위치 중 하나를 선택해 장면을 설정하면 그다음으로 할 일은 배우들의 무대화다. **그림 13-4**는 방의 상황을 세 가지 도해로 나타낸 것으로, 각 도해는 액션의 범위에 대한 세 가지 기본 사용법을 차례로 보여 준다. 여기서 어떤 무대화 패턴(A, I 또는 L)을 적용해야 하는지는 그다지 중요하지 않다. 우리가 관심 갖는 것은 카메라 위치가 액션의 안쪽에 있느냐 바깥쪽에 있느냐다. 예를 들어 우리는 배우들이 밀집하게 서 있도록 구성된 A 패턴을 택할 수도 있고 혹은 그들이 방의 여기저기에 넓게 서 있는 B나 C 패턴을 택할 수도 있다. 어떠한 형태든, 카메라는 액션의 안쪽 혹은 바깥쪽에 위치할 수 있다.

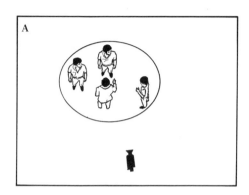

그림 13-4

A. 카메라를 액션의 바깥쪽에 넣고 배우들이 방의
어느 한 곳에 있도록 하는 것은 가장 일반화된
무대화 기술이다. 여기에는 모든 연기자가
카메라로부터 거의 같은 거리에 있게 되어
서로 비슷한 크기의 숏으로 보이기 때문에
그들을 구별하려면 대체로 편집이 필요하다.

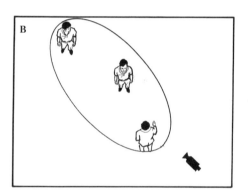

B. 이러한 형태의 깊이감 있는 무대화는
오손 웰즈나 윌리엄 와일러가 쓴 전형적인
방법이다. 이 방법은 단 한 번의 카메라 설치로
신 전체를 촬영할 수 있기 때문에 편집을
하더라도 컷 수를 최소화할 수 있다.

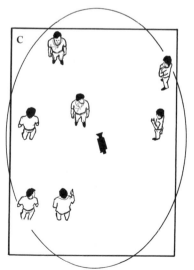

C. 카메라가 액션의 범위 중앙에 위치하게 된
무대화의 방법을 조금 과장하여 본 형태다.
사실상 카메라 앞으로 모든 인물을 배치시키는
정면화와 반대되는 것으로, 카메라는 중앙
위치에서 어느 방향으로든 향할 수가 있다.
그러나 배우들이 방 주위에 사방으로 흩어져
있어서 어떠한 구도로 잡아도 두 명 이상의
연기자를 한 화면에 담을 수 없기에 편집이
불가피하다.

깊이감 있는 무대화 Staging In Depth

숏을 무대화할 때, 보다 먼 깊이감을 이용하는 데는 두 가지 목적이 있다. 첫째는 감독이 단 하나의 숏으로 인물들을 구성할 수 있게 하여 편집의 필요를 없애는 것이다. 둘째는 감독이 선별적으로 극적 요소들을 강조할 수 있게 하는 것이다. 깊이감 있는 무대화는 앞에 있는 피사체를 크게 보이게 하고 뒤에 있는 피사체를 작게 보여 주는 식으로 크고 작은 피사체의 비례를 이용하는 것에 달려 있다. 프레임 안에 대립을 형성하게 하는 것으로 편집을 통해 연기자들을 구별시키는 효과를 갖는다. 앞에서 설명한 여러 패턴과 포지션으로 살펴봤다. 카메라에 가까이 있는 연기자가 멀리 있는 연기자보다 강한 인상을 주는 것은 사실이지만 조명을 이용하거나 피사계 심도 또는 이야기의 문맥 등을 이용해 멀리 있는 연기자를 부각시킬 수도 있다. 이동 무대화에서는 강조의 범위를 더욱 넓힐 수 있어 가까이 있거나 멀리 있는 연기자들의 위치를 바꾸거나 동등한 입장으로 중경에서 만나게 할 수도 있다.

이는 깊은 공간을 이용해서 무대화하는 장 르누아르Jean Renoir와 오손 웰즈의 근본적인 차이점이다. 《게임의 법칙The Rules of the Game》(1939)에서 르누아르는 단 한 장소에 카메라를 설치한 채 배우들을 전경에서 후경으로 이동시켰는데, 다음 장면을 전개하기 위해 관객의 주의를 한 장소에서 다른 장소로 이끌기 위함이었다. 반면 웰즈는 연기자들을 전경과 후경의 공간으로 분리하는 경향이 있다. 《시민 케인》에서 빈번하게 사용되었는데 케인을 주변 사람들로부터 정서적으로 고립시키기 위한 의도였다. 영화의 끝부분에서 케인과 수잔 알렉산더는 커다란 방의 양쪽 끝으로 깊이 있게 배치되어 있다. 이는 공간적으로 서로 고립된 상태를 보여 준다. 이처럼 웰즈의 공간은 인물들을 서로 분리시키는 데 사용한 반면 르누아르는 인물들이 서로 엇갈리도록 그 공간을 이용했다.

화면의 깊이를 보다 개념적으로 사용하는 방법으로 공간 내부를 통해 아이디어를 연결시키는 방법이 있다. 예를 들어 화면 전경에 아주 근접해 있는 시계는 배경에 있는 노인이 오래 살지 못하리라는 것을 암시한다. 그러나 두 가지의 의미로만 화면을 제한시킬 필요는 없다. 화면의 깊이는 감독의 의도에 따라 여러 부분으로 나누어 무대화할 수 있다.

딥 포커스 촬영 Deep Focus Cinematography

깊이감 있는 무대화는 종종 *딥 포커스 촬영과 혼동된다. 그 두 가지를 함께 빈번하게 사용하더라도 그것들이 서로 자동적으로 관련되지는 않는다. 깊이감 있는 무대화를 펼칠 경우에 화면 구성상 전경이나 후경의 초점을 약간 흐리게 하거나 멀리 있는 피사체에서부터 가까이 있는 피사체로 초점을 이동시켜 주의를 끄는 경우도 있다. 오손 웰즈, 윌리엄 와일러, 그리고 촬영감독 그렉 톨란드Gregg Tolland 등이 주로 활용한 딥 포커스 방식에서는 전경과 후경을 모두 초점에 맞게 하고자 광각 렌즈를 사용했으며 조리개를 더욱 조였다. 이 기법이 1940년대에 무대화의 한 스타일로 등장했을 때 딥 포커스 촬영은 매우 새로운 기술이었다. 오늘날 감도가 높은 필름들은(결과적으로 렌즈의 애퍼처를 더 작게 닫을 수 있도록 허용하여 피사계 심도를 깊게 만든다) 초점이 맞는 범위를 넓혀 주어 딥 포커스 촬영을 훨씬 용이하게 만들었다. 그러나 어떤 렌즈를 사용하건 가능한 피사계 심도의 범위에는 한계가 있다. 그래서 딥 포커스 촬영을 위한 특별한 기술은 계속 개발 중이다.

깊이감을 얻기 위한 특수효과들 Special Effects to Achieve Depth

딥 포커스 촬영을 위해 광각 렌즈를 쓰는 것 외에도 여러 대안이 있다. 《시민 케인》의 매우 획기적인 딥 포커스 구성 중 몇 가지는 카메라 자체의 효과로 이루어졌는데 당시 광각 렌즈만으로는 도저히 얻을 수 없는 것들이었다. 그들은 카메라를 고정시킨 채 필름을 두 번씩 노출시켜 그것을 획득했다. 예를 들어 첫 번째 노출 시에는 프레임의 한쪽을 가린 다음 가리지 않은 다른 쪽으로 카메라에 아주 근접해 있는 전경의 피사체에 초점을 맞추었다. 그다음 다시 필름을 원래 지점으로 되돌리고 이번에는 프레임의 반대쪽을 가려서 이미 촬영한 전경 부분이 두 번째 노출에 영향받지 않도록 했다. 두 번째 노출 시에는 이전에 가려 있던 프레임의 부분을 통해서 후경에 있는 피사체에 초점을 맞추었다. 이러한 방식으로 초점이 맞은 두 부분은 결국 하나의 필름 스트립strip 속에서 결합되어 최대의 딥 포커스 효과를 얻게 되었다.

히치콕의 《스펠바운드Spellbound》(1945)의 마지막 장면에서 우리는 자살하려는 남자의 시점을 공유하게 된다. 그가 권총을 카메라(그 자신) 쪽으로 돌리자 매우 가까운 전경에 있는 그의 손이 보인다. 그리고 총이 발사된다. 이러한 유형의 역동적인 프레이밍은 당시의 코믹한 모험극에서 일반적으로 사용되었다. 그러나 히치콕은 전경의 권총과 후경을 동시에 초점에 맞힐 수 없음을 알았기에 소품부가 커다란 크기의 권총과 손을 만들게 해 문제를 해결했다. 그는 이 소품들을 피사계 심도가 허락하는 범위 이내에서 렌즈로부터 멀리 떨어뜨려 아주 가까운 전경에 있는 것처럼 화면을 가득 채웠다.

스플릿-필드 렌즈 Split-Field Lenses

매우 가까운 전경과 멀리 있는 후경 공간을 촬영하는 데 있어 문제점을 해결하는 가장 간단한 방법 중 하나는 스플릿-필드 다이옵터 렌즈split-field diopter lens 사용이다. 일반적으로 다이옵터 렌즈(위아래로 필드의 분리가 되지 않은 다이옵터 렌즈)는 아주 가까운 물체를 촬영하기 위해 카메라의 렌즈 앞에 부착하는 것이다. 기술적인 용어로 다이옵터는 렌즈의 네거티브 초점 거리를 측정하기 위한 단위나 수년에 걸쳐 클로즈업을 위한 렌즈 부착물을 의미하게 되었다. 다이옵터 렌즈는 필터처럼 렌즈 앞에 부착하는 것으로, 다이옵터는 렌즈를 피사체에 좀 더 가까이 접근시켜 초점을 맞출 수 있게 한다. 스플릿 다이옵터는 같은 기능을 하지만 오직 렌즈의 반쪽만 그 기능을 하도록 되어 있다. 다이옵터를 씌우지 않은 쪽은 정상적인 초점 거리를 유지하는 반면 다이옵터를 씌운 부분의 초점 거리는 짧아진다. 따라서 이 렌즈로 멀리 있는 물체와 가까이 있는 물체의 초점을 동시에 맞출 수가 있다. 하지만 효과가 완전한 것은 아니다. 다이옵터는 렌즈의 일부분만을 덧씌우기 때문에 그 효과가 나타나는 경계선 주위는 약간씩 희미하게 보이므로 이 선은 숏 안에

있는 모든 요소의 구도를 통해 그럴듯하게 감추어야 한다. 그리고 스플릿 다
이옵터를 사용할 경우 카메라는 고정시켜야 하며, 전경과 후경의 요소들은
프레임의 1/2로 제한된 영역 속에 각각 가두어져 결국 어느 피사체이건 그 선
을 넘나들 수 없게 된다.

그림 13-5 프레임 1에서 남자의 머리는 피사계 심도를
벗어났다. 프레임 2에서 스플릿 다이옵터를 사용한 결과,
전경과 후경의 초점이 모두 맞는다. 다이옵터 렌즈는
원하는 방향으로 회전이 가능하고 또 그 위치를 조절할
수 있어 문제가 되는 분리선(프레임 3)을 잘 보이지 않는
위치로 재조정할 수 있다.

　　그림 13-5의 프레임 1과 2는 전형적인 오버 더 숄더 숏에서 사용한 스플
릿-필드 렌즈의 효과를 보여 준다. 프레임 1에서는 40mm 렌즈를 사용하고
노출을 f8에 맞추었으나 두 인물 모두에 초점을 맞추는 데 실패했다. 화면에
서 보듯 남자의 초점이 맞지 않다. 그러나 스플릿 다이옵터를 사용함으로써,
비록 그가 렌즈로부터 약 14내지 18인치 정도 바로 앞에 앉아 있다 하더라도
그의 머리 뒷부분의 윤곽을 선명하게 드러낼 수 있다. 프레임 3은 스플릿 다
이옵터에 의해 생긴 분리선이 어디에 있는지를 보여 준다. 사진에서 선의 지
점이 약간 희미하게 보인다.

압축된 깊이감Compressed Depth

웰즈와 르누아르가 딥 포커스 촬영을 활용했다면 로버트 알트만, 구로사와 아키라 등은 새로운 기술을 찾기 위해 기록 영화로 눈을 돌렸고, 결국 망원 렌즈를 이용하는 다큐멘터리 영화 기술을 영화에 적용했다. 근본적으로 할리우드적인 영화 테크닉에 바탕을 둔 구로사와는 그의 개인적이고도 광범위한 스타일에 망원 렌즈의 특성인 얕은 심도의 효과를 더했다. 그러나 알트만은 망원 렌즈에 한층 더 의존해 마치 뿌옇게 꿈을 꾸듯 전개되는 미장센을 창출했고, 그 속에서 인물들의 이미지를 음향과 오버랩overlap시켰다. 그는 기록 영화에서 흔히 하듯 대상에 가깝게 접근하기 위해서 망원 렌즈를 사용했을 뿐만이 아니라, 망원 렌즈로 와이드 숏이나 미디엄 숏들을 촬영해 마스터 숏의 공간을 압축시키는 새로운 방법으로 이와 같은 효과를 창출했다.

무대화 패턴과 망원 렌즈The staging Patterns and Telephoto Lenses

망원 렌즈는 화면 내의 깊이감을 제거함으로써 자연히 신 공간의 폭을 강조한다. 따라서 연기자들의 배치가 측면으로 이루어지지 않는 한 무대화 패턴의 구별은 점점 어려워진다. 화면에서 인물이 겹쳐 보일 때 특히 그러하다. 망원 렌즈를 사용한 이동 무대화 역시 동일한 문제를 낳는다. 측면으로 이동할 때만 해당 장면의 중요 순간들을 효과적으로 강조할 수 있기 때문이다. 인물이 깊이감 있게 움직이더라도 관객에게 새로운 공간으로 이동했다는 느낌을 주지 못한다. 같은 이유로 깊이감 있게 이동하는 카메라 움직임 역시 별 의미 없는 움직임이 된다. 이와는 반대로 망원 렌즈를 사용해 카메라를 측면으로 이동할 경우 공간의 깊이감이 과장되게 나타난다. 측면으로 트래킹을 하여 이동할 경우 얼마 떨어져 있지 않는 두 인물 사이에는 보다 생생한 긴장감이 생성된다. 망원 렌즈의 특성인 공간을 압축시키는 작용으로 인해 카메라 앞으로 보다 가깝게 당겨진 배경은 거대한 사이클로라마cyclorama(**영문자의 C 모양으로 약간 둥글게 세워 세트의 뒤에 설치한 커다란 배경 막으로 주로 하늘 배경을 묘사하기 위해 쓰임)처럼 화면을 가로질러가면서 강조된다.

14. 카메라 앵글Camera Angles

내러티브 영화에서는 바라보는 각도를 다양하게 하는 여러 이유가 있다. 이동 인물을 따라가기 위해서 혹은 이야기의 정보를 드러내거나 감추기 위해서, 아니면 시점을 바꾸거나 또는 시각적인 다양성을 제공하거나 로케이션을 설정하기 위해서, 그리고 분위기를 고조시키기 위해서 앵글들을 변화시킨다. 많은 감독이 이들 중 인물을 따라가기 위해 앵글을 바꾸는 게 가장 우선적인 것이라고 생각한다. 이러한 접근 방식은 액션이 행해지는 공간의 중요성을 간과하는 경향이 있다. 사실상 그 공간은 인물과 스토리의 이해를 돕는 어떤 상황을 제공한다.

이러한 인물과 공간의 분리는 1930–1940년대의 스튜디오 시스템에서 나왔다. 비용이 많이 드는 야외 촬영의 경우 촬영 횟수를 줄이기 위해 대사 장면은 스튜디오 세트에서 촬영했고, 그것을 로케이션으로 촬영한 느낌을 주기 위해 후에 기존 로케이션 필름stock location footage과 합성했다. 그러나 영사된 배경 앞에 자동차를 놓고 차가 달리는 듯이 촬영한 프로세스 숏process shot 은 관객을 감쪽같이 속이지 못했다. 그럼에도 불구하고 중요한 요소는 이야기와 배우 자체였다. 관객은 스타를 보기 위해 돈을 지불했고, 스타들이 그들을 만족시켰다면 이와 같은 미숙한 효과는 크게 문제되지 않았다. 결국 와이드 숏으로 장면의 공간을 설정한 다음에 스튜디오 내에서 미디엄 숏으로 인물을 촬영함으로써 여러 차례에 걸쳐 제작비를 줄일 수 있었다. 물론 장면에서 공간적이고 극적인 상황에 대한 충분한 표현은 희생되었다.

오늘날에도 인물과 주위 배경을 분리해 촬영하는 방법은 계속되고 있다. 스튜디오 촬영이 로케이션 촬영으로 대체되었다 하더라도, 여전히 많은 감독은 로케이션이 스튜디오 세트 위에 펼쳐진 경치와 별 다를 바 없으며, 설정 숏을 위해 적당한 것으로 생각한다. 또 이야기 전개에서 배우들의 모습만이 주요한 이미지로 작용한다고 간주한다.

그러나 사실상 내러티브적 의미에서나 시각적인 의미에서 볼 때 인물은 로케이션과 결코 분리되지 않는다. 어느 숏의 인물에 대해 이야기할 때 우리는 종종 인물과 로케이션을 묶어서 거론하는데, 그들이 각각 상호 정보를 제공해 주기에 서로 분리될 수 없기 때문이다. 이 두 요소는 함께 분위기에 영향을 주고, 심리적이며 드라마틱한 요소를 형성하며 어느 숏에서든 새로운 의미를 창출하기 위해 상호작용한다. 인물과 주변 환경의 공간적인 관계는 카메라 앵글로 설정된다.

인물이나 주변 환경 자체만으로는 카메라 앵글에 아무런 의미가 없다. 인물을 하이 앵글 위치에서 바라보면 그 인물이 위축된 모습으로 보이고, 로 앵글에서 보면 지배적인 모습으로 보인다는 견해는 특정 경우에만 적용된다. 숏 해석은 내러티브에 달려 있다.

예를 들어《시민 케인》은 로 앵글 숏을 영화 전체에 사용했지만 로 앵글 숏의 의미는 이야기의 상황에 따라 달라진다. 무모한 개혁가처럼 보이는 청년 케인의 초기 장면에서 우리는 그의 권력 사용에 대해 상반된 감정을 가질 수도 있다. 그러나 후견인 대처에 의해 상징적으로 나타난 막강한 권위를 무시할 수 있는 그의 행동에는 부러움을 느낄 것이다. 대부분의 장면에서 천장은 낮고, 실제로 키가 컸던 웰즈는 주변 환경을 지배하는 듯이 보인다. 영화의 마지막 부분에 영향력을 거의 잃어버린 노인이 된 케인을 보여 줄 때도 여전히 로 앵글로 촬영했으나, 이제 제너두의 큰 홀과 방들은 그를 압도적으로 지배하고 있으며 그는 상대적으로 작게 보인다. 여기서 내러티브는 로 앵글에서 본 시각에 대한 관습적인 이해를 무색케 한다.

관객의 시점 Viewer Placement

영화에서 관객은 카메라와 동일한 시점을 갖는다. 카메라가 트래킹 숏으로 움직이든지 편집을 통해 위치의 변화를 보여 주든지 간에 관객 역시 어떤 움직임의 느낌을 갖게 되며, 스크린에 비친 이미지들이 극장 내부 공간보다도 생생한 현실처럼 느껴짐을 종종 경험하게 된다. 심리학자들은 이를 감정의 전이라고 부른다. 바라보는 각도를 다양화하는 한 가지 이유는 우리의 일반적인 관람 경험이라고 할 수 있는, 감정 전이에서 비롯된 신체적 흥분을 위함이라는 설도 있다. 그와 같은 효과를 산출하기 위해 관객의 시점이 반드시 기교적인 카메라의 이동이나 넓은 경관과 연관될 필요는 없다. 예컨대 비좁은 간이식당에서의 시퀀스라도 카메라 앵글을 주의 깊게 선택한다면 광활한 숲에서의 시퀀스만큼이나 감동적일 수 있다. 감정의 전이는 관객을 카메라의 이동이나 편집된 시퀀스의 앵글의 변화 속으로 빠져들게 만들기에 관객은 곧 그 안무의 일부가 될 수 있다. 복잡한 시퀀스들은 카메라 앵글과 원근법을 어떻게 활용하느냐에 따라 무용에서 보여 주는 것과 같은 율동적이며 공간적인 경험을 제공할 수 있다.

시퀀스에서 원근법의 변화가 어떻게 숏에서 숏으로 이루어지는지 알기 위한 한 가지 방법은 원근법을 단순한 형태로 축소시키는 것이다. 일단 기본적인 형태가 이해되면 시퀀스를 고안할 때 상황에 따른 그 형태들을 쉽게 인식할 수 있다.

원근법 Perspective

모든 스토리보드 미술가와 프로덕션 디자이너는 원근법의 원리를 확실히 파악하고 있으며 실제 세트와 카메라의 앵글을 시각화해 보기 위해 자주 원근법을 사용한다. 스토리보드를 작성할 때 원근법에 대한 지식은 스토리보드 미술가에게 실제 로케이션에서 여러 가지 다른 시점을 자유롭게 상상할 수 있게 해 주거나 전적으로 상상해 로케이션을 창출할 수 있도록 도움을 준다. 이러한 유형의 표현을 선 원근법이라고 한다. 많은 드로잉 방식 중 하나로 우리가 세계를 바라보는 방법에 매우 근사하게 접근하고 있지만 그렇다고 다른 방법들보다 훨씬 월등하지는 않다. 선 원근법은 르네상스 이래로 모든 그림에서 공간의 모습을 창조하기 위한 가장 탁월한 방법이었다.

그러나 영화에서는 두 개의 숏을 나란히 연결시킬 때 그 이미지들 간의 상호작용은 전혀 다른 유형, 즉 잇달아 생성되는 원근법sequential perspective이라 할 수 있는 새로운 공간 경험을 창출한다. 이것이 어떻게 영화감독이 관객이 서로 다른 공간 속의 위치를 느끼고 이해할 수 있도록, 영화적인 안무를 만들어 내는가를 설명해 준다. 또한 숏의 흐름을 설계하는 데도 중요한 요소로 작용한다.

원근법에 대한 연구로 카메라 앵글의 효과를 더 잘 이해하기 위해 다음 그림들을 살펴보자. **그림 14-1**의 입방체 도해들은 기본 형태를 보여 준다.

그림 14-1 선 원근법.

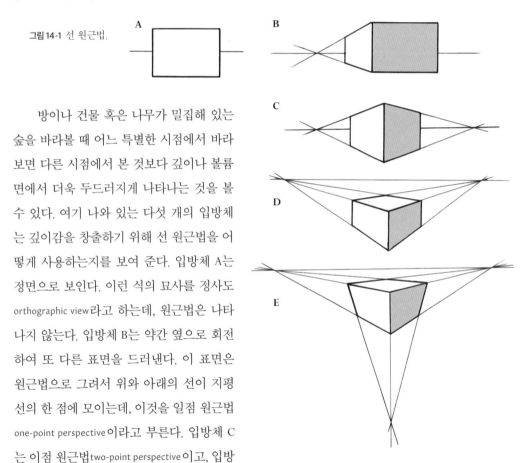

방이나 건물 혹은 나무가 밀집해 있는 숲을 바라볼 때 어느 특별한 시점에서 바라보면 다른 시점에서 본 것보다 깊이나 볼륨 면에서 더욱 두드러지게 나타나는 것을 볼 수 있다. 여기 나와 있는 다섯 개의 입방체는 깊이감을 창출하기 위해 선 원근법을 어떻게 사용하는지를 보여 준다. 입방체 A는 정면으로 보인다. 이런 식의 묘사를 정사도 orthographic view라고 하는데, 원근법은 나타나지 않는다. 입방체 B는 약간 옆으로 회전하여 또 다른 표면을 드러낸다. 이 표면은 원근법으로 그려서 위와 아래의 선이 지평선의 한 점에 모이는데, 이것을 일점 원근법 one-point perspective이라고 부른다. 입방체 C는 이점 원근법 two-point perspective이고, 입방체 D는 약간 높은 위치에서 보면 양쪽에 두 개의 원근법으로 그린 측면들이 나타나는데, 깊이감을 나타낸다. 또한 입방체 E는 삼점 원근법 three-point perspective으로 그렸는데, 여기서는 최상의 깊이감을 보여 준다.

다음으로 입방체를 다양한 각도에서 바라보자. 그리고 이것을 스토리보드 속에 나타나는 로케이션의 기초로 이용해 보자. 입방체 속에 편의점 건물과 그 옆에 세워진 간판 및 기둥을 그려 넣을 수 있을 것이다. **그림 14-2**는 각각 일점 원근법, 이점 원근법, 삼점 원근법으로 그린 편의점의 모습을 보여 준다.

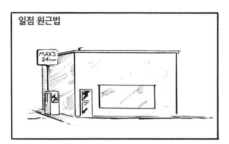
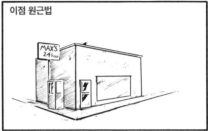
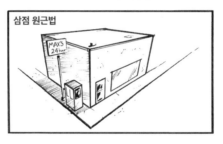

그림 14-2

이제 스토리보드를 통해서 잇달아 생성되는 원근법의 네 가지 형태를 보자. 우리가 살펴볼 액션은 단순하다. 한 남자가 전화박스를 찾기 위해 편의점으로 차를 몰고 간다. 그가 문을 향해 걸어가다가 건물 옆에 있는 전화박스를 발견한다. 그가 전화박스로 걸어가 전화를 건다.

다음 예들의 목적은 앵글의 리드미컬한 변화를 나타내는 숏의 흐름을 보여 주기 위함이다. 콘티뉴어티 스타일 면에서 볼 때 우리에게 주어진 공간의 볼륨을 알려 주는 것을 뜻한다. 운동이 있는 것에는 가속과 속도, 그리고 관성이 따른다. 콘티뉴어티 편집에서도 나름대로의 물리적인 법칙들을 설정할 수 있다. 이러한 방식으로 된 '숏의 전개'는 역동적인 광경에서 쉽게 찾아볼 수 있다.

눈높이 화면 Eye-Level View

첫 번째 형태는 눈높이 화면이다. 오프닝 프레임 1은 멀리까지 펼쳐진 길의 모습을 강조하기 위해 건물들의 단조로움을 이용하고 있다. 눈높이 화면들은 대체로 안정적이며, 역동적인 구도와 대조적으로 쓰일 수 있다. 이러한 화면들을 각이 진 구도들과 비교해 보자.

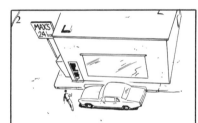

하이 앵글 화면 1 High-Angle View 1

다음 세 개의 숏이 비교적 부드러운 움직임 속에서 진행되고 있음에 주목하라. 우선 각 프레임을 통해 원근법의 정도가 점차 증가함을 볼 수 있다. 즉 프레임 1은 단 하나의 단축 면foreshortened plane을 가지며, 프레임 2는 두 개, 프레임 3에서는 삼 면의 끝이 모두 좁아져 차례로 그 숏의 깊이가 증가하고 있음을 알 수 있다. 두 번째로 전화박스 쪽으로 가까이 다가갈수록 피사체들의 크기는 점점 커 보이고 따라서 숏들은 더욱 밀도 있게 된다. 이것은 앞으로 나아가는 느낌을 주는데 이러한 유형의 숏의 흐름을 점진적이라 한다.

하이 앵글 화면 2 High-Angle View 2

이 시리즈는 비점진적이다. 처음 프레임에서 바라본 각도가 다음 프레임의 각도와 서로 상충됨을 뜻한다. 상충 정도와 방향은 다양하며 특히 마지막 두 프레임들 사이에서 현저하게 드러난다.

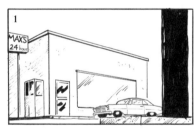

로 앵글 화면 Low-Angle View

서로 상충하는 프레임들이 또 다른 예다. 대조적 차이는 마지막 두 프레임을 비교하기 전까지는 잘 나타나지 않는다. 눈높이 화면과 비교해 보자. 눈높이에서 바라본 일련의 프레임 역시 이 시리즈처럼 피사체로부터 비교적 동일한 거리를 유지하나 역동적인 면에서는 이 시리즈보다 훨씬 떨어진다.

공간 대 피사체 Space vs. Subject

카메라 앵글을 어떻게 설정하고 또 그것이 신 공간을 어떻게 보여 주는 지를 알 수 있는 한 가지 방법은 인물을 배제한 채 배경을 중심으로 스토리 보드를 만드는 것이다. 이것이 편의점 스토리보드의 접근법이다. 그 시퀀스를 시각화하기 위해서 많은 스케치를 했고 그것들을 테이블 위에서 쉽게 재배열할 수 있도록 오려 냈다. 그 그림들을 매번 새로운 순서로 배열했고 그에 따라 신의 다른 형태를 상상할 수 있었다. 시점이 바뀔 때마다 무드나 속도감, 심지어 신의 이야기 자체에까지 미묘한 변화를 가져왔다.

시퀀스를 계획함에 있어 기억해 둘 만한 가치가 있는 사실이다. 우리가 앞에서 인물 중심의 무대화 패턴 대신 액션의 범위라는 공간 개념을 이용한 것처럼, 인물보다는 로케이션을 중심으로 화면을 구성할 수 있다. 궁극적으로는 인물이 결정적인 요인이 되겠지만 이전에 미리 새로운 아이디어들을 많이 떠올릴 수도 있다.

원근법 묘사의 최근 경향 Recent Trends in Perspective Rendering

실내 장면을 촬영하는 방법은 최근 25년간 변화해 왔다. 경제적인 이유만이 아니라 스튜디오 세트로 실현시키기 어려운 리얼리즘에 대한 강한 경향으로 스튜디오 세트는 점차 로케이션 촬영으로 대체되었다. 실내 로케이션에서는 스튜디오 세트처럼 벽이나 천장을 분리시키는 것이 불가능하기 때문에 인물의 전체 모습을 화면에 담기 위해서는 광각 렌즈를 사용해야 한다. 감독들은 이러한 실질적인 문제들을 풀기 위해 렌즈를 선택하곤 하는데, 그 결과 영상에 대한 숙고는 이차적인 것이 되고 만다.

실내 촬영에서 영상적인 디자인보다 방 크기 때문에 광각 렌즈 사용을 결정했다면 초점 거리가 좀 더 긴 렌즈를 사용해 보라. 방 안에서 카메라 앞을 가리는 방해물이 없는 공간을 찾으려 고심하는 것보다 문간이나 창문을 이용해 그 앞에 있는 물체들 사이를 통해 촬영하는 방법이, 초점 거리가 긴 렌즈를 활용하는 방안에 속한다. 실내 장면을 광각으로 촬영하는 것은 텔레비전에서 비롯된 산물이다. 그러나 예술적인 숙고가 아니라 예산상의 결정에서 비롯된 것이기에 상투적인 방법에서 탈피할 때 비로소 새로운 아이디어들이 떠오를 것이다.

이제 렌즈와 앵글의 다양한 조합을 가능케 하는 내러티브 상황, 즉 액션 시퀀스를 살펴보자.

내러티브 문제(진행되는 액션에 대한 카메라 앵글)

Narrative Problem(Camera Angles in Action)

다음의 액션 시퀀스는 공터에서 야구하는 모습을 보여 준다. 처리가 익살스러우며 다소 양식화되어 있어, 보다 진취적인 카메라 앵글을 사용하려는 우리의 목적에 부합한다.

스토리보드는 조각구름과 함께 밝은 태양이 비치는 늦은 오후의 신에서 시작한다. 타자가 본루에 서 있다. 카운트는 3볼 2스트라이크이다. 태양이 타자의 눈을 부시게 해 앞을 보는 데 장애가 된다. 다행히 몇 개의 조각구름이 다가와 잠시 태양을 가려 타자에게 기회를 주지만 투수는 태양이 다시 나타날 때까지 신발 끈을 매면서 지연 작전을 쓴다.

1. 카운트는 3볼 2스트라이크다.

2. 햇빛 때문에 타자가 눈을 가늘게 뜨고 외야수가 서 있는 곳을 확인한다.

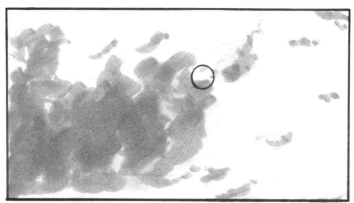

3. 타자의 시점으로 본 작렬하는 태양.

4. 투수가 와인드 업을 시작한다.

5. 투수가 던질 준비를 완료하자 경기장이 어두워진다.

6. 구름이 태양을 가린다.

앉으면서 숏 안으로 들어온다.

7. 투수는 타자에게 기회를 주지 않으려고 신발 끈을 다시 매면서 시간을 끈다.

8. 태양이 다시 비치자 투수가 일어난다.
   투수가 와인드 업할 때 타석의 팀원들이 야유를 보낸다. 그리고

9. 투구 장면을 느린 동작slow motion 으로 보여 준다.

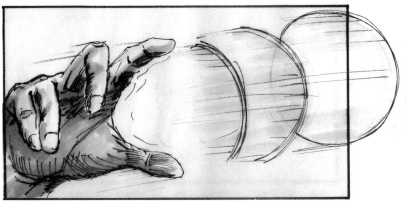

10. 손에서 공이 나아가는 모습은 계속 느린 동작으로 보여 준다.

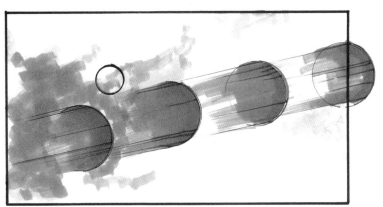

11. 공이 느린 속도로 태양을 배경으로 지나가는 모습이 보인다.
    이어 구름이 다가와 햇빛을 가로막는다.

12. 그림자가 느린 동작으로 사라진다.

13. 타자는 행운의 기회라 생각하고 미소를 짓는다. 그가 배트를 휘두르기 위해 자세를 잡는다.

14. 딱! 타자가 공을 타격함과 동시에 화면은 정상 속도로 돌아온다.

15. 완전한 히트다.

16. 언덕에 앉아 있던 아이가 하늘 높이 올라가는 공을 보기 위해 벌떡 일어난다. "와아!"

17. 패널 A에서 C에 이르기까지 카메라를 팬한다.

18. 카메라가 공을 따라 계속 팬한다.

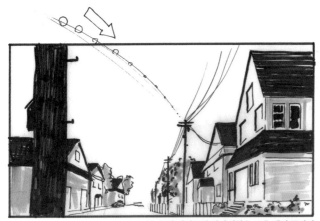

19. 공이 전신주에 가까워졌을 즈음 팬이 끝난다.

20. 공이 전신주에 맞고 튀어나가…

21. 바로 옆집 창문으로 떨어진다.

실내. 집

여성이 놀라 일어난다.   외야수가 뛰어온다.

22. 공이 창문을 부수자 집에 있던 여성이 놀라 일어난다.
    외야수가 공을 찾으러 뛰어온다.

23. 공이 지붕에 떨어진 다음 추녀 아래에 있는 낙수받이로 굴러가 배수관 속으로 들어간다.

24. 외야수가 앞마당의 울타리를 뛰어넘는다.

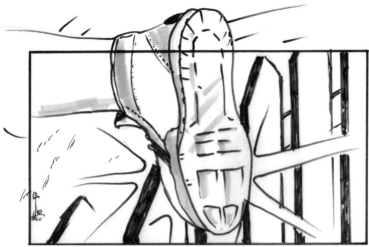

25. 외야수의 다리가 울타리에 걸린다.

26. 퍽 하며 외야수가 쓰러진다.

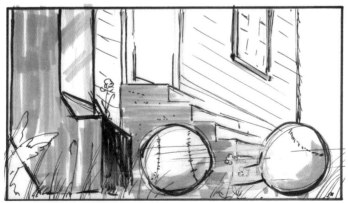

27. 공이 배수관 밖으로 튀어나와…

28. … 외야수의 바로 옆으로 굴러간다.

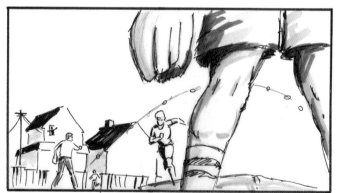

29. 다시 경기장으로 돌아와, 타자는 삼루를 향하고 있다. 멀리 후경에 공을 든 외야수의 모
    습이 나타나고, 이어서 그가 공을 던진다.

30. 제2 내야수와 중견수가 모두 공을 받는 데 실패한다.

31. 타자가 삼루를 밟고 지나간다.

32. 투수가 "이 바보들!" 하며 소리친다.

33. 타자가 본루를 향해 뛰어간다.

34. 타자가 전경에서 달려가고 있고 유격수가 공을 잡아 본루로 던진다.

35. 위에서 본 숏. 느린 동작. 카메라가 뛰어가는 타자의 그림자를 따라 팬한다.
   공이 서서히 숏으로 들어온다. 마치 그림자들의 경주 같다.

36. 느린 동작이 계속된다. 포수가 공 잡을 준비를 하는 가운데 카메라를 아
   래로 기울여 본루를 향한 베이스 라인을 보여 준다.

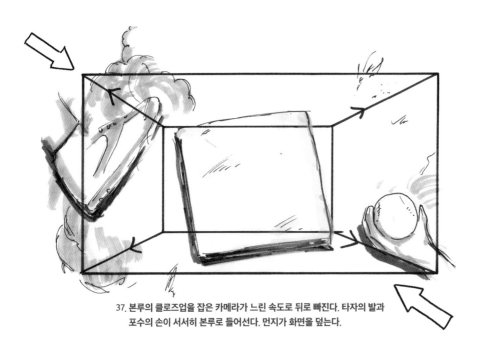

37. 본루의 클로즈업을 잡은 카메라가 느린 속도로 뒤로 빠진다. 타자의 발과 포수의 손이 서서히 본루로 들어선다. 먼지가 화면을 덮는다.

요약Summary

이 짧은 이야기에서도 알 수 있듯, 카메라 앵글은 시각적인 면이나 무대화의 방법에서만이 아니라 내러티브에 상당히 의존한다. 위의 예시에서 등장인물의 그림자가 땅 위에 생기거나 공이 화면 위로 날아가는 것을 볼 때, 느린 동작이나 그림자 등을 이용하는 것은 '시각적인 면에서의 무대화graphic staging'뿐만 아니라 그에 적합한 몇몇 카메라 앵글을 산출하게 했다. 높거나 낮은 곳에서 행해지는 액션은 카메라 앵글과 깊은 관련을 갖는다. 카메라 앵글의 미묘한 변화는 그것의 극단적인 변화만큼이나 중요하며 움직임에 있어 리듬을 만들어 내는 데 도움이 된다.

이 스토리보드는 기본적인 아이디어를 위해 간단한 드로잉에 기초한 초안이라는 것을 덧붙인다. 처음 스무 장의 간단한 스케치를 연필로 그리는 데 한 시간이 조금 넘게 걸렸다. 패널의 반 이상은 이 첫 구성에서 크게 변화되지 않았으나 나머지 패널들은 다시 그렸다. 실제로 아이디어가 만족스럽게 나타날 때까지는 대략 둘 내지 스무 번의 스토리보드 밑그림들을 그려야 할

것이다. 예를 들어 처음 아이디어에서는 타자가 본루에 와서 홈런을 치는 게
전부였다. 태양이나 구름 또는 느린 동작에 관한 것들은 간단한 스케치에서
발전되어 나왔다. 패널을 잉크로 다시 칠하려 할 때 낙수받이 배수관을 이용
한 기발한 개그가 더해졌다. 그러나 또 다른 밑그림을 그린다면 그것을 포함
시키지는 않을 것이다.

15. 열린 프레이밍과 닫힌 프레이밍
Open and Closed Framings

열린 구성 또는 닫힌 구성이라는 용어는 화면 공간 속으로 관객을 끌어들일 것인가 아니면 공간 밖에 있게 할 것인가의 프레이밍 기술을 설명할 때 사용된다. 열린 프레이밍과 닫힌 프레이밍은 액션의 극적 범위, 그리고 액션의 안에 있는지 또는 밖에 있는지 등과 관련 있다. 기본적으로 열린 프레이밍과 닫힌 프레이밍은 액션에 대한 프레이밍을 얼마나 타이트하게 하는가에 달려 있다. 결과적으로 열린 프레이밍은 액션의 안에 있을 때 전형적으로 나타나는 현상이고, 닫힌 프레이밍은 대개 넓은 숏이며 액션의 밖에 있는 것과 유사하다. 열린 프레이밍은 다큐멘터리에서 흔히 볼 수 있는 유형의 구성으로, 화면 내의 많은 요소가 감독의 통제 영역 밖에 있게 된다. 그러한 구성에서는 여러 피사체의 일부분이 프레임의 가장자리에서 잘려 나가거나 전경에 있는 물체들에 의해 부분적으로 가려지기도 한다. 닫힌 프레이밍은 명확한 전달과 시각적인 균형을 위해 피사체들을 면밀히 배치한 구성이다. 이러한 방식으로 화면을 구성하는 것은 대개 카메라가 액션의 범위 밖에 위치해 있을 때 흔히 나타난다. *열린 형태open forms는 좀 더 사실적인 느낌을 주는 반면에, *닫힌 형태closed forms는 무대화된 느낌을 준다.

이 구분에 모순이 없는 것은 아니다. 모든 구성은 관객이 그것을 사실적으로 받아들이든 그렇지 않든 어느 정도 촬영기사에 의해 조정된다. 텔레비전 광고들은 다큐멘터리 영화의 사실석인 느낌에서 아이디어를 빌려 왔다. 즉 꾸미지 않은 것처럼 보이기 위해 신중하게 구성한다. 이렇게 계획적으로 자연스럽게 보이려고 하는 이유는 다큐멘터리의 이미지가 곧 객관적 보도성의 느낌을 준다는 대중의 심리 때문이다. 반면에 많은 다큐멘터리 제작자들은 가장 효과적인 이미지를 산출하기 위한 적합한 날씨와 계절에 맞추기 위해 수주 또는 수개월씩 기다림으로써 매우 양식화된 구성 방식을 구사하기도 한다. 요즘 같은 이미지 포화 시대에서는 열린 형태와 닫힌 형태의 차이를 구별하기 힘들다. 온갖 종류의 이미지를 창조하는 사람들이 이제는 그 형태들이 갖고 있는 대중적 의미를 충분히 인식하고 있으며, 때로는 대중들을 속이기 위해 오히려 그것을 이용하기 때문이다.

따라서 열린 프레이밍이나 닫힌 프레이밍은 일반적인 개념으로 생각하는 것이 좋다. 기억할 것은 그러한 기법들의 중요한 의미가 이야기의 종류에 따라 달라진다는 점이다. 내러티브 영화를 만드는 감독들이 열린 프레이밍이나 닫힌 프레이밍을 구사하는 가장 큰 이유는 관객에게 스크린의 주인공에게 몰두하는 정도나 친밀감을 느끼는 정도를 조절하기 위함이다. 영화감독들이 이를 어떻게 이용하는가는 미적 거리라는 문제로 연결된다.

미적 거리 Aesthetic Distance

미적 거리란 예술 작품이 관람객에게 끼치는 영향의 정도다. 모든 커뮤니케이션에는 어떤 식으로든 조작이 따르기 마련이지만 어떤 작품은 그것을 보는 순간 다른 작품보다 더 큰 감흥과 참여의 기회를 제공한다. 미적 거리는 영화 매체에서 아주 적절하게 쓸 수 있는 용어다. 소설가나 시인과 달리, 영화감독은 실제로 화면을 통해 물리적인 깊이감을 창조하기 때문이다. 아주 가까운 클로즈업에서 롱 숏에 이르기까지, 숏의 크기에 따라 관객은 화면 속의 대상에 대해 심리적·도덕적으로 다른 의미를 느끼게 된다.

친밀감의 정도 Levels of Intimacy

지금부터 프레이밍이나 카메라 앵글 또는 렌즈의 선택에 따라 관객이 얼마만큼 화면 공간과 특정 인물에 몰두하게 되는지 살펴보고자 한다.

스토리는 침대에 누워 있는 남녀로부터 시작한다. 남자는 전날 밤 처음 만난 여자와 밤을 보냈다. 그는 여자가 자신을 아파트로 데려온 것을 후회하고 있음을 알고 있다. 방에 아침 햇살이 드리우자 그들은 마주하기가 서먹해졌다. 감독은 관객이 극중 인물들에게 좀 더 친밀감을 느낄 수 있도록 만들고자 관객을 액션의 범위 속으로 이끈다. 이 장면은 남자 주인공의 관점에서 그려졌기 때문에 감독은 숏들이 남자의 시점을 유지해야 된다고 생각할 것이다.

열린 프레이밍 Open Framing:

변형 1 Version One

감독은 와이드 숏의 침실을 보여 주면서 장면을 시작했다. 세 개의 테스트 숏인 프레임 1, 2, 3을 찍고 나서 그것을 나란히 놓아 봤다. 남자의 관점에서 장면을 구성했기 때문에 남자가 누워 있는 쪽에서 촬영했다. 연출자는 카메라를 로 앵글 위치에 놓아 남자가 여자보다 잘 보이게 했고, 그것이 우리가 남자와 동일시하게끔 만드는 역할을 한다. 세 개의 사진을 고려한 결과 프레임 2와 3은 피사체에 너무 가깝다는 것을 알게 되었다. 감독은 그다음 숏에 클로즈업 숏을 연결할 것이라 두 숏 사이에 보다 큰 변화를 주기 위해 처음 숏을 프레임 1로 선택했다.

열린 프레이밍 Open Framing:

변형 2 Version Two

감독은 이제 여자의 모습을 보여 주기 위해 세 개의 오버 더 숄더 숏을 촬영해 봤다. 각 프레임에서 남자가 여자를 바라보고 있음을 알 수 있다. 프레임 2와 3에서 두 인물 중 한 사람을 강조하기 위해 피사계 심도를 이용하고 있음에 주목하라. 일반적으로 강조하고자 하는 인물에 초점을 맞추는 것이 통념이지만 항상 그렇지는 않다. 장면에 적절한 프레이밍과 액션을 선택한다면 초점이 맞지 않은 대상이라도 그 장면에서 주요 인물이 될 수 있다. 감독은 프레임 1을 선택했다. 이 장면에 너무 급작스럽게 접근하지 않으려 했기 때문이다. 또한 프레임 2와 3은 너무 친밀감을 주어 현재의 상황에선 이른 느낌도 있다.

열린 프레이밍 Open Framing:

변형 3 Version Three

감독은 이제 두 개의 새로운 숏을 비교하고 있다. 이것은 역방향에서 촬영한 것으로 바로 이전 숏 다음에 연결할 숏이다. 이전 숏에서 감정적 거리가 유지되었기 때문에 이번에는 좀 더 가깝게 다가가기로 했다. 그는 프레임 2를 선택했다. 관객이 이들에게 더 친밀하게 다가가도록 만들기 위함이고, 또 화면 크기에 변화를 줌으로써 영상적 대비를 이루게 하기 위해서다.

열린 프레이밍:

변형 4 Open Framing: Version Four

위의 시퀀스를 검토해 본 결과 감독은 바로 전의 선택이 마음에 걸렸다. 그가 역방향 위치에서 좀 더 가까이 다가간 것은 좋았으나 반대편 남자의 선명한 클로즈업 모습이 너무 강하게 느껴졌다. 또한 그는 여자의 모습이 좀 더 보이기를 원했다. 결국 프레임 2는 너무 남자의 입장에서만 바라본 듯한 느낌이 들어 지나치게 자기중심적이 되었다. 그는 새로운 구도인 프레임 3과 4를 다시 테스트해 본다.

이 프레임들은 극도로 열려 있다. 두 프레임 모두에서 여자는 자세를 바꾸어 남자에게 등을 돌리고 있다. 피사계 심도가 얇긴 하지만 프레임 4에서 여자의 얼굴을 볼 수 있다는 점을 제외하고는 두 프레임은 거의 같은 모습을 보여 준다. 그녀가 이미 잠에서 깨어나 눈을 뜨고 있다는 것이 가장 중요하다. 각 프레임은 장면의 극적 강조에 커다란 영향을 준다. 프레임 3은 여자의 마음을 알 길 없는 남자의 심정을 말해 준다. 그녀로 인해 남자가 가려져 잘 보이지 않을 뿐더러 그녀의 모습 또한 숨겨져서 알아볼 수 없다. 어떤 의미에서 우리는 남자의 입장에 처해 있다고 할 수 있다. 프레임 4는 애처로울 정도로 상황을 드러낸다. 여자가 깨어났으나 남자를 피하고 있음을 알 수 있다. 서로 격리된 느낌이 예리하게 나타난다. 감독은 이 숏을 선택했다.

여기서 열린 프레이밍은 우리에게 남자의 심리적 관점을 공유하게끔 만든다. 만약 감독이 관객들로 하여금 이 장면을 제3자의 중립적인 입장에서 보기를 원했다면, 그는 닫힌 프레이밍으로 장면을 이끌어 나갔을 것이다. 그러나 이 거리 두기는 절대적인 것은 아니다. 열린 프레이밍에서 봤던 것처럼 여러 방법을 통해 창조될 수 있다. 열린 프레이밍이나 닫힌 프레이밍 중 어느 한쪽만을 전적으로 사용하는 영화는 드물다. 감독은 관객들이 감정적 개입을 덜 한 상태에서 그 장면을 볼 수 있도록 닫힌 프레이밍을 사용해 침실 장면을 재구상해 본다.

닫힌 프레이밍Closed Framing:
변형 1Version One

연출자는 오프닝 숏을 위해 세 개의 서로 다른 카메라 앵글을 시도해 봤다. 프레임 1은 균형은 잡혀 있으나 다음 숏을 유발할 수 있는 역동적 긴장감이 다소 떨어진다. 이는 관객들이 숏의 흐름에 관계없이 화면 자체의 공간과 액션에 다가갈 수 있게 해 준다. 그러나 액션은 멀리서 이루어지기 때문에 상세한 장면을 보여 주기 위해서는 좀 더 가까운 숏이 필요하다. 이 경우 편집을 통해 서로의 시점을 교대로 보여 주기보다는 이 숏을 계속 유지하면서 남녀가 침대에서 일어나 카메라 쪽으로 움직이게 해 액션을 보여 줄 수도 있다. 프레임 2에서는 두 남녀가 더 잘 보인다. 그러나 일반적인 시점이 아닌 위치에서 그들을 보게 함으로써 관객이 느끼는 친밀감의 정도를 억제하고 있다. 여기서 우리는 액션의 범위 밖에 있을 뿐만 아니라 그 위에 있게 된다. 프레임 3은 예시된 프레이밍 중 그 닫힌 정도가 제일 약한 화면이나, 아직 중립적이고 거리감이 있는 것 같은 모습을 그대로 유지하고 있다. 모서리에서 바라본 모습은 화면을 덜 닫힌 형태로 만드는 경향이 있음에 주목하라.

감독은 프레임 1을 선택했다. 그리하여 그는 연기자들이 침대에서 일어나 앉아 연기하도록 장면을 바꾸기로 했다. 그러나 그는 장면을 바꾸기 전에 다른 방법으로 화면을 다시 구성해 보기로 했다.

닫힌 프레이밍 Closed Framing:

변형 2 Version Two

　　닫힌 프레이밍 시리즈의 마지막 예인 다음 세 프레임은 각기 서로 다른 형태의 마스터 숏이 아니라 하나의 시퀀스다. 감독은 두 남녀의 클로즈업이나 미디엄 숏을 쓰지 않는다면 남자나 여자의 생각을 *보이스 오버voice-over로 듣게 되는 장면, 즉 프레임 1이나 3으로 컷하더라도 감정적 거리를 유지할 수 있으리라 생각한다. 이와 같은 접근 방식은 감독의 스타일이 가미된 것으로 콘티뉴어티 스타일에서 필수적이라 할 수 있는 극중 인물과의 동일시를 배제한다. 열린 프레이밍이나 거리감을 유지시켜 주는 기법들이 가식적인 느낌을 덜 준다는 이유로 급진적인 영화감독들로부터 많은 지지를 얻었다고 하더라도, 어떤 접근법도 장면을 통해서 이야기하고자 하는 바를 가장 적절한 방식으로 표현할 수 있도록 보장해 주지는 않는다. 결국, 어떤 방법을 동원하든 관객은 그러한 의도성에서 벗어날 수 없다. 따라서 영화란 감독의 의도를 넘어선 그 무엇일 수 없다.

프레이밍 기법 Framing Devices

앞서 살폈듯이 열린 프레이밍은 어느 대상물을 강조하거나 또는 새로운 상황에 대상물을 등장시키기 위한 방법이다. 그리고 관객에게 실제 신 공간에 있다는 느낌을 주기 위한 방법으로 전경의 요소들을 이용한다. 또한 프레이밍 기법은 화면 속의 깊이감을 더해 주기 위해 구성적인 이유만으로도 쓰인다. 다음에 몇 가지 프레이밍 기법이 예시되어 있다.

그림 15-1에서 출입구는 프레임 속의 또 다른 프레임이 되어, 진행 중인 액션으로부터 우리를 분리시키는 역할을 한다. 따라서 우리는 대화를 엿듣는 위치에 놓이게 된다.

그림 15-1

그림 15-2처럼 서로 다른 장소의 액션이 분리될 수도 있다. 이 경우 액션을 프레임에 넣기 위해 건축물 구조를 이용했다.

그림 15-2

그림 **15-3**에서는 공간의 깊이를 압축시키는 망원 렌즈의 특성 때문에 전경의 많은 요소가 화면 가득 채워지고 있다. 이러한 프레이밍 기법은 주요 대상물의 일부만을 보여 줌으로써 상황에 대한 정보를 유보시키는 경향이 있다. 우리의 시선이 창문이나 출입구 프레임처럼 사각 속에 있는 대상물에 강하게 끌리도록 하는 것과는 정반대 기능을 한다.

그림 15-3

영화감독에게 거울은 언제나 흥미로움을 주었다. 그리하여 단일 숏 안에서 '숏, 역숏'의 편집 패턴을 동시에 보여 주는 수단이 되기도 했다. 이런 유형의 숏이 **그림 15-4**이다.

그림 15-4

이제 다음 장에 나오는 시점을 다룰 차례다. 지금까지 우리가 살펴본 프레이밍 기법들의 유형과도 밀접한 관계가 있다.

16. 시점 Point Of View

　　열린 프레이밍과 닫힌 프레이밍에서는 시각적·편집적 기법들로 관객이 스크린 속 등장인물에게 몰두하는 정도를 살펴봤다. 여기서 시점은 관객이 동일시하는 대상이 누구인지를 결정하게 해 준다. 두 개념은 서로 밀접한 관계에 있으며 거의 모든 시퀀스에서 상호작용한다.

　　영화 속의 각 숏은 나름의 시점을 갖고 있다. 특히 내러티브 영화에서 그 시점은 새로운 숏을 동반하며 자주 바뀐다. 물론 계속되는 시점의 변화가 관객에게 어떤 장면을 해석하게 하는 데 중대한 영향을 끼친다 하더라도, 내러티브적 위치narrative stance라고도 하는 이 시점은 관객에게는 잘 보이지 않는다. 잘 알려진 알프레드 히치콕의 주관적인 기법 같은 것들을 제외하고는, 어느 신이나 그 시점이 카메라의 위치, 편집, 구도 등으로 형성된다는 사실은 대개 간과되고 있다. 결국, 시점이란 감독이 기여해야 할 가장 중요한 부분임에도 많은 영화에서 대수롭지 않게 다루어져 왔음을 의미하며 대개 기술적이거나 영상적인 이유, 나아가서는 무차별한 시도에 의한 우연한 결과에 지나지 않았던 것이다.

　　감독이 시점을 결정하기 위해 카메라를 어떻게 사용하고 있는지를 더 알아보기 위해서, 우선 문학에서 시점을 나타내는 용어들을 빌려 와 영화 속에서 쓰이는 세 가지 유형의 서술 방법을 살펴보자.

1인칭 시점 First-Person Point of View

　　히치콕의 주관적 기법에서 그 예를 찾아볼 수 있듯이 이야기 속 등장인물인 '나'의 눈을 통해 사건을 관찰한다. 내러티브 영화에서 주관적 시점의 과다한 사용은 관객에게 거북스러움을 가져다준다. 1인칭 시점은 오직 한 인물의 시점에서 바라본 모습만을 보여 주고 그 인물의 표정이나 몸짓에 나타난 반응은 보여 주지 않기 때문이다.

제한적 3인칭 시점 Third-Person Restricted Point of View

이야기에서 적당한 관찰자가 그 이야기를 이끌어 나가는 것으로, 할리우드 영화에서 가장 흔한 서술 방식이다. 다만 이 방법만 쓰는 경우는 드물다. 대개 제한적이긴 하지만 전지적 시점과 주관적 시점을 섞어 쓴다.

전지적 시점 Omniscient Point of View

전지적 시점을 보여 주는 영화에서는 관객에게 등장인물들이 무엇을 생각하고 있는지 알려 주어야만 한다. 이 경우에는 내레이션이나 보이스 오버 또는 자막 등이 필요하다. 한편 장황하게 펼쳐 놓는 내레이션은 비영화적으로 보여 거의 쓰이지 않는다. 내레이션은 시험적으로 시도되었을 뿐, 이제까지 내레이션과 이미지를 아주 독창적으로 연결하는 스타일을 전개한 영화감독은 없다. 새로운 아이디어가 기대되는 분야라고 할 수 있다.

동일시의 정도 Levels of Identification

장편이나 단편 소설을 읽을 때 우리는 누구의 시점에서 이야기가 전개되는지 쉽게 구별할 수 있다. 그러나 영화에서는 그 시점이 명확하지 않을 때가 있으며, 3인칭 시점과 주관적 시점의 중간 정도라 할 수 있는 시점을 전달하는 경우도 있다.

편집에서 가장 효과적으로 두 숏을 잇는 구실을 하는 것은 클로즈업 상태에서 보이는 배우의 시선이다. **그림 16-1**은 시점 숏, 즉 바라보는 시선에 따른 컷의 전형적인 설정을 보여 준다. 첫 번째 숏의 아래에는 그다음에 올 수 있는 세 개의 역 클로즈업들을 보여 준다.

프레임 1에서 차 안의 남자가 옆 좌석에 앉은 여자를 본다. 프레임 2에서 우리는 그의 시점으로 컷해 들어가 그를 마주 보고 있는 여자의 클로즈업을 보게 된다. 주관적 카메라 숏이기에 그녀는 카메라를 똑바로 바라본다. 따라서 그녀의 클로즈업이 남자의 시점에서 잘 보인다. 이에 비해 프레임 3의 클로즈업은 여자의 시선에서 45도 정도 벗어나 있다. 단연 3인칭 관점이다. 이 숏에서 우리는 여자나 남자 어느 쪽에도 동일시되지 않는다. 프레임 4처럼 카메라를 여자의 시선으로부터 밖으로 조금 더 각도를 옮기면 어떻게 될까? 이 경우 클로즈업은 여자와 동일시를 느끼기보다는 남자의 시선을 강조하기 위한 것이기에 우리는 좀 더 남자의 입장에 놓인다. 어떤 의미에서는 수정된 주관적 숏이다.

그림 16-1

이는 매우 가치 있는 개념이다. 즉 주관성에도 정도가 있으며 보다 정확히 말해 각 숏마다 동일시의 정도가 다르다는 의미다. 이러한 이유로 오버 더 숄더 숏과 투 숏의 경우 (배우들의 시선과 이야기의 문맥에 따라 다르겠지만) 상면에 등장하는 배우들 중 어느 한 사람의 시선을 선호할 수 있다. 일반적으로 클로즈업된 배우의 시선이 카메라 쪽에 가까울수록 관객이 느끼는 동일시의 정도는 더욱 커진다.

관객의 참여와 동일시 Viewer Involvement and Identification

관객의 동일시를 이끄는 데는 두 가지 방법이 있다. 시각적인 방법과 내러티브적 방법이다. 시각적인 방법에서는 구도와 무대화를 통해 배우와 동일시를 이끌어 낸다. 앞 페이지에서 살펴본 수정된 주관적 숏은 시각적인 방법의 한 예로, 화면 안의 연기자가 어떤 구도로 구성되는지가 중요하게 작용한다.

내러티브적 방법은 여러 방법을 사용해 관객의 동일시를 유도하나 대개 편집 여하에 달려 있다. 가령 추리극에서 플롯은 대체로 사설탐정을 따라 전개된다. 여기서 장면은 사설탐정이 현장에 도착하면서 시작되고 그가 다시 나감으로써 끝난다. 이러한 종류의 이야기는 비록 그것이 3인칭 시점과 닫힌 프레이밍 방식을 통해 다루어진다 해도, 그 이야기의 문맥 자체로 인해 우리는 사건의 진상을 사설탐정의 시점에서 보고 있다는 느낌을 갖게 된다.

시점의 형성 Shaping Point of View

시점을 이끌어 내기 위한 시각적 방법과 내러티브적 방법에서 엄격한 규칙은 없다. 두 방법이 분리되어서는 그 의미를 충분히 전달할 수 없다. 감독이 경험을 통해 얻는 매우 중요한 기술 중 하나는, 신이나 시퀀스에서 가장 지배적으로 사용되는 시점predominant point of view이 어디에 있어야 하는지를 아는 것으로, 거의 직관에 가깝다.

이제 앞 장에서 봤던 침대에 누워 있는 두 남녀의 장면으로 다시 돌아가 보자. 첫 번째 일련의 사진 보드는 바라보는 시선에 맞추어 컷한 주관적 시퀀스를 보여 준다. 그러나 여기에 나타난 기본 원리들은 주관적이 아닌 극적 상황에도 적용될 수 있다.

시점(변형 1) Point of View(Version One)

어둡게 시작하는 프레임 1은 그가 아침에 깨어나 눈뜰 때 보이는 모습을 주관적인 시점으로 나타냈다. 프레임 1a는 어둠이 완전히 사라진 후 남자의 시점에 본 여자의 클로즈업 숏이다. 프레임 2는 역방향에서 찍은 남자의 클로즈업 숏으로 일부가 침대 덮개에 가려져 있다. 바라보는 시선에 따라 그다음 숏으로 컷하는 일반적인 편집 패턴과 반대되는 순서로, 시점 숏을 먼저 보여 준 다음 '바라보는 시선'을 나중에 보여 준다.

이 시퀀스를 다시 다른 방법으로 시도했는데, 여기서는 프레임 3에서 보듯 여자의 모습을 보여 주는 새로운 숏으로 시작한다. 우리는 여자의 머리 뒷모습과 머리카락 사이에 있는 손가락들만 보게 된다. 여자는 프레임 3에서 카메라 쪽으로 얼굴을 돌리기 시작해 프레임 3a에서 동작을 완료한다. 프레임 4의 오버 더 숄더 숏 속에서 남자의 눈을 볼 수는 없지만 이 숏은 바라보는 시선에 따라 컷한 것과 동일한 효과를 갖는다. 이 프레임을 바로 앞 시리즈의 프레임 2와 비교해 보라. 두 프레임 모두 전 컷에 나온 여자의 클로즈업이 그의 시점에서 바라본 모습임을 알려 준다.

시점(변형 2) Point of View(Version Two)

이 시퀀스에서는 이제 전형적인 시점 편집의 패턴을 이용해 장면을 시작한다. 우선 프레임 1에 익스트림 클로즈업된 눈이 보인다. 그다음에는 필연적으로 따르는, 역방향에서 본 시점 숏과 2인으로 구성된 오버 더 숄더 숏이 차례로 이어진다. 이전 형태와 비교해 보자. 이 숏들이 카메라를 움직이지 않고 촬영한 것이라면 쉽게 이들의 순서를 바꿀 수 있을 것이다. 그러나 이 숏들이 줌이나 카메라의 움직임이 개입된 숏이라면, 전형적인 콘티뉴어티의 관행에 있어 선택 폭은 좁아질 것이다.

시점(변형 3) Point of View(Version Three)

이번에는 청각적인 면에서 주관적인 시퀀스를 살펴보자. 관객은 남자의 시점에서 사물을 보고 또 무언가 듣게 될 것이다. 좀 더 길어진 이번 시퀀스는 아래에서 시작해 다음 페이지로 이어진다. 프레임 1은 어둠에서 시작한다. 작은 숨소리가 들리면서 프레임 2에서 4에 걸쳐 서서히 그림이 밝아진다. 그러면서 여자의 규칙적인 숨소리에 따라 움직이는 침대 커버가 클로즈업으로 보인다. 프레임 5에서 우리는 거의 클로즈업된 남자의 귀를 본다. 바라보는 시선에 따라 컷할 경우 눈을 보여 주는 숏을 연결시키는 것과 동등한 개념의 청각적인 방법이다. 프레임 6에서는 사운드트랙을 통해 숨소리가 강조되면서 클로즈업된 여자 얼굴이 보인다. 프레임 7에서는 이미 잠에서 깨어 여자를 보고 있는 남자의 모습이 보인다. 여자가 남자로부터 등을 돌린 채 누워 있는 모습을 담은 프레임 8은 남자의 시점에서 그녀의 어깨를 보고 있는 주관적인 숏이다. 프레임 9에서는 다시 남자에게로 돌아가 여자를 바라보고 있는 그의 눈을 익스트림 클로즈업으로 보여 준다. 프레임 10에서는 돌연 여자의 시점으로 바뀐다. 이 숏은 여자가 침대에서 일어나기 위해 프레임 밖으로 빠져나갈 때까지 몇 초간 지속된다.

프레임 11에서 여자가 침대 가장자리에 앉는다. 그러고는 프레임 12에서 남자를 뒤돌아본다. 이제 그녀가 바라보는 시선에 따라 다음의 오버 더 숄더 숏으로 컷된다. 프레임 13에서 카메라는 여자의 어깨에 가까이 다가가 있으며 또한 그녀의 시선과 동일 선상에 놓여 있기 때문에, 우리는 그녀의 시점을 함께하게 되며 따라서 그녀와 동일시하게 된다. 이 장면은 여기까지 전

개되었다. 그러나 숏의 수를 줄이기 위해, 마지막으로 프레임 12와 13을 역방
향에서 잡은 투 숏인 프레임 14와 대치시켰다. 이 경우 여자의 시선과 그녀가
바라보는 대상이 하나의 숏에 모두 들어온다. 흥미로운 것은 액션이 제3자의
시점에서 처리되고 있는데도 이 장면은 우리가 그녀와 동일시하게끔 만든다
는 것이다. 시각적인 측면에서 보면 이 숏의 주체는 남자를 바라보고 있는 여
자다. 이는 단지 바라보고 있는 대상에 그녀가 어떻게 반응할지에 대한 우리
의 관심을 유발시키는 것에 불과하다. 이 숏에서 두 번째로 주가 되는 것은
여자의 생각이다. 그녀의 반응이 대사나 다른 어떤 행동으로도 표출되지 않
았기 때문이다. 이 장면은 관객이 그녀의 느낌을 생각해 보게 만들기 때문에
주관적 숏과 유사한 성질을 갖는다.

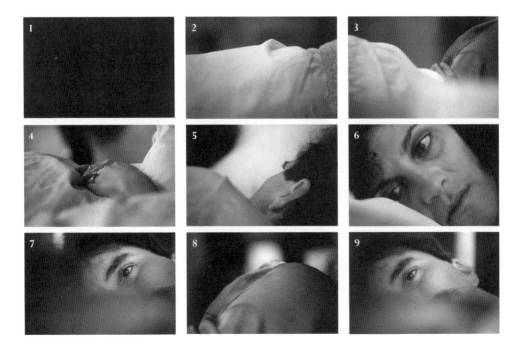

내러티브 방법을 이용한 시점의 형성 Narrative Control of Point of View

다음은 한 여성이 해변에서 남편을 찾던 중 해변에 홀로 앉아 있는 자신의 남편을 발견하는 장면이다. 우리의 목적은 어떻게 하면 관객이 등장인물 중 어느 한 인물과 동일시를 느끼는가를 알아보는 것이다.

내러티브 방법(변형 1) Narrative Control(Version One)

첫 번째 시퀀스는 주관적인 설정의 전형적인 모습이다. 프레임 1에서 여자가 화면 밖의 무언가를 바라보고 있다. 프레임 2에서 우리는 그녀가 응시하던 대상을 보게 된다. 프레임 3에서는 그들 사이에 놓인 지형적인 관계를 투 숏을 통해 보여 준다. 이 시퀀스에서 우리는 두 가지 이유로 여자와 동일시하게 된다. 첫째, 관객을 장면 속으로 이끈 사람은 여자다. 둘째, 프레임 3의 투 숏은 여자가 바라보는 방향에서 보여 준다. 그러나 여기서 카메라는 액션의 범위 밖에 놓여 있기 때문에 중립적 관찰자 시점에 가깝다고 할 수 있다.

이것을 다음 일련의 프레임 4-6과 비교해 보자. 여기서는 마지막 장면이 다른 모습으로 나타난다. 이 경우 마지막 숏을 역방향에서 보여 주긴 하지만 이전 시퀀스에서와 같이 우리는 아직 여자의 시선을 공유한다. 이 두 가지 방법은 우리에게 서로 다른 방식으로 여자와 동일시하게끔 만든다. 흥미로운 것은 프레임 6에서 남자가 아무리 우리에게 가까이 있다 하더라도, 그로 인해 여자에 대한 우리의 동일시가 급격히 감소하지는 않는다는 것이다. 여자의 등장 화면에서부터 시작하는 이 시퀀스의 줄거리가 다음 숏을 해석하는데 영향을 주기 때문이다.

내러티브 방법(변형 2) Narrative Control(Version Two)

다음 시리즈는 앞 시퀀스를 남자가 나오는 장면으로 시작하면 어떻게 되는지를 다룬다. 문제는 이 경우 우리가 여자 대신 남자에게 동일시하게 되느냐다. 아마 여자와 남자 사이에 분할되어, 편집 여하에 따라 어느 한쪽으로 시점이 옮겨질 것이다. 시험해 보기 위해 이 시퀀스를 스크린 위에서 상영되는 것처럼 가정하고 살펴보자. 먼저 남자가 등장하는 장면들이 여자가 등장하는 장면들보다 오랜 시간 지속된다고 해 보자. 그리고 이제 여자가 나오는 장면(프레임 2-3)을 더 길게 했다고 가정하고 이 장면을 다시 보자. 동일시는 대개 시간이 오래 주어진 대상에게서 이루어진다. 주목할 만한 것은, 여자는 확연히 남자를 보지만 남자는 특별히 어떤 대상에 주의를 집중하고 있지 않다는 점이다.

　　아래 일련의 화면에서 새로운 것은 남자의 오른쪽 모습을 보여 주는 숏으로, 여자가 바라보는 방향과 대조를 이룬다. 시선과 관련된 것으로 시점을 결정해 주는 또 다른 요소다. 대상이 무언가 생각하고 있다는 암시를 주는 숏은 무엇이건 우리에게 동일시의 감정을 불러일으킨다. 눈을 보여 주는 숏, 그리고 대개의 클로즈업이 이 범주에 속한다. 이것이 여자의 오버 더 힙 숏over-the-hip shot으로 촬영한 프레임 3이 프레임 2에서 바라본 시선에 따라 컷한 효과를 살리지 못하는 이유다. 만약 이 프레임 대신 그녀의 머리가 보이는 오버 더 숄더 숏을 사용했다면, 여자에 대한 동일시는 더 커졌을 것이다.

내러티브 방법(변형 3) Narrative Control(Version Three)

　　마지막으로 동일시의 감정이 얼마나 미묘하게 조정될 수 있는지를 살펴보기 위해 형태 1과 2의 방법을 결합해 본다. 프레임 1은 남자의 등장 화면에서 시작한 후 그를 보고 있는 여자의 숏으로 연결한다. 여기서 멈추면 우리는 여자와 동일시하게 된다. 여자의 시선을 나타내는 마지막 프레임처럼 여자의 시점을 보여 주는 컷은 우리를 그녀와 더욱 동일시하게 만든다. 그 숏들을 다시

한 번 살펴보자. 화면에서 알 수 있듯, 시각적으로 남자는 가장 강렬한 클로즈업으로 보이고 또 세 숏을 통해 나타나 있지만 여자는 두 숏에서만 나온다.

이제 일관된 시점을 유지하는 데 중요한 것은 숏의 유형 및 숏들 사이의 상호 관계이지 특정 인물이 등장한 숏의 많고 적음에 달려 있지 않음이 분명해졌다. 끝으로 우리가 동일시하는 대상은 일관성 있게 보여야 한다는 점이 중요하다. 이 마지막 시리즈에서 같은 앵글로 나오는 여자의 두 숏은 서로 다른 앵글에서 나오는 남자의 세 숏보다 더 강하게 동일시의 감정을 불러일으킨다.

PART 4

이동

카메라

The Moving Camera

《아웃레이지Outrage》세트에 있는
이다 루피노Ida Lupino 감독.

17. 팬The Pan

　　이동 카메라는 독특하게 영화적이다. 이동의 다양한 형태는 이동 자체를 가능하게 해 주는 삼각대, 카메라 돌리, 집 암, 크레인 등 구체적인 기술 지원 장치들로 이루어진다. 이들은 과거에 카메라의 놀라운 곡예 기술이 가능하도록 기술적 디자인과 제품의 향상을 지속적으로 발전시켜 왔다. 1980년대에는 컴퓨터 콘트롤이 추가되면서 특히 인더스트리얼 라이트 앤 매직Industrial Light and Magic 회사처럼 시각효과 기술이 급성장했다. 컴퓨터 콘트롤은 복잡한 카메라 움직임이 소프트웨어 프로그램에 입력되어 스마트 돌리smart dolly 같은 특별한 카메라 지지대로 움직이는데 이때 각 움직임은 이전의 움직임과 동일하게 반복적으로 실행된다. 이는 시각효과 창출을 위한 복합적인 카메라 운행에 있어 필수였다. 현대 돌리에서는 원격 조정이 표준처럼 형성되어서, 카메라 오퍼레이터가 굳이 카메라를 부착한 돌리 위에 앉아 있지 않아도 된다. 카메라 헤드는 촬영부원들이 컴퓨터 모니터를 통해 카메라에 비친 화면을 보면서 조이스틱joystick이나 전통적인 기어 헤드 핸드 휠geared-head hand wheels을 이용하여 원격으로 조정할 수 있다. 이 기술은 매우 복잡하고 어려운 움직임들을 가능하게 한다. 예를 들어, 오래된 제조사 중 하나인 채프먼/레오나드 Chapman/Leonard 스튜디오 장비 회사는 12미터 높이에서 수중 속까지 운행할 수 있는 완전 방수의 신축식 원격 조정 크레인인 하이드라스코프Hydrascope를 만들었다. 다른 여러 업체들도 카메라 차camera cars, 차에 부착하는 카메라 리그rigs, 헬리콥터, 다양한 버전의 스테디캠Stedicam(오퍼레이터의 몸에 부착한 카메라 스태빌라이저stabilizer) 등을 제공한다. 이들 장비들은 공공장소에 대한 사용 허가, 안전, 책임, 이동에 대한 고려 등을 필요로 한다.

　　속도에 구애받지 않고 어느 장소든 자유롭게 갈 수 있는 컴퓨터 애니메이션 프로그램과 비디오 게임의 가상 카메라virtual cameras로 인해 카메라 미학이 바뀌었다. 수십 년 전부터 스테디캠이 아주 작은 규모로 주도해 왔는데, 이제 비로소 카메라 무브먼트의 무한한 가능성이 열린 것이다. 이와 같은 미적 선택은 보다 빠른 컷과 움직임을 촉발하는 최근 경향에 기인한다. 관객의 관심을 더욱 이끌기 때문이다. 덕분에 주류 관객들도 느린 속도의 기법에 인내심이 부족한 지점까지 도달했다. 증거는 주위에서 쉽게 볼 수 있다. 카메라 기술 역시 실제 카메라를 컴퓨터의 가상 카메라처럼 자유롭게 운행할 수 있도록 지속적으로 개발하고 있다는 점에서도 그 사실을 잘 알 수 있다. 이들은 미적 제한 두기를 거부한다.

　　카메라의 무대화에 대한 이와 같은 최근의 발전은 초저예산 영화에서조차 카메라 움직임에 큰 변화를 가져오는 결과를 초래했다. 드론과 여러 모터가 달린 콥터copters다. 4개 또는 8개 모터가 달린 드론은 대형 카메라 패키지와 짐벌gimbals을 운반할 수 있다. 500달러 이하의 드론은 2k, 4k 카메라, 스태빌라이저 등을 갖추고 있고 프로그램도 만들 수 있다. 아직 개발 단계에 있는 지금의 드론은 배우의 대사가 녹음되는 곳 가까이로는 접근할 수 없다는 한계가 있지만, 근래 저예산 공중 및 크레인 스타일의 카메라 움직임에 있어 분명 큰 영향을 끼치고 있다. 조만간 보다 조용한 드론이 개발될 것이다. 고프로GoPro 카메라와 경쟁 제품들 역시 위와 같은 기능의 일부로 작용하는데, 저예산 필름 메이커들에게는 색다른 또는 적어도 휴대하기 편리한 카메라 장비로 기능한다. 현재 진행 중인 이런 일들은 스마트폰 카메라, 드론, 그리고 스포츠 카메라들을 통해서 세계를 구석구석 들여다볼 수 있음을 말해 준다.

　　다음의 네 장에서 이동 카메라의 기법을 살펴보자. 일반적으로 카메라의 움직임이 있는 숏은 고정 숏보다 실행하기 어렵고 시간도 많이 소비된다. 반면에 시각적으로나 극적으로 독특한 영상을 제공한다. 카메라 움직임은 숏들을 편집해서 대상을 따라가는 형식과 대체될 수 있다. 그리하여 서로 독립적인 아이디어 사이의 연결을 꾀하기도 하고, 시각적으로나 리드미컬한 면에서 변화를 주거나 주관적 시점에서 대상이 움직이는 느낌 그대로를 전달하기 위해 쓰인다.

▶ **팬**THE PAN

팬 촬영panning, 트래킹 촬영tracking, 크레인 촬영craning 등 세 가지 유형의 카메라 움직임 중에서 팬 촬영만이 카메라를 한 위치에서 다른 위치로 옮기지 않아도 가능한 카메라 움직임이다. 서로 다른 유형의 카메라 움직임은 단일 숏 안에서 함께 쓰인다. 크레인이나 달리를 이용한 숏에서는 대상을 프레임 속에 계속 유지시키기 위해 어느 정도의 팬 촬영이 수반된다. 시퀀스 숏을 위해 트래킹 촬영을 할 때는 안무된 액션을 화면에 담기 위해 대개 팬과 줌을 사용함과 동시에 크레인 이동과 측면으로의 트래킹 이동을 함께 사용한다.

팬은 이동 촬영 중에서 가장 간단한 것으로, 비교적 간소한 장비로 쉽게 실행할 수 있다. 다른 이동 숏들과 마찬가지로 팬은 단일 숏 안에서 다양한 모습을 보여 줄 수 있으므로 편집과 대체되어 쓰일 수 있다.

팬 촬영과 틸트 촬영 Panning and Tilting

팬 촬영의 기능은 매우 다양하며 가장 실행하기 쉬운 이동 중 하나다. 팬 촬영은 특별한 준비를 요하거나 트래킹 촬영이나 크레인 촬영처럼 무거운 장비를 필요로 하지도 않는다. 카메라는 수직 축 위에서 360도까지 회전이 가능해 수평으로 펼쳐진 모든 광경을 화면에 담을 수 있다. 카메라는 수직 팬 혹은 틸트를 통해 앵글을 위아래로 향할 수도 있다. 팬이 다른 유형의 카메라 움직임과 다른 점은 한 지점에서 다른 지점으로 옮기지 않고도 축을 이용해 한 위치에서 카메라를 회전할 수 있다는 것이다. 그 결과 팬 촬영은 트래킹이나 크레인 또는 핸드 헬드handheld 촬영에서 보여 주는 것과 같은 드라마틱한 흐름을 제공하지는 않는다. 이러한 점은 고정 숏과 유사하다. 그러나 팬은 오퍼레이터와 조수가 한 지점에서 다른 지점으로 옮겨 가며 촬영하는 트래킹 촬영이나 크레인 촬영보다 빠르게 공간의 모습을 화면에 담을 수 있다. 팬을 이용하면 축구 경기장의 한쪽 골대에서부터 반대쪽 골대로 쉽게 프레임을 옮길 수도 있다. 같은 거리를 아무리 빠른 트래킹으로 이동한다 하더라도 10초 혹은 그 이상의 시간이 소요될 것이다.

팬(수평 회전) 또는 틸트(수직 회전)는 다음의 상황에서 사용한다.

- 고정 숏을 통해 보이는 시야보다 더 넓은 공간을 보여 줄 때
- 움직이는 대상을 쫓아갈 때
- 두 가지 이상의 흥미 있는 부분들을 연결할 때
- 두 가지 이상의 대상들 사이의 연계를 암시할 때

파노라믹 숏 Panoramic Shot

팬을 널리 쓰는 경우는 주로 풍경을 천천히 보여 줄 때다. 넓게 트인 공간을 보여 주는 야외 장면이나 가정에서 만든 아마추어 영화에서 흔히 볼 수 있다. 이러한 풍경을 보여 주는 팬은 보통 설정 숏으로 쓰인다. 전형적인 방법으로 고층 건물의 높은 느낌을 전달하기 위해 위나 아래로 향하는 수직적 팬vertical pan과 사방으로 넓게 펼쳐진 사막이나 바다 같은 지역의 광대함을 묘사하기 위한 수평적 팬horizontal pan이 있다.

하워드 혹스Howard Hawks는 서부극《붉은 강Red River》(1948)에서 이런 유형의 180도 팬을 사용한 바 있다. 영화의 중심부인 소 떼를 몰고 가는 장면에서 혹스는 대규모 소 떼와 그 소 떼를 몰고 가야 하는 막중한 일을 화면에 담고자 했다. 그는 카메라를 소 떼 사이에서 소몰이하는 몇몇 주인공 곁에 배치했다. 팬이 서서히 시작되면서 긴장과 흥분에 휩싸인 목동들과 멀리까지 펼쳐진 수천 마리의 소들이 보인다. 카메라는 30초에 걸쳐 180도를 돌고 난 뒤 주인공 존 웨인(토머스 던슨 역)을 잡는다. 그는 성공적으로 소몰이해서 얻는 이윤을 위해 모든 투자를 다한 목동 집단의 대장이다. 또한 그들의 가족과 미래에 책임을 안고 있다. 여기서 팬은 앞으로 자신이 해야 하는 엄청난 임무를 숙고하고 있는 웨인의 심정을 관객도 함께 느낄 수 있게 해 준다. 이 숏은 보잘 것 없는 존재인 목동에 비해 그가 해야 할 일들이 엄청나다는 사실을 말해 준다. 서부 영화의 문맥 속에서 볼 때 이 관계는 인간의 용기에 대해서도 전달한다.

프레임의 재구성을 위한 팬 촬영 Panning to Reframe

카메라 오퍼레이터는 움직이는 대상을 따라 프레임을 재구성하기 위해 팬을 사용할 수 있다. 따라서 카메라가 잡는 대상은 프레임 내에서 오퍼레이터가 원하는 위치에 놓인다. 미디엄 숏처럼 비교적 가까운 숏에서는 편안한 방법으로 배우의 구도를 잡을 수 있다. 반면에 배우는 해야 할 일이 있다. 그는 연기할 때 구도적 불균형을 야기하거나 프레임에서 약간 벗어날 수도 있다. 이때 카메라 오퍼레이터는 배우나 연기를 따라가기 위해 프레임을 재구성할 것이다. 프레임을 재구성할지, 카메라를 고정시킨 후 배우들의 움직임에 제한을 둘지 등의 선택은 해당 장면에서의 극적 의도에 달려 있다. 팬의 사용은 관객이 팬하는 것을 느끼지 못하게 하려는 데 있다.

액션을 따라가기 위한 팬 촬영 Panning to Cover Action

시야가 비교적 넓어 액션을 따라가는 카메라 움직임이 커질 경우 팬은 어떤 유형의 카메라 움직임보다 빠르게 넓은 공간을 화면에 담을 수 있다. 팬은 보다 운동적이고 단도직입적인 면이 있는 반면에 크레인이나 달리 움직임은 보다 섬세하고 정확하다.

액션을 따라가는 팬 촬영에서 중요한 것은 카메라 위치다. 팬 촬영의 유형은 카메라가 액션의 극적 범위 안에 있느냐 혹은 밖에 있느냐에 따라 달라진다. 일반적으로 카메라를 액션의 범위 안에 배치하면 공간감이나 대상의 움직이는 느낌에 관해 더욱 상승된 효과를 보일 수 있다. 가까이 있는 대상의 액션을 화면에 담기 위해 카메라가 멀리 위치해 있을 때보다 훨씬 더 넓게 팬을 하기 때문이다.

팬 촬영과 렌즈 Panning and Lenses

렌즈의 초점 거리는 팬 이동의 운동감을 확대하거나 축소할 수 있다. 망원 렌즈와 같은 긴 렌즈는 팬할 때 운동감을 증가시킨다. 반면 와이드wide 렌즈는 운동감을 감소시킨다.

손에 카메라를 들고 앞을 향한 채 들판에 서 있다고 상상해 보라. 이제 카메라를 앞으로 향한 채 반대편을 보기 위해 회전한다면, 당신은 180도 팬을 한 것이다. 와이드 앵글 렌즈를 사용했다면 배경 움직임의 모습은 크게 차이가 나지 않을 것이다. 와이드 앵글 렌즈는 약 90도에 가깝게 배경의 많은 부분을 보여 주기 때문이다. 그러므로 카메라는 카메라가 보는 넓이의 두 배 거리를 화면에 담는다(180÷90). 만일 같은 움직임이 망원 렌즈로 행해졌다면 렌즈가 화면에 담을 수 있는 부분 또는 시야field of view는 약 10도에 불과하다. 이제 팬을 한다면 그 운동감은 더욱 커질 것이다. 같은 회전 거리를 화면에 담기 위해서는 와이드–앵글 렌즈에서 필요로 했던 2개의 시야가 아니라 18개의 시야(180÷10)가 필요하기 때문이다.

구로사와 아키라 감독은 전경·중경·후경에 있는 요소들의 움직임과 깊이의 정도 차를 나타내고자 종종 망원 렌즈를 이용해 팬 촬영을 했다. 망원 렌즈의 특성인 얕은 피사계 심도는 카메라를 움직일 때 운동감을 증대시킬 뿐만이 아니라 대상을 고립시키는 역할도 한다. 구로사와는 그의 사무라이 영화에서 숲을 헤치며 달리는 인물이나 질주하는 말을 화면에 자주 담곤 했는데, 여기서 나무들과 같은 전경의 요소들은 스트로보 효과stroboscopic effect (**급속히 회전하는 물체를 관찰할 때 보이는 현상)를 내면서 화면을 리드미컬하게 지나가는 반면에 배경의 밝고 어두운 모습들은 어렴풋이 나타난다.

망원 렌즈를 사용해 이러한 것을 화면에 담기 위해서는 카메라를 능숙하게 조작할 수 있어야 한다. 특히 빛이 어두운 상황에서 빠른 속도로 팬 촬영을 하기란 쉽지 않다. 한편 초망원 렌즈extreme telephoto lens는 촬영이 어려운 상황에서 매우 효과적으로 쓸 수 있다. 존 부어맨John Boorman의《서바이벌 게임Deliverance》(1972)에서 주인공들이 보트를 타고 급류를 내려가는 장면을 찍을 때, 촬영감독 빌모스 지그몬드Vilmos Zsigmond는 예측할 수 없는 방향으로 향하는 주인공들을 따라가기 위해 1000mm 렌즈를 사용했다. 1000mm 렌즈는 현재까지 나온 렌즈 중에서 초점 거리가 가장 긴 렌즈로 매우 정확한 프레이밍과 초점 맞추기를 요구한다. 사람들은 지그몬드에게 이 렌즈로 그와 같은 액션을 따른다면 문제가 발생할 거라고 조언했지만 지그몬드는 촬영에 별 어려움을 겪지 않았다고 언급했다.

시선을 유도하기 위한 팬 촬영 Panning to Lead the Eye

팬은 다양하게 조작할 수 있으며 우리의 시선을 한 곳에서 다른 곳으로 쉽게 유도한다. 지나가는 자동차나 길 위에 날리는 나뭇잎을 따라 팬을 한 후 이야기의 중요한 부분을 보여 줄 수도 있다. 그 자동차나 나뭇잎은 진행 중인 이야기의 상황과 특별한 관계가 없을지도 모른다. 그러나 팬은 우리로 하여금 그것이 왜 그렇게 움직이는가를 묻게 하는 대신 그것을 하나의 영상적인 장치로 자연스럽게 받아들이게끔 하는 특성을 갖고 있다. 이런 식으로 주의를 이끄는 방법이 **그림 17-1**이다.

그림 17-1

이 방법에서 좀 더 복잡하게 발전한 형태는, 움직이는 한 대상으로부터 움직이는 다른 대상으로 연결을 유도하는 교차 팬cross pan이다. 여기에서는 두 대상이 서로 마주 보고 지나가는 설정이 필요하다. 이러한 유형의 교차 팬은 안무적인 특성을 지닌다. 관습에 의해 우리의 주의는 한 대상에서 다른 대상으로 옮겨 간다. 여기서, 각 대상이 바뀔 때마다 새로운 대상은 중요한 인물이라는 기대감을 유도한다. 사실 이러한 숏은 종종 무언가를 찾는 사람의 시점 숏으로 작용된다. 카메라 움직임은 자동차와 나뭇잎의 예처럼 어느 한 방향으로만 국한되지 않는다. 한쪽으로 진행되던 팬을 다시 방향을 바꾸어 반대쪽으로 계속 진행시킬 수도 있다. 예컨대 무도장에서의 댄스처럼 액션이 계속된다면 교차 팬은 한 커플에서 다른 커플로 끊임없이 옮겨 갈 수도 있다. **그림 17-2**는 기본적인 교차 패턴을 보여 준다.

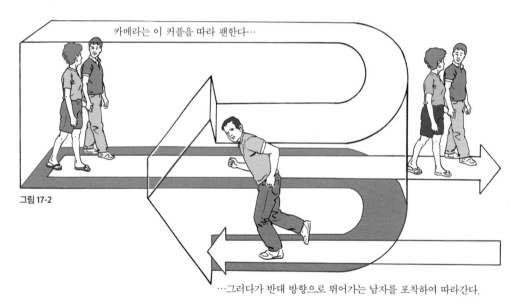

그림 17-2

카메라는 이 커플을 따라 팬한다…

…그러다가 반대 방향으로 뛰어가는 남자를 포착하여 따라간다.

깊이를 강조하기 위한 팬 촬영 Panning to Emphasize Depth

일반적으로 팬 촬영은 우리의 주의를 수평이나 수직으로 이끌지만 깊이 있게 무대화된 요소들로 이끌기도 한다. **그림 17-3**은 멀리서 카메라 쪽을 향해 달려오는 소년으로부터 시작되는 팬 숏의 예다. 카메라는 소년이 길모퉁이를 돌 때 팬을 하기 시작해 잠시 후 전경에 진입한 어느 여자가 운전하는 차의 먼 후경으로 그가 달려가는 모습이 보일 때까지 팬한다.

그림 17-3 깊이는 후경에서 전경으로 바뀐다.

필연적인 연결을 위한 팬 촬영 Panning for Logical Connection

팬은 화면 속의 요소들을 연결함으로써 그들 사이의 필연적인 관계를 암시하기도 한다. 보통 한 지점에서 다른 지점으로 팬할 때 "이들 두 대상은 어떤 관계에 있는가?"라고 물을 수 있다. 내러티브적 의도에 따라 그 관계는 바로 밝혀질 수도 있고 혹은 해답을 유보해 내러티브적 긴장감을 창출할 수도 있다. 어떤 방식이든 팬은 그 요소들 사이에 우리의 관심을 끌 만한 연결고리를 갖게 한다.

요약 Summary

과거와 같은 인기는 없지만 팬은 여전히 매우 유용하게 쓰인다. 오늘날의 영화감독들은 편집 시 더욱 자유로운 선택을 위해 스토리 요소들과 공간을 연결하는 방법 중 하나로 컷을 선호한다. 그 결과 공간 사용이 제한되고, 따라서 그 연결이 부자연스럽게 보일 수도 있다.

일반 가게나 쇼핑센터의 주차장 또는 사람들이 줄을 선 극장 앞처럼 여러분이 활동적인 장소에 있다고 가정하고 주위의 다양한 이미지를 상상해 보자. 그리고 이미지들을 팬으로 계속 연결한다고 해 보자. 아마 주위의 상황

들이 겹치거나 교차되는 현상에 놀랄 것이다. 당연히 어떤 이미지들은 필연
적으로 연결되기도 하겠지만 어떤 경우 시각적인 이유만으로 팬을 사용해
이미지들을 연결했는데 후에 그것을 통해 전에는 생각하지 못했던 필연적인
연결이 암시되어 있음을 발견하기도 할 것이다.

▶ 내러티브의 예 NARRATIVE EXAMPLES

8장에서 살펴봤던 내러티브 문제로 돌아가 보자. 그 시퀀스는 침대에 누
워 있는 소년이 잠에서 깨고 동생이 학교에 갈 준비를 하는 한편, 어머니가
아침 식사를 준비하고 아버지는 집을 나서 직장으로 향하는 장면이었다. 8장
끝부분에 쓴 스토리보드에서는 고정 숏만 사용했으나 이번에는 팬 숏을 이
용해 이야기 전달 방식을 다른 형태로 진행해 보자.

변형 1 Version One

여기에서는 두 개의 이야기 전달 방식을 서로 교차하면서 사용했다. 냉장
고에 자석으로 고정시킨 여러 메모와 편지, 그리고 카드를 클로즈업으로 보여
주면서 신이 시작된다. 카메라는 각각의 메모에 나타난 내용과 그림의 일부를
보여 주면서 팬한다. 후에 **그림 17-4**에서 보이는 것처럼 소년의 침실 바닥에 놓
인 여러 사물을 유사한 스타일로 팬하는 장면과 교차할 것이다.

스토리보드에서는 카메라가 지나가는 경로가 표시된 냉장고 문의 전체
적인 모습을 보여 주면서 신을 시작한다. 실제의 팬 촬영에서는 내용들을 부
분적으로만 보여 줄 것이다.

1. 예약된 진료 시간이 적힌 치과 진료증.
2. 학교에서 소년의 부모에게 보낸 통지서: "친애하는 드레이퍼스 씨, 마
   크가 지난달에 여섯 번이나 지각했습니다. 과제물도 여러 번 제출하
   지 않았고 수학 점수는 이미 상당히 뒤처져 있습니다. 마크의 이야기
   로는 지각이 신경 질환 때문이라고 하더군요. 저는 마크에게 진단서

를 떼어 오라고 말했습니다…"

3. 시카고에 있는 한 호텔에서 드레이퍼스 씨가 보낸 카드.

4. 아직 출장 중인 드레이퍼스 씨가 보낸 두 번째 카드.

5. 드레이퍼스 씨가 보낸 세 번째 카드. 우리는 그가 출장이 잦음을 알 수 있다.

6. 《집안 가꾸기Good House-keeping》 잡지에서 찢어 낸 만화.

7. 처음 통지서에 대한 응답 요청과 드레이퍼스 부부에게 상담을 요청하는 학교의 두 번째 통지서.

냉장고 숏에서 우리는 부엌에 있는 드레이퍼스 부인이 딸에게 마크가 일어났는지를 묻는 소리를 듣는다. 우리는 이 단순한 팬 촬영으로 마크가 학교에서 문제를 일으키고 있다는 것과 그의 아버지가 사업상 종종 출장을 간다는 사실을 알 수 있다.

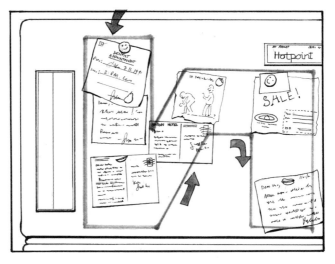

그림 17-4 카메라는 냉장고에 붙어 있는 "즐거운 하루 되세요"라는 얼굴이 그려져 있는 자석을 익스트림 클로즈업으로 보여 주면서 장면을 시작한다. 카메라는 화면에서 엽서 크기의 시야가 들어올 때까지 후진한다. 카메라는 냉장고 문에 부착된 메모 쪽지들과 카드들을 따라 팬을 하기 시작한다. 동시에 우리는 부엌에서 달그락거리는 소리와 함께 드레이퍼스 부인이 딸과 대화하는 소리를 듣는다.

변형 2 Version Two

감독은 이렇게 시작하는 것이 시각적인 면에서는 좋으나 특별히 영화를 시작하는 타이틀 부분에 쓰지 않는 한 영화의 시작으로는 너무 설명적이라고 생각했다. 그래서 소년의 침실에서부터 팬 숏을 시작한다는 새로운 아이디어를 계획했다. 카메라는 거의 180도에 이르는 공간을 화면에 담을 수 있도록 액션이 진행되는 곳의 중심 위치에 놓았다.

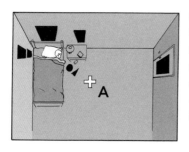

위에서 바라본 이 도형은 스토리보드에 나와 있는 각 요소들이 놓인 위치를 보여 준다. 카메라는 A 지점에 있다. 카메라는 우선 바닥에 놓여 있는 종이비행기의 뾰족한 앞부분을 위에서 보여 주는 것으로 시작하여 소년의 팔을 타고 올라가 그의 뒤쪽에 있는 벽의 포스터로 향한 다음, 오른쪽에 있는 방문에 도달할 때까지 팬을 진행시킨 후 다시 침대에 누워 있는 소년에게로 팬한다. 구체적인 액션은 아래 스토리보드에 묘사되어 있다.

1

영화는 F57이라는 커다란 붉은색 글자가 쓰여 있는 화면에서 시작한다. 카메라가 후진함에 따라 그것이 전투기의 표식처럼 종이비행기 날개 위에 표시한 글자라는 것을 알게 된다.

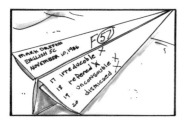

2

카메라가 뒤로 물러남에 따라 그 종이비행기가 사실은 철자법 시험을 봤던 종이라는 것과 F57은 전투기처럼 보이려고 쓴 표식이 아니라 담당 교사가 매겨 놓은 낙제 점수라는 사실을 알게 된다. 그 옆에 소년의 이름이 보인다.

3

카메라는 다시 팬하여 접시 위에 놓인 샌드위치와 엎어진 컵, 그리고 침대 아래에 늘어져 있는 소년의 팔을 보여 준다.

4

카메라는 소년의 팔을 타고 올라간다. 그러나 얼굴은 보여 주지 않고 침대 위쪽으로 계속 올라가 벽에 붙어 있는 여러 개의 포스터를 보여 준다. 각 포스터에는 원래의 사진 위에 소년의 사진이 붙어 있다. 소년 자신이 록 밴드 U2의 리더가 되고 핑크 플로이드가 되고 또 《타임》 커버에 나온 것처럼 꾸며 놓은 것이다.

5

카메라는 계속해서 오른쪽으로 팬하면서 다른 포스터들을 보여 준다. 최초로 달에 착륙한 우주인의 모습도 보인다. 그러나 닐 암스트롱의 얼굴 역시 마크의 사진으로 대체되어 있다.

6

카메라는 육체미 선수의 사진에 마크 자신의 얼굴을 오려 붙인 포스터가 붙어 있는 침실 문 쪽으로 계속해서 팬한다.

7

문이 열리고 마크의 여동생이 청바지 한 벌을 들고 들어온다. 그녀가 바지를 던지자…

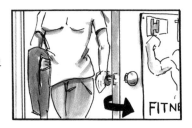

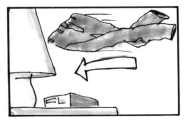

8

…카메라는 날아가는 청바지를 따라가…

9

…그 청바지가 침대에 누워 있는 마크에게 떨어질 때까지 팬한다. 이때 마크의 실제 얼굴을 처음 보게 되지만 우리는 포스터에 붙어 있는 사진을 통해서 이미 그의 얼굴을 알고 있다.

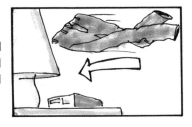

앞 페이지들에서 팬은 여러 방법으로 유형화되었다.

- 파노라믹 숏Panoramic Shot
- 프레임 재구성을 위한 팬 촬영Panning to Reframe
- 액션을 따라가기 위한 팬 촬영Panning to Cover Action
- 시선을 유도하기 위한 팬 촬영Panning to Lead the Eye
- 깊이를 강조하기 위한 팬 촬영Panning to Emphasize Depth
- 필연적인 연결을 위한 팬 촬영Panning for Logical Connection

일반적으로 팬 사용은 우리가 일상생활에서 어떻게 하나의 흥미로운 지점으로부터 다른 흥미로운 지점으로 시선을 옮기는지의 개념과 가깝다고 할 수 있다. 촬영과 편집은 대략적인 시지각일 뿐이기 때문에 종종 그래픽 또는 예술적 기량을 통해 우리가 어떻게 사물을 보는가에 대한 비교적 정교한 모방 형태를 이끌 수 있다. 이전 페이지들의 예제에서 설명한 바 있다. 결국 모든 영화는 인간 지각의 근사치에 가깝다.

신경 과학은 논리 정연한 이해 지각understanding perception을 만들어 내기 위해 어떻게 눈의 하드웨어가 두뇌의 소프트웨어와 함께 작용하는지 설명하기 시작했다. 그러나 오늘날까지도 시각vision에 대한 완전한 이해는 성취하지 못했다. 20세기의 대부분을 통해, 영화에 대한 대중적인 설명은 시각의 영속성(잔상)persistence of vision이었다. 영화 제작에 관한 책에는 나와 있지만 심리학과 신경 과학 분야에서는 전혀 나오지 않는다. 시각의 영속성이란 단어는, 일련의 사진 이미지들을 유연한 움직임으로 받아들이는 경험 과정에 대한 정확한 설명이 되지 못하고 있다.

팬은 숏 레퍼토리repertoire 중에서 머리를 돌리는 것과 같은 기능을 한다. 하지만 두뇌의 근본적인 지각 과정을 강조하지는 않는다. 첫째, 눈은 초점이 맞은 상태에서 실제의 매우 작은 부분만 본다. 지금 당장 여러분이 어느 대상을 바라본다면, 눈은 여러분의 시야에서 초점이 맞은 상태의 매우 작은 부분만 보게 된다. 여러분이 보고 있는 초점이 맞추어진 세계(이 페이지를 포함하여)는 매초마다 약 3-5번씩 보게 되는 이러한 스포트라이트spotlighted된 형상들로 구성되었다. 이것을 서카드saccades라고 하는데, 각 정지 순간마다 보는 눈의 빠른 움직임을 말한다. 또한 부드럽게 움직이는 안구 운동smooth pursuit eye movements이 있는데 인간의 시각 체계에서의 서카드 행위로 보완될 수 있다. 초점이 맞지만 작은 일부분에 불과한 일련의 서카드들은 좀 더 큰 초점 영역을 산출하고자 실시간으로 조합된다.

주변 세계를 보는 데 있어 우리가 본다고 생각하는 이미지를 두뇌가 조합하는 동안에는 하나의 전체 이미지를 보지 못한다. 이미지의 이동에서의 서카드적인 억제에 기인한다. 또한 무의식적인 눈 깜빡임도 억제된다. 두뇌가 어떻게 이러한 산발적이고 단절적인 이미지 조각들을 모으는가에 대한 잘못된 정보는 (부분적이나마 그동안 영화 도서나 구전 지식을 통해 흔히 알려진 비유처럼) 카메라를 인간의 눈과 비교한 데서 기인한다. 매혹적인 주제이며 인간 의식의 이해에 있어 결정적인 것이다. 지각은 신비로움 그 자체이며, 과학의 집중적인 연구 대상으로 유효하다.

제이 엘 피셔 크레인 J. L. Fisher Crane 사진(뉴욕
시 소재 댓캣 렌탈 ThatCat Rentals 제공).

18. 크레인 숏The Crane Shot

일반적으로 붐 숏boom shot이라고 불리는 크레인 숏은 수직으로 운행된다고 생각한다. 그러나 그 중추적 역할이 수직 운행이라 할지라도 실제로는 여러 방향으로의 운행이 가능하다. 이와 같은 이유로 크레인 숏은 모든 카메라 움직임 중에서 자연스러움이 가장 적은 움직임이다. 우리가 크레인 운행을 통해서 보는 것과 같은 특권적인 위치에서 세상을 바라보는 일이 드물며 일상적으로 경험해 본 어떠한 지각과도 유사하지 않기 때문이다.

크레인 숏은 원래 장엄한 분위기를 가지며 그 움직임이 주는 순전히 물리적인 쾌감으로 인해 무엇을 다루건 상관없이 주의를 끈다. 색다른 각도가 주는 신선함과 매력적인 원근감의 변화는 시청자를 그 안으로 끌어들이기에 충분하다. 시퀀스를 시작하는 부분에 사용하는 크레인 숏은 현실감을 더욱 고조시키는 동시에 주변의 지리적 상황을 나타내기도 한다. 로케이션에 접근해 가는 크레인 이동은 '어느 옛날에Once Upon a Time'라는 식의 숏이 되어 우리의 관심을 일반적인 것에서 특별한 사건으로 이끈다. 설정 숏에서의 팬 숏이 허구의 세계를 관찰하듯 넓게 펼쳐진 공간을 보여 주는 반면에 크레인 숏은 공간을 지나가면서 발생하는 깊이감 덕분에 더욱 현실감을 주어 세상을 '느끼도록' 만든다.

크레인 숏은 설정 숏에서 장중한 모습을 보여 주기 위한 것 이외에 여러 곳에 쓰인다. 알프레드 히치콕은《오명Notorious》(1959)의 파티 장면에서 크레인을 사용했다. 여기서 카메라는 거대한 홀의 천장에서부터 2층 아래로 하강해 앨리시아(잉그리드 버그만 분)가 손에 들고 있는 열쇠로 근접해 간다. 열쇠로 인한 심리적 긴장감을 강조하려는 의도였다.

주인공의 갈등을 극적으로 보여 주는 또 다른 예를 베르나르도 베르톨루치의《파리에서의 마지막 탱고Last Tango in Paris》(1972)에서 볼 수 있다. 첫 장면에서 아내가 자살한 후 폴(마론 브란도 분)은 위로 고가 철도가 달리는 거리를 걷고 있다. 카메라는 그가 하늘을 향해 괴성을 지를 때 급격히 하강해 허공을 향한 그의 얼굴을 클로즈업함으로써 그의 고뇌를 보여 준다.

크레인은 숏 안에서 카메라를 이동시키는 역할 이외에 유동적인 삼각대 역할도 한다. 즉 크레인을 사용하면 여러 고정 숏을 촬영하기 위해 일일이 삼각대를 설치해야 하는 수고를 덜게 되어 신속한 촬영이 가능하다. 할리우드의 스튜디오 제작 시기에 스튜디오 세트장은 크레인 촬영을 위한 최적의 장소였다. 비좁은 실내 장면이라도 벽이나 천장 등은 조명을 설치하거나 카메라의 시야에 방해되는 요소를 없애기 위해 쉽게 떼어 낼 수 있는 '와일드wild'였기 때문이다. 또한 몸체가 큰 미첼Mitchell 카메라도 세트 안에서 쉽게 옮겨질 수 있었고 감독도 카메라의 위치를 비교적 빠르게 재조정할 수 있었다. 그러나 오늘날에는 대부분 실제 로케이션에서 촬영을 진행하기에 커다란 크레인으로 자유롭게 움직이는 것은 실외에서만 가능하다. 크레인이 다양하게 쓰일 수 있음을 아는 현명한 영화감독은 크레인이 주는 인상적인 숏에 만족하지 않고 그것을 최대한 이용하려 할 것이다.

운행의 범위 The Range of Motion

크레인의 운행 범위는 어떤 크레인을 쓰느냐에 따라 다를 수 있으나 일반적으로 카메라가 위치한 곳을 중심으로 호arc를 그리며 상하로 움직인다. 크레인과 유사한 종류로 집 암과 *붐boom이 있는데 달리의 부속물로 사용된다. 측면으로 진행하는 달리에 수직 운행이 가능한 붐을 첨가하면 운행 범위가 훨씬 넓어진다. **그림 18-1**은 원격 조정을 통해 작동하는 크레인이 고정된 지점에서 운행을 할 수 있는 모든 범위를 나타낸다. 지형이 허락한다면 크레인이 놓여 있는 지면 아래까지도 하강할 수 있어 수직 운행 범위가 거의 두 배에 달할 수 있다.

크레인의 기저 부분을 이동하면 수직으로 움직이는 것을 포함해 운행 범위가 훨씬 넓어진다. 크레인이나 붐을 카메라 이동 차량camera car(**이동하는 자동차나 인물을 촬영하기 위해 카메라, 오퍼레이터, 감독, 촬영 조수 및 다른 주요 스태프 등을 실을 수 있도록 특별히 제작한 차)이나 안정적으로 움직이는

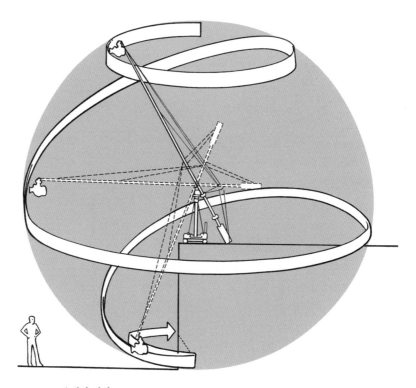

그림 18-1 운행의 범위.

이동 장비에 부착해 움직이는 대상을 따라가며 수직 이동시킬 수도 있다. 그림 18-2는 원격 조정 크레인이 트랙을 따라 이동하면서 동시에 수직으로 운행하는 것을 보여 준다.

　　크레인은 호기심이 많은 관찰자처럼 움직일 수도 있다. 장면의 전체 모습을 보여 주기 위해 위로 올릴 수 있을 뿐만이 아니라 장면의 세부적인 면을 보여 주기 위해 내려오기도 하고 또는 다시 와이드 숏으로 되돌아갈 수도 있다. 크레인은 담장이나 벽과 같은 장애물을 넘어갈 수도 있다. 그림 18-3은 새로 개발된 원격 조정 크레인을 이용해 실행할 수 있는, 일종의 운동적인 움직임을 보여 준다.

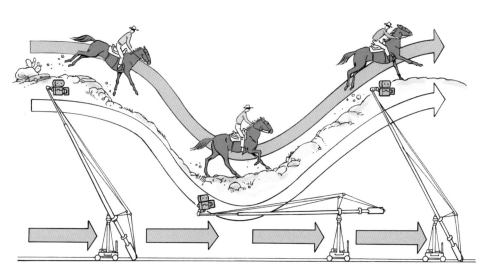

그림 18-2 동시에 진행되는 수직과 수평 운행.

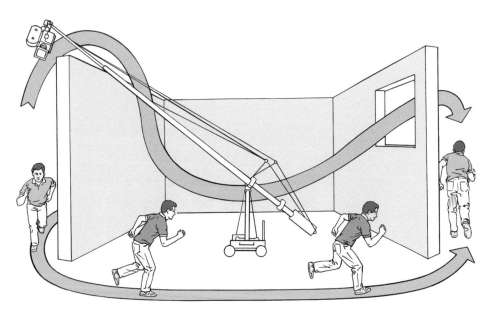

그림 18-3 호기심 많은 관찰자 역할.

시점 Point of View

크레인 운행은 **그림 18-4**에서 보듯이 인물의 진행 방향을 그대로 따라감
으로써 숏의 주관적인 느낌을 강화할 수도 있다. 이 장면에서는 인물이 산등
성이 너머를 보기 위해 언덕을 올라감에 따라 카메라가 그 뒤를 쫓는다. 마침
내 보고자 하는 것이 인물에게 드러남과 동시에 곧 우리에게 드러나기 때문
에 우리는 그의 시점에서 대상을 바라보게 된다.

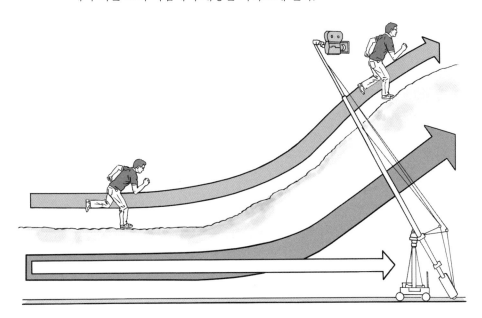

그림 18-4 시점.

인물의 시선을 따른다고 해서 굳이 먼 거리까지 보여 줄 필요는 없다. 달
리 위에 얹은 붐 암boom arm도 궁극적으로는 크레인 촬영의 일종이라고 할 수
있다. 인물이 앉기 시작하면 카메라를 함께 내려 인물의 앉는 모습을 느낌으
로 모방할 수도 있다. **그림 18-5**는 비교적 간단한 움직임으로, 관객은 여기서
차고 안을 들여다보는 주인공과 같은 시각으로 그 안을 보게 된다. 카메라는
프레이밍의 한 장치로 앉은 인물을 프레임 안에 넣은 채 차고 안을 보여 줄
수도 있고, 그를 지나서 관심 대상에게로 점점 다가갈 수도 있다.

그림 18-4 시점.

　길게 이동하며 촬영하는 모든 숏이 그러하듯 크레인 숏은 하나의 관심
사에서 다른 관심사로 옮겨 가는 일종의 시퀀스 숏으로 쓰일 수 있다. 다음의
예를 참고해 보자. 남아프리카의 어느 영화 촬영장에서 크레인은 교회의 아
름다운 뾰족탑 위에 세운 기독교의 상징인 십자가를 클로즈업으로 보여 주
다가 서서히 하강해 아프리카 국적의 백인들만 모인 교회 문 밖에서 백인들
이 어느 흑인 부부를 쫓아내는 모습을 보여 준다. 아이러니를 나타내는 가장
전형적인 유형이지만 여기서는 이미지의 개념적 사용conceptual use of imagery
과 테크닉 사이의 영화적인 관계를 보여 준다. 물론 관객이 장면에 대해 자유
로운 해석을 할 수 있도록 미묘한 대비를 줄 수도 있겠지만 크레인 숏이 단순
히 시각적 고안을 위한 도구 이상의 역할을 한다는 게 요점이다 .

운행 연습 Learning the Moves

영화를 연구하거나 시퀀스를 세부적으로 나누어 보는 것은 이동 카메라의 활용을 배우기 좋은 방법이다. 그러나 실제로 내가 그것을 해볼 때는 이야기기가 다르다. 개인 크레인을 소유하고 있는 게 아니라면 작품을 테스트 또는 만들 때 컴퓨터를 이용한 선행 시각화를 하자. 프레임포지나 다른 소프트웨어 프로그램을 통해 채프먼Chapman이나 지미 집Jimmy Jibs 같은 실제 크레인을 선택할 수도 있다. 소프트웨어를 배우는 데 시간은 좀 걸리겠지만, 카메라를 어떻게 움직일지를 배울 수 있는 가장 빠르고 정확한 방법이다. 또한 촬영 감독이나 프로덕션 디자이너에게 자신이 원하는 바를 보여 주는 최선이다. 미술부에서 소프트웨어를 사용한다면 카메라 이동에 대한 디자인을 협업할 수도 있다. 일단 프레임포지나 아이클론을 이용하여 3D 로케이션이 만들어졌다면, 한 시간 내로 카메라 이동과 배우 무대화의 몇몇 버전을 만들 수 있다.

프레임포지 달리.

모비 앤 세그웨이 MoVI & Segway
사진(영국 어퍼 컷 프로덕션 Upper Cut
Productions 제공).

19. 트래킹 숏The Tracking Shot

트래킹 숏은 피사체를 따라가거나 주위 공간을 살피는 데 사용된다. 하나의 피사체만 따라가는 간단한 숏일 수도 있고 무대화와 구도 등을 다양하게 하며 여러 스토리의 요소를 엮는 복잡한 시퀀스 숏일 수도 있다. 아무리 복잡한 트래킹 숏이라도 근거가 되는 내러티브와 영상을 전개해 나가는 방식을 살펴본다면 쉽게 이해할 수 있다.

액션의 범위와 카메라 이동The Circle of Action and the Moving Camera

카메라가 이동할 때의 액션 범위는 13장에서 본 고정 카메라의 경우와 같다. 가령 사교춤이 열리고 있는 장소에서 카메라가 춤추는 사람들 속에 놓여 있다면 이는 액션의 안쪽에 있는 것이다. 반대로 카메라가 어느 정도의 거리를 두고 한 쌍의 춤추는 커플을 화면에 담으려고 발코니 주위를 따라 달리로 이동한다면 액션의 밖에 있는 것이다. 카메라가 고정되어 있더라도 상황은 같다. 이동 카메라가 고정 카메라와 다른 점은 단일 숏 안에서 액션의 안과 밖을 모두 넘나들 수 있다는 것이다. 이는 곧 스토리상에서 사물의 일반적인 모습으로부터 구체적인 부분으로 옮겨 가거나 반대로 옮겨 감을 뜻한다. 이렇게 액션 범위의 내부와 외부를 넘나들 수 있는 것은 이동 카메라가 갖는 가장 큰 장점 중 하나다. 그것은 감독이 이야기 요소들을 보다 시각적으로 꾸밀 수 있도록 도움을 준다.

카메라와 대상 사이의 거리The Subject-to-Camera Distance

액션의 범위로 들어가거나 나오는 것 이외에 카메라는 대상과 동일시를 형성하기 위해 대상으로 가까이 다가가거나 멀어질 수 있다. 그리고 이동 숏 안에서는 시간이 지남에 따라 변화가 생겨 그때마다 강조되는 점이 다양하게 나타난다.

고정된 클로즈업은 그 숏을 진행하는 동안 단 하나의 이미지만 부여하지만 이동 숏에 의한 클로즈업은 와이드 클로즈업에서부터 익스트림 클로즈업에 이르기까지 다양한 이미지를 보여 줄 수 있다. 그리고 카메라가 대상에 가까워지거나 멀어짐에 따라 친밀감(또는 다른 효과들)의 정도는 증가하거나 감소한다.

트래킹 숏의 구상 Planning for the Tracking Shot

우선 트래블링 카메라와 액션의 범위와의 관계를 생각해 보고, 그다음에 카메라와 대상 사이의 거리를 생각해 본다면 다양한 방법의 트래킹 숏을 구상할 수 있다. 이 두 요소는 어떤 숏에서든 카메라와 피사체 사이에 존재하는 공간 관계를 결정한다. 카메라가 액션 범위의 안에 있든 밖에 있든 카메라와 피사체의 거리감은 증가 또는 감소하기도 하고 현재의 거리를 그대로 유지하기도 한다.

5장에서 논의했듯, 스크립트에 나와 있는 신을 숏으로 나눌 수 있는 방법 중 하나는 누구의 시점에서 신을 바라보느냐와, 그 신에서 관객과 피사체와의 가장 적절한 감정적 거리는 어떤 것인가를 물어보는 것이다. 물론, 대본을 읽는 동안 어떤 신은 컷하는 것보다는 계속 연결되는 이동 숏이 적절하다고 생각되는 부분이 있을 것이다. 그렇다 해도 그 숏에서 강조해야 할 부분들의 목록을 작성하면 많은 도움이 될 것이다. 만일 트래킹 숏의 도식적인 개요를 그릴 수 있다면 카메라가 지나가는 경로를 따라 중요한 순간들을 그 위에 적어 놓을 수도 있고 여기에 중요한 대사나 연기자를 위한 구체적인 안무를 포함시킬 수도 있다. 보통 이러한 방법은 어떤 구체적인 숏을 계획하고자 할 때 쓸 수 있다. 액션의 극적 범위라는 범주 안에서 생각해 본다면, 액션이 아무리 복잡하게 얽히는 장면이라도 어떤 숏을 촬영해야 좋을지에 대한 방법을 찾는 데 도움을 준다. 이제 이동에 대한 기본 개념들을 쌓아 나가기 위해 기본적인 이동 카메라의 방법들을 알아보자.

피사체나 로케이션의 모습을 드러내기 위한 트래킹

Tracking to Introduce a Subject or Location

트래킹 숏은 전체 로케이션의 개별적인 세밀한 부분들을 하나하나 보여 주면서 서서히 피사체나 로케이션을 드러낼 수 있다. 이것은 액션 범위의 안 또는 밖에서 이루어질 수 있다. 가령 구체적인 세부에서부터 일반적인 윤곽을 드러내기 위해 카메라는 클로즈업에서 시작해 와이드 숏으로 물러날 수 있다. 예를 들어 카메라가 황폐한 상가의 보도를 따라 내려간다고 하자. 처음에는 클로즈업으로 시작해 제과점의 벗겨진 페인트, 깨진 유리, 그리고 버려진 상점을 말해 주는 다른 징표들을 보여 준다. 첫 번째 가게에서 보여 준 이러한 세부 사항들은 사업에 실패한 가게의 모습을 말해 준다. 카메라가 뒤로 물러나면서 트래킹으로 황폐한 모습의 가게 앞과 빈 점포들을 지나간다. '영업 끝났음' 또는 '폐업' 표시들이 창문 여기저기에 보인다. 한 걸인이 빈 가게의 문 앞에서 잠자고 있다. 경제적 재난을 말해 주는 징표들이 거리 전체가 보일 때까지 서서히 드러난다. 이 방법을 통해서 카메라 움직임은 처음에 제과점을 보여 줌으로써 거리 전체의 경제적 불황을 개인적 파산과 연결시킨다.

종종 트래킹 숏은 도시의 공원이나 교통 차량들처럼 넓은 지역에 펼쳐져 있는 피사체들의 측면을 따라 지나가기도 한다. 장 뤽 고다르의《주말 Weekend》(1967)에서 여러 차를 지나면서 사용한 긴 트래블링 숏이 그것이다. 트래킹할 때 곧바로 펼쳐져 있는 길을 따라 이동하는 것이 편리하고 적절한 방법이라 할지라도 반드시 일직선을 따라 움직일 필요는 없다. 카메라는 길모퉁이를 따라 돌 수도 있고, 전진하거나 후퇴하기도 하고, 정지하다가 다시 출발할 수도 있고, 속도를 바꾸기도 하고, 지나왔던 길을 가로질러 갈 수도 있고, 피사체를 클로즈업으로 잡거나 와이드 숏으로 잡기도 하고 또는 창문이나 문을 통해 지나갈 수도 있다. 그 외에도 스태프들이 실행할 수만 있다면 감독이 생각한 그 어떤 시각적 고안도 가능하다.

피사체와 동일한 속도의 트래킹Tracking at the Same Speed as the Subject

트래킹 숏에서 가장 많이 사용하는 것은 대화하며 가는 두 사람이나 그 이상의 사람을 따라가며 촬영하는 것이다. 피사체와 카메라가 같은 속도로 이동하고 거리를 일정하게 유지할 때 그 구도는 고정 숏에서 잡은 구도와 동등하다고 할 수 있다. 카메라는 피사체 앞에서 피사체의 진행 방향으로 나아갈 수도 있고 그 뒤에서 따라갈 수도 있다. 그리고 피사체와 나란히 평행을 유지하며 따라갈 수도 있으며, 약간 앞이나 뒤에서 평행을 유지하며 따라갈 수도 있다. **그림 19-1**에 트래킹 방향들이 나와 있다. 카메라를 액션의 안쪽 또는 바깥쪽에 놓음으로써 피사체들의 전체 모습을 보여 주거나 미디엄 숏 혹은 클로즈업을 보여 줄 수도 있다. 이와 같은 평행 트래킹 숏parallel tracking shot은 자동차나

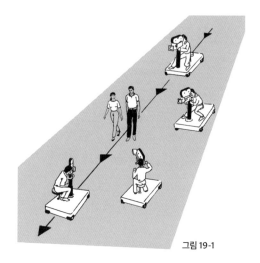

그림 19-1

말, 배, 기타 그 외의 운송 수단에서 이루어지는 대화 장면을 촬영하는 데도 자주 사용된다. 빠르게 움직이는 피사체들을 화면에 담기 위해 카메라를 차에 장착한 채 따라가며 촬영하는 액션 시퀀스에서도 유용하다.

피사체보다 빠르거나 느린 트래킹

Tracking Faster or Slower Than the Subject

이것이야말로 평행 트래킹 숏의 다양한 면모를 보여 준다. 카메라가 피사체와 다른 속도로 움직인다는 것이 유일한 차이점이다. 이 방법에서는 피사체가 점점 이동하면서 카메라 쪽으로 다가오기도 하고, 카메라가 피사체보다 빠르게 지나간다면 그 뒤로 처지기도 할 것이다(**그림 19-2**). 이는 카메라가 이동하는 동안 피사체가 액션의 범위 안으로 들어오거나 밖으로 빠져나가게 하는 것을 가능하게 한다.

그림 19-2

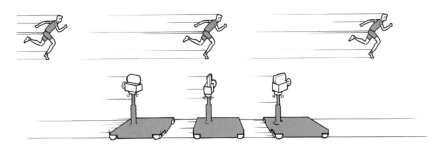

카메라가 피사체보다 천천히 움직인다.

카메라가 피사체보다 빠르게 움직인다.

    트래킹 촬영으로 달리기 선수가 경기에서 지고 있는 것을 보여 주고자 한다면 그 선수를 지나치면서 카메라가 선수보다 약간 더 빠르게 이동하면 된다. 주자가 이기는 것을 보여 주고 싶다면 주자를 카메라보다 빨리 달리게 하면 된다. 액션 시퀀스는 전형적인 평행 트래킹 숏보다 역동적인 숏이 된디. 피사체니 가메라의 속도가 달라짐에 따라 화면을 통해 나타나는 액션에 변화가 생기기 때문이다. 이것은 카메라와 피사체가 같은 속도로 움직이는 숏보다 더욱 우리의 흥미를 끈다. 카메라가 피사체와 같은 속도로 이동할 때, 움직이고 있는 면planes of motion은 피사체와 후경으로 한정되나, 카메라가 피사체와 다른 속도로 이동할 때는 후경, 피사체, 전경 등의 거리가 변화되어 원근감이 더욱 두드러진다. 이와 같이 세 곳의 움직이는 면을 이용한다면 깊이감을 더욱 증가시킬 수 있다.

피사체와 카메라를 서로 다른 속도로 움직이게 하는 것만이 아니라 숏 안에서 속도에 변화를 줄 수도 있다. 인물들이 대화하며 가는 장면에서 카메라의 진행 속도를 그들과 함께 하다가 인물들이 카메라를 앞질러 감에 따라 카메라의 진행 속도를 늦추어 그들 뒤에 처질 수도 있다. 또 다른 변형은 인물들이 이동하고 있는 카메라를 앞질러 가게 한 다음에 동일한 속도로 따라가는 것이다. 다른 형태도 있다. 두 사람이 접근할 때까지 카메라가 그 자리에 멈추어 있다가 그들이 대화하면서 카메라 앞을 지나갈 때 같은 속도로 이동한 후 신의 마지막에서 그들을 카메라보다 앞서가게 하는 것이다. 이 모든 변형은 같은 목적을 가진다. 즉 인물들이 지나가면서 하는 대화를 우리가 실제 엿듣는 듯한 느낌을 창출한다.

피사체로부터 멀어지거나 가까이 이동하기
Moving Towards or Away From a Subject

지금까지 평행 트래킹을 살펴봤다. 카메라는 또한 이야기 속 인물이나 대상의 중요성을 증가시키거나 감소시키기 위해 그들에게 바로 다가갈 수도 있고 그들로부터 멀어져 갈 수도 있다. 그 기본 움직임이 **그림 19-3**에 있다.

피사체의 얼굴을 향해 다가가는 달리의 움직임은 인물이 무언가 깨닫는 순간을 강조하기 위해 사용할 수 있다. 우리에게 익숙한 이 방법은 인물의 얼굴로 바로 컷하는 것과 같은 기능으로 자주 쓰인다. 예를 들어 한 여자가 술집에 도착해 남편이 다른 여자를 껴안고 있는 것을 발견한다고 하자. 이 경우 세 가지의 카메라 이동이 가능하다. 첫 번째는 카메라가 남편을 바라보고 있는 아내의 얼굴로 클로즈업되도록 달리로 이동하는 것이고, 두 번째는 카메라가 남편을 향해 달리로 이동하는 것이고, 세 번째는 위의 두 가지 달리 이동을 함께 사용하는 것이다.

달리 숏에서는 또한 카메라를 뒤로 물러나게 함으로써 피사체를 덜 강조할 수 있다. 이는 피사체를 고립시키는 경향도 갖는다. 예를 들어 한 여자가 그녀의 외동딸을 태운 기차가 떠나가는 정거장 플랫폼에 서 있다고 하자. 기

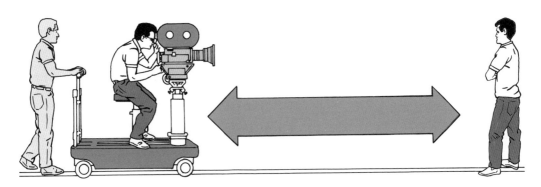

그림 19-3 앞으로 다가가거나 뒤로 물러나기.

차에 설치한 카메라는 플랫폼에 서 있는 여자로부터 멀어져 감으로써 떠나 가는 딸에 대한 여자의 망연함을 나타낸다.

카메라가 뒤로 물러나는 숏으로 우리에게 가장 익숙한 것은 신의 도입 부에서 장면을 소개하는 숏이다. 이러한 기법은 숏의 도입부에서 소개된 사 물과 그것이 놓여 있는 로케이션과의 관계를 설명해 준다. 무엇을 설명하기 위한 전형적인 방법으로, 예를 들어 낡았지만 값비싼 외투에서부터 카메라가 서서히 뒤로 물러나면서 그 외투가 누추한 원룸 아파트의 의자 위에 놓여 있 는 것을 보여 줄 때, 전에는 부유했던 코트 주인이 지금은 처량한 신세가 되 었다는 아이러닉한 의미를 나타낸다.

숏 안에서 펼치는 카메라 앵글의 다양화
Varying the Camera Angle Within the Shot

그림 19-4 는 대화 장면에서 사용하는 전형적인 트래킹 방법이다. 평행 트 래킹 방법에서 카메라는 연인의 옆을 따라 나란히 이동한다. 카메라 높이는 그들의 눈높이보다 약간 아래에 있다. 그러나 카메라가 몇 피트 떨어져 있기 때문에 카메라에서 본 시각은 프레임 A에서 보듯 눈높이 숏과 별다를 바 없 다. 그 신이 캐릭터들 사이에 격한 감정으로 발전되는 것이라면 보다 역동적 인 구도를 위해 앵글을 약간 낮게 한 숏으로 컷하고 싶을 것이다. 이는 새로

운 앵글로 컷함을 뜻한다. 그러나 그 대
안적인 해결책은 배우들을 카메라 쪽
으로 가까이 오게 하는 것이다. 여기서
카메라는 배우들의 얼굴이 미디엄 숏
속에 들어오게 만들기 위해 위로 약간
틸트해야 한다. 스토리보드 프레임 B는
연인들을 렌즈에서 불과 몇 피트 이내
에 들어오게 한 것의 결과를 보여 준다.
한편 카메라가 달리로 연인들에게 이
동해 도 같은 효과를 얻을 수 있다.

피사체의 주위를 도는 트래킹

Tracking Around a Subject

그림 19-5에서 보듯 카메라가 중앙
에 있는 인물들을 따라 한 바퀴 회전함
으로써 액션의 극적 범위를 에워쌀 수
있다. 이 기법의 극단적인 예가 우디 앨
런의 《한나와 그 자매들Hannah and Her
Sisters》(1986)과 브라이언 드 팔마의《언
터처블》에서 유사한 방식으로 나타난
다. 두 영화에서 원형 트랙은 테이블에
앉아 있는 사람들을 에워싼다. 카메라
움직임이 느려지더라도 숏에서 개별적

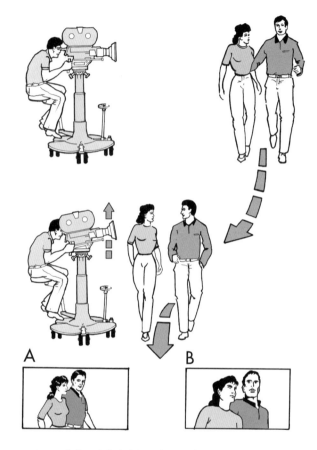

그림 19-4 단일 트래킹 촬영을 통해 높고 낮은 앵글을
결합시키길 원한다면 카메라와 피사체 간 거리를
변화시켜라. 피사체가 달리에 가까워질수록 프레임
안에 그들을 담기 위해 카메라를 위로 틸트해야 할
것이다. 앵글의 변화가 스토리보드 프레임 A와 B에
보인다.

인 인물들에게 특별한 주의가 가지 않기 때문에 전체 상황을 파악할 수 있다.
《언터처블》에서 원형 트래킹 숏은 각기 다른 배경을 가진 네 명의 연방 수사
원들이 마침내 하나의 팀이 되었음을 상징한다. 카메라는 인물들을 둘러쌈으
로써 공간 안에서 인물들을 하나로 융합시킨다.

그림 19-5

　앨런이 사용한 유사한 원형 트래킹 숏은 보다 설명적이다. 카메라는 테이블에 앉아 있는 자매들 주위를 너무 빨리 돌아 오히려 그들의 대화를 압도한다. 이러한 촬영은 그들의 발언이나 의견을 중요치 않게 만들어 우리가 그들을 관찰할 수 있게 한다. 여기서 관객은 그들이 도대체 무슨 말을 하는지 자매들조차 모르고 있음을 알게 됨으로써 일종의 우월한 위치에 놓이게 된다.

　원형 트래킹 숏을 사용한 또 다른 예는 로버트 로슨Robert Rossen의《사기꾼The Hustler》(1961)에서 당구장 도박꾼을 관찰할 때 쓰인 이후(25년 후)에 마틴 스콜세지의《컬러 오브 머니The Color of Money》(1986)에서도 볼 수 있다. 여기서 카메라는 캐릭터의 심리 상태를 전달하는 데 사용되었다. 패스트 에디Fast Eddie가 제1회 세계급 경기에 입장하자 카메라는 클로즈업으로 ㄱ의 주변을 돈다. 그는 잠시 흥분을 감추지 못했고 이동 카메라는 그러한 에디의 감정을 단일한 움직임을 통해 전달한다.

실내와 실외 공간의 결합Combining Interior and Exterior Spaces

　실내와 실외 로케이션의 연결은 보통 컷으로 이루어진다. 이것은 실내와 실외 조명을 맞추는 어려움을 해결해 준다. 각기 다른 곳에서 촬영한 두 로케이션이 실제로 가까이 있어야 할 필요는 없다. 스튜디오 내부에서 촬영

한 것을 지구 저편에 있는 실제 야외 로케이션
에서 촬영한 것과 조합할 수도 있다. 프로덕션
매니저의 관점에서 보면 큰 장점이 되지만 예
술적인 면에서 볼 때 실내와 실외를 분리하는
것은 공간적인 통일성을 감소시킨다.

　　대안은 카메라가 계속 돌아가는 동안 실내
에서 실외로 혹은 그 반대로 이동하는 것이다.
몇 가지 예를 살펴보자.

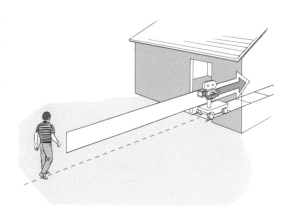

그림 19-6

실내로 들어가기 | Entering an Interior

　　그림 19-6에 나와 있듯 카메라가 인물의 앞
에서 이동해 갈 수 있도록 카메라를 달리 위에
놓는다. 우선 카메라는 현재 위치에 그대로 둔
채 인물만 앞으로 다가온다. 인물이 카메라가
있는 곳으로 근접해 오면 달리를 뒤로 이동시
켜 실내로 들어가고 인물이 뒤를 따르게 한다.

　　카메라는 곡선 모양의 트랙 혹은 나무판이
나 합판 등을 이용해 어떠한 각도나 방향에서
인물보다 앞서 갈 수 있다. 전형적인 각도에서

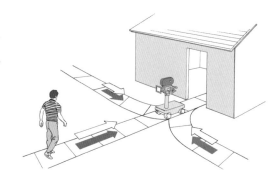

그림 19-7

들어가는 것이 그림 19-7이다. 이동이 크지 않다
면 달리 위에 집 암을 올려 다른 변형을 시도할
수도 있다. 달리는 집 내부에 놓은 채 그 위에
연결된 집 암과 카메라를 문 밖으로 내보낼 수
도 있다. 인물이 문 쪽으로 다가옴에 따라 집 암
이 출입구 안쪽으로 들어올 수 있을 때까지 달
리를 뒤로 이동시킨다. 이러한 장점을 보여 주
는 설치가 그림 19-8이다. 집 암을 쓰지 않을 경

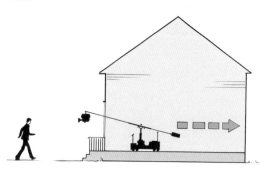

그림 19-8

우, 문 앞에 층계가 있기에 완만한 경사를 이룬 발판을 놓아 달리를 이동시
켜야 한다. 이때 발판을 설치하는 데 걸리는 시간은 차치하고라도 달리를 부
드럽게 이동시키는 것은 쉽지 않다. 집 암은 이 문제를 해결해 주며 무대화의
변화가 필요할 때 매우 유연하게 대처할 수 있다는 장점도 있다.

집 암이 없더라도 실내에 설치한 달리를 이용해 실외와 실내 공간을 연
결할 수도 있다. 카메라가 문틀 가까이에 있다면 문틀 자체는 보이지 않기 때
문에 카메라의 프레임을 문밖으로 향하게 함으로써 실외 숏처럼 연출할 수
있다. 인물이 밖에서부터 문으로 다가오면 카메라를 집 안쪽으로 깊숙이 이
동시켜 문틀과 집 내부가 프레임 안에 모두 들어오게 하면 된다. 또 다른 대
안은 인물이 접근하는 모습을 줌 인으로 보여 준 다음 서서히 줌 아웃을 해
결과적으로 문틀과 집 내부를 모두 보여 주는 것이다.

실외에서 실내 촬영하기 Shooting an Interior From the Exterior Position

그림 19-9 실외에서 실내 장면 촬영하기. 카메라는 인물을 따라 팬하며 달리로 이동해 가지만,
실외에 그대로 머문 채 실내 장면을 찍는다.

그림 19-9처럼 이동하고 있는 카메라 옆으로 인물이 지나가게 함으로써 실외 공간에서부터 실내 공간으로 옮겨 가는 것도 가능하다. 이때 카메라는 인물을 따라 문간까지 팬하며 이동해 가나 실내로 들어가지는 않는다. 인물이 실내로 들어간 다음, 카메라는 실외에 그대로 머문 채 실내 신을 촬영한다. 올바른 렌즈의 선택과 무대화에 따라 마치 카메라가 실내에 있는 듯한 결과를 보여 줄 것이다.

실외 장면과 실내 장면을 결합하기 위해 창문을 통해 촬영하기
Shooting Through Windows to Combine Interiors and Exteriors

이동 카메라는 실내에 놓여 있다. 카메라는 인물이 집으로 다가옴에 따라 창문을 통해 인물의 프레임을 잡는다(그림 19-10). 창문틀이 보이지 않게 하고, 관객이 카메라가 실내에 설치되어 있다는 것을 깨닫지 못하도록 카메라를 창문 가까이에 놓는다. 카메라가 입구를 들어서는 인물을 따라 팬하다가 벽과 문틀을 재빠르게 팬으로 지난 다음에 집에 들어선 인물을 따라간다. 이때 관객은 비로소 이제까지 그 인물을 실내에서 바라보고 있었음을 깨닫는다. 이러한 연출의 경우 실내 공간에서 계속 카메라를 이동하며 촬영할 수 있도록 트랙을 깔아 놓을 수도 있다.

그림 19-10 실외 장면과 실내 장면을 결합하기 위해 창문을 통해 촬영하기.

카메라를 어디에 놓을지는 전적으로 실내의 상황과 인물의 액션에 달려 있다. 그러나 위에 예로 든 세 가지 숏에서 원리는 동일하다. 즉 카메라의 선별적인 시점을 통해 카메라가 실제로 인물을 따라 실내에서 실외로(혹은 그 반대로) 넘나든 것처럼 보이게 할 수 있다.

트래블링 숏과 카메라 앵글Traveling Shots and Camera Angles

일반적으로 트래블링 카메라는 원근법의 효과를 더욱 증대시킨다. 우리는 대개 화면에 나타나는 원근법에 기초해 촬영 각도를 판단하기 때문에, 계속적인 원근법의 변화를 보여 주는 이동 카메라가 어느 각도에서든 우리의 공간 지각을 강화시킨다는 것은 당연한 일이다. 카메라 앵글에 관한 장에서 3점 원근법은 공간 속에 있는 물체의 형태를 가장 잘 보여 줄 수 있는 정보를 제공한다고 했다. 이와 유사하게 트래블링 카메라도 일면이나 이면 혹은 삼면의 움직임을 통해서 이동할 수 있다. 삼면으로 동시에 움직이기 위해서 카메라는 수직과 수평으로 움직이는 가운데 전진 혹은 후진해야 한다. 만일 카메라가 물체를 3점 원근법으로 잡으면서 이와 같이 움직인다면 주어진 신에서 가장 깊이 있는 원근감을 보여 줄 것이다. 관객이 공간 관계를 이해하는데 도움이 되도록 전경의 어떤 요소를 영상적 혹은 구성적으로 이용한다면 깊이감은 더욱 고조된다.

관객의 시점과 이동 카메라Viewer Placement and the Moving Camera

14장에서 기술한 것처럼 관객의 시점이란 카메라 앵글이 바뀜에 따라 바라보는 위치가 바뀌는 관객의 무브먼트movement를 말한다. 안무와도 비교된다. 관객은 댄스 퍼포먼스에서처럼 면밀하게 배열된 동적이고 물리적인 효과를 경험하기 때문이다. 숏의 흐름은 숏들이 모인 어느 시퀀스에서든지 볼 수 있으나 카메라가 이동 중일 때 가장 현저하게 드러난다.

이동 숏에서는 하나의 숏이 끝날 때까지 보는 각도가 다양하게 나타날 수도 있고 혹은 단 하나의 시각만을 제시하기도 한다. 고정된 거리에서 피사체를 따라갈 때는 숏의 각도가 변하지 않는다. 그러나 카메라가 피사체로부터 물러서거나 다가간다면, 그리고 위, 아래 또는 좌우로 이동한다면 카메라 앵글은 바뀔 것이다. 이러한 유형의 원근법적 변화를 끌어들이는 데 흥미가 있는 감독은 다양한 시야를 보여 주기 위해 대상의 주위를 돌거나 발생되는 여러 축을 따라 카메라가 이동하도록 액션을 무대화하는 법을 배울 것이다.

　　우리는 일명 '원근법적 터널perspective tunnels'이라고 부르는 그림을 통해서도 카메라 움직임의 원근법적 변화를 나타낼 수 있다. 이러한 유형의 그림은 그야말로 '콰트로첸토 입방체 Quatraccento Cube'의 연장선상에서 설명할 수 있는데, 르네상스 시대에서부터 시작된 선 원근법의 발달과 함께 회화나 드로잉에서 공간 개념을 설명하기 위해 쓰였다.

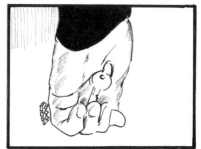

그림 19-11 《오명》에 나오는 긴 크레인 숏(위)과 《시민 케인》에서 채광창을 통해 지나가는 크레인 숏(오른쪽).

우리에게 잘 알려진 두 가지 트래블링 숏이 **그림 19-11**에 나와 있다. 첫 번째는 히치콕의《오명》중에서 아래로 길게 내려가는 크레인 숏이다. 카메라는 2층 아래로 내려가 잉그리드 버그만이 손에 들고 있는 열쇠를 클로즈업으로 보여 주면서 숏을 끝낸다. 이보다 복잡한 움직임은《시민 케인》에서 엘 란초 카바레로 길게 이동해 들어가는 크레인 숏에서 볼 수 있다. 실제로 외부 촬영에서는 작은 모형을 사용했으며, 실내로 연결되는 마지막 이동을 위해 건물 내부는 실제 크기의 세트를 지어 촬영했다. 길게 연장된 원근법적 입방체나 터널은 어느 경우에서나 동일할 것이다.

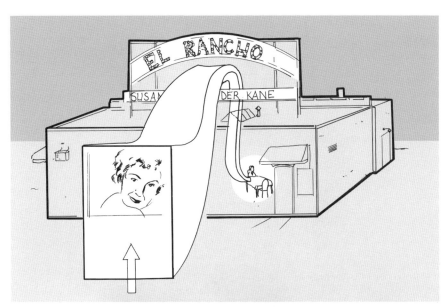

디제아이 에스1000 드론DJI S1000 Drone
사진(디제아이 테크놀로지 제공).

20. 트래킹 숏의 안무법Tracking Shot Choreography

지금까지 이동 카메라 숏의 기본 유형들을 살펴봤다. 이제 트래블링 카메라를 사용해 어떻게 배우들이 깊이감 있게 무대화되고 또 여러 흥미로운 요소가 움직임을 통해 연결되는지 알아보자. 간단한 트랙 설치로 가능한 것들로는, 대화하는 두 사람을 따라 움직이는 숏에서부터 여러 이야기 요소와 로케이션을 연결하면서 여러 사람이 등장하는 시퀀스 숏까지 다양하다.

이동 카메라와 이동 무대화Moving Camera and Mobile Staging

이동 카메라를 사용할 경우 다음 두 가지 무대화 방법이 있다. 첫째는 앞 장에서 기술한 것처럼 카메라가 정지해 있는 피사체 주위를 이동하는 것이고, 두 번째는 피사체와 카메라를 동시에 움직이게 하는 것이다.

고정 숏에는 대화 장면을 위한 기본적인 무대화 패턴이 있듯, 무대화된 액션 장면에서도 기본적인 카메라의 움직임이 있다. 이들은 다음 두 가지 실용적인 이유에 근거해 조정된다. 첫 번째는 달리 트랙이나 다른 장비를 통해 이동할 때 카메라가 움직일 수 있는 범위이고, 두 번째는 카메라를 움직이는 것보다는 연기자를 움직이게 하는 편이 더 쉽다는 사실이다.

이번 장에서 개략적으로 설명한 기본적인 카메라의 움직임들은 카메라와 인물이 서로 어떤 식으로 안무될 수 있는지에 대한 이해를 돕기 위해 유연한 방식을 채택했다. 궁극적인 목표는 공간, 촬영 각도, 구도 등을 다양하게 사용하도록 고무하거나 이해를 높기 위한 것으로 화면상의 한계를 극복하기 위함이다.

이동 카메라를 위한 무대화 방식에는 두 가지가 있다. 트래킹 안무는 카메라의 이동로를 따라 움직이고 있는 피사체의 경로를 가리킨다. 패턴과 포지션은 9장, 10장, 11장에서 설명한 바 있다. 이는 고정 숏에서 연기자를 위한 무대화 방식과 동일하다.

이동 카메라를 위한 무대화 방식의 기본 개념은 어떠한 개별 숏이라도 하나의 연속된 숏을 통해 연결될 수 있다는 것으로, 스토리보드를 통해 이동 숏을 분석 가능하게 한다. 스토리보드상의 각 프레임은 고정된 무대화의 패턴을 나타낸다. 이것은 이동 카메라와 이동 무대화를 이용한 단일 숏을 만들기 위해 서로 다른 프레임들과 연결될 수 있다.

이제 직선 트랙 달리를 이용한 가장 간단한 운행부터 살펴보자.

트래킹 안무 1 Tracking Choreography One

그림 20-1에서 나란히 그려진 기본적인 트래킹 숏의 세 가지 형태를 볼 수 있다. 각 달리의 아래 부분에는 카메라가 잡은 인물의 프레임이 나타나 있다. 각 카메라의 움직임에서 인물과 카메라의 거리는 그대로 유지한 채 트래킹 이동의 가장 기본적인 모습들을 보여 준다. 이러한 유형의 무대화는 대화 장면에서 자주 쓰이며 대개는 미디엄이나 풀 숏으로 화면을 구성한다. 가장 간단한 방식으로, 숏은 처음 시작할 때부터 끝날 때까지 카메라와 인물의 거리를 일정하게 유지한다. 여기서는 배경만 약간 움직이고 인물은 고정 숏에서 보는 것처럼 항상 화면에 머물러 있다.

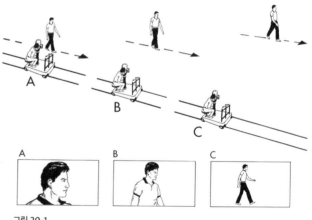

그림 20-1

화면 크기에 변화를 주기 위해 이 세 가지 이동 숏을 편집해서 쓸 수도 있겠지만 좀 더 유연한 느낌을 주는 변화로 카메라를 이동하는 가운데 해당 인물을 카메라 쪽으로 다가오게 하거나 카메라로부터 멀어지게 할 수도 있다. 대개 숏의 시작이나 끝에 사용한다. 그림 20-2는 직선 트랙을 위에서 바라본 것이다. 트랙의 각 끝에 있는 회색 부분은 트랙과 평행으로 움직이는 대상이 멀어지거나 가까워지는 지역을 나타낸다. 흥미로운 배경을 보여 주는 데 사용할 수도 있기에 감독은 회색 부분에서 얻을 수 있는 많은 가능성을 염두에 두고 있어야 한다. 대상이 멀어지거나 접근하는 각도에 따라 다르겠지만, 카메라는 대상을 따라 팬해야 할 때도 있다. 이는 카메라를 이동하기도 전에 주변에서 일어나는 여러 액션들을 보여 주는 기회가 된다.

양쪽 회색 부분 사이에 놓인 긴 트랙을 이용해 숏의 처음에는 인물을 멀리서부터 카메라 쪽으로 다가오게 하고, 숏의 끝에서는 인물을 멀리 가게 하면 **그림 20-1** 같은 인물의 프레임을 잡을 수 있다.

이러한 방식의 무대화를 쓰면 숏의 처음 부분에서 인물이 카메라로 다가오는 동안 카메라를 움직이지 않아도 된다. 그다음 인물이 다가와 원하는 프레임에 잡혔을 때 서서히 카메라를 움직인다. 그 프레임은 숏을 통해 계속 지속되다가 트래킹이 거의 끝나 갈 무렵 순서가 뒤바뀐다. 즉 카메라 이동을 서서히 늦추다가 완전히 멈추고, 인물을 트랙으로부터 멀어지는 지역으로 가게 한다. 처음에는 인물을 카메라로부터 먼 곳에서 오게 해 인물

그림 20-2

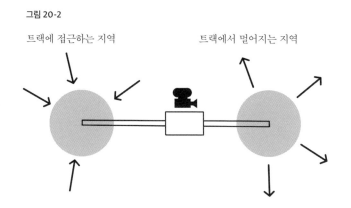

트랙에 접근하는 지역   트랙에서 멀어지는 지역

이 풀 숏으로 충분히 보이도록 한 후, 마지막에 멀어져 갈 때도 동일한 방식으로 풀 숏이 되도록 프레임을 잡는다.

트래킹 안무 2 Tracking Choreography Two

그림 20-3은 카메라 쪽으로 접근하는 지역이 도입 부분으로만 쓰인 것이 아니라 그 숏에서 주된 이야기의 한 부분을 이루는 경우다. 이때 인물들은 곧바로 카메라를 향해 다가오는데 대화 장면이라면 인물들은 서로 이야기하며 트랙 쪽으로 다가올 것이다. 오늘날에는 인물들이 카메라에서 멀리 떨어져 있는 경우라도 관객이 그들의 대화를 명확히 들을 수 있게끔 한다.

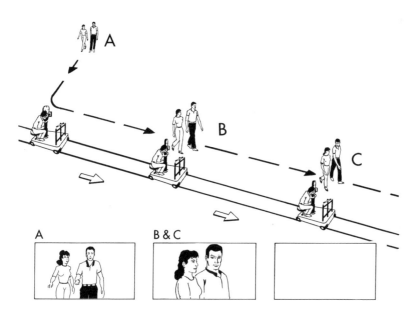

그림 20-3

   그림에서 보듯 이러한 안무는 스토리보드에 나타난 두 개의 블로킹, 즉
정면 풀 숏과 측면 미디엄 숏을 조합시킨다. **그림 20-3**의 두 인물은 트래킹 이
동을 따라 나란히 걷고 있다. 여기서 감독은 9장에서 언급한 바 있는 무대화
의 패턴과 포지션 중 어떤 유형으로든 자유롭게 인물들을 배치할 수 있다.

트래킹 안무 3 Tracking Choreography Three

   그림 20-4는 세 개의 숏 즉, 인물의 전체 모습이 측면으로 보이는 숏, 정
면 풀 숏, 측면 미디엄 숏이 어떻게 연결되는지를 보여 준다. 카메라는 이들
을 조립하기 위해 처음에는 인물들과 같은 속도로 이동하다가 인물들이 카
메라 쪽으로 오기 위해 방향을 바꾸면 잠시 그 자리에 멈춘다. 그러다가 인물
들이 다시 트랙과 평행으로 걷기 위해 방향을 바꾸면 카메라를 이동시킨다.
카메라 이동은 동일하나 진행되는 액션이 서로 다른 높이에서 이루어지도록
무대화시키는 방법도 있다. 예를 들어 선착장에 있는 여객선과 나란히 트랙

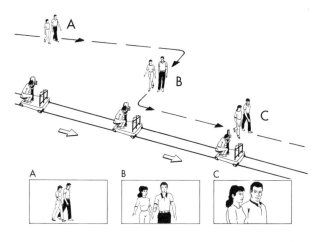

그림 20-4

을 놓았다고 하자. 카메라 이동의 첫 번째 단계에서는 카메라로부터 6미터 높이에서 배의 난간을 걷고 있는 인물을 따라 평행으로 트랙 이동한다. 잠시 후 인물은 **그림 20-5**처럼 하선하기 위해 승강대를 밟으며 카메라 쪽으로 내려온다. 승강대에서 내린 인물은 카메라를 따라 화살표 방향으로 나란히 이동하면서 선착장 트래킹 숏의 세 번째 단계가 마무리된다.

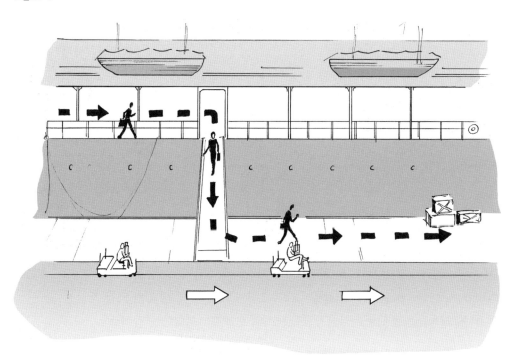

그림 20-5 대상이 높낮이가 서로 다른 위치에 놓이더라도 트래킹 이동은 그것을 숏에 모두 담을 수 있다.

트래킹 안무 4 Tracking Choreography Four

그림 20-6은 앞에서 본 것과 거의 동일한 S자형 동선을 보여 주지만 한 가지 중요한 차이는 인물들이 트랙을 가로질러 간다는 점이다. 여기서 다시 롱 숏 혹은 풀 숏은 정면 풀 숏 및 측면 미디엄 숏과 조합된다. 그러나 이제는 스토리보드의 프레임 C에서 보듯이 진행 방향이 바뀌어 있다. 이러한 방향 전환이 혼란스러워 보일지 모르지만 실제 장면에서는 점진적으로 이루어지기 때문에 자연스럽게 받아들이게 된다. 인물들이 트랙을 가로질러 갈 때 카메라의 선회점pivot point은 그들이 지나가는 길의 어느 쪽에 있어도 상관없다. 세부적인 선택은 장면에서 특별한 필요성과 로케이션으로 결정된다.

트랙을 가로질러 가는 지점은 이 구간의 어느 트래킹 과정에서나 가능하다. 액션이 카메라의 주위에서 진행되고 그 액션의 범위가 주위 공간의 180도 정도를 커버하게 되면 카메라는 액션의 범위 중심에 놓인다.

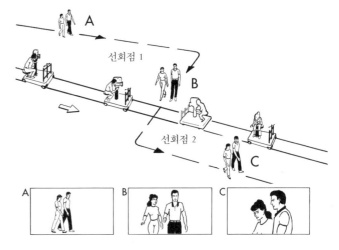

그림 20-6

트래킹 안무 5 Tracking Choreography Five

그림 20-7은 위에 언급한 두 가지 S자형 패턴에서 쓰인 프레이밍들과는 반대로, 처음에는 인물들이 카메라에서 가까운 위치에 있다가 점점 멀어지는 경우다. 그러나 S자형 이동과 마찬가지로 세 개의 프레임은 단일한 숏 속에서 계속 연결된다.

실제 상황에서 이 방법을 적용할지 아니면 다른 안무법을 적용할지는 로케이션에 달려 있다. 기본 원리는 걷고 있는 두 사람이든지, 움직이는 자동

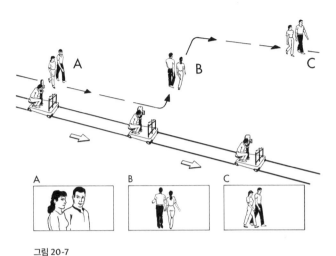

그림 20-7

차 안의 두 사람이든지 관계없이 적용 가능하다.

여기서는 카메라가 지나가는 경로를 알기 쉽게 트랙을 사용했지만 트랙도 꼭 필요하지는 않다. 카메라를 크레인이나 원격 조정 붐, 카메라 이동 차량, 스테디캠steadicam 등에 실어 각기 나름대로의 특색과 운행 범위를 부가할 수도 있다.

트래킹 안무 6(공간 드러내기)Tracking Choreography Six(Revealing Space)

그림 20-8은 인물의 클로즈업에서 시작한다. 그 후 인물이 사선으로 멀리 이동함에 따라 점점 배경이 드러난다. 이 경우 트랙 이동은 흔히 두 숏, 즉 인물의 클로즈업 숏과 인물이 보고 있는 배경 숏을 하나로 연결한다. **그림 20-8**에서 장면의 처음에 인물이 카메라로 근접해 와 클로즈업된다고 가정하자. 우리는 그의 시선과, 화면에는 보이지 않지만 주위에 대한 반응을 보게 된다.

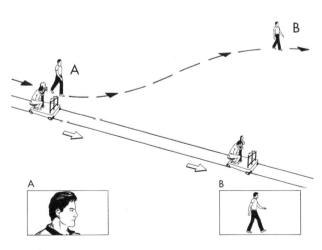

그림 20-8

이는 우리로 하여금 그 인물의 경험을 통해 해당 장소에 대한 경험을 하게 만든다. 그가 카메라로부터 멀어져 감에 따라 서서히 배경이 드러나며, 이제 그가 불타 폐허가 된 공장 속을 걸어가고 있음을 알게 된다. 숏이 계속해서 넓어짐에 따라 경찰과 구급 의료원들이 구조하고 있는 화재의 피해자들을 보게 된다.

트래킹 안무 7Tracking Choreography Seven

그림 20-9는 트래킹 안무 6에서 봤던 방법과 반대의 경우다. 이번에는 와이드 숏으로 시작해 그곳이 어떤 장소인지 보여 준다. 주변에 대한 특정 인물의 반응을 살펴보는 대신 우리는 우선 그 장소의 상황을 파악하게 된다. 그러고 나서 카메라 쪽으로 다가오는 인물의 반응에 주목하게 된다. 이러한 무대화를 트래킹 안무 6의 공장 이야기에 사용했다면 장소와 액션에 대한 상황을 우리 스스로가 판단하고 해석해야 했을 것이다. 숏의 끝부분에 인물이 마

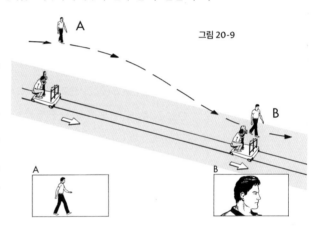

그림 20-9

침내 클로즈업으로 보일 때 우리의 관심은 과연 그가 그 사고에 대해 어떻게 반응할지에 쏠린다. 공간 이용법에 대한 또 다른 예로, 먼저 의문을 던지고 답하는 방식을 택할지, 아니면 해답을 먼저 주고 의문을 갖게 할지를 결정하게 한다. 트래킹 안무 6과 7은 인물과 주변 상황과의 관계를 비교해 보도록 고무하는 숏들이다.

심층적 안무Extended Choreography

카메라와 인물에 대한 안무의 여러 가능성을 살펴봤다. 이제 일곱 가지 트래킹 패턴들을 조합해 보다 복잡한 트래킹 안무를 만들어 볼 수 있다. 예를 들어 그림 20-10에서 보듯 공원 로케이션에서의 트래킹 숏을 위해 패턴 2와 5, 그리고 4를 하나로 묶을 수 있다. 나아가 이제까지 우리가 보아 온 다양한 숏을 함께 묶을 수도 있고 추가적인 카메라 이동을 여기에 첨가할 수도 있다. 그림 20-10에서는 단순하게 트랙을 설치했지만 그 위에 크레인을 올려놓으면 상하 움직임까지 첨가할 수 있다.

인물의 이동로 대신 카메라의 이동로 조절하기

Controlling the Camera Path Instead of the Subject Path

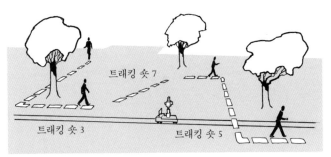

그림 20-10 좀 더 복합적인 안무를 창출하기 위해 세 가지 트래킹 패턴을 조합해 본다.

지금까지 인물이 직선 트랙의 주변을 이동하도록 안무된 트래킹 숏들을 살펴봤다. 그런데 이것이 불가능할 때가 종종 있다. 예를 들어 인물이 도로나 숲의 오솔길이나 기존 통로를 따라 이동하거나, 지역이 인물의 이동에 많은 제약을 줄 때다. 이때 숏의 크기나 촬영 각도 등의 숏 안에서의 시각적인 변화는 전적으로 카메라의 위치나 렌즈의 선택으로 이루어진다. 다음 세 가지 예에서 우리는 **그림 20-10**에서 봤던 심층적 안무에 쓰인 도면을 다시 살펴볼 것이다. 이번에는 *리트래킹retracking과 *역이동countering의 가치를 설명하고자 인물의 이동로 대신 카메라의 이동로를 선택했다.

그림 20-11에서 카메라는 좀 더 안쪽으로 비스듬히 놓인 트랙 위를 지나가면서 인물이 진행하는 방향과 계속 엇갈린다. 이것이 처음에는 인물이 카메라 쪽을 향해 오다 숏의 중간 지점을 지나면서 카메라를 등지고 멀어져 가는 역이동이다. 인물이 카메라의 이동로를 가로질러 가면 스크린 방향(**스크린상에 나타나는 피사체의 진행 방향)이 뒤바뀌지만 변화는 점진적으로 이루어지기 때문에 동작선을 넘어가더라도 거슬리지 않는다.

그림 20-12에서 카메라는 마주 오는 인물을 향해 숏의 중간 지

그림 20-11 심층적 역이동. 이런 배치에서는 카메라와 인물이 서로 반대 방향으로 움직인다. 화살표는 카메라가 팬하는 방향을 가리킨다.

그림 20-12 카메라가 인물에게 접근해 가다가(회색 화살표) 다시 반대 방향으로 되돌아간다(검은색 화살표). 이때도 카메라는 인물보다 앞서서 이동하고 있다.

점까지 트랙 이동하다가 진로를 바꾸어 인물이 진행하는 방향을 따라 다시 뒤로 이동한다. 이때 카메라가 이동하는 방향을 바꾸기 전에 일단 정지하지 않는 한, 반대 방향으로 카메라를 다시 이동하기는 쉽지 않다. 인물이 무더운 날에 상의를 벗는 등 다른 액션을 취하기 위해 잠시 멈춘다면 위와 같이 정지해도 별 문제가 없을 것이다. 여기에 그 방법이 있다. 카메라와 인물이 서로 접근하다 **그림 20-12**처럼 이동 거리의 약 1/3 지점에서 만난다. 인물과 카메라가 이 지점에서 멈춘 다음 인물이 상의를 벗고 손수건으로 이마를 닦는다. 잠시 후 인물이 가던 길을 계속 간다. 그리고 카메라는 지나온 이동로를 따라 되돌아간다. 이때 카메라는 새로운 방향을 향해 가고 있기 때문에 관객은 방금 지나온 길로 카메라가 다시 트랙 이동하고 있다는 사실을 깨닫지 못한다.

오른쪽 도면에 있는 화살표는 아래에 묘사된 트랙의 이동 방향을 나타낸다.

그림 20-13 카메라 이동의 진행 방향이 두꺼운 도식선으로 그려져 있다. 카메라는 측면 이동하면서 인물과 평행을 유지하다가 인물이 카메라 쪽으로 근접해 오면 잠시 멈춘다.

　　그림 20-13은 위에서 살펴본 패턴을 측면에서 바라봤다. 카메라는 세 지역을 걸어가고 있는 인물의 이동로와 같은 방향으로 진행되며, 인물과 평행으로 이동한다. 인물이 카메라를 향해 곧바로 다가올 때는 카메라를 잠시 멈추었다 인물이 다음 진로로 들어서기 위해 몸을 돌릴 때 카메라를 다시 이동하기 시작한다. 인물을 프레임 속에 넣기 위해서 카메라의 이동을 정지해야 할 필요가 있는 경우에 사용된다.

장애물이 있는 곳에서의 트래킹Tracking Around an Obstacle

　　트래블링 카메라를 위한 움직임을 계획할 때 한 가지 꼭 알아야 할 것이 있다. 항상 로케이션 상황에 맞추어 계획을 세워야 한다는 점이다. 촬영이 어려운 장소에서 카메라를 이동할 때 감독들은 촬영 스태프들의 숙련된 기술과 인내에 전적으로 의존하게 된다. 루마 크레인, 스카이캠, 스테디캠, 그리고 그 외 카메라의 운행 범위를 확장시키기 위해 사용하는 모든 카메라 지지대들은 나름의 역할을 한다. 그러나 이제까지 우리가 알고 있는 가장 유용한 재산은 기량이 풍부한 감독의 무대화다. 그림 20-14에서는 수영장이 가로놓여 있어 카메라가 인물을 가깝게 따라가거나 프레임에 감독이 원하는 후경

그림 20-14

을 넣기가 어려웠다. 짐 암이나 원격 조정 크레인으로 카메라를 수영장 한가운데의 수면 위로 올려놓을 수도 있겠지만 그보다 쉽게 실행 가능한 방법이 있다. 인물과 수영장 주변을 와이드 숏으로 잡은 다음, 수영장 건너편의 중간 부분에 인물이 도착하는 때와 같이 해서 그곳에 카메라를 이동시키는 것이다.

　　반면 그림 20-15는 위의 아이디어를 발전시킨 형태다. 인물과 카메라의 움직임을 조금 더 연장해 안락의자에 앉아 있는 여자를 중심으로 원을 그리면서 역이동으로 돌게 했다.

인물과 카메라 사이에 있는 장애물도
프레이밍의 한 장치로 사용할 수 있기 때
문에 장애물을 그대로 놓아두는 것도 때
에 따라서는 가치가 있다. **그림 20-16**에 묘
사된 액션에서 트럭 운전사는 일렬로 천
천히 움직이는 트럭을 따라 걸어가고 있
다. 본래의 계획은 사무실로 다가가는 운
전사를 먼 거리에서 평행 이동으로 따라

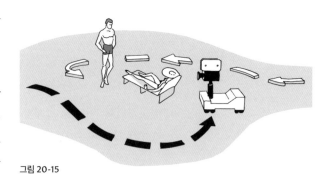

그림 20-15

가는 것이었다. 그 경우 트럭은 후경에서 지나가고 운전사는 전경에 있게 되
는데, 그러려면 트럭을 도로의 가장자리 쪽으로 지나가게 해야 한다. 그런데
촬영하기로 한 날 폭우로 차가 그쪽으로 갈 수 없게 되었다고 가정하자. 감독
은 원래의 계획을 바꾸어 트럭을 전경에 놓고 운전사를 후경에 두도록 대안
을 마련할 수 있다. 이 새로운 방법에서는 트럭들이 지나가면서 인물을 오랫

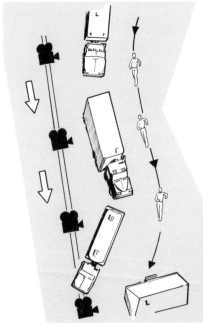

그림 20-16 카메라는 사무실로 걸어가는 운전사를 따라 평행
이동한다. 스토리보드에서 보듯 이동하고 있는 트럭들을
프레이밍의 한 장치로 사용했다. 운전사가 사무실로 들어가면
패널 4에서 보듯 창문을 통하여 그의 모습을 프레임에 담는다.

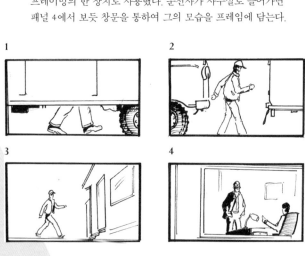

동안 가리게 된다. 운전사가 사무실로 들어갈 때 두 번째 장애물(건물)이 나타난다. 이때 카메라는 창가로 이동해 상사와 이야기 중인 운전사의 모습이 창문을 통해 프레임 안에 들어올 때까지 천천히 줌 인한다. 장애물이 주요 인물을 가리더라도 완벽한 대안으로 이용될 수 있으며, 시각적으로도 흥미 있는 해결 방법이다.

숏 안에서의 대상 전환 Changing Subjects Within a Shot

이제까지 예로 든 이동 촬영은 단일 대상을 다루었다. 긴 트래킹 숏의 장점은 숏 안에서 한 대상에서부터 다른 대상에게로 이동하며 서로 다른 이야기 요소들을 묶을 수 있다는 것이다. 그림 20-17은 하나의 요소로부터 다른 요소로 옮겨 가는 기본적인 방법의 한 예다. 이 테크닉은 카메라가 트랙 이동하면서 실행한 교차 팬으로, 숏은 자동차가 프레임 안으로 들어오는 데서 시작한다(흰색 달리). 이어서 카메라는 차와 평행으로 이동한다. 차가 멀어지기 시

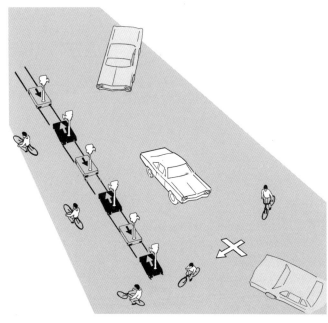

작할 때 자전거를 탄 소년이 교차 지점으로 다가오고, 카메라는 그를 따라 팬하기 시작하여 새로운 방향으로 카메라를 향할 때까지 계속한다. 카메라가 방향을 전환하면(검은색 달리) 소년이 숏에서 벗어날 때까지 소년과 평행을 이루며 이동해 간다. 소년이 숏에서부터 벗어나는 지점에 새로운 피사체가 들어오면 진행 과정은 위와 같은 방법으로 다시 이루어지고, 카메라가 맨 처음에 장면이 시작되었던 위치로 돌아올 때까지 계속된다.

그림 20-17

복합적인 이야기 요소들을 연결하기 위한 트래킹과 무대화
Tracking and Staging to Connect Multiple Story Elements

　측면 트래킹, 교차 팬, 이동 인물에 대한 블로킹, 그리고 깊이감 있는 프레이밍 등을 결합해 위의 아이디어를 더욱 발전시킬 수 있다. 다음 여섯 개의 스토리보드 패널은 각기 개별적인 화면으로 촬영할 수 있는 액션을 나타낸다.

　도해 A에서 C까지는 개개의 사건이 어떻게 하나의 연속된 숏 안에서 함께 묶일 수 있는지를 보여 준다. 여기서 각 요소들은 깊이감 있게 배치되고 카메라 앞에서 교차되어 각기 반대 방향으로 이동하기도 한다. 첫 번째 요소는 전경에서 숏 안으로 들어선 후 후경으로 이동하는 자동차. 카메라는 자동차가 프레임을 빠져나갈 때까지 긴 트래킹 촬영으로 왼쪽에서 오른쪽으로 차를 따라 이동한다. 두 번째 요소는 중경 부분에서 프레임에 들어오는 세 소

도해 A

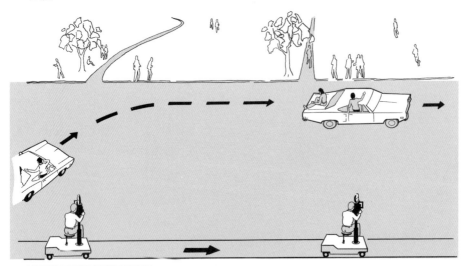

1　시퀀스가 시작되면 카메라는 패널 1에 나와 있는 것과 같이 숏 안으로 들어오는 자동차를 따라 팬한다. 차가 배경 쪽으로 가면 카메라는 패널 2에서 보이듯 와이드 숏으로 차가 진행하는 방향으로 차와 평행하게 이동해 간다. 2

도해 B

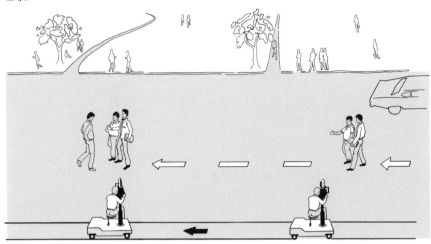

중경 부분에서 두 소년이 반대 방향으로 걷고 있고, 자동차는 프레임 밖으로 빠져나간다(패널 3). 이제 카메라는 대화하며 가는 소년들을 따라 미디엄 숏을 유지하며 트랙 이동해 간다.

소녀가 다시 자전거를 타고 가기 시작하자 소년이 카메라 쪽으로 다가온다. 즉, 그들의 위치가 바뀌었다. 그녀가 다시 멈춰 그를 부른다.

도해 C

도해 D

소년이 뒤를 돌아보면 패널 6에 보이는 것처럼 그의 위치가 오른쪽에 있게 되고 오버 더 숄더 숏을 이루게 된다. 소녀는 작별 인사한 후에 자전거를 타고 간다.

세 번째로 나타난 소년이 그 두 소년과 만나고 카메라는 그들이 얘기하는 동안 잠시 멈춘다. 패널 4에 보이는 것처럼 후경에서 자전거를 탄 소녀가 등장하더니 전경으로 접근해 온다. 이제 카메라를 그녀 쪽으로 돌린다. 소년들 중 한 명이 소녀의 뒤를 쫓아와 잠시 이야기한다(패널 5).

시퀀스의 끝

년이다. 카메라는 대화하며 가는 소년들을 따라 다시 방향을 바꾸어 방금 지나왔던 공간을 되돌아간다. 세 번째 요소는 후경에서 숏 안으로 들어오는 소녀다. 소녀는 세 소년을 지나 카메라 쪽으로 다가온다. 카메라는 이제 그녀를 포착해 전경으로 다가오는 그녀를 따라 움직인다. 이때 소년들 중 한 명이 그녀와 대화하기 위해 뛰어온다.

주관적 트래킹 숏과 수정된 주관적 트래킹 숏
Subjective and Modified Subjective Tracking Shots

지금까지 우리가 보아 온 트래킹 숏은 중립적 관찰자의 입장에서 피사체의 프레임을 잡았다. 그러나 시점 숏이나 보는 주체가 프레임에 포함된 수정된 주관적 숏처럼 주관적인 시점에서도 트래킹 숏을 사용할 수 있다. 이를테면 한 남자가 풀이 무성한 언덕 끝에 도달해 그 아래의 해변에 앉아 있는 아내와 그의 여동생을 발견한다고 하자. 다음 예의 각 프레임들은 연속적으로 이루어진 트래킹 숏의 일부다.

첫 번째 형태는 해변에 앉아 있는 두 여자를 향해 카메라가 이동해 가고 있는 주관적 트래킹 숏이다. 대개 전 장면에 두 여자를 바라보며 다가가는 남자의 트래킹 숏이 먼저 이루어진다.

다음 형태는 주관적 트래킹 숏을 변형한 것으로, 남자가 여자들을 쳐다보는 가운데 카메라가 그들을 향해 서서히 다가간다. 남자가 '바라보고' 있음을 암시하는 상황이다. 관객은 그의 눈을 보지는 못하지만 그가 여자들을 바라보고 있음은 명백한 사실이다. 카메라가 남자에게로 다가감에 따라 객관적인 상황은 주관적인 양상으로 바뀐다. 카메라가 점점 그에게 다가가 그의 팔이 프레이밍의 한 장치로 부각되면, 가까운 거리감으로 인해 우리는 그와 동일시하게 된다.

이 마지막 형태에서 우리는 남자가 그의 주관적 숏 안으로 들어오는 흥미로운 상황을 발견한다. 남자는 이제 해변에 있는 여자들에게 접근해 가고 카메라는 그의 곁을 따라 트랙 이동해 간다. 여기에서도 카메라가 남자에게 가까이 근접해 있음으로 우리는 그와 우리를 동일시하게 된다. 남자가 언덕 아래로 내려가려고 할 즈음 카메라가 멈춘다. 이제 남자는 비탈진 언덕을 내려가 여자들과 만나고, 장면은 다시 객관적인 양상으로 되돌아온다.

틀 깨기 Breaking the Mold

팻 하핀Pat Harpin이 그린 웨스 앤더슨의《문라이즈 킹덤Moonrise Kingdom》
스토리보드에서 샘이 수지를 처음 만나는 인상적인 장면을 살펴보자. 앤더
슨은 자신의 독특한 스타일이라고 할 수 있는, 시각적으로 단순한 것처럼 보
이는 숏의 흐름으로 관객의 시선을 유도함으로써 전통적인 할리우드 스타일
에서 자주 벗어난다. 앤더슨은 필름 프레임을 마치 앞에 커튼이 드리워진 연
극 무대처럼 무대화하는 스타일을 자주 보여 준다. 그는 이러한 접근 방식을
자신의 여러 영화를 통해 개발해 왔다. 이와 같은 방식은 눈이 바라보는 위치
와 같은 높이를 유지하고자 앙각이든 부감이든 비스듬하게 찍힌 숏이나 빠
른 편집을 피하게 한다. 그러나 앤더슨은 자신이 보기에 더 어울린다고 생각
하면 유연하게 관습적인 프레이밍과 편집 방식을 따른다. 스토리보드는 총
129장이다. 그러나 이 책에서는 54장으로 줄인 후 2부로 나누었다.

다음의 시퀀스는 조그마한 섬 마을 교회에서 열린 여름 무대극 발표회
에 관한 묘사다. 카키색 단복을 입은 열 살 보이스카우트 샘이 다른 보이스
카우트 소년들, 보이스카우트 대장과 함께 교회의 긴 의자에 앉아 있다. 샘이
밖으로 나와 여성 무대 매니저와 동물 의상을 입은 30‒40여 명의 아이들을
지나 어슬렁거린다(저녁이다). 샘이 다시 교회 건물 안으로 들어와 아래층으
로 내려간다. 여기가 1부의 마지막이다. 그러나 샘이 1년 후 함께 가출하게 되
는 수지를 만나는 순간을 보여 주기 위해 장면은 2부에서 계속된다.

《문라이즈 킹덤》 스토리보드: 1부 Moonrise Kingdom Storyboards: Part 1

무대극 발표회를 알리는
포스터의 클로즈업으로 시작.
이어서 절벽 위에 세워진 교회가
보이고 교회 내부가 소개된다.
패널 4에서 보듯 노아의 방주
무대극(노아의 홍수)이 열린다.

교회 안에서 노래 부르는 가수의
클로즈업. 그는 이전 숏에서 좀
더 넓은 앵글로 보였는데 이제
다시 서서히 풀 백한다. 패널
3에서 관중을 보여 주기 위해
180도로 컷한다. 여기서 숏들은
대개 인물들 눈높이에서 정면으로
평이하게 촬영되었다. 마지막
패널에서 보이스카우트 대장을
보여 준 다음, 긴 의자에 앉은
소년들의 얼굴을 따라 달리로
이동하기 시작한다.

측면 달리 이동은 샘에게 이를
때까지 계속된다. 일반 관객이
쉽게 알아챌 수 있는 기법으로
전체 신 가운데 코믹한 부분이
된다. 우리는 이 신을 시각적으로
보도록 유도된다.

이 신은 영화에서는 삭제되었다.
그러나 3점 원근법을 충분히
활용하기보다는 반대로
감소시키는 경향이 있는 이와
같은 정면 숏에 대한 전체적인 신
계획은 계속된다.

다시 무대극을 지루하게 보는
중인 샘을 비춘다.

샘이 일어난다. 샘이 중간
복도를 걸어 밖으로 나오자 무대
매니저가 조용히 하라고 한다.

무대 뒤에서 커피 컵을 들고 있는 남자의 컷 어웨이와 그의 뒤에서 뛰어다니고 있는 아이들이 등장하는 장면은 영화에서는 삭제되었다. 하지만 앤더슨 특유의 코믹성은 여전히 나타나 있다. 촬영된 신 가운데, 의자에 앉아 있는 관중의 클로즈업 장면들은 앞부분에 나온다. 아홉 번째 페이지의 마지막 두 패널에서는 샘이 동물 복장을 한 아이들 곁을 지난다.

팻 하핀이 그린 《문라이즈 킹덤》 스토리보드.

《문라이즈 킹덤》 스토리보드: 2부 Moonrise Kingdom Storyboards: Part 2

샘이 의상 걸이 뒤에 숨어 있는
공간을 발견한다. 의상들을 파헤쳐
안을 보자 새 의상을 입고 분장한
다섯 명의 소녀가 보인다.

소녀들이 뒤돌아 방에 들어온
샘을 본다. 마지막으로 수지가
돌아본다. 샘이 수지에게 너는
어떤 새냐고 묻자 수지가
까마귀라고 답한다.

다른 소녀가 샘에게 의상실에
들어오면 안 된다고 말한다.
카메라는 샘과 수지에게 더욱
가깝게 다가간다. 마지막
프레임에서 카메라가 틸트
다운하여 붕대를 감은 수지의
팔을 보여 준다.

샘이 수지에게 왜 손을
다쳤느냐고 묻는다. 이때 어른이
소녀들을 데리러 들어온다.
스토리보드에서는 아무 말도
하지 않지만 영화에서는 샘에게
어서 자리로 돌아가라고 말한다.
잠시 후 수지와 한 소녀가 남게
되자, 소녀가 수지에게 샘이 너를
좋아한다고 말한다.

팻 하핀이 그린 《문라이즈 킹덤》 스토리보드.

21. 장면 전환Transitions

장면의 연결은 장면 자체만큼이나 중요하다. 이야기 구조인 영화에서 장면 전환은 시공간의 변화가 이루어짐을 나타내기 때문이다. 오늘날에는 광고나 뮤직 비디오 등의 분야에서도 매우 다양한 형태의 실험과 함께 거의 모든 유형의 장면 전환을 활용한다. 그러나 두 숏을 하나로 연결하는 방법은 기본적으로 다음 일곱 개가 전부다.

- 컷cut
- 페이드인fade in
- 디졸브dissolve
- 화이트 인white-in
- 와이프wipe
- 화이트 아웃white-out (혹은 다른 색을 사용한 장면 전환)
- 페이드 아웃fade out

컷The Cut

관습적으로 디졸브는 시간의 경과를, 컷은 현재 시제를 나타낸다고 인식된다. 1930 - 1940년대 대부분의 영화에서는 통용되었지만 오늘날에는 예외가 많아졌다. 컷 사용은 많은 변화를 거쳐 왔으며 이제는 용도가 더욱 넓어져 서로 다른 시간대를 연결하는 데에도 사용된다. 텔레비전은 플롯을 빠르게 진행시키기 위한 기교들을 만들어 냈으며, 컷은 가장 선호되는 방법이다. 컷으로 연결하는 몽타주 시퀀스는 텔레비전(지금은 장편 영화에서도)에서 즐겨 쓰는 기법 중 하나로, 일반적으로 며칠이나 몇 주의 변화보다는 몇 시간 내에 이루어지는 일에 쓰인다. 스티븐 스필버그의《죠스Jaws》(1975)에서 경관 브로디, 선장 퀀트와 후퍼가 고기잡이 배 오르카에서 상어를 공격하기 위해 철재로 된 방어용 우리를 조립하는 장면을 보자. 이 장면은 실제로는 30분 정

도의 시간이 걸릴 것을, 6개의 숏으로 구성해 각 숏에 3초씩 총 18초로 압축
시켜 보여 준다. 여기서 구도는 경사를 이루며 미디엄과 클로즈 숏close shot 들
로 강한 시각적인 대조를 주어 실제 시간이 진행되는 일반적인 콘티뉴어티
와는 다른 상황임을 알려 준다. 그 결과 장면은 강렬한 느낌을 주면서도 연결
이 부드럽게 이어져 리듬 있으며 흥미를 끄는 시퀀스가 된다. 이러한 기법을
이용한 다른 예로는, 촬영 각도와 구도를 변경하지 않은 채 단 몇 초 만에, 몇
주에 걸쳐 집을 지은 장면을 보여 주거나 혹은 몇 년에 걸친 가족의 성장 장
면을 보여 주는 것도 있다. 몇 초 만에 몇 달, 몇 년, 몇 십 년의 세월이 흘렀음
을 보여 줄 수 있는 것은 저속 촬영time-lapse photography을 통해 가능하다.

디졸브 The Dissolve

한때 진부한 표현이라 여겨졌던 디졸브가 최근 여러 경우에서 컷 대신
새롭게 쓰이고 있다. 그러나 유행에 관계없이 주어진 상황에 가장 적절한 기
법을 사용하는 것이 제일 바람직하다.

이야기의 논리가 맞지 않다 하더라도 디졸브는 완연히 다른 시공간들을
잇는 다리 역할을 하기 때문에 연결 구조가 잘못된 영화를 고치는 일종의 반
창고로 여겨져 왔다.

콘티뉴어티에 있어 여러 방법을 시도하는 것은 결국 컷 느낌을 주지 않
고 매끄럽게 장면을 연결하려는 의도다. 그와 달리 디졸브는 의도적으로 연
결을 보여 주거나 적어도 경험하게끔 해 준다. 디졸브의 길이에는 제한이 없
으나 대개 0.5초(10–12 프레임)에서부터 길게는 1분이 넘는 경우도 있다. 오
늘날에는 거의 볼 수 없지만 가장 짧은 디졸브는 이른바 소프트 컷soft-cut 이
리고 하는 디졸브로 1–10 프레임 정도를 쓰기도 한다. 소프트 컷은 자연 다
큐멘터리 필름처럼 장면 전환이 부드럽게 넘어가야 하는 상황에 주로 사용
된다. 예를 들어 기린을 쫓는 사자를 찍은 숏이 충분하지 않은 경우에 편집자
는 쫓고 쫓기는 상황을 보여 주기 위해 할 수 없이 빠른 속도로 흔들리며 움
직이는 장면들을 서로 엮어야 한다. 여기서 디졸브는 장면 전환을 부드럽게

연결할지 모르나 관객에게 혼란스러움을 주고 진행되는 동작의 속도에도 맞지 않다. 그러나 바로 컷을 시도하면 장면이 거칠게 넘어가는 결과를 초래한다. 따라서 절충 방안으로 단일 프레임 디졸브single-frame dissolve를 쓸 수 있다. 이로써 빠르게 진행되는 동작을 늦출 수는 없어도 숏의 연결을 부드럽게 할 수는 있다. 대개 소프트 컷은 금방 식별하기 어려우며 대부분의 영화감독들도 차이를 구별하지 못한다. 효과는 우리의 잠재의식 속에서 작용한다.

포커스 인/아웃Focus-In/Out

포커스 인/포커스 아웃 기법은 전 단계 숏의 마지막 부분에서 이미지가 완전히 흐려질 때까지 초점을 흐리게 한 후, 역시 초점이 흐린 이미지로 시작하는 다음 숏과 디졸브시키는 것이다. 기술적으로는 디졸브이지만 다른 효과에 의해 감추어진 상태다. 제대로 실행한다면, 이미 두 숏의 연결 부분은 이미지를 알아볼 수 없을 정도로 초점이 흐린 상태에서 결합하기 때문에, 디졸브의 효과를 식별하기 어렵다. 초점이 흐려지는 것은 대개 서서히 진행된다. 그래서 디졸브는 두 숏을 하나인 양 결합시킨다. 물론 관객도 약간의 영화적 기교가 작용하고 있음을 알고는 있다. 이러한 효과는 의식을 잃어 감을 암시하는 시점 숏에서 자주 사용되는데, 그중 여러분이 많이 봤음직한 유형은 수술실에 누워 있는 환자가 나오는 장면이다. 마취 때문에 환자가 수술실이 흐리게 보이기 시작하면 관객은 그의 시점을 공유하게 되며, 화면이 다시 서서히 정상으로 보이기 시작하면 환자와 동일시한 관객 자신은 이미 몇 시간이 경과한 후 회복실에 누워 있게 된다.

매치 숏The Match Shot

매치 숏은 동일한 시각적 요소를 갖고 있는 두 개의 인접 숏을 말한다. 많은 시나리오에서 *매치 컷match cut이라는 용어로 사용하는데 대개 디졸브로 연결한다. 디졸브가 숏의 불완전한 연결을 부드럽게 완화시켜 주기 때문이지만 항상 그렇지는 않다. 영화《네 멋대로 해라À bout de Souffle》(1959)에서 고다르는 진 세버그(패트리샤 역)가 지붕을 연 컨버터블 자동차를 몰고 가는 장면에 매치 컷을 사용했다. 이때 차를 모는 세버그의 자세는 변하지 않은 채로 배경이 갑자기 낮에서 밤으로 바뀐다. 당시에는 매우 급진적인 컷 방식이었다. 흥미롭게도 이것은 두 가지 매우 다른 성질을 결합하는데, 점프 컷을 이용한 파괴적인 시간의 경과와 매치 컷을 이용한 부드러운 시각적 연결이다.

와이프 Wipes

감독이 의도적으로 1930–1940년대 할리우드 스타일을 사용하려고 할 때를 제외하고는 오늘날에는 전통적인 *와이프 방식을 거의 볼 수 없다. 가장 많이 사용하던 형태는 커튼이 드리워지는 것처럼 바로 이전 숏 위로 새로운 숏이 화면을 가로질러 이동하는 것이다.《스타워즈》에서 조지 루카스는 경사진 각도로 진행하는 와이프 방식을 사용했다.《스타워즈》제작에 영감을 준 모노그램 앤 리퍼블릭Monogram and Republic 같은 스튜디오가 만든 B급 영화에 찬사를 보내는 뜻에서였다.

와이프는 수직, 수평 또는 대각선 등 화면의 어느 방향으로든 진행할 수 있다. 하나의 숏을 지우고 새로운 숏을 소개하기 위해 원형이나 사각형 또는 나선형 등 다양한 모양을 사용할 수 있다. 또한 경찰 배지라든가 열쇠 구멍처럼 원하는 디자인적 요소와 닮은 형태에서 시작하여 새로운 숏이 이전 숏을 완전히 가릴 때까지 모양을 점점 커지거나 작아지게 할 수 있다. 프레드 애스테어Fred Astair와 진저 로저스Ginger Rogers 팀을 소개한 영화《플라잉 다운 투 리오Flying Down to Rio》(1933)에서는 장면 연결을 위해 영화 전반에 걸쳐 수십 개의 서로 다른 와이프를 사용했다.

와이프의 또 다른 변형인 푸시 오프push-off 혹은 푸시 오버push-over는 새로운 숏이 이전 숏의 프레임 전체를 '밀어내면서' 진행되는데, 화면 전체가 그대로 프레임을 가로질러 이동하는 것처럼 보인다. 새로운 숏이 이전 숏 위를 대체하며 이동하는 전통적인 와이프 방식과는 다르다.

와이프는 같은 방향, 같은 속도로 이동하는 숏 안의 요소들과 결합될 수도 있다. 이 경우 진행되는 와이프의 앞부분은 숏 안에서 이동하는 물체의 움직임과 매치된다. 자동차나 조깅하는 사람 혹은 엘리베이터 문 등 화면을 가로질러 움직이는 모든 것은 이러한 종류의 와이프 사용 동기를 마련해 준다. 만화 영화에도 비슷한 형태가 있다. 만화 캐릭터가 새로운 숏을 화면 안으로 끌고 들어오는 경우다. 한 자동차 광고에서는 화면에 보이는 차를 종이처럼 죽죽 찢어 내고 그 밑에 있는 완전히 다른 색깔의 새로운 차로 드러내는 와이프 효과를 보여 주었다.

액션 와이프 The Action Wipe

액션 와이프는 옵티컬 와이프와 매치 컷의 중간에 위치하는 기법으로, 촬영 때 만들어진다(궁극적으로는 편집실에서 이루어진다). 서로 다른 장소의 두 신을 연결한다기보다는 같은 신에서 두 숏을 연결한다. 대개 컷 식별이 어려울 정도로 연결을 유연하게 하면서, 와이드 숏에서 미디엄 또는 클로즈 숏으로 옮겨 갈 때 쓰인다. 이러한 컷이 액션에 대한 일반적인 컷과 구별되는 점은 컷되는 액션이 주요 인물의 액션이 아니라는 것이다. 대신 카메라와 주요 인물 사이에 움직이는 어떤 디자인적 요소가 액션을 만든다. 숏을 통해 움직이면서 렌즈를 완전히 가릴 만큼 충분히 카메라의 가까이 있다면 어떤 물체라도 가능하다. 전형적으로 같은 동작의 액션을 두 번 촬영한다. 이때 카메라의 앵글은 거의 동일하나 프레임의 크기가 바뀐다. 후에 두 숏은 주요 인물이 어떤 물체에 가려져 안 보이는 지점에서 서로 연결될 것이다. 최근에 이 액션 와이프

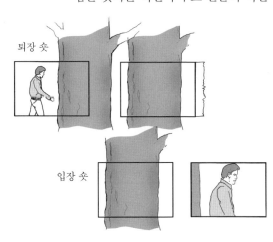

그림 21-1 액션 와이프.

는 서로 다른 각도에서 촬영한 숏들을 연결하거나 서로 다른 시간대에서 촬
영한 숏들을 연결하는 데도 사용된다.(**그림 21-1**).

액션 와이프는 그와 유사한 매치 숏의 경우처럼 컷이나 디졸브를 이용
해 두 숏을 연결할 수 있다. 대개는 액션 와이프의 효과를 부드럽게 하고자
디졸브를 사용한다.

변형Transformations

특별한 경우, 숏 안에서 이루어지는 주요 피사체의 변형도 하나의 장면
전환으로 볼 수 있다. 변형이란 엄밀히 말해 장면 전환의 정의처럼 각기 다른
두 개 숏을 연결하는 것이 아니라 피사체 자체가 완전히 변화하는 것을 말한
다. **그림 21-2**는 1909년에 만화 영화의 개척자라 할 수 있는 에밀 콜Émile Cohl
이 그린 일련의 변형 장면이다.

그림 21-2

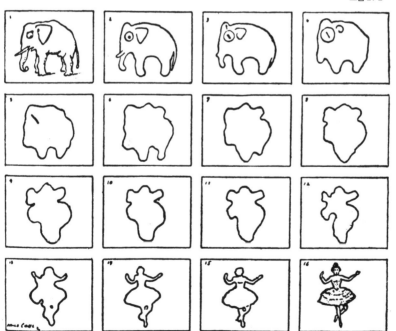

최근까지도 이러한 유형의 효과는 신기함을 주기 위한 경우 외에는 잘 쓰이지 않는다. 그러나 이제는 컴퓨터 그래픽을 활용해 비교적 쉽게 사진적 이미지들을 훨씬 더 복잡한 형태로 변형시킬 수 있게 되었다. 즉 화면의 일부 혹은 전체 화면을 해체해 놀라운 질감 및 역동적인 변화와 함께 다시 새로운 사진적 이미지로 만들 수 있다. 텔레비전 광고에 사용되는 효과는 관객의 주의를 최대한 끌어들일 수 있게 설계된다. 콘티뉴어티에서 장면 전환의 목적과는 상반되는 개념이나, 그것을 실행하기 위해 시간과 노력을 들인다면 컴퓨터 그래픽은 어떠한 종류의 이미지 구성도 가능케 할 것이다. 앞으로는 더욱 활성화될 것으로 예상된다.

페이드 Fades

화면이 점점 어두워지거나 어두운 화면이 서서히 밝아지는 것은 앞뒤 에피소드를 분리시키는 역할을 한다. 이 점에서 페이드의 목적은 근본적으로 디졸브나 컷과는 다르다. 디졸브와 컷이 신을 연결한다면 페이드는 신을 나눈다. 화면이 어두워졌다가 다시 서서히 밝아져 다음 화면을 보여 주는 것은, 비록 그것을 빠르게 진행시켜 진행 시간을 최소한으로 했다고 하더라도, 이제 새로운 이야기가 시작되었음을 말해 준다.

페이드는 그 신에 나오는 요소들을 이용해 만들 수도 있다. 전형적인 예가 방에서 전등을 끄는 것으로 장면이 끝나는 신이다. 그다음 장면은 어두운 터널 속에서 나오는 기차 신으로 연결할 수도 있다.

화이트 인/화이트 아웃/색깔 White-In/White-Out/Color

페이드는 어떤 색으로든지 어두워지게 할 수 있고, 또 아무 색이나 사용해 서서히 화면이 밝아지게 할 수도 있다. 존 휴스턴 감독이 《프리찌스 오너 Prizzi's Honor》(1985) 마지막 장면에서 사용한 것처럼 서서히 화이트로 페이드를 진행시킬 수도 있다. 이 영화는 밝은 빛이 들어오는 창문에서 끝맺는데, 잠시 후 창문이 서서히 하얘지다 결국 화면 전체가 완전히 하얘진다. 물론 영화의 끝부분이라 다음 신으로 연결되지는 않지만 그다음에 신이 있다면 화이트 인으로 시작해야 할 것이다. 새로운 숏에 밝은 하늘이라든가 전등 같은 밝은 요소를 이용하면 자연스럽게 이어질 수 있다. 디졸브가 서정적이며 애수적인 느낌을 가져다주는 반면, 화이트 아웃이 만들어 내는 분위기는 아직까지 이렇다 할 개념이 정립되지 않았다. 그러나 뭔가 영묘한 느낌을 준다.

정지 화면 The Freeze Frame

우리가 살펴봤던 시각적 강조 효과들과는 다른 유형으로, 신과 신 사이의 장면 전환이 아니라 대개 신 종지부로 사용된다. 잘 알려진 것은 프랑수아 트뤼포의 《400번의 구타Les Quartre Cents Coups, The 400 Blows》(1959)에서 앙트완이 홀로 해변에 서 있는 마지막 장면이다. 애수적인 느낌, 종결감, 그리고 피할 수 없는 운명 등을 담는 이 마지막 숏은 1960년대에는 많이 사용된 효과였지만 지나치게 많이 사용해 이후로는 거의 사라지다시피 했다. 최근에 정지 화면은 사진을 찍는 사람의 시점에서 본 시점 숏처럼, 보다 실용적인 목적으로 사용된다. 액션이 진행되는 가운데 갑자기 섬광이 보이며 카메라 셔터가 닫히는 소리가 들리면 스트로보가 터지며 노출된 것을 말하는데, 이때 액션은 잠시 정지한다. 이는 사진사가 찍은 사진의 모습임을 말해 준다. 로버트 알트만의 《매시M.A.S.H》(1970)에 잘 나타나 있다. 여기서 호크아이와 피어스는 타협 도구로 쓸 사진을 찍기 위해 어느 장교가 일본 여자와 불륜을 맺고 있는 장소를 급습한다. 이때 우리는 장교가 허겁지겁 피하는 모습을 일련의 정지된 화면을 통해 본다.

몽타주 Montage

몽타주는 문제의 소지가 많은 용어다. 유럽인들은 모든 편집을 몽타주로 받아들인다. 레프 쿨레쇼프Lev Kuleshov, 프세볼로트 푸도프킨Vsevolod Pudovkin, 세르게이 에이젠슈타인 같은 구소련 영화감독들에게는 관념적인 편집에 대한 특별한 이름이었다. 에이젠슈타인의 말을 빌리자면 "몽타주는 개별적인 숏들의 충돌로 도출되는 관념idea"이라고 할 수 있다.

미국과 영국에서도 그들만의 특별한 의미를 갖는다. 그들에게는 시간의 경과나 장소의 변화를 전달하기 위해 쓰는 짧은 시퀀스로 된 연결 장치를 말하는데, 대개 디졸브가 사용된다. 우리가 논의하고자 하는 바도 장면 전환적인 사용이다.

사실 이러한 유형의 몽타주는 연결 장치라기보다는 아이디어들을 연결하기 위해 실제적인 장면 전환법(디졸브, 컷, 페이드인/아웃)들을 사용해 시각적으로 축약한 이야기 줄거리의 압축 방법이다. 몽타주는 흔히 변화 과정을 나타내기 위해 상징적인 이미지들을 사용한다. 예를 들어 동전과 지폐 더미가 불어나면서 증권 거래소와 공장 등의 이미지와 디졸브가 되면 주요 인물의 경제적인 성장을 말한다. 유고슬라비아에서 미국으로 이민 온 슬라브카 보르카비치Slavko Vorkapich는 이런 유형의 시퀀스를 창조해 후기 무성 영화 시기와 초기 유성 영화 시기에 몽타주 전문가로 알려졌다. 그는 유럽의 실험 영화와 아방가르드 영화 운동에 관심을 가진 천부적인 영화감독이었다. 새로운 기술로 실험을 하는 다른 감독들처럼 그도 할리우드에서 일자리를 구한 다음 꿈이나 술 취한 상태 또는 죽은 후의 경험 및 그와 유사한 상황과 환상적인 영역들을 표현해 전형적인 내러티브 시퀀스의 새로운 형태를 창조했다.

오늘날에 몽타주는 많이 사용되지 않는다. 긴 시간의 경과를 짧은 시퀀스에 압축시킬 때는 디졸브보다 컷을 선호한다. 위에서 언급한 동전과 지폐 더미의 예시처럼 어떤 관념이나 생각을 전달하는 몽타주는 드물게 사용되기 때문에, 새로운 방법으로 옛 기술을 실험해 볼 수 있는 기회는 얼마든지 남아 있다고 하겠다.

화면 분할 효과 Split-Screen Effects

사실 화면 분할은 독립된 이미지들을 하나의 화면 속에서 연결시키는 데 사용되긴 하지만 장면 전환 기법이라고는 볼 수 없다. 1927년에 프랑스 영화감독 아벨 강스Abel Gance는 서사적 전기 영화《나폴레옹Napoléon》의 여러 시퀀스에 사각형으로 압축된 스크린 세 개를 하나로 연결함으로써 이 효과를 냈다. 그는 이러한 초기 와이드 스크린 프로세스를 폴리비전Polivision이라고 불렀다. 이 넓은 파노라믹 숏에 맞는 화면을 얻기 위해서는 세 대의 영사기가 필요했다. 각 화면이 서로 다른 이미지를 보여 주거나 하나로 된 이미지의 중간에 다른 이미지가 끼어드는 식으로 어떠한 조합이든 가능했다. 무성 영화 시기에는 전화로 대화하는 두 사람을 동시에 보여 주기 위해서 때때로 화면 분할 방법을 사용했다. 이와 연관된 기법으로서 멀티 이미지 렌즈multi-image lens를 이용한 방법도 있는데 회전하는 원형 패턴 속에서 하나의 이미지를 여러 개의 이미지로 만드는 것이다. 환각이나 악몽 상태를 표현하는 전형적인 방법이 되었고, 버스비 버클리Busby Berkeley는 이 방법을 순전히 시각 디자인적 요소를 위해 사용했다.

그러나 화면 분할 효과는 널리 사용되지 않았으며 1940년대에는 대부분 사라졌다. 그러다가 1960년대에 와서 존 프랑켄하이머John Frankenheimer가 《그랑프리Grand Prix》(1966)에서 스크린을 다양한 패턴으로 분할하면서 다시 썼다. 멀티 이미지 슬라이드 쇼에 친숙한 사람이라면 이 기법에 대해 잘 알 것이다. 이러한 유형의 멀티미디어 표현법은 기업 광고에서 계속 발전하고 있으나 내러티브 영화에서는 거의 사용하지 않는다.

화면 분할 방식을 꾸준히 실험해 온 유일한 감독은 브라이언 드 팔마다. 그는 이야기를 전달하는 새로운 방법을 찾기 위해 이 효과를 사용하는 데 각별한 노력을 해 왔다. 대개 영화를 촬영한 후 현상실에서 옵티컬 과정을 거쳐 이루어진다. 그러나 구도상의 문제가 발생할 수 있기 때문에 촬영 때 이미 화면 분할을 염두에 두고 프레임을 구성하는 것이 좋다. 단순한 화면 분할 효과는 촬영한 필름을 정확하게 되감을 수만 있다면 어떤 카메라로도 만들 수 있어 독립영화감독들이 많이 사용한다.

22. 포맷Format

프레임The Frame

시점이 하나로 고정되어 있기는 하지만 화가, 그래픽 아티스트, 사진작가들은 작품 크기를 실물 크기의 벽화에서부터 로킷locket(**사진, 머리카락, 기념품 따위를 넣어 목걸이 등에 다는 작은 금합) 크기의 초상화에 이르기까지 주제에 맞게 다양하게 조절할 수 있다. 그러나 영화감독들은 그와는 반대 상황에 놓여 있다. 영화에서는 시점을 다양하게 구사할 수는 있지만 그것을 담는 프레임의 크기나 모양을 마음대로 조절할 수는 없다. 대신 영화의 포맷을 선택할 수는 있다.

영화 화면의 비율을 *화면 종횡비aspect ratio라고 한다. 화면의 수직과 수평 관계를 말한다. 기본적으로 화면 종횡비는 이미지의 형태를 결정하는데, 언제나 포맷에 따라 다양한 비례를 가진 직사각형 형태다.

포맷의 간략한 역사A Brief History of Formats

1890년대에 조지 이스트먼George Eastman이 처음으로 가늘고 긴 필름을 만든 이후 영화 촬영과 영사 방법에 1백 가지 이상의 다른 시스템들이 생겨났다. 무성 영화 시대에 스튜디오들이 영화 제작과 배급을 독점하기 시작했을 즈음 가장 많이 쓴 화면 종횡비는 1.33:1이었다. 그러나 그 외에도 다양한 포맷이 있었다. 어떤 구체적인 장면을 구성하기 위해 때때로 프레임의 일부를 수평 또는 수직으로 가려 촬영하기도 했던 D. W. 그리피스 같은 영화감독들에게는 프레임이 직사각형으로 제한된 것은 꽤나 불편한 일이었다. 널리 쓰는 일시적인 마스킹masking 방법으로는 화면을 작은 원이나 타원형으로 만드는 아이리스iris 효과가 있다. 그것은 우리의 주의를 화면의 어느 한 부위로 이끈다는 점에서 클로즈업과 유사하다. 무성 영화 시기에 가장 인상적인 포맷은 아벨 강스의 《나폴레옹》에서 사용되었던 폴리비전이다. 화면 분할 효과를 설명하면서 이미 언급한 바 있다. 그러나 그와 같은 구성적 장치는, 세 개의

영사기를 의도적으로 사용하려 하거나 스크린을 확장할 목적으로 썼던 것은
아니다. 강스의 주 관심은 관객을 압도하는 기념비적인 관람 경험을 마련하
는 데 있었다. 한편 강스는《나폴레옹》에서 좀 더 많은 군대의 모습을 화면에
넣기 위해 스크린을 넓힌 반면에 독일 감독 프리드리히 빌헬름 무르나우는
서정적인 영화《일출Sunrise》(1927)처럼 규모가 작은 영화에서 오히려 스크린
의 넓이를 사각형으로 압축하는 것을 선호했다. 이렇게 여러 실험이 있었으
나 결국 1.33:1의 비율이 무성 영화 시기를 통해 모든 목적에 부합할 수 있는
35mm 영화 포맷으로 남았다. 1932년에 영화 예술 및 기술 아카데미Academy of
Motion Picture Arts and Sciences는 이를 표준 화면 종횡비로 제정했다. 그리고 사
운드를 사용할 수 있게 된 이후에는 프레임의 한쪽 구석을 옵티컬 트랙optical
track으로 이용했다. 이에 따라 1.33:1 비율을 유지하기 위해 프레임의 높이를
낮추었다. 그 결과 1.37:1이라는 아카데미 애퍼처Academy aperture가 생겨났고,
용인된 표준 비율로 거의 20년 동안 사용되었다.

　　1950년대에 텔레비전이 경제적인 위협으로 다가오자 영화 산업은 사람
들을 다시 극장으로 불러들이기 위해 와이드 스크린 방식으로 대응했다. 유
성 영화 시대가 시작되었던 1920년대 말에서 1930년대 초에 있었던 유사한
경향의 반복이었다. 사실 1950년대에 도입된 많은 와이드 스크린 포맷들은
20년 전에 이미 개발했거나 제안한 것들이었다. 그중에는 짧은 기간 동안만
사용되었지만 파라마운트 프로세스Paramount process(56mm), 스푸어 내추럴
비전Spoor Natural Visions(63mm), 폭스 그랜저Fox Grandeur(70mm) 등이 있다. 이
외에도 다른 기술 혁신들(스테레오 사운드 같은 것)은 경제 공황만 없었더라
면 1930년대에 이미 표준 방식이 되었을 것이다. 대공황으로 와이드 스크린
포맷을 시지하던 스튜디오들은 계획을 재고했고 수지가 안 맞는다는 이유로
많은 비용이 드는 장비 교체를 단념했다.

　　20년 후에 텔레비전이 영화에 도전장을 던졌을 때 와이드 스크린 영화를
위한 대부분의 기술적 문제는 이미 해결된 상태였다. 특별히 와이드 스크린
영화를 상영하는 데 걸림돌이 되었던 것은 자체의 기술적인 어려움이 아니라

카메라와 영사기들이 아직 19세기 기술에 머물러 있었고(기계적인 문제), 약간
의 발전이 있었다 하더라도 아이맥스의 회전 루프 방식rolling loop system을 제
외하고는 카메라와 영사기의 기본 디자인에 어떠한 변화도 마련하지 않았다
는 것이다. 지난 40년 동안 개발된 와이드 스크린 방식으로는 시네라마Cinera-
ma, 아벨 강스의 폴리비전과 유사하게 기본적으로 세 대의 카메라와 세 대의
영사기를 사용하는 방식, 타드 에이오Todd A-O, 시네마스코프CinemaScope, 비
스타비전Vista Vision, 테크니스코프Techniscope, 슈퍼 파나비전 70 Super Panavision
70과 울트라 파나비전 70 Ultra Panavision 70 등이 있다. 오늘날에는 그중 불과 몇
개만 사용하지만 단순히 상표들만 나열한다고 해서 디지털 카메라와 영사 시
스템이 모든 것을 바꿔 버린 2000년대 중반까지 사용하던 필름과 카메라 방식
의 복잡한 문제를 설명하는 데는 충분한 도움이 되지 못할 것이다. 글을 쓰고
있는 현재도, 필름은 여전히 극영화 촬영 현장에서 사용 중이다. 하지만 이제
디지털은 상업용 영화 제작의 지배적인 기술이 되었다.

디지털 카메라와 영사 시스템의 개발은 바로 앞서 사용되었던 전통적인
영화 포맷으로부터 영향을 받았다. 비교적 최근까지 일반적으로 사용하던 포
맷은 1.85:1, 1.66:1, 1.75:1 등 세 개의 필름 비율이었다. 미국에서는 1.85:1이
비공식적인 표준이며, 유럽에서는 1.66:1을 널리 쓴다. 좀 더 작은 포맷으로는
화면 종횡비가 1.33:1에서 서로 약간의 차이를 보이며 사용되는 16mm, 슈퍼
16, 슈퍼8 등이 많이 사용되었다. 16mm는 아카데미나 와이드 스크린 포맷에
사용될 수 있다. 그것이 바로 1970년대에 슈퍼16을 두입하게 된 근본적 이유
다. 슈피16은 네거티브 필름 선택의 폭이 넓어 보다 입자가 작은 선명한 이미
지를 얻을 수 있다.

디지털 채집/획득Digital Acquisition

영화는 촬영되어지는 것이나 실제 카메라가 없이 완전히 컴퓨터로도
만들 수 있다. 그래서 '디지털 채집/획득'이라는 단어가 탄생했다. 실제이든
가상이든, 디지털 카메라는 네거티브negative 필름에 해당하는 픽셀pixel 크

기의 프레임을 산출한다. 다양한 포맷의 약칭은 각기 2k, 4k 또는 2000픽셀, 4000픽셀처럼 이미지의 크기로 불린다. 가장 일반적인 포맷은 16:9 화면 종횡비의 1920x1080으로, 거의 1.85:1에 가깝다. 화면 종횡비는 해상도와는 별개다. 따라서 16:9 이미지는 수천 픽셀 또는 수백 만 픽셀로 이루어질 수도 있다. 이로 인해 메가픽셀megapixel(스틸 카메라를 다룰 때 흔히 사용되는 용어) 개념이 도출되었다. 앞서 언급한 2k와 4k의 이미지 크기는 2메가픽셀과 8메가픽셀이다. 공식은 간단하다. 디지털 이미지의 메가픽셀 크기는 이미지의 높이와 너비의 픽셀을 곱한 것이다. 2k 이미지는 2048x1080픽셀로 2,211,840픽셀이다. 간단하게 하기 위해 반내림하면 2메가픽셀이 된다. 4k 이미지는 4096x2160 또는 8,847,360픽셀로, 반내림하면 8메가픽셀이다.

네거티브 필름의 크기에 따른 필름 해상도를 16미리, 35미리 또는 IMAX 등으로 부르는 반면에 네거티브 필름에 해당하는 디지털 장치는 카메라 센서sensor다. 크기는 메가픽셀이라 불리는데, 각 이미지에 저장된 세부 묘사의 정도를 나타낸다. 니콘, 캐논 또는 소니 DSLR 같은 전문가용 스틸 카메라는 12메가픽셀에서 50메가픽셀 범위의 센서를 갖고 있다. 현재 영화계의 전문가용 카메라는 4메가픽셀에서 8메가픽셀 범위의 센서를 갖고 있다. 이들 수치는 항상 증가한다. 시간이 지남에 따라 점점 더 많은 정보를 캡처하지 말아야 할 이유는 없다. 현실을 복제할 필요를 느끼는 것은 인간 그 자체이기 때문이다.

디지털 영사 Digital Projection

2000년대 초에 들어서면서 할리우드 메이저 스튜디오들은 영화가 만들어지기 시작한 이래 영화 배급과 상영을 위한 기반 시설의 커다란 변화에 대처하고자 재정 투자를 결정했다. 2016년 5월 3일로 전 세계 영화관의 98.2%가 필름에서 디지털 '프린트prints'로 대체했다. 디지털 프린트는 필름 프린트에 비해 낡거나 파손되지 않는다. 필름 프린트는 수십 번 영사하고 나면 필름의 섬세한 감광 유제寫眞乳劑 표면들이 긁히거나 벗어져 니가 초기의 깨끗한 필름을 유지하지 못한다. 디지털 프린트는 빠르게 생산될 수 있고 필름 프린트에 비해 비용도 저렴하다. 필름 자체는 기계적으로 돌려지기 때문에 미소 진동 같은 게이트gate의 흔들림이 있는 반면 디지털 영사에서는 이러한 문제가 발생하지 않는다. 필름 프린트와 달리 디지털 프린트는 영사될 때 스크린 전체가 매우 선명하다. 기계적인 필름 장치에서는 불가능하다. 하지만 아트하우스에서 전통적인 영화적 경험을 보전하고 싶어 하는 쿠엔틴 타란티노 같은 필름 메이커가 아직 존재한다. 그 외에도 몇몇 A급 감독들이 필름을 고수한다. 그럼에도 대세는 디지털이다. 2015년만 보더라도 최고 수익을 올린 1백 개 영화 중 85%가 디지털로 촬영되었다. 머지않아 필름 프린트의 아름다움은 전문 상영관에서나 볼 수 있을 것이다.

기술적으로 볼 때 16:9(1.77:1)는 HD TV 및 풀Full HD의 국제 포맷이다. 주로 텔레비전과 컴퓨터 모니터의 표준 규격이다. 지금은 극장의 1.85:1 규격을 대체한다. 전형적으로, 일반용 및 준전문가용 카메라의 16:9 규격에서는 고해상도로 캡처하더라도 1920x1080픽셀에 그친다. 하지만 이것은 4k UHD, 5k UHD, 8k UHD를 포함하여 4k 및 고해상도가 소개될 당시인 2000년대 초기에야 겨우 이룰 수 있었다. 더 높은 해상도와 더 높은 프레임 비율rate을 기대해 보자.

디지털 해상도의 발전과 동시에 거의 1백 년에 이르도록 유지 중인 사운드 필름의 표준인 초당 24프레임(fps)을 넘는 프레임 비율 테스트가 진행되고 있다. 텔레비전은 더욱 복잡하지만 초당 60필드field로부터 도출된 초당 30프레임을 사용한다. 초당 48프레임과 초당 60프레임이라는 새로운 프레임 비율이 수년에 걸쳐 제시되었는데, 현재는 초당 120프레임 비율이 개발 중이다. 높은 프레임 비율을 통해 현실을 복제할 수 있다는 궁극적 목표와 초당 24프레임으로 영사된 전통적인 필름 룩look 사이에 논란을 불러일으키는 주제다. TV 드라마나 뉴스 방송 등에서 보이는 이른바 높은 프레임 비율의 '라이브live' 룩은 많은 시청자들을 당혹하게 만든다. 높은 비율과 낮은 비율의 지각에 대한 최적의 묘사는 필름(초당 24프레임)이 과거 시제라면 텔레비전(초당 30 프레임)은 현재 시제라는 것이다. 영상을 볼 때, 초당 24프레임은 과거 기억 속에서 일어난 일처럼 보인다. 반면 빠른 프레임 비율은 마치 현재 일어나는 일처럼 보인다. 초당 24프레임에 대한 일부 사람들의 선호가, 거의 1백 년에 걸쳐 느린 프레임 비율을 보던 것의 결과로의 조건 반응conditioned response에 기인한 것인지 아닌지에 대한 논쟁도 있다. 향후 계속되는 포맷에 대한 다른 실험들을 기대해 보자. 극장의 새로운 디지털 영사기는 기존의 필름 영사기로는 불가능했던 여러 방법으로 프로그램을 만들 수 있다. 포맷에 대한 실험을 더욱 풍부하게 가능케 한다.

입체 Stereoscopic

디지털 영사 시스템의 기반 시설 변화는 입체 관람 기회의 회귀와 부합되었고 또 그것이 가능했다. 하지만 현재로서는 입체 시스템이 오래 갈 것 같지는 않다. 스튜디오는 입체 상영을 위해서 요금을 올렸는데, 입체 상영 시스템은 재사용이 가능한 안경 제공을 포함하여 대부분의 복합 영화관에서 디지털 업그레이드의 일부로 기능했다. TV 생산 회사들은 신기술에 다소 늦게 접근했지만 3D 평면 스크린을 만들기 시작했다. 하지만 주류 관객으로부터 주된 관심을 끌었음에도 불구하고 입체 관람의 인기는 갑자기 식어 버렸다. 왜일까?

디지털 영사의 기술적 장점이 입체 영화의 캡처와 영사 시스템의 개선을 이끌었지만 입체 안경은 대중적이지 않았다. 셔터 글래스shutter glass 또는 편광 여과polarized light filtration 장치는 스크린의 밝기를 감소시켰다. 일반 관객도 금방 알아챘다. 입체 촬영 및 후반 작업 비용은 저렴하지 않다. 그리고 여러 옹호자들의 말과는 달리 입체 영화는 콘티뉴어티 스타일 영화 제작의 근본적인 변화를 가져오지 못했다. 사실, 관객들이 입체 영화에 갑자기 흥미를 잃어버린 것은 부분적으로는 인간 시각 체계에 희생되었음을 뜻한다. 쉽게 말해 적응되었다. 입체 경험이 마치 스턴트처럼 숏의 효과를 깊숙이 과장하지 않는 한, 두뇌는 그것을 말끔히 감소시킨다. 우리 눈을 속이기 위한 여러 과정이 부자연스럽고 또 우리의 시각 체계를 혹사시키기 때문이다. 대개의 숏과 무대화를 통한 입체 효과는 일단 영화가 시작되면 감소되고 만다. 지각에 대한 신경과학 분야가 아직 시각을 충분히 이해하지 못함에 따라, 입체 영화 관람을 통한 지각 경험의 본질은 잘 알려지지 않은 상태다. 돈을 벌 수 있는 기회와 쓸모 있는 기술 혁신이라는 양 측면에 있어 입체는 실패했다.

　　다음 페이지는 필름 포맷과 디지털 포맷의 비교다. 필름 포맷은 이제 과거의 일이 되어 버렸지만 다음 도표에 보이는 디지털 포맷은 끊임없이, 그리고 빠르게 진화하는 이미지 캡처 및 상영 기술의 한 부분을 말해 준다. 10년 내에 또 달라질 것이다. 필름과 디지털 포맷의 리스트는 아직 충분히 나열되지 못했다. 다음은 최근의 주요 경향을 알려 주는 포맷에 대한 일반적인 소개다.

디지털 포맷

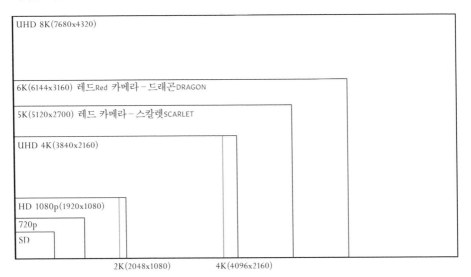

UHD 8K(7680x4320)

6K(6144x3160) 레드Red 카메라 – 드래곤DRAGON

5K(5120x2700) 레드 카메라 – 스칼렛SCARLET

UHD 4K(3840x2160)

HD 1080p(1920x1080)

720p

SD

2K(2048x1080)　　　　4K(4096x2160)

8mm

수퍼 8

16mm

수퍼 16

2-퍼포레이션 Perf 수퍼 35

2-퍼포레이션 Perf

3-퍼포레이션 수퍼 35

아카데미 35

4-퍼포레이션 수퍼 35

비스타비전 Vistavision~
35미리 스틸-
풀 프레임 디지털

65mm

IMAX 70mm

23. 따라 하기 Shadowing

　　이번에는 신인 감독이 스토리보드 또는 선행 시각화가 없는 상태에서 배우를 무대화할 때 필요한 효과적인 방법이 포함되어 있다. 첫째, 기성 감독을 따라서 하자. 따라 하기란 촬영하는 기간 중 며칠 동안 실제 감독을 따라 다니면서 배우는 (허락된) 감독 훈련 실습을 뜻한다. 여러분이 방금 하루 촬영 스케줄이 적힌 콜 시트call sheet를 받았다고 하자. 이제 감독의 전형적인 하루 스케줄에 대한 간단한 설명과 함께 촬영이 시작될 것이다. 그다음, 여러분의 무대화 기술을 확장시킬 수 있는 일련의 아이디어를 보게 될 것이다. 이전 장에서 설명한 무대화 예제들에 기초한 아이디어들이다. 여러분이 쉽게 기억할 수 있도록 간단명료하게 구성했다. 자, 이제 가자. 오전 7시이므로 늦기 전에 세트에 가 있어야 한다.

　　여러분이 따라 할 감독의 영화는 하나의 로케이션(여러 방이 있는 시골집)에서 촬영한다. 신에는 다섯 명의 배우가 나온다. 장면은 간단하다. 어느 10대 소녀가 911에 전화하여 다투는 부모를 말려 달라고 요청했고, 두 명의 경찰관이 집으로 온다. 하지만 경찰이 도착했을 때 폭력은 없었고 911이 올 이유도 없었다. 소녀는 달리 설명할 방도가 없었다. 당연히, 소녀의 부모는 딸에게 마구 화냈다. 이 스토리는 이미 확보한 로케이션에 기초하여 스토리보드에 그려졌다. 그런데 마지막 순간에 새로운 집으로 교체되었다. 새 집은 긴 돌리 이동이 있는 스토리보드를 적용하기에는 구조가 너무 달랐다. 감독은 현장에 도착하기 전까지는 새 로케이션의 바뀐 구조를 알 리가 없다. 따라서 즉흥적으로 대처하는 수밖에 없다.

　　전문 영화 스태프들의 하루 촬영은 다음 기본 단계를 거친다. 블로킹, 조명, 리허설, 촬영이다.

오전 7시

스태프들이 도착한다. 음식 서비스 테이블에서 커피와 도넛을 먹은 다음, 촬영감독(DP)과 그립이 태양광을 차단하기 위해 어떤 창문을 막아야 할지 실내를 살피기 시작한다. 태양광은 인공조명으로 대체될 것이다. 트럭에서 내려진 장비들이 진입로와 차고에 놓이면 촬영할 장소의 세트에 필요한 물건들을 정리하기 시작한다. 스토리보드에는 부분적으로 묘사되어 있지만 그들은 신의 기본적인 블로킹에 대한 감독의 설명을 필요로 한다.

이제 감독, 촬영감독, 프로덕션 매니저, 라인 프로듀서 등이 모여 무대화 공간에 관한 최종 의견을 나눈다. 원래 이전 로케이션의 촬영계획 평면도에서는 부엌, 현관, 문 입구, 거실이 모두 커버되는 넓은 오프닝 신으로 시작할 계획이었다. 트래킹 숏을 가능하게 하는 구상이다. 새 로케이션은 반대로 여러 방이 좁은 복도를 통해 연결되어 있다. 각 방의 문들은 돌리 작업에 적합하지 않고 또 셋업을 하는 데도 많은 시간이 소요될 것 같다. 라인 프로듀서가 감독에게 이 신에서 가장 중요하게 생각하는 게 무엇인지 묻는다. 즉, 트래킹 숏인지 아니면 경찰관이 도착할 때 아무에게도 들키지 않고 부엌에 숨어서 그들을 보는 소녀가 중요한지. 감독은 트래킹 숏을 포기하는 데 동의한다. 그는 경찰관과 부모를 몰래 관찰하는 소녀에게 가장 큰 관심을 갖고 있다. 감독, 촬영감독, 라인 프로듀서, 프로덕션 매니저는 신을 따라 걸어 보면서 각 숏을 어떻게 배치할지 구상한다. 대개 이 시점에서 스탠드 인stand-in 배우가 필요하다. 감독은 신의 액션을 따라 걸으면서 감독 파인더director's finder(**카메라로 보는 장면이 어떻게 보이는지 보여 주는 렌즈)를 사용하기도 한다. 그들은 각자 새로운 선택에서 발생하는 기술적인 이슈들을 살핀다.

스태프들이 해결해야 하는 전형적인 문제는 어디에 조명을 숨기고 어디에 돌리 트랙을 놓을지 등이다. 영화 스태프들은 어떠한 연출적인 요구에도 다 응할 수 있는 놀라운 사람들이다. 문제는 언제나 시간과 돈이다. 트래킹 숏을 위한 조명은 고정된 숏의 조명보다 시간이 더 걸린다. 이 경우, 라인 프로듀서는 감독에게 어쩌면 계획의 다른 부분을 포기해야 할지도 모른다고 말할 것이다. 원래 계획은 소녀가 1층에 있고 부모가 2층에 있는 설정이었다. 감독은 경찰이 도착했을 때 소녀를 2층에 있게 하여 계단 위에서 복도를 내려다볼 수 있게 하는 방안을 찾았다. 소품 담당자는 경찰이 올 때 소녀가 숨을 수 있도록 테라스에 있던 커다란 실내용 식물을 발코니 쪽으로 옮긴다.

이와 같은 종류의 몇몇 다른 결정 사항들이 해결된다. 이제 오전 8시 15분이다. 감독은 조감독, 스크립트 수퍼바이저, 프로덕션 매니저 등과 함께 스크립트 및 새로운 숏 리스트를 살펴본다. 이들 전문가들은 스토리 콘티뉴어티가 유지될 수 있도록 신의 각 변화에 따른 세부 질문들을 던진다.

오전 8시 45분

배우가 도착한다. 그들은 감독을 만난 다음 분장실로 안내된다. 10시 15분에 첫 번째 숏을 촬영하는 계획이다.

오전 9시 30분

새로운 숏 순서가 결정되자, 현관 주변에 반사 조명이 필요해졌다. 첫 번째 숏은 경찰이 도착하는 장면이다. 집 앞은 깨끗이 정리되었고, 대여해 온 경찰차는 집 앞에 있다. 이제 감독과 촬영감독은 숏의 보다 세부적인 사항을 논의한다. 이때 새로운 문제가 생겼다. 현관을 촬영하기에 가장 좋은 카메라 앵글에서 보니, 입구에 있는 나무 때문에 경찰차가 잘 안 보인다. 감독과 촬영감독은 카메라를 약간 이동함으로써 문제를 해결하고자 한다. 이러한 논의가 진행되는 동안 라인 프로듀서가 촬영감독에게 나무는 디지털로 삭제가 가능하고 경찰차 역시 디지털로 추가가 가능하지만 5천 달러 정도의 비용이 든다고 한다. 숏에 경찰차를 넣는 것은 스토리에서 중대한 사항이 아니기에 이 아이디어는 폐기되었다. 경찰차는 필요 없고, 현관 앞 경찰관만 필요하다.

오전 10시 15분

경찰관 역의 두 배우는 경찰복을 입고 있고, 소녀의 부모 역을 하는 배우들은 분장 후 도착한다. 모든 배우가 역할에 맞는 의상을 입었고, 이제 리허설할 준비가 되었다. 감독은 처음부터 배우들에게 너무 많은 지시 사항을 주고 싶지 않다. 배우들이 실제 상황에서 이런 일을 맞닥뜨려졌을 때 일어날 수 있는 행동을 연기해 주기를 원한다. 감독은 모든 캐릭터가 어떻게 상호 반응하는지 보고 싶다. 그래서 배우로부터 시나리오에 없는 자연스런 행동을 관찰한다. 나중에 배우들이 같은 행동을 반복할 수 있도록 요청하기도 한다. 감독은 배우들에게 50퍼센트 정도만 이야기한다. 나머지는 신 리허설을 통해 완성한다. 이는 카메라 셋업을 한 상태에서 진행된다. 디지털 카메라이기 때문에 리허설까지 녹화된다. 얼마간의 리허설을 거친 다음, 감독은 몇 가지 새로운 아이디어를 얻었다. 영화에서 소녀의 아버지가 문을 열러 간다. 그러나 창문을 통해 경찰관을 보자 걸음을 멈춘다. 그러고는 소녀가 숨어 있는 발코니를 올려다본다. 소녀의 방은 2층에 있다. 이것은 처음 스크립트에 있지 않았으나 감독은 이러한 망설임이 매우 좋다고 생각했다. 문제가 발생하면 모든 아버지는 본능적으로 자신의 10대 딸을 의심한다는 점을 관객에게 말해 주기 때문이다. 그것은 또한 그와 같은 순간을 붙잡기 위해 돌리 이동이 필요함을 의미한다.

오전 10시 45분

모든 사람이 점심시간인 12시 전에 계획된 숏들의 촬영을 끝낼 수 있기 바란다. 얼마간의 돌리 리허설을 마친 후, 그들은 첫 번째 테이크를 촬영한다. 커버리지 촬영을 포함하여 신 촬영은 12시 이전에 마무리되었다. 여기에는 두 번째 카메라를 2층으로 가져가서 핸드헬드 카메라로 촬영한 소녀의 시점 장면 즉, 두 명의 경찰관과 소녀의 부모 장면이 포함되었다. 이것은 리허설하는 동안 촬영되었다. 립 싱크lip synch가 그 거리에서는 보이지 않기 때문이다. 대사는 후반 작업에서 추가할 수 있다.

오후 1시

점심식사 후 새로운 숏이 준비된다. 신 전체에 걸쳐 벌어지는 다툼 장면이다. 원래는 침실에서 촬영하기로 되어 있었으나 감독은 부엌에서 신을 진행하기로 결정했다. 감독은 촬영감독과 블로킹을 하기 시작한다. 현관에 있던 소녀의 아버지가 부엌으로 가면서 아내와 다투게 되는 장면부터 시작하기로 한다. 그는 배우들에게 아직은 감정 분출을 크게 발산하지 않을 것을 지시한다. 부모의 다툼에 대한 소녀의 반응 장면은 다른 날 촬영하기로 했다. 소녀의 침실은 여러 번 사용될 것이기 때문에 무대 세트에서 촬영할 예정이다. 세트 설치비를 감안할 때 그것이 합리적인 방법이다.

부엌에서의 리허설은 잘 진행되고 있다. 그러나 장면이 부엌 테이블에 집중되어 있고, 너무 억제되어 보인다. 감독은 아내의 참지 못하는 성격을 보여 주고 싶다. 그래서 배우에게 좀 더 넓은 공간을 활용하여 반응할 것과 남편에게 너무 가까이 서 있지 말 것을 지시했다. 감독은, 아내가 분노를 참지 못한 채 몇 발자국을 걸어간 다음 남편을 향해 돌아서는 장면에서 두 순간을 언급한다. 그는 그녀에게 우리에 갇힌 동물처럼 연기하라고 지시한다. 아내가 남편을 떠나기를 원하나 아직 확신할 수 없는 심리 상태를 구축하고자 한다. 그녀가 잠시 머리를 흔들고서 걸어 나가는 모습이 스크립트에 쓰인 말보다 더 강렬한 것이다. 감독은 이제 그가 원하는 무대화를 성취했다. 그러나 배우가 창가 쪽으로 걸어감에 따라 조명 조정이 필요했다. 이 문제를 해결하기 위해 몇 가지 까다로운 카메라 이동 방법이 있다. 이제 스탠드-인 배우들과 함께 테크니컬 리허설을 할 차례다.

오후 2시 30분

배우들이 돌아오고, 몇 가지 카메라 리허설을 한다. 그러나 타이밍을 맞추기가 쉽지 않다. 그들이 리허설을 촬영한 후 푸티지를 살펴본다. 약간 조정한 부분이 있고, 대사 한 줄이 바뀌었다. 이제 모두 촬영할 준비가 되었다.

이것은 현관 장면보다 긴 장면이고, 완성하는 데도 두 시간 정도가 걸린다. 감정적으로 매우 집중을 요하기 때문에 원기 회복을 위해 배우들에게 짧은 휴식 시간을 주었다. 감독은 시간을 조금 더 갖기를 원했으나, 배우들은 에너지가 소진되고 있다. 대개 초반에 촬영한 테이크들이 가장 좋았다. 감독과 프로듀서는 푸티지를 살펴보았다. 그들은 자신들이 필요로 하는 것들을 건진 것 같다.

오후 4시 30분

차고에 쓰레기봉투를 갖다 놓는 아내 장면에 관한 몇 가지 픽업pick-up 숏들이 있다. 이들 숏은 외부에서 핸드 헬드 카메라로 촬영되었다. 한편, 다음에 또 다른 큰 신이 기다리고 있다. 현관에서 소녀의 아버지가 그녀에게 아래층으로 내려오라고 하는 장면이다. 이것은 비교적 짧은 신이다. 소녀가 내려오지 않기 때문이다. 그녀는 침실 창문을 통해 밖으로 빠져나간다. 아버지가 2층으로 올라가나 그것은 집에서 촬영하는 마지막 장면이다. 이제 스토리는 소녀의 탈출 장면으로 옮겨 간다.

오후 5시 30분

현관은 아직 조명이 설치되어 있어 리허설을 위한 새로운 셋업 준비는 20분 정도만 필요했다. 배우들이 다시 안으로 불려진다. 신 촬영에 30분 정도 소요되었고, 촬영 종료 후에 배우들을 귀가하게 한다. 감독과 촬영감독은 아직 끝내지 않는다. 집 안 장면에 필요한 여러 커버리지 및 잠재적 분위기가 있는 컷어웨이들, 그리고 실내의 시점 숏들을 촬영한다. 집 외부는 다른 도시에 있는 집 외부를 촬영할 것이다.

오후 7시

촬영 종료. 스태프들이 장비를 해체하기 시작한다.

이렇게, 간단한 한 신에 대한 비교적 전형적인 하루 촬영 과정을 설명했다. 액션 영화나 VFX 영화는 거의 비슷한 스토리에 많은 신을 갖고 있지만 훨씬 더 많은 기술적 고려가 필요하다.

감독은 연출할 때 생각해야 할 일들이 많다. 그러나 일단 블로킹이 시작되면, 현실을 직시하고 배우들의 연기 및 동선이 카메라 메커니즘과 잘 맞게 움직이는지 살펴야 한다. 그와 같은 일을 수행하는 데 있어 감독이 의지할 수 있는 몇몇 기본 테크닉이 있다. 여기 관련해서는 앞서 언급한 바 있다. 세부적인 설명이 꼭 필요하긴 하지만, 다음 장에서 설명할 지름길은 그와 같은 것들을 매우 단순한 개념으로 압축하여 제공할 수 있다.

24. 부록-지름길Short Cuts

기본 커버리지Basic Coverage

앤이 프레임 안으로 들어온다

오버 더 숄더 1

오버 더 숄더 2

모든 액션은 매우 제한된 공간에서 일어난다. 기본적으로 텔레비전 무대화에서의 전형적인 거리는 지름 5피트 이내다. 이러한 접근 방식은 조명을 설치히기도 빠르고, 배경에 많은 엑스트라나 세트 소품을 필요로 하지도 않는다. 단점은 액션이 실제 현실에서 일어나는 듯한 느낌을 전달하지 못한다는 것이다.

지금부터 우리가 여기서 사용하고 있는 기본 커버리지를 확장하고 개선하는 방법들을 살펴보자.

걸으면서 얘기하기|Walking & Talking

신이 시작되자, 커버리지로 연결된다

캐릭터들이 이야기하는 동안 일련의 오버 더 숄더 숏과 숏 역숏 커버리지 숏

이동 숏: 그들이 함께 걷는 동안 대사는 신의 마지막까지 계속된다

기본 커버리지는 대사가 있는 가운데 지름 5피트 내에서 무대화되었다. 우리는 앤이 멀리서 다가오는 첫 번째 변형을 살펴보았다. 두 번째 변형에서는 서로 다른 두 개의 포즈를 연결해 보았다.

위 패널들은 고정 포즈에서 이동 포즈로 연결되는 모습을 보여 준다. 대화는 기본 커버리지 서클circle 범위 내에서 진행되었다. 두 캐릭터가 나란히 걸어가면서 대화는 계속된다. 우리는 어렵지 않게 이동 포즈로부터 시작하여 기본 커버리지 서클 내의 고정 숏으로 끝낼 수도 있다. 다시 말해, 현재의 고정/이동 숏의 순서는 처음부터 고정 숏을 쓰는 대신 앤이 카메라를 향해 다가오는 것에서 시작할 수도 있다.

포즈에서 포즈로 Pose to Pose

기본 포즈(표준 오버 더 숄더 숏)

포즈 2

새로운 카메라 앵글의 포즈 2

배우들이 도착한다. 현재 스토리보드는 없다. 먼저, 신을 기본 커버리지로 셋업한다. 그다음 신의 나머지 반 장면과 어울리는 다른 무대화를 셋업한다. 이제 여러분은 두 개의 포즈를 갖게 될 것이다. 그러나 당연히 더 많은 포즈 형태를 가질 수도 있다. 배우들은 그 둘을 연결할 것이다. 그것이 좀 이상하면 배우들은 반대 의견을 낼 수도 있다. 하지만 무대화의 변화가 스토리 진행에 도움이 되고 감정적 순간이 중요하다고 생각되면 감독이 원하는 포즈를 고수하라. 이를 해결하고자 배우와 촬영감독은 감독과 협력할 것이다.

여러분은 여기서 카메라 뷰를 통해 포즈를 생각하는 법을 배울 수 있다. 포즈들을 서로 연결함으로써 복합적이고 난해한 무대화를 형성할 수 있다.

열어 두기 Open It Up

앤이 프레임 안으로 들어온다

오버 더 숄더 1(OTS)

앤이 프레임 밖으로 나간다

    캐릭터가 중심 무대화 영역으로 다가가는 접근 숏을 사용해 보라. 차후 안전을 위해서 다시 마스터 숏 촬영을 한다고 하더라도, 마스터 숏 대신 대체될 수 있다.

    접근하면서, 앤은 남자에게 가깝게 다가가기 전에 이미 대사를 시작할 수도 있다. 퇴장 숏에서 남자는 카메라를 향한 채 그 자리에 남겨질 수도 있다. 여기서 우리는 여자가 배경으로 멀어짐에 따라 나타나는 남자의 멋진 반응 숏을 보게 된다. 위 패널들을 보면서 A, I, L 포지션을 사용한 변형들을 생각해 보라.

왜 거기서 멈추는가?Why Stop There?

두 개의 포즈를 연결할 수 있다면, 단일 신에서 수많은 포즈를 쉽게 연결시킬 수 있을 것이다.

패널의 왼쪽에서 오른쪽으로 진행되는 대화 장면이다. 우리는 그것을 나누고자 한다. 캐릭터들이 한 장소에 머무를 필요는 없다. 신에서 자연스럽게 분리될 수 있는 지점을 찾는다. 첫 번째 대화 장면은 트래블링traveling 숏에서 진행된다.

배우들이 걸음을 멈춘 후 진행하는 대화 장면의 두 번째 부분이다. 대화의 각 부분마다 새로운 포즈로 대화를 분리할 수 있다. 새로운 포즈는 신의 감정적 필요와 극적 필요에 의해 기능할 경우에만 선택되어야 한다.

배우들과 함께 일하기|Working with Actors

대부분의 책에서는 무대화를 분석적인 방법으로 설명한다. 물론 시작 단계에서 배우기에는 최적의 방법이다. 하지만 배우들은 영화에서 생명의 피와 같은 존재이며, 그들의 연기는 다분히 감정에 의존한다. 설령 여러분의 스토리보드가 훌륭하게 만들어졌다 할지라도, 배우가 다른 대안적 접근 방법을 갖고 있다면 경청하는 태도가 중요하다. 배우가 정확히 마크한 곳에 서도록 요구하는 복잡한 무대화는 배우를 산란하게 만든다. 그리고 반복되는 테이크는 배우를 피로하게 만든다. 좋은 감독은 어떻게 하면 배우들에게 잘 맞출 수 있는지, 또 어떻게 하면 정해진 스토리보드에 따라 복잡한 무대화를 잘 소화해 내도록 그들을 도울 수 있는지 등을 배운다.

스토리보드가 없는 상황에서의 무대화 과정은 스크립트에 설명된 액션을 따라 걸어 보는 것을 의미한다. 신을 따라 걸으면서 포즈(숏)의 개념으로 생각해 보라. 그다음 리허설을 한다. 배우들로 하여금 그들이 생각하는 캐릭터라면 어떻게 행동할지 자발적으로 묻고 연기하게 하라. 마음에 드는 연기가 보이는가? 그러면 활용하라.

때때로 배우들에게 스토리보드를 보여 주는 것이 도움이 된다. 그러나 그들의 시점에서 볼 때, 정해진 곳에 정확히 서야 하는 것을 아는 일은 그들의 진행 과정에 방해되는 한 가지를 더 생각해야 함을 뜻한다. 이것들 도울 수 있는 방법은, 우선 배우의 연기에 집중하는 것이다. 그다음, 촬영감독 또는 조감독으로 하여금 그의 연기에 맞춰 무대화를 조절하게 하는 것이다. 여러분은 연기에 집중하면 될 것이다. 감독은 영화 제작 과정에서 발생하는 피로와 좌절감으로부터 배우를 보호해야 할 필요가 있다. 배우들에게 신의 감정적 목표를 이루는 것이 중요하다고 일관된 믿음을 준다면 그들에게 기술적 요구는 큰 방해가 되지 않는다.

마치면서

스토리텔링의 미래. 우리는 어디에 있었고, 이제 어디로 가는가? 중요한 질문이다. 그러나 선 원근법의 개발과 함께 15세기에서 출발한 테크놀로지의 변천사를 봤을 때 일반적인 경향은 현실 또는 그것에 대한 우리의 지각을 복제하려는 것이었다. 이는 5백 년 동안 가속화되었다. 모든 미디어의 디지털화가 이를 더욱 가속화시켰다. 드라마틱하게. 한 세기에 걸쳐 발전해 온 필름은 불과 15년에 걸쳐 개발된 디지털 이미지 센서에 그 자리를 내주었다.

보다 극적인 것은 영화가 전달되는 방식의 변화다. 영화관에서의 영화 감상 경험은 점점 더 치열하게 홈시어터 장치와 경쟁하고 있다. 90인치 패널조차 더 이상 최첨단이 아니다. 조만간 안경을 뛰어넘는, 눈의 망막에 직접 발사하는 레이저와 VR 안경을 통해 두뇌에 직접 투사하는 일이 현실화될 것이기 때문이다. 아직 개발 단계지만 데이터를 두뇌에 전달하기 위한 노력들과 신경 기반 접근 방식은 21세기 후반의 미디어에 있어 지배적이 되리라 예상한다. VR은 차후 10년 동안은 시도와 실패를 반복하겠지만 미래 기술은 승리를 거둘 것이다. VR은 시작일 뿐이다. 우리는 신경과학의 시대에 살고 있다. VR이 소비자들의 필수 제품이 되기 위해서는 사반세기 정도가 필요하리라 예측한다.

전통적인 필름 업계에 종사했던 사람들과 2백여 년 동안 은제 화학품 silver chemistry에 열광해 왔던 사람들에게는 최근 비율의 변화가 소중한 가치와 과정의 종말을 의미한다. 그러나 필름 메이커에게는 결국 말하고자 하는 스토리가 가장 중요하고 도구는 두 번째다. 우리가 번드르르한 테크놀로지의 강조와 짧은 주의 집중, 그리고 눈요기의 시대에 살고 있다지만, 적어도 우리에게는 도구를 두 번째로 만들 수 있는 선택권이 있다. 50년이 넘도록 상업 영화 제작은 인디 필름 메이커들에게는 여전히 격렬한 경쟁 사업이다. 대안은 유튜브나 다른 온라인 배급사를 통해 소규모 관객에게 다가가는 것이다. 이것이 정말 필름 메이커가 원하는 전부다. 하지만 생계에 도움되지 않을 수 있다. 기운 빠지는 소리처럼 들리겠지만, 이것은 엄청나게 긍정적인 변화다. 지금 당장 여러분의 아이폰으로 단편을 하나 만들어 보라. 그리고 며칠 후 그것을 업로드하면 여러분은 관객을 만들어 나갈 수 있다. 투자자 또는 배급사도 필요하지 않다. 저작권을 다른 사람에게 허락해 줄 필요도 없다. 관계자들이 작품에 수정을 요구하는 소리도 들을 필요가 없다. 무엇을 기다리는가?

용어 설명

여기에 부분적으로 수록한 용어들은 이 책에서 사용한 기초적인 기술 어휘들을 포함한다. 영화 용어를 보다 광범위하게 수록한 책들로는 제임스 모나코 James Monaco의 『영화, 어떻게 읽을 것인가How to Read a Film』, 제프리 A. 오쿤Jeffrey A. Okun과 수잔 즈월만Susan Zwerman의 『VES(**Visual Effects Society) 시각효과 핸드북: 산업 표준 VFX 실제The VES Handbook of Visual Effects: Industry Standard VFX Practices』, 레이몬드 스포티스우드Raymond Spottiswoode의 『영화 및 텔레비전 기술 백과사전Focal Encyclopedia of Film and Television Techniques』, 그리고 최근의 표준 영화 사전이라 할 수 있는 이라 코닉버그Ira Konigsberg의 『영화 용어사전(두 번째 에디션)The Complete Film Dictionary, 2nd edition』 등이 있다.

ㄱ

- **경사진 프레임**canted frame: 차이니즈 앵글Chinese angle 또는 더치 앵글Dutch angle 이라고도 한다. 카메라를 기울여 촬영해 프레임의 수평선이 수평과 일치하지 않는 화면. 약간 경사진 화면은 구도를 역동적으로 만드는 반면에 과도한 경사는 무질서와 피해를 나타내는 전형적인 방법이다. 경사진 화면은 캐롤 리드 Carol Reed의 《제3의 사나이The Third Man》에서 집중적으로 많이 쓰인 바 있다.
- **고정 카메라**static camera: 카메라가 움직이지 않는 모든 숏.
- **공중 숏**aerial shot 또는 **조감 숏**bird's eye shot: 매우 높은 앵글에서 촬영된 숏으로 대개 넓은 설정 숏. 드론은 리모트 조정을 통한 부감 비디오 또는 어려운 로케이션 영상 등을 획득할 수 있는 기능을 갖추고 있어 이와 같은 숏의 사용 빈도를 높인다.
- **교차 편집**cross-cutting: 동시에 서로 다른 장소에서 진행되고 있는 액션을 보여주기 위해 둘 또는 그 이상의 숏들을 서로 교차시키며 편집하는 것.

ㄷ

– 달리 숏dolly shot: 달리를 이동해 촬영한 모든 숏. 트래킹 숏 또는 트래블링 숏이
  라고도 한다.

– 동행 숏follow shot: 이동하는 피사체를 따라서 움직이는 트래킹 숏이나 팬 또는 줌.

– 드론 숏drone shot: 4개의 날개가 달린 소형 헬리캠이나 드론을 통해 촬영한 숏.

– 디지털 인터미디에이트Digital Intermediate, D. I.: 후반 작업에서 편집이 완료된 필
  름/비디오의 디지털 색 보정 과정으로 실시간 DI 작업실에서 이루어지며, 대
  개 감독이 참석하여 진행한다.

– 딥 포커스deep focus: 촬영과 연출의 한 방식. 전경과 후경에 있는 물체들이 모두
  초점에 맞도록 하는 것으로, 그와 같은 깊이감을 얻기 위해 렌즈의 조리개를
  작게 하거나 광각 렌즈를 사용한다.

ㄹ

– 랩wrap: 하루 촬영의 공식적인 종료.

– 루스loose: 숏의 구성에 관한 것으로, 루스 프레임은 피사체 주위에 상당한 공간
  을 갖는다.

– 리트래킹retracking: 같은 숏 또는 이전 숏에서 이미 왔던 경로를 향해 카메라(트
  랙 위로 이동시키거나 트랙 없이 이동시킴)를 다시 후진 이동시키는 것.

ㅁ

– 마스터master, 마스터 숏master shot: 한 신의 시점을 보여 주는 것. 그 안에 인물 사
  이의 관계가 명확하게 나타나 있으며, 다른 숏들을 보여 주지 않더라도 한 장
  면 전체의 극적 행위들이 이해될 수 있도록(넓게 잡은 설정 숏과는 상반되는) 롱
  테이크로 촬영한 숏.

– 마크mark: "마크한 곳에 서세요" 같은 지시 용어. 이때 마크는 배우가 서 있어야

할 곳을 말한다. 대개 마크는 장면에서 배우가 가 있어야 할 장소를 뜻한다. 배우의 위치로부터 몇 피트 떨어진 곳일 수도 있고, 방 건너편일 수도 있다. 마크는 일반적으로 색깔 있는 테이프를 바닥에 붙여 표시하는데, 배우의 눈에는 보이지만 카메라에는 보이지 않는 곳에 위치시킨다.

– **매치 컷**match cut: 한 신 안에서 이루어지는 숏들 사이의 장면 전환 효과. ① 같은 액션의 두 숏을 연결해 연속적인 동작을 유지한다. ② 같은 피사체를 담고 있는 둘이나 그 이상의 각 숏마다 피사체의 변화된 위치와 동작을 보여 줌으로써 시간의 경과를 나타낸다. ③ 같은 시각적 요소들을 갖고 있고 움직이는 모습도 거의 같으나 피사체가 서로 다른 두 개의 숏. 예컨대, 첫 번째 숏의 달의 이미지가 두 번째 숏의 둥근 거울과 정확하게 연결되는 것. 밥 포스Bob Fosse의 《올 댓 재즈All That Jazz》에는 리허설 홀에 있는 여러 무용수들이 번갈아 같은 동작으로 춤추는 모습이 한 각도에서 나온다. 여기서 매치 컷은 전후 숏의 인물이 다르더라도 마치 한 무용수의 동작이었던 것처럼 그 액션을 연결한다.

– **몽타주**montage: 프랑스어에서 유래된 단어로 '조합하다to assemble'라는 뜻. 유럽 영화에서는 편집 과정을 뜻한다. 세르게이 에이젠슈타인 같은 초기 구소련 영화감독들의 영향을 받은 러시아 영화에서는 영화 예술의 가장 본질적인 것을 의미한다. 미국에서 몽타주는 특별한 의미를 갖는다. 축약된 내러티브 장치를 뜻하는데, 대개 1분 정도의 길이를 가지며, 짧고 표현적이며 때때로 상징적인 숏들을 대사 없이 디졸브를 사용해 연결함으로써 스토리의 일부를 전달한다.

– **미국촬영협회**American society of cinematographers, ASC: 촬영감독들의 비영리적인 기술 단체. 『영화 촬영감독 매뉴얼American Cinematographer Manual』과 월간지 《아메리칸 시네마토그라퍼The American Cinematographer》를 발행한다.

– **미장센**Mise-en-Scène: 프랑스 용어로 '장면화putting in the scene'를 뜻한다. 원래는 연극에서 실제적인 작업, 즉 세트, 소품, 장면의 무대화 등을 뜻했는데 이후 영화적 공간을 묘사하는 데 쓰이기 시작했다. 촬영 후 편집 과정을 통해서 공간의 조정을 꾀하는 것이 아니라 촬영 중 숏 안의 액션 및 무대화를 다양하게 꾸미는 것.

ㅂ

- **반응 숏**reaction shot: 대화 장면에서 상대의 목소리가 사운드 트랙을 통해서 들리는 가운데 그것을 듣고 있는 사람의 모습만 보여 주는 숏. 대개 클로즈업으로 이루어진다.

- **보이스 오버**voice-over, VO: 화면에 보이지 않는 내레이터의 목소리로, 화면 속의 인물이 말하지 않고 있을 때 그의 생각을 나타내기 위해 사용할 수도 있다.

- **붐**boom: ① 카메라 붐: 카메라를 올려놓고 상하 및 좌우로 이동시킬 수 있는 기계 장치. 카메라의 균형을 위해 붐의 반대편을 무겁게 해 조절할 수 있게 했고 달리에 부착해 사용한다. 수동 또는 자동으로 조작할 수 있으며 접근하기 어려운 장소를 통과하거나 그 위로 카메라를 이동시키기에 용이하다. ② 마이크 붐: 마이크로폰을 지지해 주는 장대 모양의 것으로 길이를 조절할 수 있다. 촬영 시 사운드의 녹음을 진행하는 동안 붐을 다루는 기사는 마이크로폰을 카메라의 프레임 밖에 위치시킨다.

- **비트 보드**beat boards: 스토리의 주요 장면 또는 '스토리 비트'에 대한 간단한 스케치. 대개 숏 리스트 이후 보다 세부적인 스토리보드의 준비를 위해 사용된다.

ㅅ

- **설정 숏**establishing shot: 영화에서 새로운 로케이션을 소개하는 숏. 대개 넓은 부감 숏이며, 새로운 신의 첫 장면에 사용된다. 많은 감독이 이 방법을 사용하기는 하나 스티븐 스필버그 같은 감독은 클로즈업으로 시작해서 와이드 숏으로 풀 백을 하는 방법을 택하기도 한다. (본래 더 궁금증을 불러일으키는 접근 방식, 공중 숏 참조)

- **세부 숏**detail shot: 클로즈업에서 좀 더 가깝게 확대된 형태로, 전체 모습에서 하나의 작은 물체나 어느 피사체의 일부분을 보여 줄 때 사용한다.

- **셋업**setup: 장면에 필요한 카메라 앵글, 숏의 크기, 그리고 무대화 등의 선택. 흔히 한 숏 안에 있는 인물의 수에 의해 묘사된다. 투 숏, 오버 더 숄더 숏, 클로즈

업 등은 모두 전형적인 셋업들이다.

– **숏**shot/**역숏**reverse shot 또는 **숏**shot/**카운터숏**counter shot: 대화 시퀀스에서 카메라가 한 인물을 프레임으로 잡은(숏) 다음, 첫 번째 인물로부터 약 180도의 새로운 각도에서 매칭 숏(역숏)으로 컷하는 것. 전형적인 편집 및 구도적 패턴이다. 대화 시퀀스나 둘 또는 그 이상의 인물이 상호 작용하는 상황에서 거의 표준으로 사용된다. 이들 두 숏은 대화와 함께 서로 교차되며 보인다. 여기서 각 숏은 배우들을 번갈아 보여 주면서 이전 숏의 반사 이미지mirror image가 된다. 숏, 역숏 패턴은 대화 장면에만 국한되지 않고 다른 인물들과의 상호 작용에도 쓰일 수 있다.

– **쉘로우 포커스**shallow focus: 얕은 피사계 심도. 때때로 피사체에만 초점을 맞춤으로써 희미해진 후경과 전경에서 피사체를 분리시키기 위해 사용한다.

– **스위시 팬**Swish pan: 화면이 흐릿해질 정도로 빠른 속도로 팬하는 것으로 장면 전환의 기법으로 자주 이용한다. 플래시 팬flash pan이라고도 한다.

– **스크래치 트랙**scratch track: 애니메이션 또는 선행 시각화에서 임시로 사용할 목소리 녹음. 프리프로덕션에서 성우(영화배우)의 목소리 대신 임시로 비용이 높지 않은 성우나 제작 팀원의 목소리로 녹음한 것.

– **시계선**sight line: 인물과 그 인물이 바라보고 있는 대상 사이에 그릴 수 있는 가상의 선. 한 시퀀스에서 대화하고 있는 두 인물의 개별적인 클로즈업을 서로 연결시킬 때, 그들이 서로 바라보고 있음을 나타내기 위해 반드시 시계선을 일치시켜야 한다.

– **시야 각도**angle of view: 고유의 각도를 가진 렌즈로 바라본 시야의 범위. 망원 렌즈는 시야 각도가 좁은 반면 광각 렌즈는 시야 각도가 넓다. 직사각형의 애퍼처를 통해 이미지를 필름에 담기 때문에 모든 렌즈의 시야 각도를 말할 때 그것은 애퍼처의 높이와 너비에 따른 각도를 뜻한다.

– **시점 숏**point of view(POV) Shot: 주관적 시점으로, 한 개인의 시점에서 바라본 숏.

– **시퀀스 숏**sequence shot: 복잡한 액션을 묘사하기 위해 개별적인 여러 숏을 이용하는 대신 단일 숏 속에서 안무된 액션과 카메라의 이동을 통해 길게 촬영한 숏.

- 싱글single: 화면 안에 한 인물만 있는 숏.

ㅇ

- 역앵글reverse angle: 선행된 숏에 대해 180도 정도 회전한 숏.
- 역이동countering: 움직이는 피사체와 반대 방향으로 이동하는 카메라의 움직임.
- 열린 형태, 닫힌 형태forms, open and closed: 화면 구성의 방식. 열린 형태는 화면이 계획되지 않은 것처럼 프레임 안에 배치된 요소들의 위치가 제한이 적으며, 프레임의 경계 너머로 시야를 확장시키는 경향이 있다. 열린 형태의 구성은 다큐멘터리 영화의 특징으로 왜 다큐멘터리 영화가 좀 더 사실적인가를 설명해 준다. 닫힌 형태는 프레임 속에 모든 중요 요소를 포함할 수 있도록 면밀하게 화면을 구성한 방식이다.
- 오티에스OTS(오버 더 숄더 숏over the shoulder shot): 카메라의 중심에서 왼쪽이나 오른쪽에 등을 지고 있는 배우 또는 캐릭터를 위치시킨 구도. 프레임의 반대쪽에서 카메라 쪽을 향해 서 있는 배우를 위한 공간을 마련해 준다. 대화 장면에서 매우 자주 사용되는 무대화 방식이다. 오버 더 숄더 프레이밍에 추가하여 같은 아이디어가 엉덩이 또는 무릎 부분에 적용될 수도 있다. 근본적으로 한 배우를 프레이밍의 장치로 활용한다. 전형적으로 숏, 역숏 패턴의 한 형태다.
- 오프 카메라off camera, OC: 화면 밖offscreen과 같은 뜻.
- 온 카메라on camera: 배우 또는 대상이 카메라의 프레임 속에 들어와 있는 것을 나타내는 용어.
- 와이프wipe: 숏들 사이의 장면 전환 기법.
- 원근법perspective: 시각 예술과 영화에서 쓰는 것으로, 2차원의 표면에 나타나는 깊이감.
- 이동 숏moving shot: 움직이고 있는 피사체를 따라 카메라를 이동시킨 숏.
- 인서트insert, 인서트 숏insert shot: 일반적으로 장면의 중요한 세부를 클로즈업해서 보여 주는 것.

- **인터컷**intercut: 교차 편집cross-cutting 참조.

ㅈ

- **장면 블로킹**blocking the scene: 배우나 대도구major props(자동차나 말 등)들의 안무된 동작이나 배열. 카메라 역시 움직일 수 있는 것이기 때문에 카메라 이동도 포함시킬 수 있다.
- **점프 컷**jump cut: 장면 안에서의 숏의 연결. 실제의 연속적인 시간이 생략을 통해 연결이 끊긴 듯한 인상을 준다. 어떤 경우에는 점프 컷이 압축된 시간을 표현하는 데 오히려 적절한 것으로 여겨지기도 한다. 또한 고다르의 작품에서처럼 고의적으로 사용해 관객으로 하여금 현재 보고 있는 것은 실제가 아닌 영화임을 의식적으로 깨닫게 하는 일종의 장치로도 쓸 수 있다. 최근에는 단지 리듬 효과를 위해 뮤직 비디오나 광고에서 스타카토식 점프 컷을 쓰기도 한다.
- **정면성**frontality: 화면 구성상 인물 배치의 한 방식으로 서양 미술에서 주로 쓰인다. 여기서 그림이나 스케치 속의 인물은 대개 관람객이 바라보는 방향과 마주하고 있다.
- **주관적 카메라**subjective camera: 장면 안에서 어느 인물의 시점을 나타낸 카메라 기법. 시점 숏 참조.
- **주 촬영**principal photography: 한 영화에서 주를 이루는 촬영 부분과 그것을 촬영하는 기간.
- **줌**zoom: 줌 렌즈의 움직임 또는 렌즈 그 자체.
- **집 암**jib arm: 달리 위에 부착한 기계 장치로 대개 수직 방향으로 움직임의 범위를 넓힐 수 있도록 되어 있으며, 카메라를 지탱하기 위해 반대편을 무겁게 한다.
- **집 팬**zip pan: 스위시 팬 참조.

ㅊ

- **초점 조절**focus pull/follow focus: 촬영이 진행되는 동안 움직이는 피사체가 피사계
  심도 밖으로 벗어나지 않도록 렌즈의 초점을 재조정하는 것.
- **초커 숏**choker shot: 근본적으로 클로즈업을 말한다. 대개 턱에서 머리끝까지 포
  함하는데 화면 위아래로 거의 여유를 주지 않는다.

ㅋ

- **카메라 고정**locked-off camera: 카메라가 삼각대나 다른 안정된 지지물 위에 있을
  때 고정 화면을 위해서 카메라의 움직임을 조절하는 장치, 즉 유동 헤드fluid
  head나 기어 헤드geared head 같은 장치를 고정시키는 것.
- **카메라 앵글**camera angle: 피사체를 촬영하기 위해 촬영감독이 선택한 시점.
- **카메라 앵글 프로젝션**camera angle projection: 어느 특정한 렌즈, 카메라의 위치, 그
  리고 화면 종횡비 등을 사용할 때 세트의 모습이 카메라상에 어떻게 보이는지
  미리 알아볼 목적으로 건축적인 평면도와 정면도를 이용해 세트의 투시도를
  그리는 방법.
- **커버 숏**cover shot: 마스터 숏 참조.
- **컷어웨이**cutaway: 잠시 전체 액션의 흐름을 가로막으며 시퀀스에 삽입하는 단일
  숏. 삽입된 숏은 적절한 세부 장면이나 장면의 액션과 연계된 새로운 장소 또
  는 시점 숏을 보여 주는 데 쓰일 수 있다.
- **콘티뉴어티 스타일**continuity style: 공간적·시간적으로 연속되는 듯한 느낌을 주어,
  숏들의 시퀀스가 자연스럽게 진행되어 보이도록 하는 촬영 및 편집 스타일. 콘
  티뉴어티 스타일은 내러티브 영화에서 많이 쓰는 스타일로, 때때로 할리우드
  의 고전적 스타일이라고도 부르며 프랑스에서는 고전적 데쿠파주découpage clas-
  sique로 부르기도 한다.

ㅌ

- **타이트**tight: 피사체와 관련된 숏의 크기를 설명하는 것으로, 타이트한 프레임
은 피사체 주위에 매우 적은 공간을 남기며 피사체를 둘러싼다.
- **테이크**take: 숏을 한 번 촬영한 것. 감독은 그 숏의 촬영이 만족스럽게 이루어질
때까지 제작진과 배우에게 연속적인 테이크로 그 숏의 액션을 반복하게 한다.
- **투 숏**two-shot: 화면에 두 사람이 있는 숏.
- **트래블링 숏**traveling shot: 카메라가 공간을 통해 움직인 모든 숏. 크레인 숏과 트
래킹 숏은 모두 트래블링 숏이다. 그러나 팬 숏은 카메라가 한 곳에 머물러 선
회하는 것이기 때문에 트래블링 숏이 아니다.
- **트래킹 숏**tacking shot: 카메라를 달리나 다른 이동차에 부착해 촬영한 숏.

ㅍ

- **포커스 인, 아웃**focus in, out: 장면 전환 효과로, 새로운 숏에서 초점이 서서히 맞
춰지거나 끝나는 장면에서 초점이 흐려지는 것.
- **풀 백 숏**pull back shot: 달리 숏이나 줌 효과를 말하는 것으로, 처음에 대상의 클로
즈업에서부터 시작해서 서서히 뒤로 물러나면서 대상 주위의 좀 더 넓은 지역
을 보여 주는 것.
- **플래시 컷**flash cut: 한 프레임 정도의 극도로 짧은 숏으로, 효과는 거의 잠재의식
속에서 이루어진다. 또한 일련의 짧은 스타카토staccato식 숏을 의미하며 일종
의 리드미컬한 효과를 창출한다.
- **피사계 심도**depth of field: 렌즈를 통해 선명하게 보일 수 있는 지역의 앞부분에서
부터 뒷부분까지의 범위.
- **픽셀**pixel: TV 브라운관에 보이는 이미지의 물리적인 점, 또는 스크린에 보이는
디지털 화면의 최소 요소. 픽셀은 디지털 이미지에 줌을 하면 보이는 작은 사
각형 타일들이다.
- **선행(사전) 시각화/프리비스/프리비즈**previsualization/previs/previz: 디지털 기술을 사

용하여 영화 시퀀스의 본보기를 만드는 것.

ㅎ

– **현시성**presence: ① 사운드 녹음을 할 때, 방이나 로케이션에서 발생하는 특징적인 주위 소음. ② 앙드레 바쟁이 사용한 용어로, 관객이 영화를 볼 때 실제와 같은 3차원적 공간감을 경험하는 것. 바쟁은 이것을 르네상스의 선 원근법에서 더 진보한 것으로 간주했다.

– **화면 밖**offscreen, OS: 피사체가 카메라의 프레임 바깥에 있거나 어떤 음향이 화면 밖에서부터 들려올 경우 이를 나타내는 시나리오상의 표기.

– **화면 종횡비**aspect ratio: 영화 또는 텔레비전 프레임의 높이와 너비와의 관계를 숫자상으로 나타낸 것. 디지털 표준 영사기가 나온 이후 압도적으로 많이 사용된 영사 화면 종횡비는 16:9다. HD TV는 2k, 4k, 5k, 8k 등 다양한 화면의 선명도를 보여 준다. 시네마스코프는 넓은 화면 종횡비를 갖는 대신 화면 높이가 줄어든다.

추천 도서

촬영 이론 및 실제 Cinematography and Photographic Practice

Alton, John. Painting With Light. University of California Press. 2013.

Brown, Blain. Cinematography: Theory and Practice: Image Making for
    Cinematographers and Directors, 3rd ed. London: Focal Press, 2016.

Brown, Blain. Motion Picture and Video Lighting,2nd Edition. London: Focal Press, 2007.

Campbell, Russell. Photographic Theory for the Motion Picture Cameraman. New York:
    A.S. Barnes, 1974.

Campbell, Russell. Practical Motion Picture Photography. New York: A.S. Barns, 1970.

Fielding, Raymend. The Focal Encyclopedia of Film and T.V. Techniques. New York:
    Hastings House, 1969.

Fielding, Raymond. The Technique of Special Effects Cinematography. 4th ed. Boston:
    Focal Press, 1985.

Goi, Michael, ed. American Cinematographer Manual. 10th ed. Hollywood,

Calif.: American Society of Cinematographers, 2013.

Landau, David. Lighting for Cinematography: A Practical Guide to the Art and Craft of
    Lighting for the Moving Image (The CineTech Guides to the Film Crafts). Bloomsbury
    Academic: Reprint Edition. 2014.

Lipton, Lenny. Independent Filmmaking. rev. ed. New York: Simon & Schuster, 1983.

Malkiewicz, Kris. Cinematography. 2d ed. New York: Prentice Hall Press, 1989.

Mascelli, Joseph V. The Five C's of Cinematography: Motion Picture Filming Techniques.
    Silman-James Press, 1998.

Neblette, C. B. Photography, Its Principles and Practice. New York: D. Van Nostrand
    Company, Inc., 1942.

Ray, Sidney F. The Lens in Action. Boston: Focal Press, 1976.

Samuelson, David W. Motion Picture Camera & Lighting Equipment. 2d ed. Boston:
    Focal Press, 1986.

Samuelson, David W. Motion Picture Camera Techniques. Boston: Focal Press, 1984.

Wilson, Anton. Cinema Workshop. Hollywood, Calif.: A.S.C. Holding Corp., 1983.

콘티뉴어티 및 프로덕션 플랜Continuity and Production Planning

Miller, Pat P. Script Supervising and Film Continuity. Boston: Focal Press, 3rd edition, 1998.

Patz, Deborah. Film Production Management 101, 2nd edition: Management & Coordination in a Digital Age. Michael Wiese Productions, 2010.

Ryan, Maureen. Film and Video Budgets 6. Michael Wiese Productions; 6th edition, 2015.

연출 및 일반 영화 기법Directing and General Film Technique

Arijon, Daniel. Grammar of the Film Language. Boston: Focal Press, 1976.

Bernstein, Steven. The Technique of Film Production. Boston: Focal Press, 1988.

Dmytryk, Edward. Cinema Concept and Practice. Boston: Focal Press, 1988.

Eisenstein, Sergei. Film Form. New York: Harcourt, Brace & World, Inc., 1949.

Eisenstein, Sergei. Film Sense. New York: Harcourt Brace Jovanovich Publishers, 1942.

Marner, Terence St. John, ed. Directing Motion Pictures. New York: A.S. Barnes and Co., 1972.

Nilsen, Vladmir. The Cinema as a Graphic Art. New York: Hill and Wang, 1973.

Nizhny, Vladimir. Lessons With Eisenstein. New York: Da Capo Press, Inc., 1979.

Pudovkin, V.I. Film Technique and Film Acting. 1929, 1937; reprint, New York: Grove, 1970.

영화 이론 및 비평Film Theory and Criticism

Arnheim, Rudolf. Film as Art. Berkeley, University of California Press, 1957.

Balázs, Béla. Theory of the Film: Character and Growth of a New Art. CreateSpace Independent Publishing Platform, 2015.

Bazin, André. What is Cinema? 2 vols. Selected and translated by Hugh Gray. Berkeley: University of California Press, 1967, 1971.

Giannetti, Louis. Understanding Movies. 2d ed. Englewood Cliffs, N.J.: Prentice-Hall, 1976.

Godard, Jean-Luc. Godard on Godard. Translated by Tom Milne. New York: Viking, 1972.

Kracauer, Siegfrid. Theory of Film: The Redemption of Physical Reality. New York:

Oxford University Press, 1960.

Laurel, Brenda. Computers as Theatre, 2nd Edition. Addison-Wesley Professional, 2013.

Mast, Gerald, and Marshall Cohen, eds. Film Theory and Criticism. New York: Oxford University Press, 1974.

Monaco, James. How to Read a Film. New York: Oxford University Press, 1977.

편집 및 후반 작업 Editing and Postproduction

Dancyger, Ken. The Technique of Film and Video Editing: History, Theory, and Practice, 5th Edition. Boston: Focal Press, 2010.

Dmytryk, Edward. On Film Editing. Boston: Focal Press, 1988.

Murch, Walter. In the Blink of an Eye: A Perspective on Film Editing. 2nd ed. Silman-James Press, 2001.

Reisz, Karel, and Gavin Millar. The Technique of Film Editing. 2d ed. Boston: Focal Press, 1982.

프로덕션 디자인 Production Design

Albrecht, Donald. Designing Dreams. Modern Architecture in the Movies. New York: Harper & Row in collaboration with The Museum of Modern Art, 1987.

Barsacq, Léon. Caligari's Cabinet and Other Grand Illusions. Boston: New York Graphic Society, 1976.

Carrick, Edward. Designing for Films. New York: The Studios Publications Inc., 1949.

Halligan, Fionnuala. FilmCraft: Production Design, 1st Edition. Boston, Focal Press, 2012.

Marner, Terence St. John, ed. Film Design. New York: A. S. Barnes and Co., 1974.

Rizzo, Michael. The Art Direction Handbook for Film & Television, 2nd Edition. Focal Press, 2014.

Whitlock, Cathy. Designs on Film: A Century of Hollywood Art Direction. It Books; 1st edition, 2010.

온라인 자원 ONLINE RESOURCES

영화 제작과 디자인의 많은 원칙은 아날로그 영역이나 디지털 영역이 같다. 그러나 필름

디자인과 프로덕션의 많은 부분이 이루어지는 컴퓨터 소프트웨어에서는 그렇지 않
다. 컴퓨터의 특성이 내장된 디지털 카메라를 사용하는 한 로케이션 촬영이더라도 마
찬가지다. 모든 것은 매년(매달) 변화한다. 그래서 http://shotbyshotbook.com은 온라인
에서 얻을 수 있는 디지털 자원에 대한 최신 정보를 제공한다. 여기에는 많은 것이 담
겨 있다. 그러나 그 질은 다양하다.

그중 디지털 프로덕션과 소프트웨어의 핵심적인 것들을 습득하는 데 가장 좋고 비교적
안정적인 정보 몇을 소개한다.

Lynda.com

어도비, 애프터이펙트, 포토샵, 프리미어, 시네마 4D, 마야, 그 밖의 미디어 관련 소프트
웨어 등 인기 있는 소프트웨어에 대한 심도 있는 훈련.

Redgiant.com

매우 훌륭한 실습이 소개되어 있는 시각효과 소프트웨어다. 주로 인디 필름 메이커들을
돕는다. 그들은 트랩코드Trapcode 같은 VFX 프로덕트뿐만 아니라 색 보정에 관한 많
은 도구를 가지고 있다. 이 회사를 운영하는 사람들도 필름 메이커들이다.

Pluralsight.com(이전에는 Digital Tutors라고 알려졌음)

마야, 시네마 4D, 호우디니Houdini, 지브러시ZBrush, 블렌더Blender, 포토샵 같은 소프트웨
어에 있어서의 수준 높은 시각효과와 게임 프로덕션 소프트웨어 훈련.

Fxphd.com

디지털 프로덕션의 예술/기술 이론과 여러 주요 VFX 소프트웨어에 대한 기술적인 훈련.

Cinemetrics.lv

영화사에 걸쳐 망라된 여러 영화의 숏 길이, 숏의 수 및 기타 수량적 측정 등 영화 연구에
서의 매혹적인 과학적·수치적 접근. 영화학자 배리 솔트Barry Salt의 학문적인 사이트.

옮긴이의 말

　　우리는 이 책을 뉴욕의 어느 독립영화 단체의 회원으로 있을 때 우편을
통해 받았다. 당시에는 영화인들에게 무척 생소한 책이었다. 현재 이 책은 표
제 그대로 그야말로 각 숏을 하나하나 일일이 분석해 나가는 점에서 영화 학
교에서 배우는 것과는 또 다른 실제적 접근 방법을 보여 주고 있어, 특히 적
은 자본으로 독립영화를 만들고자 하는 감독들에게 매력적인 책으로 여겨지
고 있다. 내용 중에는 역자들이 수년에 걸쳐 터득한 영화 기법과 개념들이 아
주 간단하고 명료한 방법으로 나타나 있기도 하다. 이 책은 기술적인 면에 한
정되지 않고 미학적인 측면도 고려하고 있어 수준 높은 영화 교과서라고 할
수 있다. 영화를 전공으로 하는 어느 미국 대학원 학생에게 이 책을 추천했더
니 단숨에 이 책의 속편까지 읽어 내었던 것을 기억한다. 서던캘리포니아 대
학교를 졸업한 존 싱글톤은 아카데미 상에 후보로 올랐던 데뷔작《보이즈 앤
후드Boyz N the Hood》를 만들기 전에 『영화연출론』을 정독했다고 말했다. 그만
큼 이 책의 진가는 부연 설명할 필요가 없을 정도로 크다 하겠다.

　　저자인 스티븐 D. 캐츠는 촬영감독 출신으로, 샌프란시스코 주립대학 영
화학과의 학과장을 역임하기도 했다. 이 책은 학자들이 자칫 빠뜨리기 쉬운
실제와의 접목이라든가, 현역에 있는 이들이 알고 있는 지식을 문자화할 때
생기는 불충분한 설명 등을 최대한 해소시킨 책이라는 점에서 또 다른 의의
를 갖고 있다.

　　역자들이 A. F. I American Film Institute에서 집중적으로 수업받은 것 중 하
나는 과연 어떻게 아이디어를 시각화할지였다. 그것은 곧 영화 언어를 배우
고 또 나름대로 새로 발견하는 길이어서 영화 예술과 기술을 연마하는 데 있
어 중요한 자리를 차지했는데, 이 책은 바로 그러한 면들을 상세히 가르쳐 준
다. 이제껏 국내에 소개된 책 중에서 이렇듯 개념에서 시작해 시각화에 이르
기까지의 모든 과정을 상세하게 설명한 책은 그리 흔치 않았다. 전반부는 스

토리보드 등 시각화 과정을 다룬 프로덕션 디자인의 영역을 다루고 있으며, 후반부는 실제적 접근으로서 카메라와 인물의 무대화를 통한 연출의 다양한 방법을 다루고 있다. 카메라가 멈춰 있는 가운데 배우가 움직이든지, 배우가 멈춰 있는 가운데 카메라가 움직이든지 아니면 그 둘이 함께 움직이든지, 영화 속에서의 움직임은 나름대로의 의미를 갖는다. 그 움직임들은 단순히 시각적으로 보기 좋아서 그렇게 되는 것이 아니라 그 신 나름대로의 필요성에 의해서 이루어지는 것이며 그때서야 비로소 영화 언어로서의 기능을 다하게 될 것이다.

그동안 국내에서 몇몇 학교 및 영화 단체에서 교재로 써 오기도 한 이 책의 번역 작업이 지연된 것은 여러 일을 동시에 진행시켜야 했던 까닭이 첫 번째이고, 두 번째는 원서 자체가 갖고 있는 모호한 구어체적 표현, 잘못 표기된 도해 번호 및 설명 등으로 인해 작업에 상당한 어려움을 겪었기 때문이다. 몇몇 부분은 처음 소개되는 내용이어서 그 새로운 용어들을 한글로 옮기는 작업이 쉽지 않았으며 때에 따라 독자의 이해를 돕기 위해 많은 부분을 의역해야 할 필요성도 있었다(참고로, 오해의 소지가 있는 용어들은 원어를 병기해 이해에 무리가 없도록 했다). 이러한 제반 여건으로 인해 출간이 늦어져 그동안 번역본을 기다려 온 모든 이들에게 미안한 마음을 금할 수가 없다. 그럼에도 불구하고 마음이 뿌듯한 것은 이 책이 우리의 영화 교육이나 영화 제작에 있어 원칙적인 것에서부터 출발해 기여하는 바가 적지 않을 것으로 생각되기 때문이다.

처음부터 9장(대화 장면의 무대화)까지는 최병근이, 10장(세 인물이 대화하는 장면의 무대화)에서부터 끝까지는 김학순이 맡아 번역했다. 나름대로 최선을 다했으나 역자들의 서로 다른 문체를 하나로 통일시키지 못한 점이 아쉬움으로 남는다. 끝으로 교정 작업을 도와준 정세화, 박상택, 문혜연, 모경화, 송민희 양에게 고마움을 표하며 이 책을 번역할 수 있도록 도와주었고 오랜 기간의 번역 작업에노 불구하고 항상 따뜻한 미소와 격려를 아끼지 않았던 많은 분들에게도 감사한다.

개정증보판 옮긴이의 말

　　저자 스티븐 D. 캐츠가 이미 언급했듯이 『영화연출론』이 처음 출판된 지 정말 오랜 시간이 지났다. 그동안 국내에서도 많은 영화학도와 전문 영화인 들로부터 영화 연출에 관한 바이블이라는 찬사와 함께 아낌없는 사랑을 받아 온 이 책이 디지털 시대를 맞아 새롭게 단장했다. 디지털 시대로 전환되면 서 이제 영화 제작은 저렴하면서도 고화질 기능을 갖춘 디지털 카메라의 사용과 함께 유튜브, 비메오 같은 인터넷을 통한 배급 가능성마저 열려 있어 독립 영화인들과 영화학도만이 아니라 전문 영화인, 일반인에게도 매우 반가운 현실이 되었다. 그래서 이번 개정증보판에서는 새로운 디지털 사전 시각화 도구와 기법에 관련한 온라인 링크를 비롯하여 영화 제작에 대한 많은 정보가 추가되었다.

　　그리고 이전 버전의 부록에 있던 카메라 앵글 프로젝션Camera Angle Pro- jection 항목이 빠졌다. 이것은 참고할 만한 사항이긴 하지만 실제 연출의 실용 측면에서는 그 파급력이 그리 크지 않았던 게 사실이다. 대신 독자의 이해를 돕기 위해 우리에게 잘 알려진 영화들의 다양하고도 풍부한 일러스트레이션 예시들이 많이 소개되었다. 또한 신인 감독이 스토리보드나 시각화가 충분히 준비되지 않은 상태에서 어떻게 배우를 무대화할지 같은 기존 감독들의 노 하우가 추가되었는데, 이것은 할리우드 현장에 직접 가 볼 수 없는 우리의 현 실에선 매우 큰 간접 경험이 될 수 있으리라 생각한다.

　　이 책이 영화 제작과 관련하여 새로운 디지털 테크놀로지를 소개하더라 도, 역시 영화 연출에 관한 연구의 백미는 테크놀로지보다는 어떻게 감독 자 신만의 독특한 연출적인 목소리를 개발할지다. 그것을 위해 내러티브의 시 각적 측면에 대한 감각을 어떻게 익힐 것인가에 이 책의 목적이 있다. 그러한 점은 바로 『영화연출론』이 전해 주고자 하는 비법이며 이 책의 핵심이다.

개정증보판 편집 과정에서 좋은 책이 나올 수 있도록 전문적인 지식과 함께 친절함과 배려를 아끼지 않은 시공아트에 깊은 감사를 드린다.

2022년 10월

김학순, 최병근

영화연출론 개정증보판

초판 1쇄 발행일 2022년 10월 24일
초판 3쇄 발행일 2024년 7월 25일

지은이 스티븐 D. 캐츠
옮긴이 김학순, 최병근

발행인 조윤성

편집 이경주 **디자인** 박정원 **마케팅** 정재영
발행처 ㈜SIGONGSA **주소** 서울시 성동구 광나루로 172 린하우스 4층(우편번호 04791)
대표전화 02 - 3486 - 6877 **팩스(주문)** 02 - 585 - 1755
홈페이지 www.sigongsa.com / www.sigongjunior.com

글 ⓒ 스티븐 D. 캐츠, 2022

ISBN 979 - 11 - 6925 - 291 - 1 03680

*SIGONGSA는 시공간을 넘는 무한한 콘텐츠 세상을 만듭니다.
*SIGONGSA는 더 나은 내일을 함께 만들 여러분의 소중한 의견을 기다립니다.
*잘못 만들어진 책은 구입하신 곳에서 바꾸어 드립니다.

WEPUB 원스톱 출판 투고 플랫폼 '위펍' _wepub.kr
위펍은 다양한 콘텐츠 발굴과 확장의 기회를 높여주는
SIGONGSA의 출판IP 투고·매칭 플랫폼입니다.